规范与准则

公证领域"放管服"改革文件选编（2018 版）

上海市司法局公证工作管理处 / 编

上海人民出版社

序　言

在全面依法治国的大背景下，我国社会主要矛盾的变化对公证行业发展意义深远，既丰富了公证服务的新领域，扩展了公证服务的新空间，又对公证行业发展提出了新要求。以习近平同志为核心的党中央对人民作出了庄严的承诺，"努力让人民群众在每一个司法案件中都感受到公平正义"，为了让人民群众在每一件公证案件中感受到公平、正义、方便、快捷，推动公证行业持续健康高质量发展，司法行政机关始终坚持"以人民为中心"的发展思想，抓改革、严治理、谋发展，将公证便民利民惠民服务落到实处。

司法部高度重视公证工作，2017 年、2018 年连续两年召开全国公证工作会议，分析公证工作当前面临的形势和任务，部署公证改革、发展、建设各项工作。随后，司法部又聚焦公证体制机制改革、"放管服"改革和减证便民等工作重点，出台了《关于推进公证体制机制创新工作的意见》《关于进一步拓展创新公证业务领域更好地服务经济社会发展的意见》《关于开展办理公证"最多跑一次"试点工作的通知》等一系列指导性文件，为公证行业的改革发展指明了前进方向。

上海市司法行政系统认真贯彻落实司法部系列文件精神，主动担当、开拓创新、积极作为，取得了显著成效。我们坚持严厉整治、严格监管、严肃追责，开展公证专项治理行动，规范公证行业执业行为，出台了《上海市公证工作管理实施办法》《上海市公证机构年度考核实施办法》《关于严格公证责任追究的实施办法》等系列文件，建立了长效机制。我们坚持以"技术监管、优化服务"为核心理念，借助一案一码的"赋码监管"技术和音视频自动采集、存储技术，设计研发"智慧公证"系统，努力让"数据多跑路、群众少跑路"。上海市"智慧公证"项目成功入选司法部"智慧司法"十大创新案例，极大地增强了我们推进"智慧公证"建设的信心和决心。我们坚持围绕中心、服务大局，创新拓展公证服务新领域，出台《关于进一步拓展创新公证业务领域更好地服务经济社会发展的实施意见》《关于充分发挥公证职能作用服务"三农"领域工作的实施意见》《关于充分发挥公证职能作用加强公证服务知识产权保护工作的实施意见》《关于充分发挥公证职能作用服务金融风险防控的实施意见》等系列文件，为服务保障国家战略和全市中心工作贡献公证力量。

　　为进一步规范公证工作,构建完整的公证行业制度体系,扩大社会对公证行业的知晓度,帮助广大公证从业人员和各界人士更好地了解、学习、掌握公证工作制度规范,我们将 2017 年以来上海市和司法部出台的有关公证领域"放管服"改革性文件进行认真梳理,并收集整理了数篇经典的公证指导性案例和理论研究论文,汇总整理了司法部和上海市历年来出台的公证行业规范性文件,汇编成册,最终形成了《规范与准则——公证领域"放管服"改革文件选编(2018版)》。下一步,上海市司法局将组织全市司法行政机关和公证机构,认真学习这些制度文件,不断提升公证工作质量和公信力。

编　者
2018 年 12 月

目　　录

第二部分 司法部公证"放管服"改革文件

第三部分　公证指导案例汇编

第四部分　公证领域理论研究

第五部分　附　　则

第一部分

上海市司法局公证"放管服"改革文件

关于转发司法部公证执业"五不准"的通知

沪司发〔2017〕69号

市局相关单位,各区司法局:

近日,针对全国各地发生的数起公证机构、公证员为虚假的公证申请人和不真实的公证事项出具错误公证书的情况,司法部下发了《关于公证执业"五不准"的通知》(司发通〔2017〕83号,以下简称"五不准"通知)。现将"五不准"通知转发给你们,并就传达学习贯彻工作具体通知如下:

一、迅速传达

各单位、部门要将传达"五不准"通知精神作为当前公证执业管理工作的第一要务。在收到本通知后的第一时间,立即组织召开专题会议,将公证执业"五不准"要求迅速传达到每一个公证机构、每一名公证从业人员、每一名事业单位管理、公证管理人员。

二、从严适用

各单位在开展行政检查、投诉处理、行政处罚、行业惩戒、政纪处分等公证执业监管工作中,应当坚持从"严管"的角度出发,对照适用"五不准"通知和《市司法局关于暂缓办理民间借贷类公证等事项的通知》(沪司〔2017〕101号)、《市司法局关于办理涉及财产转移委托公证问题的通知》(沪司〔2017〕108号)的各项规定,从严适用。

三、严肃处理

对公证机构和公证员等存在明显违反公证执业"五不准"通知和有关规定的,一经查实,各单位应当综合运用行政处罚、事业单位处分、行业协会惩戒和党纪政纪处分、组织处理以及移送刑事处罚等手段,依法依规依纪严肃追究问责。

四、确保实效

各单位应当督导所属公证机构和公证员将"五不准"通知作为应知应晓的重要内容，在公证执业活动中自觉、严格遵守；还应当组织专门力量，对公证机构和公证员学习、掌握公证执业"五不准"通知的情况开展全面检查。市司法局将结合即将启动的全市公证行业治理工作，适时开展专门抽查；对经抽查发现，存在公证执业"五不准"通知传达不到位、学习效果差等情况的主管区司法局等单位予以全市通报。

各单位、部门应当将传达学习贯彻"五不准"通知的情况，形成书面报告（附传达会议照片、参会人员签到记录等材料），于 8 月 23 日（星期三）前报送市司法局公管处。

特此通知。

附件：司法部关于公证执业"五不准"的通知

上海市司法局

2017 年 8 月 16 日

附件

司法部关于公证执业"五不准"的通知

司发通〔2017〕83号

各省、自治区、直辖市司法厅(局),新疆生产建设兵团司法局:

近期,全国各地发生数起公证机构、公证员为虚假的公证申请人和不真实的公证事项办理公证案件,有的涉及房产、金融诈骗等违法行为,严重损害了公证公信力,影响了公证机构社会形象。为严肃公证执业纪律,规范公证执业行为,加强公证工作管理,确保公证质量,现就公证执业有关具体规范通知如下:

一、不准为未查核真实身份的公证申请人办理公证。公证机构、公证员应严格审查公证申请人的身份,告知冒充他人、伪造证件、骗取公证书的法律责任后果,未经证件视读、单独谈话、交叉印证、身份证识别仪核验等程序,不得办理公证。申请人使用临时身份证,公证员未到公安部门核实的,不得受理公证申请。对涉及敏感、重大权益事项的公证申请,应当由有经验的公证人员认真审核。

二、不准办理非金融机构融资合同公证。在有关管理办法出台之前,公证机构不得办理自然人、法人、其他组织之间及其相互之间(经人民银行、银监会、证监会、保监会,商务主管部门、地方人民政府金融管理部门批准设立的从事资金融通业务的机构及其分支机构除外)的融资合同公证及赋予强制执行效力公证。

三、不准办理涉及不动产处分的全项委托公证。公证机构、公证员办理涉及不动产处分的委托公证,应当按照"重大事项一次一委托"的原则,告知当事人委托抵押、解押、出售、代收房款等的法律意义和法律后果,不得办理一次性授权全部重要事项的委托公证,不得在公证书中设定委托不可撤销、受托人代为收取售房款等内容。

四、不准办理具有担保性质的委托公证。公证机构、公证员在办理涉及不动产处分的委托公证时,应当严格审查申请人的真实意思表示,审查其与受托人是否具有亲属关系,不得办理名为委托实为担保,或者可能存在担保性质的委托公证。

五、不准未经实质审查出具公证书。公证机构、公证员应当尽到更高标准的审查注意义务,不得片面依赖书面证据材料而忽视沟通交流,不得只重程序合规而轻实体内容审查。对涉及敏感、重大权益事项的公证事项,除通过交叉询问、分别谈话等形式进行审查外,还要综合使用仪器识别、联网查询等方式进行审查核实,全过程记录存档,必要时应当全程录音录像。公证员对"合理怀疑"的公证申请,应当及时提请公证机构进行会商研究,进一步核实有关情况,所需时间不计入法定办理期限。要严格审查申请人的真实目的和公证书的用途,不得以签名(印鉴)属实公证替代委托公证,以原件与复印件相符公证规避对实质内容的审查。

各省(区、市)司法厅(局)要立即将本通知精神传达到每一个公证机构、公证员,切实履行监管职责,加大对本通知贯彻落实情况的督导检查力度,发现问题及时予以纠正。对公证机构、公证员违规公证,有令不行、有禁不止的,要严肃查处,绝不姑息。同时,要加快推进公证工作改革,大力拓展金融、知识产权、司法辅助等新型领域公证业务,深入开展公证便民利民活动,在确保公证质量的前提下精简公证办理手续,推进公证信息化建设,依法规范公证收费,提高公证服务质量,完善公证便民利民措施,为促进经济社会发展、维护人民群众权益提供优质高效的公证法律服务。

各地贯彻落实情况请及时报送司法部。

司法部

2017 年 8 月 14 日

关于印发《办理公证"最多跑一次" 试点工作方案》的通知

沪司发〔2017〕79 号

市局相关单位、部门,各区司法局:

为贯彻落实《司法部办公厅关于开展办理公证"最多跑一次"试点工作的通知》(司办通〔2017〕70 号)要求,切实有效推进办理公证"最多跑一次"试点工作,经研究并报市委政法委同意,现将《办理公证"最多跑一次"试点工作方案》印发给你们,请遵照执行。

特此通知。

上海市司法局

2017 年 9 月 4 日

办理公证"最多跑一次"试点工作方案

为适应社会对公证工作的新期待,切实满足人民群众对公证服务的新需求,更好地为当事人提供通畅便捷、优质高效的公证服务,根据《司法部办公厅关于开展办理公证"最多跑一次"试点工作的通知》(司办通〔2017〕70号)要求,本市将于 2017 年 8 月开展办理公证"最多跑一次"试点。具体安排如下:

一、试点范围和期限

自 2017 年 8 月起,在东方、徐汇、杨浦、长宁、闸北、闵行公证处开展办理公证"最多跑一次"试点工作,试点期限为 1 年。2018 年 7 月,总结试点经验,全面评估试点工作的实际效果,适时在全市推广。

二、"最多跑一次"公证事项范围

对于以下法律关系简单、事实清楚、无争议的公证事项,只要申请材料齐全、真实,符合法定受理条件,要实现让当事人"最多跑一次":

(一)出生、身份、曾用名;

(二)学历、学位;

(三)职务(职称)、资格;

(四)证书(执照)、文本相符。

三、健全完善信息化办证手段

根据市司法局对公证工作信息化建设的总体安排,逐步完善网上公证业务办理工作流程和服务标准,推进公证服务方式规范化、科学化。建设公证业务网络服务平台,提高公证受理、登记、审批、出证等环节信息化水平。对于具备网上申办条件的公证事项,要实行网上申请、网上受理、网上审核、网上缴费。充分利用微信、支付宝等平台的服务功能,开展网上办证业务。有条件的公证机构自主研发办证软件 APP,设置便于操作、便于审查、便于沟通的工作流程,将公证服务关口前移,努力做到当事人办证取证只跑一次公证处。

四、着力畅通咨询答复渠道

为实现当事人"最多跑一次",公证机构要求当事人提交的材料要明确具体,一次性告知清楚。无特殊情形,公证机构或公证员不得要求当事人另行提供其他证明材料。提交材料的标准要在公共网络平台公布,方便当事人查询。要公开咨询电话和网上咨询路径,努力做到咨询电话一打就通、咨询事项一口说清、网上咨询即时答复。

五、创新提高窗口服务能力

严格落实本市公证行业服务标准,着力打造良好的窗口形象,安排业务素质高、工作能力强、服务态度好的公证人员办理窗口业务,优化工作流程,提高办证效率。建立窗口人员动态调整机制和科学的分流机制,减少当事人现场排队等待的时间。在醒目的地方张贴办证流程文字说明或流程图,对办证各环节进行详细说明和后续环节提示,使当事人及时掌握办证信息。

六、努力改进文书送达方式

根据当事人的需要,在公证机构与当事人协商一致的基础上,可采取邮政、快递等方式发送公证书。需要寄送公证书的,公证机构应当在询问笔录中明确公证发送的方式,寄送回单要留卷备查。

七、积极推动信息互联共享

加大沟通协调力度,加强与外事、公安、法院、民政、国土、住建、卫计、档案等部门的协作配合,建立完善公证服务查询系统,实现与这些部门的数据互联对接,为办理公证业务提供有效的信息核实手段。区司法局要加强此项工作的指导、推进力度,为所属公证机构拓展外部权威信息获取途径创造条件。市司法局将加强与相关部门的沟通,推进内外部信息共享,整合查证通道,逐步构建统一的查证数据中心。

各试点单位要高度重视开展办理公证"最多跑一次"工作,真正做到思想认识到位、工作措施到位、组织机构到位,尽快制定工作计划,渐次有序推进。在开展试点过程中,要采取有效的质量监控措施,防范执业风险,确保公证的真实性、合法性,防止错证,杜绝假证。相关区司法局要全面掌握所属公证机构开展办理公证"最多跑一次"试点工作的情况,并及时向市司法局报送。

市司法局关于暂缓办理
民间借贷类公证等事项的通知

沪司〔2017〕101 号

各区司法局、市公证协会：

　　正常的民间借贷，与涉及"非吸"、P2P 的诈骗犯罪活动显然存在明显区别。与公证执业相关信访矛盾，也并非集中于民间借贷类公证。但是，近来部分公证机构办理的民间借贷类公证事项存在一些质量问题，有的已造成当事人持续上访投诉，群众反映较为强烈，处理难度增大，并引发社会置疑，损害了公证行业的社会形象。为了确保公证机构正确履行公证职能，应当予以高度关注并采取断然的管理措施。

　　市司法局针对公证机构办理涉及民间借贷类公证中存在的质量问题，已多次提出加强质量管理的明确要求，并持续开展专项检查，督促落实整改。行业协会也制定相关办证意见及行业规范，强化了监管措施，取得了一定的效果，但质量问题仍然频繁发生。鉴于现有的法律法规及公证规则并不完善，办证风险难以避免。为了最大程度的维护好当事人的合法权益，配合有关机关开展"严厉打击以借贷为名的非法牟利活动专项行动"，现将有关事项通知如下：

　　一、根据《最高人民法院关于审理民间借贷案件适用法律若干问题的规定》（2015 年 6 月 23 日最高人民法院审判委员会第 1 655 次会议通过法释〔2015〕18 号），本通知所称的"民间借贷类公证"是指，涉及自然人、法人、其他组织之间及其相互之间（经金融监管部门批准从事贷款业务的金融机构及其分支机构除外）进行资金融通行为的公证事项，主要包括借款合同、抵押合同、保证合同、委托书、执行证书等公证类别。

　　二、市公证协会应当根据相关法律、法规和规章的规定，发挥行业自律、监督指导的职能，在征求东方、杨浦公证处等办理民间借贷类公证事项数量较大但投诉较少的机构意见基础上，尽快制定最严格、最精细、最周密的民间借贷类公证的办证程序细则，并报市司法局审核、批准。

　　三、在市公证协会制定民间借贷类公证的办证程序细则出台之前，自 2017

年4月5日起,本市各公证机构对所有涉及民间借贷类公证、有限合伙公司募集资金及其他涉及非金融机构的理财活动的公证事项,一律暂缓受理;2017年4月5日之前已经受理的一律暂缓出证。

四、涉及出售、抵押房产等处分性委托公证,公证员无法判断是否用于民间借贷的,适用本通知第三条的规定。

五、为切实保护残疾人和老年人的合法权益,残疾人(视力残疾、听力残疾、言语残疾等)及70周岁以上老年人申办涉及非民间借贷类出售、抵押房产等处分性委托公证时,公证机构应从"预防纠纷"的工作职能出发,履行好社会责任,应当要求公证申请人指定一名近亲属现场陪同,办理时应当提供该近亲属的身份证明及亲属关系证明,公证机构应对其提供的证明的真实性予以核实。

各区司法局、市公证协会应当切实履行管理职责,积极配合市局相关管理部门加强对公证机构公证质量的督查管理和执业行为的日常监管。本通知下发后,各区司法局、市公证协会应当督导所属公证机构及其负责人和从业人员严格按照细则及流程办理,增强审批、审核环节。对拒不执行本通知规定的,应当分别按照《事业单位工作人员处分暂行规定》第十七条第一款第(九)项、《上海市公证协会会员惩戒规则(试行)》第十五条第(四)、(五)项等规定,严肃追究相关机构和人员的责任。市司法局也将视情追究相关单位、机构和人员的违法、违规和违纪责任。

特此通知。

上海市司法局

2017年4月1日

关于印发《上海市公证员宣誓实施办法》的通知

沪司发〔2017〕102 号

市局相关单位,各区司法局:

　　现将《上海市公证员宣誓实施办法》印发你们,请认真贯彻执行。

　　特此通知。

上海市司法局

2017 年 11 月 3 日

上海市公证员宣誓实施办法

　　第一条　为切实提高公证员队伍思想政治素质、职业道德素质和专业素质,不断增强公证员的职业使命感、荣誉感和社会责任感,全面落实司法部公证员宣誓制度,制定本办法。

　　第二条　公证员宣誓仪式,由市司法局会同市公证协会组织举行,区司法局配合。

　　(一)市司法局公共法律服务处在收到司法部下发的公证员任职决定后,应当及时告知市司法局公证工作管理处和市公证协会,同时做好公证员执业证书发放工作。

　　(二)市司法局公证工作管理处负责指导市公证协会做好宣誓仪式筹备和组织工作,协调邀请市司法局领导、区司法局相关人员出席宣誓仪式。

　　(三)市公证协会负责拟制具体工作计划,落实并布置宣誓会场,通知宣誓公证员及其所在公证机构,统一宣誓人着装,组织进行宣誓,准备誓词页并负责誓词页的存档。

　　(四)市司法局法制宣传处负责做好对外宣传,落实宣传视频制作、图文宣传稿件拟制、新闻媒体通联等工作。

（五）各区司法局负责组织相关人员按要求参加宣誓仪式。

第三条 经市司法局许可,首次取得或者重新取得公证员执业证书的人员,应当进行公证员宣誓。

第四条 公证员宣誓,应当在公证员取得公证员执业证书之日起六个月内进行。

第五条 公证员宣誓采取分次集中的方式进行。

第六条 公证员宣誓仪式应当符合以下要求:

（一）宣誓会场悬挂中华人民共和国国旗。

（二）宣誓仪式由市司法局负责人主持,领誓人由市公证协会负责人担任。

（三）宣誓仪式设监誓人,由市司法局和市公证协会各派一名工作人员担任。

（四）宣誓人宣誓时,应当穿着公证员职业装,免冠,佩戴中国公证协会会徽,呈立正姿势,面向国旗,右手握拳上举过肩,随领誓人宣誓。领誓人持相同站姿位于宣誓人前方。

（五）宣读誓词应当发音清晰、准确,声音铿锵有力。

第七条 公证员宣誓应当按照以下程序进行:

（一）宣誓人面向国旗列队站立,奏（唱）国歌。

（二）领誓人逐句领读誓词,宣誓人齐声跟读;领誓人领读完誓词、读毕"宣誓人"后,宣誓人自报姓名。

（三）宣誓人在誓词页上签署姓名、宣誓日期。

经宣誓公证员签署姓名的誓词页一式两份,一份由宣誓公证员收执,一份存入该公证员执业档案。

第八条 公证员宣誓誓词按照司法部统一的誓词执行。誓词全文为:

我是中华人民共和国公证员。我宣誓:忠于祖国,忠于人民,忠于宪法和法律,拥护中国共产党的领导,拥护社会主义法治,依法履行职责,客观公正执业,遵守职业道德,勤勉敬业,廉洁自律,为全面依法治国、建设社会主义法治国家努力奋斗!

第九条 公证员应当自觉践行誓词,将誓词作为执业行为准则,依法、诚信、尽责执业,恪守职业道德和执业纪律,接受司法行政机关、公证协会、当事人和社会的监督。

第十条 本办法由市司法局负责解释。

第十一条 本办法自发布之日起施行。

关于进一步拓展创新公证业务领域更好地
服务经济社会发展的实施意见

沪司发〔2017〕106号

各区司法局、市公证协会:

　　为全面贯彻落实党的十八大和十九大会议精神,坚持以习近平新时代中国特色社会主义思想为指导,围绕全面依法治国对公证工作的新要求,根据全国公证工作会议及司法部《关于进一步拓展创新公证业务领域更好地服务经济社会发展的实施意见》(以下简称《意见》)精神,为充分发挥公证工作职能作用,更好地为上海经济社会发展提供优质高效的公证法律服务,现提出如下实施意见:

一、充分认识进一步拓展创新公证业务领域的重要意义

　　上海正处于将要基本建成"四个中心"和社会主义现代化国际大都市、步入全面深化改革、加快创新发展的新时期。随着经济平稳健康发展,质量效益持续提高,自贸区建设、科创中心建设加快推进,城市管理与社会治理创新深入布局,经济社会发展对公证服务的领域及方式提出了创新的迫切要求。各级司法行政机关和广大公证员创新公证服务,满足经济社会发展和人民生活需要,也是缓解人民日益增长的美好生活需要和不平衡不充分的发展之间的矛盾的重要举措。全市公证行业要切实增强使命感和责任感,把进一步拓展创新公证业务领域作为当前工作的重要任务,紧紧围绕党和国家工作的大局,充分发挥公证服务、沟通、证明、监督等功能,综合运用公证证明、保全证据、现场监督、赋予强制执行效力等制度特色和职能优势,努力满足经济社会发展中多层次、宽领域的公证法律服务需求,利用公证职能预防社会矛盾,为上海经济社会发展提供有力支持。

二、进一步拓展创新公证业务领域的总体要求

　　围绕全面依法治国对公证服务的新要求,在巩固发展已有公证业务的基础上,拓展新型领域公证业务,创新公证服务方式方法,提高公证服务质量,增强公证工作活力,引导广大公证员充分发挥职能作用,为促进经济社会发展、维护人

民群众合法权益、全面建成小康社会提供优质高效的公证法律服务,为上海"四个中心"与科创中心建设提供有力支持,为上海自贸试验区发展提供稳固支撑,为上海民生事业与社会治理工作提供充分保障,真正发挥好公证职能作用。

三、进一步拓展创新公证业务领域的工作任务

（一）拓展创新金融公证法律服务领域

金融制度是现代经济社会发展的重要基础性制度,上海作为金融中心,必须引领全国的金融改革和创新发展。金融安全是金融改革和创新发展的重要支点。应当积极落实最高人民法院、司法部、中国银监会《关于充分发挥公证书的强制执行效力,服务银行金融债权风险防控的通知》要求,有效发挥公证预防纠纷、化解争议的作用,大力拓展金融创新领域公证服务,确保金融发展和金融安全。

1. 拓展赋予债权文书强制执行效力公证服务的深度和广度,推动赋予强制执行效力债权文书公证服务从单一的贷款合同、担保合同向各类融资合同、授信合同、债务重组合同、还款合同等延伸,就执行证书内容与执行效果加强与法院系统的沟通协调,充分发挥公证赋予债权文书强制执行效力的法律效力,为金融创新与金融安全提供有力支持。

2. 推进公证机构为市场主体证券发行、信息披露、重大资产重组和并购等提供公证服务,研究推动在资本市场公开承诺中运用公证制度,增强公开承诺的公信力和可执行力。

3. 推动公证机构依据法律法规,为信托、保险、保理、融资租赁、金融衍生品交易等业务提供公证法律服务,在投资、资产转让、清收、处置等方面提供综合性、个性化公证服务。

4. 加大对中小企业融资的公证服务力度,优化公证服务中小企业融资流程,综合运用提存、代办登记、法律意见书等多种公证法律服务手段,防控融资风险,提升融资效率。

5. 在各类创新型质押担保中引入公证,规范质押合同,强化质押效力,保障各方合法权益。

6. 研究在银行业金融机构的投贷联动和金融机构参与的股权投资中引入公证,研究办理赋予"对赌协议"、担保合同强制执行效力公证等,强化对投资退出机制的司法保护。

7. 在创新型互联网金融中引入公证,对信息披露、协议条款、数据安全存管等方面强化公证服务、监督,固定相关证据,防范金融风险。

8. 加强金融创新公证领域的安全性研究,搭建赋予强制执行效力债权文书

的登记平台等专业性查询平台,与职能部门加强合作,建立公证领域的金融风险预警机制。

(二) 拓展创新知识产权公证法律服务领域

上海大力实施创新驱动发展战略,加快科技创新中心建设,完善知识产权保护制度,打通知识产权创造、运用、保护、管理、服务全链条,建立高效的知识产权综合管理体制。公证行业应当围绕国家实施创新驱动战略、建设知识产权强国的要求,全面贯彻落实司法部、国家工商行政管理总局、国家版权局、国家知识产权局《关于充分发挥公证职能作用加强公证服务知识产权保护工作的通知》的要求,创新拓展知识产权领域公证法律服务,加快构建完善的知识产权全流程保护机制。

1. 建立知识产权公证服务平台,搭建在线证据保全公证系统。加强对证明知识产权在先使用、侵权等行为的保全证据公证工作,支持公证机构提供远程公证服务,针对网络文学、新闻、音乐、影视、游戏、动漫、软件等重点领域的侵权盗版行为,推荐权利人或相关人员使用公证机构开发的远程公证系统实时取证,作为办理公证的证据材料。

2. 积极探索、吸收高新技术在知识产权公证中的应用,实现技术服务公证、公证保护技术的良性互动,发挥公证机构主观能动性,创新公证法律服务的方式方法,为知识产权主体提供有针对性的、符合现实需求的公证法律服务,为上海科技创新中心建设提供有力法律保障。

3. 强化公证机构与知识产权管理机构、科技创新园区、知识产权保护协会等机构的沟通、协调与合作,实现公证在知识产权发展及保护全链条中的嵌入,协调各方力量共同实现对知识产权的全方位保障。

4. 研究"人工智能"等新型科技及知识产权领域,充分利用包括"人工智能"等现有科技作为公证服务的辅助手段,同时对"人工智能"发展过程中所产生的连锁知识产权保护需求予以研究和对接。

5. 充分发挥公证在知识产权保护过程中的多样化职能,为企业、科研院所及知识产权权利人提供延伸性的公证法律服务,办理保密、竞业禁止协议等公证,办理知识产权转让许可、知识产权合作、知识产权入股等知识产权交易合同公证,办理涉及知识产权的遗嘱、赠与等公证,参与知识产权多元纠纷解决机制建设。

6. 推进公证服务知识产权示范机构建设,加强示范效应,进一步提升上海公证机构服务知识产权的水平和能力。

(三) 拓展自贸试验区商事贸易公证法律服务领域

随着上海自贸试验区建设的深入推进,区内新设企业数量进一步增加,商事贸易日趋繁荣。公证行业应当积极顺应自贸试验区发展的新需求,努力拓展商事贸易领域的公证法律服务,为企业提供更全面、更完善的商事贸易公证。

1. 适应经济发展新常态和推进供给侧结构性改革新要求,充分运用合同公证、提存、保全证据、法律意见书等多种公证法律服务手段,提高区域内企业及经济实体经济交往的效率,运用公证证明固定经济交往各方的权利义务关系,预防纠纷,减少争议,保障商事交往及贸易往来的顺畅开展。

2. 顺应自贸试验区便捷公证法律服务需求持续上扬的趋势,进一步探索自贸试验区内公司及商事公证业务,深入自贸试验区,为自贸试验区企业提供一站式的、便捷的公证法律服务。

3. 发挥公证服务、沟通职能,依托公证专业法律服务及证明效力,为自贸试验区内企业设立、变更、合并、分立等事务提供公证法律服务支持,在公证机构开展企业集中登记试点,同时运用代办登记等延伸公证服务,为企业相关登记提供便利。

(四)拓展创新涉外公证法律服务领域

围绕国家"一带一路"倡议,适应实施"走出去"发展战略的需要,进一步推动涉外公证业务领域的拓展创新,鼓励和支持公证机构全力服务中国企业和公民"走出去"。

1. 发挥公证在"一带一路"沿线国家和地区知识产权合作机制中的作用,在国际货物贸易、服务贸易等方面,为中国企业和公民国际知识产权申请、转让、许可和国际诉讼、仲裁等提供公证法律服务。

2. 培育建设若干家涉外公证服务示范机构,健全完善涉外公证质量监管机制,进一步提高涉外公证服务质量。

3. 依托互联网技术,促进在线办证进一步发展,探索远程办证,全方位提升涉外公证服务水平。

(五)拓展创新民生保障公证法律服务领域

着眼住房、养老、财产传承等民生需求,充分发挥公证服务、监督职能保障民生,为人民群众提供优质、实惠的公证法律服务。

1. 深入贯彻落实上海市住建委、上海市司法局《关于贯彻商品住房项目销售采取公证摇号排序有关问题的实施意见》,积极拓展公证摇号现场监督类公证法律服务,发挥公证监督职能,确保公开、公平、公正,为构建更加完善的住房市场体系提供有力保障。

2. 在"房子是用来住的、不是用来炒的"定位下,办理住房租赁摇号现场监督公证、租赁合同公证、代办租赁登记、退租保全证据公证等事项,服务租赁住房市场建设。

3. 积极关注人口老龄化趋势,大力发展老龄服务公证业务,持续推进公证在商业养老保险领域的拓展,防控商业养老保险中的法律风险,为老年群体提供安全可靠的法律保障,为扩大多层次养老服务供给提供有效支持。

4. 关注家事领域的现实公证需求,探索新类型的家事财产协议、家事信托、新型财产权利处分、继承等领域的公证法律服务创新,充分保障人民群众的意思自治,为人民群众合理规划、处分其财产权利提供全面的公证保障。

(六)拓展创新公证参与社会治理服务领域

上海深入推进社会治理创新,着力补短板、强管理、促公平、提质量,公证应当充分发挥证明、沟通职能,有效参与社会治理。

1. 在环境综合整治、道路交通违法行为大整治、城乡中小河道综合整治、全面加强食品安全等执法工作中,办理保全证据公证,固定证据,促进规范执法。

2. 在业委会选举、日常运作中,办理现场监督公证,确保公开、公平、公正,提高基层自治法治水平。

(七)拓展创新公证参与司法辅助事务领域

公证制度是社会纠纷多元化解决的基础性司法资源,可以成为人民法院司法辅助事务的重要承接力量。公证参与司法辅助事务,有利于协助法官集中精力做好审判执行工作,有利于进一步深化多元化纠纷解决机制改革,有利于促进公证机构改革创新发展。公证机构应当贯彻落实最高人民法院、司法部《关于开展公证参与人民法院司法辅助事务试点工作的通知》精神,大力开展公证参与人民法院司法辅助工作。

1. 参与调解。公证机构可以接受人民法院委派或委托在家事、商事等领域开展调解,经委派调解达成协议的,公证机构可以依当事人申请,对具有给付内容、债权债务关系明确的和解、调解协议办理公证并赋予强制执行效力。

2. 参与取证。公证机构可以接受人民法院委托,就当事人婚姻状况、亲属关系、财产状况、未成年子女抚养情况、书面文书等进行核实和调查取证。

3. 参与送达。公证机构可以接受人民法院委托,参与案件各个阶段的司法送达事务。

4. 参与保全。公证机构可以协助人民法院核实被保全财产信息和被保全财产线索,核实被保全动产的权属和占有、使用等情况。财产保全需要提供担保的,公证机构可以协助人民法院审查申请保全人或第三人提交的财产保全担保书、保证书,对其中的担保内容及证据材料进行核实。

5. 参与执行。公证机构可以参与人民法院执行中的和解、调解、送达工作,协助人民法院搜集核实执行线索、查控执行标的,协助清点和管理查封、扣押财物。经执行机关申请,可以办理保全证据公证。

四、进一步拓展创新公证业务领域的工作措施

（一）切实加强组织领导

各区司法局要高度重视拓展创新公证业务领域的工作,增强改革意识和担当意识,切实负起监督指导责任,加强组织领导,确保公证机构、公证员积极稳妥开拓创新公证业务领域,做到遵法守规,确保公证质量。市公证协会要加强自我管理,负起行业监督指导的职能作用,以更高的标准建立公证质量的评估体系;对公证机构开展的拓展创新公证业务领域的工作,要及时加强研究指导、加强人员培训、加强业务规范的制定。各公证机构要完善重大、复杂、疑难、新型案件集体讨论工作机制,不断强化公证业务工作指导,以公证业务研究为先导,在充分调研论证新型公证业务的合法性、可行性的基础上统筹开展。对于新领域、新业务充分探讨、论证,发现业务拓展中的疑点、难点、盲点,要及时防控风险,进一步规范业务指导机制,确保创新公证业务领域科学、有序地拓展。

（二）切实加强公证队伍能力素质建设

应当高度重视公证队伍建设,吸引和培养跨领域、复合型公证人才,尤其应当注重公证人员专业化建设,通过多层次、多维度的培训体系提升公证人员自身的法律素质和专业能力,根据具体的公证业务拓展创新领域组建打造专业化公证团队,集中发挥专业优势,提高公证法律服务专业化水平,为社会提供高质量、专业化的公证法律服务。

（三）切实加快"智慧公证"建设步伐

为适应商贸活动信息化、网络化的需求,推动创新公证业务领域,公证行业应当加快"智慧公证"建设步伐,注重提升公证信息化水平,着力优化信息化基础设施及配套设施建设,构建公证大数据平台,推动公证法律服务向互联网端延伸,运用信息技术手段和科技成果为拓展创新公证业务领域提供支撑。

（四）切实加强公证工作的宣传力度

公证业务领域的拓展创新需要以公证服务建设与公证服务宣传形成联动,以服务提升宣传,以宣传促进服务。公证行业及公证机构应当注重强化公证法治宣传,扩大公证影响力,引导企业及其他社会主体运用公证手段合理解决自身法律问题,保障自身合法权利。公证行业及公证机构应当采取多样化的宣传措施,深入企业、社区及科创园区,让更广泛的社会群体了解公证、选择公证、信赖公证,从而实现公证业务领域的拓展创新与公证服务宣传的良性互动。

（五）切实加强信息共享及协作机制建设步伐

创新公证业务领域需要以构建信息共享及协作机制为纽带,实现与司法行政机关、行业管理部门、业务关联部门及其他组织的信息互通。在创新公证业务领域中的问题,应当及时向主管机关汇总、报告。使业务领域的创新工作始终保持"行稳致远"的工作态势,坚持法律效果和社会效果的高度统一,做到服务社会、惠及群众,更好地服务经济社会发展。

上海市司法局

2017 年 11 月 15 日

关于办理涉及财产转移委托公证问题的通知

沪司〔2017〕108 号

各区司法局、市公证协会：

本市部分公证机构和公证员在办理涉及财产的委托公证时，错误理解或者适用《办理房屋委托书公证的指导意见》（2008 年 4 月 23 日，中国公证协会）、《公证程序规则》（2006 年 5 月 18 日，司法部）第三十八条的相关规定，仅对委托人的签名（印鉴、指印）和签署日期进行证明，而未按照《公证程序规则》第 36 条的规定，证明委托行为的真实性、合法性。此种办证方式，明显存在公证机构规避审慎核查义务的嫌疑。少数公证机构甚至出现了违反《公证程序规则》第五条第二款"在办理公证过程中须公证员亲自办理的事务，不得指派公证机构的其他工作人员办理"的规定，指定公证员助理办证，同时擅自更改公证书格式，规避公证格式中"在公证员面前签字"的表述。所出具的公证书，引发多起投诉，严重损害了公证行业的社会形象。针对此类问题，市局多次要求予以纠正、督促整改，但效果并不明显。

为了维护公证工作的社会公信力，规范公证员的执业行为，强化审查职责，确保公证当事人的合法权益，现就有关工作通知如下：

一、自 2017 年 4 月 20 日起，本市公证机构在办理涉及财产转移、抵押及过户登记委托公证（以下简称涉及财产转移委托公证）时，停止适用《办理房屋委托书公证的指导意见》第五条第一款，及第六、七、八、九、十条规定。

二、公证机构在办理涉及财产转移委托公证时，应当严格按照《公证程序规则》第三十六条规定进行审查。重点审查：委托人的身份是否属实；委托人是否具有完全民事行为能力；委托书内容是否与委托人意思表示一致；委托书中有无违反法律规定或者明显虚假的内容；处分房屋的，以查阅房屋登记簿的方式核实委托人提交的房屋权属凭证是否属实，以及该房屋有无被抵押、查封、扣押等限制处分的情况；委托书所处分的房屋属于夫妻共有财产且夫妻不能共同签署委托书的，另一方是否同意；委托书中委托人的签名（印鉴、指印）和签署日期是否属实。确保委托公证真实性、合法性。

三、公证机构在办理涉及财产转移委托公证时,一律以"委托"作为立案案由,不得以"签名、印章"立案。

四、办理涉及财产转移委托公证,如委托人系本市户口且委托涉及房产在本市的而受托人非近亲属的,一律不予受理公证。确因情况特殊,应由公证机构主要负责人审批后方可受理,且实行一案一批,审批材料应附卷备查。如果受托人是委托人的近亲属(配偶、子女、父母、兄弟姐妹、祖父母、外祖父母)的,办理委托时应当提交近亲属的亲属关系证明,公证机构对于该证明真实性予以核实。

五、涉及70周岁以上老年人申办涉及财产转移委托公证的,按照《市司法局关于暂缓办理民间借贷类公证等事项的通知》(沪司〔2017〕101号)第五条执行。

六、委托公证书出具后,应由委托人本人领取;若委托人因特殊原因不能亲自领取的,可委托其近亲属代为领取。

七、办理涉及财产转移委托公证,一律由公证员亲自办理,不得指定公证员助理办证。公证员询问、履行告知义务及当事人签署公证文件的过程应当录像,并应将影像资料附卷备查。应当按照司法部2011年3月11日颁布的《关于推进新的定式国内公证书格式的通知》(司发通〔2011〕32号)所规定的第一式《委托公证书格式》出具公证书,严禁变更格式。

各区司法局、市公证协会应当切实履行监督管理职责,督导公证机构及其负责人和从业人员坚决贯彻执行,共同维护公证执业秩序,规范公证员执业行为,竭诚保护当事人合法权益。本通知贯彻落实情况,将列为2017年度公证质量检查重点内容。对拒不执行本通知规定的,应当分别按照《事业单位工作人员处分暂行规定》第十七条第一款第(九)项、《上海市公证协会会员惩戒规则(试行)》第十五条第(四)、(五)项等规定,严肃追究相关机构和人员的责任。市司法局也将视情追究相关单位、机构和人员的违法、违规和违纪责任。

特此通知。

上海市司法局

2017年4月14日

关于印发《关于充分发挥公证职能作用加强公证服务知识产权保护工作的实施意见》的通知

沪司发〔2017〕113 号

各区司法局、市场监管局、版权部门、知识产权部门,市公证协会:

现将《关于充分发挥公证职能作用加强公证服务知识产权保护工作的实施意见》印发给你们,请认真贯彻执行。

上海市司法局　上海市工商行政管理局

上海市版权局　上海市知识产权局

2017 年 12 月 5 日

关于充分发挥公证职能作用加强公证服务知识产权保护工作的实施意见

为全面贯彻落实党的十九大精神,坚持以习近平新时代中国特色社会主义思想为指导,根据司法部、国家工商行政管理总局、国家版权局、国家知识产权局联合发布的《关于充分发挥公证职能作用加强公证服务知识产权保护工作的通知》(司发〔2017〕7 号)精神,结合《上海知识产权战略纲要(2011—2020)》,充分发挥公证服务知识产权保护的职能作用,为上海加快推进"四个率先"、建设"四个中心",实现"创新驱动、转型发展"提供有力支撑,现提出如下实施意见:

一、充分认识公证服务知识产权保护工作的重要意义

(一)在推进国家知识产权战略中的意义

要从全面依法治国和推进社会主义法治建设的高度,从实施创新驱动发展战略,加快知识产权强国建设的高度,充分认识加强公证服务知识产权保护工作的重要意义。知识产权是现代产权制度的重要构成,日益成为国家发展的战略

性资源和国际竞争力的核心要素,在国家经济社会发展中具有重要的地位和作用。公证制度作为一项预防性的司法证明制度,具有服务、沟通、证明、监督的功能,在维护市场经济秩序、保障和实现公民权益、促进对外开放、加强社会诚信建设等方面具有独特优势。加强公证服务知识产权保护工作,充分发挥公证制度在知识产权保护中的功能和优势,是加强知识产权保护运用、创新完善知识产权管理机制、健全知识产权公共服务体系的重要内容,也是深入实施知识产权战略、加快知识产权强国建设的重要举措。积极创造条件,加大服务力度,创新方式方法,推进公证服务知识产权保护,维护知识产权创新、创造、应用和保护的良好秩序,有利于促进和保障我国知识产权事业健康发展。

（二）在上海城市发展战略中的意义

上海在加快实现"四个率先"和建设"四个中心"的大战略中,将发展和保护知识产权列为重要内容,以此为建设社会主义现代化国际大都市提供有力支撑。上海市委市政府要求建立严格的知识产权保护机制,坚持"激励创造、有效运用、依法保护、科学管理"的方针,推进创新主体运用国际知识产权规则的能力建设,提升知识产权质量和效益,深化知识产权领域改革,发展知识产权服务业,加强知识产权交易平台建设,推进上海亚太知识产权中心城市建设。同时特别指出,要加快知识产权、创新要素流动、竞争政策、争端解决等制度探索,形成一整套适应国际规则新要求的制度体系。公证作为预防纠纷、解决争议的重要制度,是该制度体系中重要的组成部分。要从服务全市中心工作的高度出发,切实发挥公证法律服务在知识产权保护工作中的积极作用。通过发挥公证的法定证据效力、强制执行效力、法律行为成立要件效力等作用,完成对知识产权的全方位保护。

二、发挥公证服务知识产权保护的职能作用

要支持和引导公证机构充分发挥公证职能作用,围绕知识产权创造设立、运用流转、权利救济、纠纷解决、境外保护等环节提供公证服务,实现对知识产权事前、事中、事后的全程保护。

（一）全程参与,发挥公证在知识产权创造转化中的功能

1. 在知识产权创造设立环节。公证机构应当更加积极的围绕新技术的开发与登记、权利人之间的保密与竞业禁止规定、单位与个人之间委托开发与委托设计等情形,为企业、科研机构、发明创造权利人提供公证咨询、指导与服务,提高其证据意识、自我保护意识,提升其持续创新的动力和能力。支持公证机构研究和利用新技术手段对作品、计算机软件等设计过程中的数据存储。通过全程的保全证据公证服务与知识产权公证法律服务整体协议等形式,为技术创新保驾

护航。

2. 在知识产权运用流转环节。以市场需求和社会民生为导向,加强公证在知识产权的实施和转化中的保护作用。公证机构应当继续做好对权利人以协议、遗嘱、赠与等方式使用、传承知识产权的公证服务工作,不断完善公证在知识产权的交易流转、财产继承和分割事务中的公证程序和方法。公证机构应当更加主动的介入知识产权的转让、许可和竞价拍卖等活动以及知识产权转让许可、知识产权合作、知识产权入股等交易合同中,通过规范流程、监督履约、保障资金安全等方式,保障知识产权的依法交易、分配、使用、继承,降低流转风险,促进社会和谐。公证机构应当加强与地处上海的知识产权示范园区、试点园区、国家级知识产权保护规范化市场的合作,为这些园区、市场提供综合性知识产权公证法律服务,提升园区和市场的知识产权管理和服务能力。

3. 在知识产权境外保护环节。引导公证机构做好"一带一路"、"走出去"企业的知识产权境外保护工作。要帮助企业对已经申请专利、获得专利权或已经生产、使用的产品、技术,做好在先使用、公开在先证据资料的保全服务,为企业境外专利申请、转让、许可、涉外诉讼和国际仲裁提供强有力的证据支撑。积极推动"上海制造"、"上海创造"、"上海品牌"进入国际市场、参与国际竞争。

(二)解决问题,发挥公证的事先预防与事后救济作用

1. 探索知识产权纠纷的预防机制。以公证的方式保管知识产权证据及相关证明材料,加强对证明知识产权在先使用的保全证据公证。支持和引导公证机构对知识产权质押融资合同办理赋予强制执行效力公证,为知识产权融资增信,提高履约率,预防和减少三角债,维护企业经营秩序和金融秩序。

2. 加强知识产权纠纷的化解能力。发挥公证在知识产权冲突中的调解作用,探索包括建立多元化知识产权纠纷解决机制在内的公证知识产权保护长效机制。开展知识产权纠纷诉讼与调解对接工作,依法规范知识产权纠纷调解工作,完善多部门参与的知识产权纠纷调解机制,探索对有给付内容的调解协议办理赋予债权文书强制执行效力公证。

3. 丰富知识产权成果的保护手段。对市场(含电子商务)中侵犯著作权、专利权、商标专用权的商品进行公证购买并办理保全证据公证,对经营者在KTV、影院等经营场所未经许可播放音乐、影视等作品办理保全证据公证,对"上交会"等大型展会的展会现场展出商品涉嫌侵犯著作权、专利权、商标专用权办理保全证据公证,对侵犯著作权、专利权、商标专用权的商品集中销毁行为办理保全证据公证。支持公证机构提供远程公证服务,针对网络文学、新闻、音乐、影视、游戏、动漫、软件等重点领域的侵权盗版行为,允许权利人或相关人员使用公证机构开发的远程公证系统实时取证,作为办理公证的证据材料。

（三）创新方式，推动公证服务知识产权保护手段更新

要争做公证服务方式和方法创新的排头兵。在公证服务知识产权保护领域，利用好信息化手段，用"互联网+"、大数据、共享经济等理念，拓宽公证服务知识产权保护手段。

1. 全面加强信息化平台建设。整合资源，优化流程，积极打造知识产权公证法律服务的"智慧公证"平台，形成一系列、全方位的知识产权公证法律管理模式，提升电子化水平，依托电子签名和数据加密等新技术，不断拓宽公证服务知识产权的业务领域。

2. 特别关注地域经济发展。要加强对自贸区各类知识产权密集型企业的公证服务和指导，体现上海在特定领域、特色区域的特殊功能。特别是加强网络、展会、专业市场等重点领域以及自贸区、浦江两岸、临港地区、世博园区、漕河泾开发区、虹桥商务区、上海国际旅游度假区等重点区域的知识产权公证保护，探索专利、商标、版权等知识产权公证综合法律服务模式。

三、有效发挥公证服务知识产权的社会效应

（一）培养一支专业的知识产权保护公证人才队伍

加强知识产权公证队伍建设，培养一批业务能力和研究能力兼备的知识产权专业公证员。形成多个以知识产权公证法律服务为特色的示范型公证机构，完善知识产权公证法律服务中的标准化建设，提升知识产权公证保护的权威性和影响力，基本形成数量足、素质高、结构合理，与上海知识产权发展需要相适应的公证知识产权实务人才团队。

（二）发挥公证机构在知识产权保护方面的普法功能

弘扬以"以创新为荣、剽窃为耻，以诚实守信为荣、假冒欺骗为耻"的道德观念，形成尊重知识、崇尚创新、诚信守法的知识产权文化。及时公布知识产权公证法律服务典型案例，特别是上海法院、行政执法机构分别作出判决和行政处理的，在上海地区、全国均有较大影响的案例。密切与其他职能部门合作，如参与大型展会现场所设立的"知识产权服务中心"工作，组织专业公证人员入驻或协助，为国内外展商提供知识产权公证法律咨询。参与展会现场知识产权投诉处理工作，为展会现场展出商品提供知识产权保护公证服务。

（三）完善知识产权公证法律服务体系

围绕知识产权的创造、运用、保护和管理，加强知识产权数据存储、在先使用证据保全、侵权信息监控等在内的知识产权公证服务平台建设，提升知识产权公证服务能力，鼓励公证机构开展包括设立专业的知识产权公证法律服务中心等在内的组织创新以及开展与知识产权有关的公证法律服务方式和手段的创新，

推进公证与知识产权保护的深度融合。

四、加强对公证服务知识产权保护工作的协作配合

（一）加强组织推进和业务指导

各部门要高度重视,加大对公证服务知识产权保护工作的支持力度,积极搭建平台,发挥公证在知识产权创造、应用、流转、保护中的作用,共同推进公证服务知识产权保护工作。市公证协会要加强业务指导,及时制定办理相关公证的业务指导性文件,推广典型案件,组织开展知识产权公证业务的专题培训、研讨活动,努力提高知识产权公证业务质量。

（二）强化部门协作与资源整合

各部门要明确工作责任和进度,围绕本实施意见的主要内容,在各自职能范围内制定切实可行的措施和政策。要完善知识产权管理机构,加强人才队伍建设,积极探索管理体制改革。要建立和发挥市、区两级工作联席会议的统筹协调作用,加强战略实施的信息反馈、统筹协调、分步推进,各成员单位要增强协作意识,促进资源整合,形成工作合力。

（三）完善检查评估和服务标准

探索建立一套公证服务知识产权保护的检查评估体系,对现有公证服务知识产权的模式进行科学化考评,对新型的公证服务知识产权的方式和手段予以引领和推广,并根据政策和实务发展变化,及时沟通和调整服务方式和手段。重视知识产权公证法律服务的标准化建设,逐步形成公证服务知识产权保护的标准化组织和业务标准化流程和规范。

（四）培育重点区域与示范机构

要发挥上海市各个区域的特色与优势,根据现有工作基础和发展潜力,确定重点培育区域,尤其注重自贸、科创园区、知识产权密集型产业集聚区、知识产权业务聚集区等重点园区。要支持和引导公证机构提高公证服务的质量与水平,拓展公证机构的知识产权公证法律服务业务,参与制定科学合理的知识产权保护服务清单,丰富公证服务知识产权的形式和手段。各部门要认真学习本《通知》精神,结合"四个中心"和科创中心建设的具体要求,加快构建公证服务知识产权保护的衔接机制,整合职能资源,维护知识产权创新、创造、应用和保护的良好秩序,进一步促进公证保护知识产权工作,服务上海经济社会可持续发展。

关于严格规范公证办证审批管理工作的通知

沪司规〔2018〕1号

市局相关单位和部门,各区局:

为严格规范公证执业行为,提升公证办证质量,进一步明确公证机构内部管理职责,切实维护公证公信力和群众合法权益,根据《公证程序规则》及《关于发布公证执业指导案例重申公证执业"五不准"规定的通知》(沪司发〔2017〕97号)等规定,经2018年第1次局长办公会议审议,现就进一步加强和规范公证办证审批管理工作通知如下:

一、办证审批事项

除法定公证办证免批事项外,停止执行市、区两级司法局和公证机构自定的所有公证办证免批规定。每件公证事项均应由公证机构主要负责人或其指定的公证员(以下简称审批人员)审批。未经市局批准,主管区局、市公证协会、各公证机构不得擅自决定对公证员办理公证事项施行免批。

二、审批人员数量

公证机构原则上按照以下规则合理确定审批人员数量:一是根据执业公证员人数,每8名公证员可设置1名审批人员(不包括公证机构主要负责人);二是根据上年度办证件数,每5 000件公证可设置1名审批人员,依据上年度办证件数所确定的审批人员数量不得超过依据执业公证员人数所确定审批人员数量的一倍。经市局同意,公证机构确有特殊情况的,审批人员数量可以适当增加。

三、审批人员备案

公证机构应当选择政治信仰坚定、业务能力精湛、责任意识较强、健康状况良好,且在过去五年内未受过公证执业行政处罚、事业单位处分、行业惩戒的公证员(公证机构主要负责人除外)作为审批人员。在执业期间,审批人员受到公证执业行政处罚、事业单位处分、行业惩戒或者具有其他不适合再履行办证审批职责情况的,公证机构应当及时予以调换。因审批人员新增、缩减、变更,需要调整公证机构办证审批人员名单的,主管区局应当呈报市局备案。公证机构办证审批人员名单以市局备案通过的名单为准。

四、办证审批权限

公证机构可以根据内部管理分工,指定审批人员负责特定公证事项、公证员的办证审批工作。动拆迁证据保全、执行证书、摇号开奖等涉众的疑难复杂公证事项以及其他极易引发矛盾纠纷的公证事项,应当由公证机构的主要负责人审批。公证机构主要负责人每月亲自审批的公证数量应当不少于 100 件,且不得要求他人代为履行办证审批职责。

五、办证审批回避

审批人员不得审批自己承办的公证事项。审批人员审批的公证系其近亲属申请办理的,或者与本人及其近亲属有利害关系的,审批人员要主动向公证机构书面提出回避申请并说明理由,公证机构经查确属于回避情形的,应当指派其他审批人员审批。审批人员申请回避及公证机构指派其他审批人员的书面材料,应当附卷归档备查。

六、审批审查内容

在出具公证书前,承办公证员应当将拟制公证书连同被证明的文书、当事人提供的证明材料及核实情况的材料、公证审查意见等,一并送交审批人员审批。审批人员应当严格对照《公证法》《公证程序规则》和有关办证规则规定,依据《司法部关于公证执业"五不准"的通知》(司发通〔2017〕83 号)、《司法部办公厅关于发布公证执业指导案例的通知》(司办通〔2017〕97 号)等文件的要求,对承办公证员送审的公证文书、记载询问谈话过程的视频等附随材料进行审查。

七、审批出证条件

承办公证员所办公证应当符合《公证法》《公证程序规则》《公证审批工作指引》等规定中关于合法性、真实性、程序性的要求。审批人员经审查,对于符合出证条件的公证,应当准予承办公证员出具公证书。对于经审查发现相关公证不符合上述出证条件的,审批人员应当作出不予出证的决定,并书面告知承办公证员理由。《公证审批工作指引》由市局指导市公证协会制定下发。

八、审批责任追究

对于审批人员因未尽审查义务、疏于履行办证审批职责,致使公证机构出具错证、假证的,除依法依规依纪追究承办公证员责任外,还应当对审批人员予以问责。

各区局、市公证协会应当切实履行管理职责,主动加强对公证机构公证质量的督查管理和执业行为的日常监管。本通知下发后,各区局、市公证协会应当督导所属公证机构从严落实公证审批管理制度,正确看待审批环节在公证质量管理中的重要作用,坚决守住出证前的最后一道质量检查关口。对拒不执行本通知要求的,各主管局、市公证协会要严肃追究相关机构和人员的责任,市局也将视情节的严重性追究相关单位、机构和人员的违法、违规和违纪责任。

本通知有效期五年,自 2018 年 3 月 1 日起施行,至 2023 年 2 月 28 日止。

特此通知。

附件:上海市公证机构办证审批人员名册(2018 年 1 月)

(略)

上海市司法局

2018 年 1 月 27 日

关于印发《关于充分发挥公证职能作用服务
金融风险防控的实施意见》的通知

沪司规〔2018〕2号

市高级人民法院相关部门、各中级人民法院、各区人民法院,市司法局相关部门、各区司法局,在沪银行业金融机构,中国证监会上海监管局相关部门,中国保监会上海监管局相关部门,中国人民银行上海分行相关部门,市金融办相关部门、各区金融办:

现将《关于充分发挥公证职能作用服务金融风险防控的实施意见》印发给你们,请认真贯彻执行。

特此通知。

上海市高级人民法院　上海市司法局

中国银行业监督管理委员会上海监管局　中国证券监督管理委员会上海监管局

中国保险监督管理委员会上海监管局　中国人民银行上海分行

上海市金融服务办公室

2018 年 1 月 12 日

关于充分发挥公证职能作用服务
金融风险防控的实施意见

为深入贯彻落实全国金融工作会议以及最高人民法院、司法部、中国银监会《关于充分发挥公证书的强制执行效力服务银行金融债权风险防控的通知》(司发通〔2017〕76 号,以下简称《通知》)精神,进一步推进上海国际金融中心建设,健全金融法治体系,完善社会信用体系,现就充分发挥公证作用服务金融风险防控提出如下实施意见:

一、深刻认识充分发挥公证作用服务金融风险防控工作的重大意义

金融是国家重要的核心竞争力,金融安全是国家安全的重要组成部分,金融制度是经济社会发展中重要的基础性制度。上海在进一步推进国际金融中心建设中,以强化金融监管为重点,以防范系统性金融风险为底线。公证作为一项预防纠纷、化解争议的法律制度,根据自然人、法人或者其他组织的申请,依照法定程序对民事法律行为、有法律意义的事实和文书的真实性、合法性予以证明,可以在防范金融风险、维护金融稳定方面发挥更大的作用。发挥强制执行公证有效快捷实现金融债权的独特功能,贯彻落实《通知》及最高人民法院、司法部《关于公证机关赋予强制执行效力的债权文书执行有关问题的联合通知》(司发通〔2000〕107号)文件精神,推动本市金融机构(包括经人民银行、银监会、证监会、保监会、地方人民政府金融管理部门批准设立的从事资金融通业务的机构,以下统称"金融机构")在经营业务中进一步加强通过公证强制执行效力提高债权实现效率,降低债权实现成本。

引导金融机构合理运用公证的证据效力规范业务发展、维护合法权益;综合运用公证证明、提存、保管等多种公证服务手段避免纠纷、化解争议;充分发挥公证证明、沟通、服务、监督职能,服务金融风险防控。

二、充分发挥公证作用,防范金融活动风险,促进金融健康发展

(一)发挥公证强制执行效力,提升债权实现效率

1. 根据《通知》精神,推进本市公证机构对金融机构运营中所签署的符合《公证法》第37条以及《通知》第二条规定条件的债权文书提供赋予强制执行效力债权文书公证的服务。

公证机构可以对金融机构运营中签署的以下债权文书办理赋予强制执行效力公证:各类授信合同,借款合同、委托贷款合同、信托贷款合同等各类贷款合同,票据承兑协议等各类票据融资合同,融资租赁合同,保理合同,开立信用证合同,信用卡融资合同(包括信用卡合约及各类分期付款合同),债务重组合同、还款合同、还款承诺,各类担保合同、保函,以及其他符合《通知》第二条规定条件的债权文书。

2. 推进公证机构在金融纠纷化解中对符合《公证法》第3条以及《通知》第二条规定条件的各类和解协议、支付协议、还款协议等办理赋予强制执行效力债权文书公证。

3. 公证机构在办理赋予各类债权文书强制执行效力的公证业务中应当严格遵守法律、法规规定的程序,切实做好当事人身份、担保物权属,提高合同主体的履约意识,预防和降低金融机构的操作风险。公证机构要加强对合同内容的合

法性审查,尽力减少当事人对公证债权文书约定内容的争议,确保债权文书的质量。对于债权合同约定内容的瑕疵,应当告知合同各方并提出修改建议,合同各方不接受公证建议的,应当告知履约以及强制执行的法律风险和法律后果,并对上述过程予以书面记录。在出具执行证书的过程中,公证机构应当按照法律法规规定的程序及合同约定的核实方式进行核实,确保执行证书载明的债权债务明确无误,保障债权文书的执行效力。

(二)发挥公证证据效力,防范金融活动风险

1. 公证机构可以对各类金融合同办理公证。对金融合同进行公证,可以充分发挥公证的审查、证明作用,确保合同中权利、义务、金额等内容合法、具体、明确,保证合同主体的自愿、平等,维护合同主体的合法权益。同时,通过预先警示合同主体需要承担的违约成本,提高合同各方主体履约意识,预防和降低违约风险。在开展抵押担保等公证业务时,严格审查多头抵押、超值抵押,防止交易风险。

2. 公证机构可以对在各类基金持有人大会、新股发行摇号、企业并购重组招投标办理现场监督公证。公证机构可以对融资人、担保人、金融机构产品购买人发表的资金来源、真实意思表示、知悉投资风险等声明、承诺办理公证,固定当事人在融资活动中真实的意思表示,约束和督促当事人履约,避免纠纷。

3. 积极开展电商金融、电子合同、网络支付等交易信息数据保全证据公证、数据存管公证服务,帮助交易主体固定证据,解决金融主体难以出具有效交易证据等问题,预防和解决金融交易纠纷。

4. 在银行业金融机构的投贷联动和金融机构参与的私募股权投资中,引入公证手段对私募股权的退出机制,包括支付协议、担保合同办理公证。在相关合同符合规定的情况下,办理具有强制执行效力的债权文书公证,保障金融机构投贷联动的投资收益权的实现。

5. 加强公证在公司上市、债务重组、资产证券化等大型项目中参与尽职调查以及对重要法律事实提供保全证据、现场监督以及保管重要法律文件、提供交易资金提存、出具法律意见书等公证法律服务。配合自贸区商事登记制度改革工作,积极开展自贸区内金融机构设立过程中的公司章程、授权委托、提存等各类公证业务。

6. 拓展公证参与保险业务、融资租赁、金融衍生品交易业务的服务内容和服务方式,在资产转让、清收、处置等方面提供综合性、个性化的公证服务,保障交易信息透明和交易公平,降低金融风险。

7. 支持公证机构在金融监管部门行政执法取证、送达保全等环节提供公证法律服务。探索发挥公证证据效力在金融执法中的运用,引入公证手段对执法

中的各类笔录、电子证据、录音录像等视听资料办理公证。探索公证机构协助金融监管部门对涉案的行政相对人送达调查通知书、行政处罚事先告知书、行政处罚决定书等法律文书。

（三）发挥公证沟通职能，多元化解金融纠纷

1. 推广公证机构协助人民法院的司法执行。包括公证送达相关司法文件、参与执行调解。经相关当事人申请，公证机构可以办理保全证据、保管、提存公证。公证机构可以协助人民法院搜集核实执行线索，协助人民法院管理查封、扣押的财物。公证机构可以对执行中的财产拍卖办理现场监督公证。

2. 推进公证机构参与金融行业组织的各类纠纷调解。公证员可以担任非诉调解员，以有效化解中小投资者的金融投资纠纷。在公证机构参与的各类金融纠纷调解中，公证机构可以充分运用公证的核实权，对相关方的承诺书、保证书、和解协议等办理公证。对于符合办理强制执行公证条件的债权支付协议，公证机构可以办理具有强制执行效力的公证，加强证据固定和当事方的协议履行率。

3. 在金融案件的司法裁判和其他金融纠纷解决过程中，公证机构及公证行业的资深公证员可以为相关法院、仲裁机构和纠纷调解机构提供涉及公证的专家意见。

（四）发挥公证服务职能，提升金融服务质量

1. 公证机构应结合自身证明机构的属性，在符合监管规定在前提下，主动探索尝试为金融机构提供公证证明之外的延伸服务，可以应金融机构的申请，通过确认债务人和担保人的主体资格，核实担保物的登记、占管使用及权利限制情况，为金融业务出具相关综合性的公证法律意见书；以保全证据、债务人/担保人资质核查、代办抵质押登记等方式为金融机构提供贷前审查、贷后管理综合法律服务，帮助金融机构提高信贷扶企的准确性和资金利用率，有效防范金融债权纠纷。

2. 在金融机构进行相关担保物、保险损害评估鉴定的过程中，试点公证机构对评估、鉴定机构进行盲选，降低评估、鉴定机构选择中的人为因素，确保担保物价值的客观性，防止恶性评估、鉴定欺诈，降低金融风险。

3. 设立公证虚假信息黑名单制度，纳入社会信用统计体系，增大虚假信息材料提供者的违法成本，杜绝公证中的虚假主体和虚假材料。切实做好公证信息与各类登记机构之间信息的联网、互通，建立公证信用平台。

三、明确职责分工，加强沟通协调，确保金融公证健康发展，切实发挥公证防范金融风险、维护经济平稳的作用

（一）提高金融公证服务能级，确保金融公证服务质量

全市各级司法行政机关、公证行业协会、公证机构要充分认识公证服务金融

改革创新的重要意义,进一步加强公证队伍服务金融改革创新的能力建设,丰富公证服务金融工作的种类和服务模式;要进一步加强业务监督与指导,鼓励支持公证机构根据当地金融发展的新形势和新要求,努力创新服务方式,不断优化公证服务,坚持真实合法、客观公正原则,平等保护金融各方主体的合法利益;要进一步建立科学完善的公证激励机制,避免公证机构过度利益导向造成的公证质量下降,确保公证公信力。金融公证工作涉及的标的金额大、法律关系复杂、当事人的个性化需求高,这些均对公证员的业务素质和执业技能提出了更高的要求。本市公证行业协会、各公证机构要通过展开培训、研讨、交流等形式,使公证员全面掌握《公证法》《公证程序规则》等公证法律、法规和规章的规定,掌握与金融公证相关的实体法和程序法,培育具有不同金融专业领域知识和执业经验的专项领头公证员。各级司法行政机关要进一步加强公证质量管理,维护公证文书的权威,强化执业秩序的监管。建立健全公证错证追责机制,特别是应当要求公证员依法履行职责、强化保密义务、严格法律责任,严肃查处公证机构及其公证员因过错导致公证文书错误的行为,切实维护公证的公信力。结合行业协会制定和完善金融公证质量标准,定期组织开展专项检查,及时发现和解决办理强制执行公证工作中存在的问题。

(二) 加强与法院执行裁判机构沟通协调,确保公证债权文书有效执行

司法行政机关应当加强与人民法院的沟通协调,研究解决依法赋予强制执行效力公证债权文书执行工作中存在的问题,促进公证工作与执行工作有机衔接,形成发挥债权文书公证最大效用的有效机制和上海先进经验。

市司法局应当会同上海市高级人民法院通过联合发文、会议纪要、专题问答等形式分别对债权文书公证中的原则性规定、金融机构申办债权文书公证具体要求、公证机构办理债权文书公证和出具执行证书的具体细则、人民法院裁定不予执行的适用范围等实务中的关切问题做出有针对性的明确操作规范。

在本市试点一到两家公证机构与相关法院执行部门的业务对接,对具有强制执行效力的债权文书公证以及执行中遇到的新问题、新情况及时研究总结,形成书面报告;建立公证债权文书强制执行中的协调监督机制,对于人民法院裁定不予执行的案件数量和具体理由定期发布数据和汇总报告,及时纠正公证执行证书中存在的问题和错误。

(三) 建立与人民法院、各金融监督管理部门等多部门联动机制,确保金融公证业务发展落到实处

由市司法局牵头,建立与上海市高级人民法院、中国人民银行上海分行、中国银监会上海监管局、中国证监会上海监管局、中国保监会上海监管局、上海市金融办等部门之间的金融公证联动机制。通过发布相关政策、建立多部门联席

会议制度、开展专项调查研究、制定指导性文件等措施不断创新公证服务方式和途径,确保金融公证业务发展落到实处;加强市公证行业协会、公证机构与各金融行业协会的交流对接和业务探讨。建立公证信用信息共享平台。借助本市法院审判、执行管理系统,共享关联案件信息查询,预防虚假合同及规避法律的公证执行申请,保障金融案件的公正有序处理。建立金融公证电子信息系统和公证信用信息数据库,开展动产抵押登记公证公示、所有权保留公证公示,加强金融交易公证信息和公证信用记录、金融类公证的数据信息统计和分析。

（四）加大宣传,制定具体工作方案,确保各项任务落到实处

市公证行业协会、各公证机构应深刻认识公证服务金融行业、防范金融风险的重大意义,要借助有关媒体加大公证服务金融改革创新防范金融风险的宣传力度;要主动联系人民法院、金融监管部门、各金融单位分支机构,宣传公证作用,了解实际需求,找准工作切入点和结合点,制定具体工作方案,在开展金融公证实践中及时总结经验,狠抓落实。

关于印发《关于严格公证责任追究的 实施办法》的通知

沪司规〔2018〕6 号

各中级人民法院,各区人民法院,铁路运输法院,市高级人民法院有关部门;各检察分院,派出院,各区人民检察院,铁路运输检察院,市人民检察院有关部门;各公安分局,市公安局有关部门,有关公安处(局);市司法局各单位、各部门,各区司法局,本市各公证机构:

公证是国家为保证法律正确实施,稳定社会经济民事流转秩序,预防纠纷,减少诉讼,保护公民、法人和其他组织的合法权益而设立的一项预防性司法证明制度。公证质量是公证工作的生命线,关系到申请人切身利益和公证事业形象。为切实加强对公证机构和公证员执业活动的监督管理和责任追究,规范公证执业行为,提高公证质量和公信力,市司法局会同市高院、市检察院、市公安局研究制定了《关于严格公证责任追究的实施办法》,现印发给你们,请遵照执行。

特此通知。

上海市高级人民法院　上海市人民检察院

上海市公安局　上海市司法局

2018 年 7 月 5 日

关于严格公证责任追究的实施办法

第一条　为深化司法体制改革,促进司法公正,保障公民、法人和其他组织的合法权益,加强对公证机构和公证员的管理和执业监督,增强公证机构和公证员的责任意识,规范公证执业行为,提高公证质量和公信力,根据《中华人民共和国公证法》(以下简称《公证法》)《公证机构执业管理办法》《公证员执业管理办法》等法律、法规、规章和相关规定,结合本市工作实际,制定本办法。

　　第二条　对市司法局核准登记的公证机构和公证员的责任追究,适用本办法。

　　第三条　公证责任追究,应当遵循以下原则:

　　(一)依法依规严格全面追责。公证机构或公证员在执业活动中违反法律、法规、规章和相关政策、行业规范规定的,应当严格依法依规追究相关刑事、民事、行政、行业和纪律责任,不得以承担一种责任为由免予追究依法依规应当追究的其他责任。公证机构、公证员违反事业单位管理规定的,司法行政机关应当依法依规追究其政纪责任或向有权机关提出追责建议。对具有中共党员身份的公证员涉嫌违反党纪的,司法行政机关或公证员所在公证机构应当建议其所属党组织追究其党纪责任。对公证机构或公证员的违法违规行为,人民法院、人民检察院、公安机关、司法行政机关在各自法定职责范围内,分别追究其相应责任。

　　(二)依法依规保障执业权利。依法保障公证机构和公证员依法开展公证活动,非因规定事由、非经规定程序,公证机构和公证员依法执业的行为不受追究。

　　第四条　公证机构及其公证员因过错给当事人、公证事项的利害关系人造成损失的,由公证机构承担相应的赔偿责任;公证机构赔偿后,可以向有故意或者重大过失的公证员追偿。

　　当事人、公证事项的利害关系人与公证机构因赔偿发生争议的,可以向人民法院提起民事诉讼。当事人、公证事项的利害关系人提供证据证明公证机构及其公证员在公证活动中具有下列情形之一的,应当认定公证机构有过错:

　　(一)为不真实、不合法的事项出具公证书的;

　　(二)毁损、篡改公证书或者公证档案的;

　　(三)泄露在执业活动中知悉的商业秘密或者个人隐私的;

　　(四)违反公证程序、办证规则以及国务院司法行政部门制定的行业规范出具公证书的;

　　(五)公证机构在公证过程中未尽到充分的审查、核实义务,致使公证书错误或者不真实的;

　　(六)对存在错误的公证书,经当事人、公证事项的利害关系人申请仍不予纠正或者补正的;

　　(七)法律、法规和规章规定的其他情形。

　　第五条　公证机构或公证员实施下列行为,情节严重,构成犯罪的,应当依法追究其刑事责任:

　　(一)故意出具虚假公证书;

（二）严重不负责任，出具的公证书重大失实，造成严重后果的；

（三）侵占、挪用公证费或者侵占、盗窃公证专用物品的；

（四）毁损、篡改公证文书或者公证档案的；

（五）泄露在执业活动中知悉的国家秘密、商业秘密或者个人隐私的；

（六）利用职务便利谋取和收受不正当利益的；

（七）其他违反法律构成犯罪的行为。

第六条　公证机构或公证员有下列情形之一的，司法行政机关应当追究其行政责任：

（一）以诋毁其他公证机构、公证员或者支付回扣、佣金等不正当手段争揽公证业务的；

（二）违反规定的收费标准收取公证费的；

（三）同时在二个以上公证机构执业的；

（四）从事有报酬的其他职业的；

（五）为本人及近亲属办理公证或者办理与本人及近亲属有利害关系的公证的；

（六）私自出具公证书的；

（七）为不真实、不合法的事项出具公证书的；

（八）侵占、挪用公证费或者侵占、盗窃公证专用物品的；

（九）毁损、篡改公证文书或者公证档案的；

（十）泄露在执业活动中知悉的国家秘密、商业秘密或者个人隐私的；

（十一）法律、法规和规章规定的应当给予行政处罚的其他情形。

第七条　公证机构或公证员有下列情形之一的，公证协会应当追究其行业责任：

（一）无正当理由，不接受指定的公益性公证事项的；

（二）无正当理由，不按期出具公证书的；

（三）在媒体上或者利用其他手段提供虚假信息，对本公证机构或者本公证机构的公证员进行夸大、虚假宣传，误导当事人、公众或者社会舆论的；

（四）违反规定减免公证收费的；

（五）在公证员名片上印有曾担任过的行政职务、荣誉职务、专业技术职务或者其他头衔的；

（六）采用不正当方式垄断公证业务的；

（七）公证书经常出现质量问题的；

（八）刁难当事人，服务态度恶劣，造成不良影响的；

（九）对应当受理的公证事项，无故推诿不予受理的；

（十）故意诋毁、贬损其他公证机构或公证人员声誉的；

（十一）利用非法手段诱使公证当事人,干扰其他公证机构或者公证人员正常的公证业务的；

（十二）给付公证当事人回扣或者其他利益的；

（十三）违反回避规定的；

（十四）违反公证程序,降低受理、出证标准的；

（十五）违反职业道德和执业纪律的；

（十六）违反公证管辖办理公证的；

（十七）利用职务之便牟取或收受不当利益的；

（十八）公证员未亲自办理公证事项的；

（十九）违反其他公证员职业道德和执业纪律的。

第八条 司法行政机关或公证协会在工作中发现涉及公证机构负责人、公证员违反党纪问题线索的,应当及时移送有关纪检监察机关调查处理；发现事业编制的公证机构、公证员违反事业单位纪律的,应当建议有权部门或单位给予相应纪律处分。

已经退休的公证员有违法违纪行为应当受到处分的,不再作出处分决定。但是,应当给予降低岗位等级或者撤职以上处分的,相应降低或者取消其享受的待遇。

第九条 人民法院在案件审理中发现公证机构、公证员涉嫌存在本办法第五条规定的应当追究刑事责任的情形的,应当向公安机关提供犯罪线索及相关材料,同时向市司法局提供相关情况,公安机关应当受理。人民法院在审理案件中发现公证机构、公证员涉嫌存在本办法第六条、第七条规定的应当追究行政责任、行业责任的情形的,应当向司法行政机关提供相关情况,司法行政机关应当立案调查,作出是否给予行政处罚的决定,或转交公证协会调查处理,并将处理结果反馈人民法院。

人民法院对公证机构、公证员作出刑事判决的,应当及时向市司法局提供判决文书,市司法局应当根据法院判决决定是否进行行政处罚立案。

第十条 人民检察院在工作中发现公证机构、公证员涉嫌存在本办法第五条规定的应当追究刑事责任的情形的,应当向公安机关提供犯罪线索及相关材料,同时向市司法局提供相关情况,公安机关应当受理。人民检察院发现公证机构、公证员涉嫌存在本办法第六条、第七条规定的应当追究行政责任、行业责任的情形的,应当向司法行政机关提供相关情况,司法行政机关应当立案调查,作出是否给予行政处罚的决定,或转交公证协会调查处理,并将处理结果反馈人民检察院。

第十一条　公安机关在工作中发现公证机构、公证员涉嫌存在本办法第五条规定的应当追究刑事责任的情形的,应当立案调查,并向市司法局提供相关情况。公安机关发现公证机构、公证员涉嫌存在本办法第六条、第七条规定的应当追究行政责任、行业责任的情形的,应当向司法行政机关提供相关情况,司法行政机关应当立案调查,作出是否给予行政处罚的决定,或转交公证协会调查处理,并将处理结果反馈公安机关。

第十二条　司法行政机关在工作中发现公证机构、公证员涉嫌存在本办法第五条规定的应当追究刑事责任的情形的,应当向公安机关提供犯罪线索及相关材料,公安机关应当受理,并将处理结果反馈司法行政机关。司法行政机关在工作中发现公证机构、公证员存在本办法第七条规定的应当追究行业责任的情形的,应当及时将相关材料移送公证协会调查处理,公证协会应当立案调查,并将处理结果报告司法行政机关。

第十三条　公证协会在工作中发现公证机构、公证员存在本办法第五条、第六条规定的应当追究刑事责任、行政责任的情形的,应及时将相关材料移送司法行政机关调查处理。

第十四条　司法行政机关应当监督、指导公证行业协会建立公证机构和公证员执业诚信评价机制,依据公证机构、公证员遵守法律、法规、规章、行业规范、事业单位纪律规定等情况定期进行执业诚信等级评定,并向社会公开。公证机构的执业诚信等级与行政资金支持、编制额度分配、考核监管措施等挂钩,公证员的执业诚信等级与个人职级晋升、职称评定、岗位考核、年终评优、奖金收益等挂钩,并向社会公开。

司法行政机关应当建立公证机构和公证员违法违规执业信息的常态化公开机制。公证机构、公证员因违法违规执业行为承担责任的,司法行政机关应将相关处理信息记入公证机构及公证员的执业档案,并录入上海市法律服务行业信用信息平台,作为执业诚信状况等级评定的重要依据。

第十五条　司法行政机关、公证协会和公证机构应当建立公证质量监管的长效机制,健全公证质量责任制、错证追究制和公证质量检查保障机制,完善风险防控机制建设,加强事前指导、事中监督、事后检查,严格规范公证程序,强化落实审批制度,严格区别审批人和承办人的责任。

司法行政机关应当强化公证员执业活动全过程监督,建立涵盖执业准入、日常监管、考核评价、奖励处罚等方面的公证执业监管体系。健全公证员执业准入和退出机制,对年度考核连续2年不合格的公证员实行包括调离公证员岗位等的退出机制。公证机构应当实行公证员岗位聘任制度。

公证机构应当严格履行公证复查的职责,依法处理公证复查申请。公证机构内部应当设立专门的公证质量复查工作班子,原承办公证员不得参加对自己办理的公证事项的复查。在复查期间,公证机构可以视情对承办公证员采取暂停接待、限制受理、暂停执业的管理措施。复查时发现公证书的内容违法或者与事实不符的,公证机构应当撤销该公证书并承担相应责任,及时向司法行政机关报告并对有责任的公证员进行惩戒或追偿。

公证协会应当积极维护公证执业秩序和公证行业信誉,组建争议投诉调查处理委员会,依法处理公证复查争议投诉,发现公证机构撤销或者不予撤销公证书的复查决定有错误的,或者发现被投诉的公证机构和公证员有违法、违规情形的,及时依照法律、法规、规章、行业规范和本办法作出处理。争议投诉调查处理委员会的组成人员实行专家库管理,成员应当包括公证员、司法行政机关公证管理人员、专家学者、律师等。公证协会应当建立公证质量第三方评估机制。

公证协会在投诉处理过程中发现公证机构未尽职复查、敷衍塞责的,应当对该公证机构提出处理意见,督促改正。公证机构拒不改正的,应当及时报告市司法行政机关、通报主管司法行政机关,并及时予以行业惩戒。

第十六条 人民法院、人民检察院、公安机关和司法行政机关应当依法保障公证机构和公证员依法开展公证工作,坚决制止、依法惩处扰乱公证工作秩序、干扰正常公证活动以及侵害公证员或者其近亲属人身安全的违法行为。司法行政机关应当进一步完善公证责任保险制度和公证责任赔偿制度,将公证赔偿与公证机构和公证员的过错责任挂钩。公证协会应当建立健全公证赔偿基金管理制度,定期或不定期对公证赔偿基金收入、支出等进行检查,并接受司法行政部门的监督检查。公证机构应当设立公证员执业过错责任保证金制度,每名公证员均应缴纳一定数额的过错责任保证金。保证金主要用于应由公证员承担的赔偿费用、罚款等,实行专户管理,不得挪作他用,在公证员停止执业后5年内,不得退还。

第十七条 人民法院、人民检察院、公安机关、司法行政机关、公证协会应当建立联席会议制度,定期通报公证类案件信息、公证违法违规执业信息,健全互联互通网络平台,健全公证违法违规执业行为发现机制,畅通案件移送渠道。司法行政机关及公证协会工作人员在公证管理工作中滥用职权、玩忽职守,造成严重后果的,依法追究相应的法律责任;对涉嫌违反党规党纪的具有中共党员身份的工作人员,移送其所属党组织纪检监察部门追究党纪责任。

第十八条 本办法由市高级人民法院、市人民检察院、市公安局、市司法局负责解释。

第十九条 本办法自印发之日起施行。

关于印发《上海市公证机构年度考核
实施办法》的通知

沪司规〔2018〕13号

市局相关单位和部门,各区局:

《上海市公证机构年度考核实施办法》已经2018年第3次局长办公会议审议通过,现印发给你们,请认真贯彻执行。

特此通知。

上海市司法局
2018年6月22日

上海市公证机构年度考核实施办法

第一章　总　　则

第一条　为规范公证机构的年度考核,加强对公证机构的监督、指导,根据《中华人民共和国公证法》(以下简称《公证法》)和《公证机构执业管理办法》《公证机构年度考核办法(试行)》及其他有关规定,制定本办法。

第二条　本市行政区域内公证机构的年度考核适用本办法。

第三条　对公证机构实施年度考核,坚持年度考核与日常检查相结合、实际效能与日常管理相结合的原则。

第四条　公证机构主管司法局负责组织实施所属公证机构的年度考核。

市司法局负责对全市公证机构年度考核的监督、指导。

第二章　考核内容和标准

第五条　公证机构年度考核内容为上一年度1月1日至12月31日(以下

简称考核年度)期间,公证机构基础性工作完成情况、创新性工作完成情况、思想政治建设情况和整改工作情况,重点考核公证机构的执业情况、公证质量情况和内部管理情况。

第六条　年度考核内容中的基础性工作是指公证机构为履行工作职责必须完成的日常基础性工作,具体考核内容如下:

(一)执业活动情况。包括在执业活动中遵守职业道德和执业纪律、依法受理公证事项、提供公证服务情况;规范设立办公场所情况;依法依规办理公证业务投诉、复查、过错赔偿事项情况;执行公证服务收费标准情况等。

(二)公证质量情况。包括司法行政机关开展年度公证质量检查与日常公证质量监管发现和查处的情况;公证机构加强公证质量自我监控情况等。

(三)组织建设情况。包括公证机构党组织建设及活动情况;公证员的配备数量及人员结构变化情况;开展公证员思想政治、职业道德、执业纪律教育,开展政治轮训、公证业务知识、技能培训,开展宣传教育、评先推优和精神文明创建的情况;其他工作人员配备及管理情况等。

(四)窗口建设情况。包括办公设施和办公环境建设情况;公证人员仪表端庄、挂牌上岗、文明执业情况等。

(五)内部管理情况。包括公证机构建立执行有关人事管理、业务管理、档案管理、质量监控、财务管理、重大事项集体讨论、投诉处理、收入分配、年度考核、执业过错责任追究等内部管理制度情况等。

(六)其他考核事项。包括重大事项报告情况;完成司法行政机关、公证行业协会布置的年度重点工作和各类专项活动情况;及时、准确向司法行政机关、公证行业协会报送各种信息、材料、数据报表情况;完成上级布置的评选表彰,文明单位、文明行业创建工作情况;社会公众满意度测评、法律服务行风测评情况等。

(七)司法部或者市司法局根据需要增加的其他考核事项。

第七条　年度考核内容中的创新性工作情况是指,公证机构在积极拓展公证业务、创新服务方式、延伸服务领域,组织公益性活动,创新内部管理模式等方面,在全市起到引领示范效应、具有推广价值,以及加强宣传、树立行业正面形象工作情况等。

第八条　公证机构在考核年度具有下列情形之一,被司法行政机关责令改正的,主管司法局应当将整改措施的落实、完成情况及其效果列入对该公证机构的年度考核内容:

(一)被投诉或者举报,经核查存在违法、违规、违纪问题的;

(二)执业中有不良记录的;

（三）内部管理存在重大问题的。

第九条　公证机构年度考核等次分为优秀、合格、基本合格、不合格四个等次。

第十条　公证机构在考核年度具有下列情形之一的,年度考核等次应当评定为不合格:

（一）因公证执业行为受到停业整顿处罚的或者未能保持法定设立条件经整改仍未达标的;

（二）因公证执业行为受到行业惩戒3次以上或者受到行政处罚（不包括停业整顿处罚）2次以上的;

（三）因所属公证员过错所办公证事项被撤销4件以上或者被法院判决承担公证损害赔偿责任2件以上的;

（四）所属公证员受到吊销公证员执业证书处罚人数2人以上的;

（五）所属公证员因公证执业行为受到刑事追责的;

（六）非因公证执业行为受到刑事追责人数2人以上的;

（七）违反法律、法规、规章和规范性文件规定,造成恶劣影响或者后果的;

（八）拒不执行司法行政机关、公证行业协会交办的任务的;

（九）被列入《上海市社会信用条例》规定的严重失信主体名单的;

（十）未使用市司法局认可的公证执业办证系统的;

（十一）具有应当评定为不合格的其他情形。

第十一条　公证机构在考核年度不具有本办法第十条所规定情形,但是具有下列情形之一的,年度考核等次应当评定为基本合格:

（一）因公证执业行为受到行业惩戒2次以上或者受到行政处罚（不包括停业整顿处罚）的;

（二）因所属公证员过错所办公证事项被撤销2件以上或者被法院判决承担公证损害赔偿责任的;

（三）所属公证员受到吊销公证员执业证书处罚的;

（四）所属公证员非因公证执业行为受到刑事追责的;

（五）存在违反法律、法规、规章和规范性文件的突出问题的;

（六）无正当理由未按时完成司法行政机关、公证行业协会交办的任务,或者完成任务质量较差的;

（七）所属公证员被列入《上海市社会信用条例》规定的严重失信主体名单2人以上的;

（八）具有应当评定为基本合格的其他情形。

第十二条　公证机构在考核年度具有下列情形之一的,年度考核等次不得评定为优秀：

（一）未能保持法定设立条件经整改达标的；

（二）所属公证员未完成职业培训学时 2 人以上的；

（三）所属公证员公证质量检查有不合格证累计 5 件以上的；

（四）公证机构未按时足额缴纳公证赔偿基金和公证行业协会会费的，所属公证员未按时足额缴纳公证行业协会会费 2 人以上的；

（五）因公证机构自身原因导致"文明单位"称号被取消的；

（六）具有不得评定为优秀的其他情形。

第十三条　有 3 名以上党员的公证机构未设立党支部或党总支，或者不具备成立党支部条件的公证机构的党员未参加主管司法局党组织活动的，年度考核等次不得评定为优秀。

所属公证员违反拥护中国共产党领导、拥护社会主义法治从业基本要求的，该公证机构年度考核结果不得评定为优秀，且可以视情节轻重、违规人数、行为性质等情况，给予基本合格或者不合格的年度考核等次评定。

第三章　考核方法和程序

第十四条　对公证机构年度考核采取日常考核和年终考核相结合的方式进行。

公证机构、公证员及其他工作人员应当积极配合主管司法局，如实说明有关情况，提供相关材料，不得谎报、隐匿、伪造、销毁有关材料。

第十五条　公证机构应当于每年度 1 月 15 日前向主管司法局提交包含有本办法第五条、第六条、第七条、第八条、第十三条规定内容的上一年度工作报告及《上海市公证机构年度考核表》。

新设立的公证机构在考核年度执业不满 3 个月的，不参加年度考核。

第十六条　主管司法局应当依照市司法局制定的公证机构年度考核评分标准，对公证机构考核年度基础性工作完成情况、整改工作完成情况和创新性工作完成情况进行评分，并形成年度考核总得分。

基础性工作情况及整改工作情况分值共计 100 分，采取扣分形式评分。创新型工作情况分值 20 分，采取加分形式评分。

第十七条　主管司法局根据公证机构年度考核总得分，提出初步年度考核结果。

除了具有本办法第十条、第十一条、第十二条、第十三条规定的情形外，公证机构年度考核总得分为 90 分以上的，初步年度考核结果为优秀；年度考核总得分为 80 分以上、不满 90 分的，初步年度考核结果为合格；年度考核总得分为 60

分以上、不满 80 分的,初步年度考核结果为基本合格。

年度考核总得分不满 60 分的,初步年度考核结果为不合格。

第十八条　主管司法局应当于每年度 1 月 31 日前向市司法局及市公证协会征求对初步年度考核结果的意见,市司法局、市公证协会应当及时向主管司法局反馈意见。

第十九条　在公证机构年度考核结果作出前,主管司法局应当向公证机构公示初步年度考核结果,公示期不得少于 7 日。

第二十条　公证机构对初步考核结果有异议的,可以在公示期满前向主管司法局申请复核。主管司法局应当在 5 日内完成复核,并书面答复复核结果。

第二十一条　主管司法局应当于每年度 3 月 15 日前完成对公证机构的上一年度考核,将年度考核结果填入公证机构执业档案和公证机构执业证书副本,加盖单位印章,并将《上海市公证机构年度考核表》存入公证机构执业档案。

主管司法局应当于每年度 3 月 31 日前将公证机构年度考核结果报送市司法局备案。

第四章　考核结果的运用

第二十二条　市司法局应当于每年度 4 月 30 日前,将公证机构上一年度考核结果在全市司法行政机关和公证行业内进行通报,在上海市法律服务行业信用信息服务平台上发布,主动向社会公开。同时将通报和年度考核工作总结报告报送司法部,抄送中国公证协会。

第二十三条　年度考核结果是公证机构业绩评定、奖励惩处的重要依据。

公证机构年度考核未被评定为优秀等次的,主管司法局、市公证协会不得推荐该公证机构参加评先推优活动。

第二十四条　年度考核被评定为不合格等次的,主管司法局应当对公证机构负责人进行诫勉谈话,责令其限期改正,必要时进行专门的学习培训。

主管司法局在开展年度考核过程中发现公证机构存在本办法第十一条第五项规定的突出问题的,应当责令其立即纠正或者限期整改。

主管司法局在开展年度考核过程中发现公证机构具有《公证法》第四十一条、第四十二条规定的情形应当给予行政处罚的线索,或者具有违反公证行业规范的情形应当给予行业惩戒的线索的,应当将案件移交市司法局或者市公证协会调查处理。

主管司法局应当对公证机构开展限期改正的情况作重点监督、指导。

第二十五条　对年度考核连续两年被评定为不合格等次的公证机构,主管司法局应当依据有关规定对其负责人作出免职处理。

第五章　附　　则

第二十六条　本办法所称的公证机构主管司法局,是指负责组建该公证机构,实施日常监督、指导职能,并在公证机构《事业单位法人证书》"举办单位"栏中明确载明的司法行政机关。合作制公证机构的主管司法局另行规定。

本办法关于年度考核实施期间有关"5 日"、"7 日"的规定是指工作日,不含节假日。

本办法所称的"以上"包括本数。

第二十七条　因公证机构及其所属公证员于 2016 年 1 月 1 日之前已作出的行为,在考核年度被予以处理的,对该行为的处理结果不作为年度考核依据。

第二十八条　公证机构在年度考核后被发现有隐瞒事实、弄虚作假行为的,经查实后撤销原考核结果,重新予以考核并追究相关责任人员的责任。

第二十九条　本办法由上海市司法局负责解释。

第三十条　本办法自 2018 年 9 月 1 日起施行,至 2023 年 8 月 31 日终止。

关于印发《上海市公证员年度考核实施办法》的通知

沪司规〔2018〕14 号

市局相关单位和部门,各区局:

　　《上海市公证员年度考核实施办法》已经 2018 年第 3 次局长办公会议审议通过,现印发给你们,请认真贯彻执行。

　　特此通知。

上海市司法局

2018 年 6 月 22 日

上海市公证员年度考核实施办法

第一章　总　　则

　　第一条　为规范公证员年度考核,正确、客观评价公证员执业情况、工作业绩和综合素质,加强对公证员的监督、指导和管理,提高公证员的履职能力和工作水平,根据《中华人民共和国公证法》(以下简称《公证法》)和《公证员执业管理办法》《公证机构执业管理办法》《事业单位人事管理条例》及其他有关规定,制定本办法。

　　第二条　本市行政区域内公证员的年度考核适用本办法。

　　第三条　公证员年度考核坚持客观公正、民主公开、实事求是、注重实绩的原则。

　　第四条　主管司法局负责组织实施所属公证机构负责人的年度考核。

　　公证机构负责组织实施本机构公证员的年度考核。

　　市司法局负责对全市公证员年度考核的监督、指导。

第二章 考核内容和标准

第五条 年度考核内容为上一年度 1 月 1 日至 12 月 31 日(以下简称"考核年度")公证员德、能、勤、绩、廉五方面的情况。

公证机构负责人的年度考核内容除上述事项外,还应当包括公证机构的建设、发展、管理以及完成司法行政机关、公证行业协会交办的各项任务等情况。

第六条 年度考核结果分为优秀、称职、不称职三个等次。具体评定方法和标准,由主管司法局根据本办法制定。

第七条 符合下列条件的公证员,年度考核等次可以评定为优秀:

(一)具有良好的职业道德和服务意识,廉洁执业;

(二)精通公证业务,工作能力强、效率高,能够办理重大、疑难公证事项,在公证理论、公证实务研究或者公证宣传方面取得突出成绩;

(三)勤勉敬业,恪尽职守,热心公益事业,关心集体,团结同事,认真遵守公证工作各项规章制度;

(四)公证业务服务领域宽泛,办证量在公证机构内处于前列,能为当事人提供优质的公证法律服务;

(五)出色完成司法行政机关、公证行业协会交办的工作任务。

第八条 符合下列条件的公证员,年度考核等次可以评定为称职:

(一)恪守公证员职责,廉洁执业;

(二)熟知公证业务,具备熟练办理常规公证事项的能力;

(三)工作积极、踏实肯干,较好遵守公证工作各项规章制度;

(四)公证业务服务领域较为宽泛,能为当事人提供较好的公证法律服务。

第九条 公证员在考核年度有下列情形之一的,年度考核等次应当评定为不称职:

(一)不认真履行公证员职责,业务素质和工作能力不能适应公证工作要求的;

(二)工作责任心差,严重违反公证工作规章制度的;

(三)办证质量较差,考核年度内发现错证、假证,因公证员过错所办公证事项被撤销或者被法院判决承担公证损害赔偿责任的;

(四)考核年度因公证执业行为受到行政处罚、事业单位处分、行业惩戒的;

(五)发表不正当言论,造成恶劣影响,经批评教育仍拒绝悔改、消除影响的;

(六)具有应当评定为不称职等次的其他情形。

第十条 公证员在考核年度有下列情形之一的,年度考核等次不得评定为优秀：

（一）处于事业单位处分期内或者于考核年度内解除事业单位处分的；

（二）未完成职业培训学时的；

（三）公证质量检查有不合格证的；

（四）未按时足额缴纳公证协会会费的；

（五）在执业活动中，存在违反《公证法》《公证员执业管理办法》以及其他法律、法规、规章和规范性文件的突出问题的；

（六）未完成司法行政机关、公证行业协会交办任务，或者完成交办任务质量较差的；

（七）被列入《上海市社会信用条例》规定的严重失信主体名单的；

（八）具有不得评定为优秀等次的其他情形。

第十一条　公证机构负责人在考核年度有下列情形之一的，年度考核等次应当评定为不称职：

（一）公证机构因公证执业行为受到停业整顿处罚或者未能保持法定设立条件经整改仍未达标的；

（二）公证机构因公证执业行为受到行业惩戒3次以上或者受到行政处罚（不包括停业整顿处罚）2次以上的；

（三）因所属公证员过错所办公证事项被撤销4件以上或者被法院判决承担公证损害赔偿责任2件以上的；

（四）所属公证员受到吊销公证员执业证书处罚人数2人以上的；

（五）所属公证员因公证执业行为受到刑事追责或者非因公证执业行为受到刑事追责2人以上的；

（六）公证机构行为违反法律、法规、规章和上级规范性文件规定，造成恶劣影响或者后果的；

（七）公证机构拒不执行司法行政机关、公证行业协会交办的任务的；

（八）具有应当评定为不称职等次的其他情形。

第十二条　公证机构负责人在考核年度具有下列情形之一的，年度考核等次不得评定为优秀：

（一）公证机构年度考核结果被评定为基本合格或者不合格等次的；

（二）所属公证员未完成职业培训学时2人以上的；

（三）所属公证员公证质量检查有不合格证累计5件以上的；

（四）公证机构未按时足额缴纳公证赔偿基金和公证协会会费，或者所属公证员未按时足额缴纳公证协会会费2人以上的；

（五）因公证机构自身原因导致"文明单位"称号被取消的；

（六）在管理活动中,存在违反《公证法》《公证机构执业管理办法》以及其他法律、法规、规章和规范性文件的突出问题的;

（七）公证机构未完成司法行政机关、公证行业协会交办的任务,或者完成交办任务质量较差的;

（八）具有不得评定为优秀等次的其他情形。

第十三条　违反拥护中国共产党领导、拥护社会主义法治从业基本要求的公证机构负责人、公证员,年度考核等次应当评定为不称职。

第十四条　年度考核优秀等次的比例,不超过参加年度考核的全市执业公证员总数的20%。

年度考核优秀等次名额,由市司法局根据全市各公证机构执业公证员数量、考核年度执业状况等情况予以确定分配。

第三章　考核方法和程序

第十五条　公证机构负责人、公证员(以下简称"被考核人")按照年度考核内容和要求,撰写年度述职报告,填写《上海市公证员年度考核表》。

年度考核前,公证机构可以将被考核人本年度与考核有关的情况在一定范围内公开。

第十六条　被考核人应当向所在公证机构全体人员述职,接受民主评议。

年度述职报告应当真实、客观、全面反映被考核人德、能、勤、绩、廉等方面的情况。

第十七条　根据考核情况和民主评议结果,公证机构评定公证员的年度考核结果,主管司法局评定公证机构负责人的年度考核结果。

年度考核结果应当以书面形式告知被考核人,并由被考核人签署意见。

第十八条　被考核人对年度考核结果有异议的,可以在收到考核结果之日起7日内,向主管司法局申请复核,主管司法局应当在5日内作出复核意见并书面通知异议申请人及其执业公证机构。

第十九条　市司法局于每年度1月10日前,按照本办法第十四条规定,确定各公证机构执业公证员上一年度考核优秀等次分配名额,通知主管司法局和公证机构。

公证机构应当于每年度2月28日前完成对其所属公证员上一年度的年度考核,并将考核结果报主管司法局备案。

主管司法局应当于每年度3月15日前完成对所属公证机构负责人的年度考核,并将考核结果连同对公证员的年度考核结果,于3月31日前报送市司法局备案。

市司法局应当于每年度 4 月 30 日前将全市公证员年度考核情况报送司法部。

年度考核结束后,主管司法局应当将《公证员年度考核表》存入公证员执业档案。

第二十条 被考核人在考核年度具有变更执业机构、离岗培训、病事假等情况的,年度考核按下列方式处理:

(一)执业期限累计未超过 6 个月的,不参加年度考核;

(二)变更执业机构的,由变更后的公证机构进行年度考核,变更前的执业情况由执业公证机构提供;

(三)考核年度已到法定执业最高年龄的,公证机构应当停止该公证员执业,并按有关规定提请免职;

(四)因工作需要,经主管司法局同意派出参加全脱产学习、培训的,由公证机构进行考核,其学习、培训期间的情况由学习、培训单位提供;

(五)因公证执业受到立案调查尚未结案的,参加年度考核,不写评语、不评定等次,待调查结束作出结论后按本办法有关规定办理。

第四章 考核结果的使用

第二十一条 公证员年度考核工作完成后,主管司法局应当向上海市公共信用信息服务平台、司法部和中国公证协会网站推送年度考核结果。市司法局可以向社会公布年度考核结果,主动接受社会监督。

第二十二条 公证员在执业中存在本办法第十条第五项所列突出问题的,公证机构应当责令其限期改正,必要时进行专门的学习培训。

公证机构负责人存在本办法第十二条第六项所列突出问题的,主管司法局应当责令其限期改正,必要时进行专门的学习培训。

主管司法局发现公证员具有《公证法》第四十一条、第四十二条规定的情形应当给予行政处罚的线索,或者具有违反公证行业规范的情形应当给予行业惩戒的线索的,应当将案件移交市司法局或者市公证协会调查处理。

主管司法局应当对被考核人开展限期改正、学习培训的情况作重点监督、指导。

第二十三条 年度考核结果是被考核人业绩评定、奖励惩处的重要依据。

司法行政机关、公证行业协会、公证机构应当优先推荐年度考核为优秀的被考核人参加评先推优活动。

第二十四条 对未参加年度考核或者在年度考核中被评定为不称职等次的被考核人,司法行政机关、公证行业协会、公证机构应当按照管理权限采取下列措施：

（一）不得将被考核人推荐为各类评优评先活动的候选人；

（二）在职称评定时，该年度不得计入任职年限；

（三）作诫勉谈话或者暂停发放奖金、绩效工资；

（四）限制受理业务的范围；

（五）其他法律、法规、规章以及规范性文件规定的措施。

第二十五条　对年度考核连续两年被评定为不称职等次的被考核人，主管司法局应当督导公证机构调整其工作岗位、降级聘用。

被考核人拒绝调整工作岗位的，公证机构可以依法解除聘用关系。

第五章　附　　则

第二十六条　本办法所称的主管司法局，是指负责组建该公证机构，实施日常监督、指导职能，并在公证机构《事业单位法人证书》"举办单位"栏中明确载明的司法行政机关。合作制公证机构的主管司法局另行规定。

本办法关于年度考核实施期间有关"5 日"、"7 日"的规定是指工作日，不含节假日。

本办法所称的"以上"包括本数。

第二十七条　因公证机构负责人、公证员于 2016 年 1 月 1 日前已作出的行为，在考核年度被予以处理的，对该行为的处理结果不作为年度考核依据。

第二十八条　公证机构从事公证业务辅助工作人员的年度考核工作，参照本办法执行。

第二十九条　公证机构负责人、公证员在年度考核后被发现有隐瞒事实、弄虚作假行为的，经查实后撤销原考核结果，重新予以考核并追究相关责任人员的责任。

第三十条　本办法由上海市司法局负责解释。

第三十一条　本办法自 2018 年 9 月 1 日起施行，至 2023 年 8 月 31 日终止。

关于印发《上海市公证工作管理实施办法》的通知

沪司规〔2018〕22 号

市局各部门、市公证协会，各区局：

《上海市公证工作管理实施办法》经 2018 年市司法局第 10 次局长办公会议审议通过，现予以印发，请遵照执行。

特此通知。

上海市司法局
2018 年 9 月 4 日

上海市公证工作管理实施办法

第一章 总 则

第一条 为规范公证活动，保障公证协会、公证机构和公证员依法履行职责，根据《中华人民共和国公证法》（以下简称《公证法》）《公证机构执业管理办法》《公证员执业管理办法》等法律法规规章和规范性文件的规定，结合本市工作实际，制定本办法。

第二条 司法行政机关对本市公证协会、公证机构、公证员、公证员助理以及公证执业活动实施监督管理，适用本办法。

第三条 公证机构、公证员开展公证执业活动，公证员助理协助办理公证事务，应当遵循以下原则：

（一）拥护中国共产党的领导，拥护社会主义法治；

（二）遵守宪法和法律；

（三）严守公证职业道德规范；

（四）客观、公正履职；

（五）维护人民群众合法权益。

第四条　公证机构和公证员开展公证执业活动,公证员助理协助办理公证事务,严禁具有下列行为:

（一）利用职业身份与不法分子勾结,纵容、默许甚至直接参与违法犯罪活动,损害他人合法权益;

（二）故意提供虚假公证书等证明文件;

（三）严重不负责任,出具有重大失实的公证书;

（四）私自出具公证书;

（五）为不真实、不合法的事项出具公证书;

（六）毁损、篡改公证文书或者公证档案;

（七）以不正当手段争揽公证业务;

（八）跨执业区域受理公证业务;

（九）违规收取公证费;

（十）擅自更改司法部规定的格式制作公证书;

（十一）为未查核真实身份的公证申请人办理公证;

（十二）办理非金融机构融资合同公证;

（十三）办理涉及不动产处分的全项委托公证;

（十四）办理具有担保性质的委托公证;

（十五）未经实质审查出具公证书;

（十六）擅自在外设立接待室、办公室或分支机构;

（十七）公证员助理独立开展公证业务、出具公证文书;

（十八）工作态度恶劣,造成不良社会影响;

（十九）违反公证程序擅自委托中介机构、非公证人员受理公证事项,收集调查材料;

（二十）内部管理混乱,发生重大公证质量事故,造成恶劣的社会影响;

（二十一）对应当受理的公证事项,无故推诿不予受理;

（二十二）无正当理由,不按期出具公证书;

（二十三）利用媒体、广告或者其他方式对公证机构、公证员进行不真实或者不适当宣传;

（二十四）不按规定缴纳会费、公证赔偿基金、公证员执业过错责任保证金,不参加公证执业责任保险;

（二十五）违反法律、法规、规章、规范性文件、行业规范以及市司法局、主管司法局制定的有关规定。

第五条　市司法局依照本办法规定对本市公证工作、市公证协会进行监督、指导。

主管司法局依照本办法规定对所属公证机构及其公证员、公证员助理进行监督、指导。

第二章　市公证协会

第六条　市公证协会是依照《公证法》《社会团体登记管理条例》的规定,由上海市公证机构、公证员组成的专业性非营利社会团体法人,是公证行业自律性组织。

第七条　市公证协会的最高权力机构是会员代表大会,会员代表大会闭会期间的常设机构是理事会,由会员代表大会产生,对会员代表大会负责。

市公证协会设会长一名。会长是市公证协会的法定代表人,负责领导市公证协会的全面工作。

第八条　市公证协会应当履行下列职责:

(一)保障公证机构、公证员依法执业,维护公证机构、公证员的合法权益;

(二)制定并监督实施公证行业规范、公证行业管理制度、公证办理业务标准,对公证质量进行监督检查;

(三)制定并实施公证行业惩戒办法,处理对公证机构、公证员的投诉,对违规行为进行调查取证,做出行业处分;

(四)调解当事人、公证事项的利害关系人与公证机构因过错责任和赔偿数额发生的争议;

(五)推动公证理论研究、业务指导和工作经验交流,加强与国(境)内外公证行业及有关组织的合作与交流;

(六)宣传公证制度,普及公证文化,弘扬先进,树立行业形象,开展文明行业创建活动,组织公证员宣誓仪式;

(七)发现并研究公证工作中亟需解决的问题,向有关部门提出完善公证工作制度建设方面的意见和建议;

(八)负责本市公证赔偿基金的管理,建立健全公证员执业过错责任保证金制度,指导、监督公证机构管理、使用公证员执业过错责任保证金;

(九)组织管理申请公证员执业人员的实习活动,对实习人员进行考核;

(十)优化公证服务和市民办证体验,开展群众满意度评测,打造本市公证行业服务品牌;

(十一)推进公证行业信息化建设,参与"智慧公证"信息化项目研发工作;

(十二)履行法律、行政法规、规章以及章程规定的其他职责,完成市司法局以及中国公证协会委托的其他事项。

第九条　市公证协会章程制定、修改的决议由会员代表大会作出,须由会员代表大会三分之二以上的会员代表出席,并经出席代表的三分之二以上表决通过方能生效。

市公证协会会员代表大会作出制定、修改章程决议的,应当报市司法局备案。

第十条　市公证协会制定公证行业规范、公证行业自律管理制度、公证行业惩戒办法、公证办证业务指引等涉及公证机构、公证员权利、义务的行业规范的,应当自规范印发之日起 5 日内报送市司法局备案。

中国公证协会制定印发的行业规范,涉及对公证办证程序、核实审查标准、公证文书出具条件作出规范、调整的,市公证协会应当自收到该规范之日起 5 日内报送市司法局。

第十一条　市司法局收到市公证协会的报备材料后,应当及时进行审核,报备材料符合相关规定的,予以备案登记;存在违反法律、法规、规章和主管部门文件等情形的,应当及时指导公证协会纠正。

第十二条　市公证协会应当组建公证质量检查组,定期对公证机构、公证员的公证办证质量进行抽查,形成抽查工作情况报告,于每年的 3 月 10 日、6 月 10 日、9 月 10 日、12 月 10 日前向市司法局报送。对于年度考核被评定为基本合格、不合格的公证机构以及被评定为不合格的公证员,可以重点抽查。

市公证协会公证质量检查组可以根据需要或市司法局委托开展专项检查。

第十三条　市公证协会应当分层分类组织公证机构负责人、公证员等开展职业培训。公证机构负责人、公证员每年参加职业培训的时间不少于 40 小时。

开展公证职业培训的规划和方案由市司法局负责制定,市公证协会按年度制定具体实施计划,并组织实施。

第十四条　市公证协会应当建立健全公证赔偿基金管理制度,定期对公证赔偿基金收入、支出等进行检查,并接受司法行政部门的监督检查。市公证协会使用或者向中国公证协会申请使用公证赔偿基金前,应当报告市司法局。

第十五条　市公证协会开展活动或者作出决议违反宪法、法律、法规和国家政策以及公证协会章程的,市司法局应当责令其立即改正。

第三章　公　证　机　构

第十六条　公证机构是依据《公证法》《公证机构执业管理办法》《司法部关于推进合作制公证机构试点工作的意见》设立,不以营利为目的,依法独立行使公证职能、承担民事责任的证明机构。

公证机构办理公证,独立行使公证职能,独立承担民事责任,任何单位和个人不得非法干预,其合法权益不受侵犯。

公证机构应当加入市公证协会。

第十七条 公证机构的设立应当符合本市公证机构设置方案或者合作制公证机构试点工作方案。本市公证机构设置方案、合作制公证机构试点工作方案,由市司法局负责制定、调整,报司法部核定、批准后生效。

公证机构的开办资金数额,由市司法局确定。

第十八条 公证机构的负责人在有 3 年以上执业经历的公证员中推选产生。

合作制公证机构负责人的推选产生条件,除应当符合本条前款规定外,还应当符合合作制公证机构试点工作方案以及合作制公证机构章程的规定。

公证机构的负责人推选产生后,由主管司法局核准,报市司法局备案。

第十九条 公证机构变更名称、办公场所的,应当由主管司法局审核后,报市司法局办理变更核准手续。核准变更的,应当报司法部备案。

公证机构变更负责人的,经主管司法局核准后,报市司法局备案。

合作制公证机构变更名称、章程、合作协议的,应当报主管司法局审核,并经市司法局批准。合作制公证机构变更负责人、合作人的,应当自变更之日起 10 日内报主管司法局核准后,报市司法局备案。

第二十条 公证机构因业务发展,需要新增、变更办公场所的,应当在报送主管司法局审核后进行,并于办公场所调整之日起 15 日内报市司法局办理变更核准手续。

公证机构不得在公证机构执业证书未登记的办公场所内,开展接待、受理、发证、收费等公证执业活动,也不得以任何形式对外悬挂公证处的牌匾、指示牌以及介绍、招揽性的宣传告示。

第二十一条 公证机构合并、分立、终止的,应当制定工作方案,经主管司法局审核并报市司法局批准后实施。工作方案应当明确业务结清、资产处置、债务清偿、劳动关系、社会公告、档案管理、清算审计以及执业过错责任承担等内容。

第二十二条 公证机构执业证书是公证机构获准设立和执业的凭证。公证机构执业期间,其名称、办公场所、负责人、执业区域等执业信息,以公证机构执业证书登记内容为准。

公证机构变更名称、办公场所、负责人、执业区域或者分立、合并的,应当在报请核准或备案的同时,申请换发公证机构执业证书。公证机构终止的,主管司法局应当在送达终止决定文书的同时,收缴公证机构执业证书。

公证机构执业证书不得涂改、出借、抵押或者转让。公证机构执业证书损毁或者遗失的,由该公证机构报经主管司法局,向市司法局申请换发或者补发。

公证机构受到停业整顿处罚的,停业整顿期间,应当将该公证机构执业证书缴存主管司法局。

第二十三条　公证机构的印章是公证机构依法依规执业,加盖于公证文书上的公章、钢印及电子签章。公证机构印章由主管司法局根据司法部规定的式样和规格制发。公证机构印章不得变造、出借、抵押或者转让。公证机构只能持有一套公证机构印章。

公证机构新设、变更名称的,主管司法局应当在批准后的 10 日内,将新制发的公证机构印章的影印件报市司法局备案,未经备案的不得启用。变更名称的公证机构应当在新印章启用后的 10 日内,将旧印章上缴主管司法局。

公证机构终止的,主管司法局应当在送达终止决定文书的同时,收缴公证机构印章。公证机构损毁或者遗失印章的,应当向主管司法局申请换发或者补发。公证机构应当妥善保管公证机构印章,遗失印章的,应当及时采取必要的补救措施;因未及时采取必要的补救措施,致使印章被他人使用造成后果的,应当依法承担相应责任。

公证机构应当建立印章管理和用印审批制度,明确专人负责印章管理工作,规范公证机构印章使用程序。办理涉外公证业务的公证机构印章备案工作,按司法部有关规定执行。

第二十四条　公证机构应当建立健全人事管理、办证审批、业务管理、档案管理、质量监控、财务管理、重大事项集体讨论、投诉处理、收入分配、年度考核、执业过错责任追究以及公证员执业过错责任保证金等内部管理制度,对公证员的执业行为进行监督。

公证机构制定的规章制度,不得违反法律、法规、规章、规范性文件以及经市司法局备案施行的行业规范等文件的规定。

第二十五条　公证机构应当报告下列重大事项:

(一)创新拓展公证业务领域,为保障国家重大战略任务和本市中心工作顺利推进提供优质、高效公证服务的;

(二)承办事关政府实事工程、重点创新项目以及社会热点问题的重大公证事项的;

(三)本机构公证从业人员被判处刑罚或者被公安机关传唤、因涉嫌职务犯罪接受监察机关调查的;

(四)本机构公证从业人员非正常死亡的;

(五)本机构及所属公证员具有执业违法违规违纪情况的;

(六)被法院判决承担公证损害赔偿责任的;

(七)经复查公证文书被撤销的;

（八）发生 3 人以上群访事件的；

（九）市司法局、主管司法局认为应当报告的其他重大事项。

前款规定的重大事项，公证机构应当自该事项发生之日起 3 日内，分别书面报告市公证协会、主管司法局、市司法局；情况紧急的，应当即时报告。

第二十六条　公证机构应当每年组织开展 2 次以上公证质量自查。年度考核被评定为基本合格或者不合格的公证机构，应当每年组织开展 4 次以上公证质量自查。

公证机构组织开展公证质量自查的，应当拟定自查工作方案，报主管司法局批准后执行。自查工作方案的内容应当包括检查内容、检查方式、工作步骤等。对于近阶段被群众多次举报、年度考核被评定为不称职的公证员以及引发反复投诉的公证事项，公证机构应当予以重点检查。在自查实施过程中，公证员不得查阅由其本人经手办理或者审批的公证案件。

公证质量自查实施完毕后，公证机构应当形成自查工作情况报告，报送主管司法局。自查工作情况报告应当包含自查工作情况、检查发现的问题、处置意见以及工作打算等内容。

第二十七条　公证机构应当设立公证员执业过错责任保证金制度，每名公证员均应当缴纳一定数额的执业过错责任保证金。

执业过错责任保证金主要用于应由公证员承担的赔偿费用、罚款等，实行专户管理，不得挪作他用，在公证员停止执业后 5 年期满后予以退还。

公证员执业过错责任保证金的管理、使用规范由市公证协会负责制定，公证机构可以结合实际制定管理细则。公证员须缴纳的执业过错责任保证金金额由市公证协会依据中国公证协会和司法行政机关的指导意见确定。合作制公证机构公证员须缴纳的执业过错责任保证金金额，按合作制公证机构试点工作方案的相关规定执行。

第二十八条　公证机构应当按照本市公证行业信息化整体规划和布局要求，使用市司法局指定的公证执业办证系统以及相关硬件操作设备。

公证执业办证系统应当运用赋码监管技术，具备电子卷宗随案同步生成、全流程网上智能办证和办证过程音视频自动留痕功能，实现公证事项办理节点可查询、进程可监控、风险可预估、全程可追溯。

第二十九条　公证机构设立、变更名称、办公场所、负责人、执业区域以及分立、合并、终止的，市司法局应当在作出相关批准决定或准予备案之日起 20 日内，在省级报刊上予以公告。

主管司法局应当建立有关公证机构设立、变更、备案事项、年度考核、违法违纪行为处罚、奖励等方面情况的执业档案。

第四章　公　证　员

第三十条　公证员是符合《公证法》规定的条件,经法定任职程序,取得公证员执业证书,在公证机构从事公证业务的执业人员。

公证员依法执业受法律保护,任何单位和个人不得非法干预。公证员应当遵纪守法,恪守职业道德和执业纪律,依法履行公证职责,保守执业秘密。

公证员应当加入市公证协会。

第三十一条　公证员受公证机构指派,依照《公证法》《公证程序规则》和本办法的规定办理公证业务,并在出具的公证书上署名。

依照《公证法》《公证程序规则》和本办法的规定,在办理公证过程中须公证员亲自办理的事务,不得指派公证机构的其他工作人员办理。

第三十二条　本市公证员的配备数量,根据公证机构的设置情况和公证业务的需要确定。公证员配备方案,由市司法局编制和核定,报司法部备案。

合作制公证机构公证员的配置数量,依据合作制公证机构试点工作方案确定。

第三十三条　申请公证执业的人员,应当具备以下条件:

(一)具有中华人民共和国国籍;

(二)年龄在 25 周岁以上 65 周岁以下;

(三)公道正派,遵纪守法,品行良好;

(四)通过国家统一法律职业资格考试取得法律职业资格;

(五)在公证机构实习 2 年以上或者具有 3 年以上其他法律执业经历并在公证机构实习 1 年以上,经考核合格;

(六)不具有法律、法规、规章规定的不得担任公证员的有关情形。

实行国家统一法律职业资格考试前取得的国家统一司法考试合格证书、公证员资格凭证、律师资格凭证,与国家统一法律职业资格证书具有同等效力。

被列入《上海市社会信用条例》规定的严重失信主体名单的人员,视为不符合本条第一款规定的第三项条件,不得批准担任公证员。

公证员考核任职的人员条件,按照司法部《公证员考核任职工作实施办法》规定执行。合作制公证机构公证员的任职条件,按照合作制公证机构试点工作方案执行。

第三十四条　首次申请公证执业的人员,应当参加市公证协会组织的实习活动,并经市公证协会考核合格。曾经担任公证员的人员再次申请公证执业的,可以免于实习,但应当通过市公证协会组织的实习考核。

未经市公证协会实习考核合格,主管司法局不得向申请公证执业的人员出具实习考核合格的意见。

规范申请公证执业人员的实习申请、实习内容、实习管理、实习考核等事项的规定,由市公证协会负责制定并组织实施。

第三十五条 符合本办法第三十三条规定条件的下列人员,可以申请公证员执业。

(一)公证机构事业编制工作人员;

(二)公证机构依据《劳动合同法》直接聘用的工作人员;

(三)经主管司法局认可的劳务派遣公司派驻公证机构的工作人员。

第三十六条 符合本办法第三十五条规定的人员,由本人提出公证员执业申请,经公证机构推荐,主管司法局出具审查意见,报市司法局审核。

市司法局应当自收到报审材料之日起 20 日内完成审核。对符合本办法第三十三条、第三十五条规定条件和公证员配备方案或者合作制公证机构试点工作方案规定的公证员数量的,市司法局应当作出同意申请人担任公证员的审核意见,填制公证员任职报审表,报请司法部任命;对不符合本办法第三十三条、第三十五条规定条件或者公证员配备方案、合作制公证机构试点工作方案规定的公证员数量的,市司法局应当作出不同意申请人担任公证员的决定,并书面通知申请人和主管司法局。

市司法局应当自收到司法部下达的公证员任命决定之日起 10 日内,颁发公证员执业证书,并书面通知主管司法局。

第三十七条 公证员变更执业机构的,应当经所在公证机构同意和拟任用该公证员的公证机构推荐,经主管司法局同意后,报市司法局办理变更核准手续。

非本市公证员拟变更至本市公证机构执业的,应当经执业所在地的省、自治区、直辖市司法行政机关核准以及拟任用该公证员的公证机构推荐,经拟任用该公证员的公证机构的主管司法局同意后,报市司法局办理变更核准手续。

市司法局经审核,对于符合公证员配备方案或者合作制公证机构试点工作方案规定的公证员数量的,应当作出同意申请人变更执业机构的审核意见。

公证员拟变更至本市合作制公证机构执业的,应当符合合作制公证机构试点工作方案规定的合作制公证机构公证员任职条件,对于不符合条件的,市司法局应当作出不同意申请人变更执业机构的审核意见。

公证员受到停止执业处罚期间或者受到投诉正在调查处理的,不得申请变更执业机构;公证机构受到停业整顿处罚期限未满的,该机构负责人、对公证机构受到停业整顿处罚负有直接责任的公证员不得申请变更执业机构;公证机构终止的,在完成清算、办理注销前,该机构负责人、合作人不得申请变更执业机构。

第三十八条 公证员有下列情形之一的,由主管司法局自确定该情形发生之日起 30 日内,报市司法局提请司法部予以免职:

(一)丧失中华人民共和国国籍的;

(二)年满 65 周岁或者因健康原因不能继续履行职务的;

(三)自愿辞去公证员职务的;

(四)法律、法规、规章、规范性文件规定以及市司法局认为需要提请公证员免职的其他情形。

被吊销公证员执业证书的,由市司法局直接提请司法部予以免职。

第三十九条 公证员执业证书是公证员履行法定任职程序后在公证机构从事公证执业活动的有效证件。公证员执业证书由公证员本人持有和使用,不得涂改、抵押、出借或者转让。公证员执业期间,其执业信息以公证员执业证书登记内容为准。

公证员变更公证执业机构的,应当在报请市司法局核准的同时,申请换发公证员执业证书。

公证员受到停止执业处罚的,停止执业期间,应当将其公证员执业证书缴存主管司法局。公证员受到吊销公证员执业证书处罚或者因其他法定事由被免职的,主管司法局应当收缴其公证员执业证书,交由市司法局予以注销。

第四十条 公证员的签名章是公证员本人依法履行职务,加盖于公证文书上的签名图章及电子签章。公证员签名章由主管司法局依据司法部规定的式样和规格制发。每名公证员只能持有一套公证员签名章。公证员签名章由公证员个人使用、保管,不得变造、抵押、出借或者转让。

公证员申请执业的,主管司法局应当在下达公证员任命决定之日起 10 日内,将新制发公证员签名章图章的影印件及电子签章报市司法局备案,未经备案的公证员签名章不得启用。

公证员受到停止执业处罚的,停止执业期间,应当将其公证员签名章缴存主管司法局。公证员受到吊销公证员执业证书处罚或者因其他法定事由被免职的,其公证员签名章停止使用,由所在公证机构收回,并在停止使用之日起 10 日内上缴主管司法局封存。办理涉外公证业务的公证员受到吊销公证员执业证书处罚或者因其他法定事由被免职的,其签名章由主管司法局送交市司法局注销、封存。

办理涉外公证业务的公证员签名章备案工作,按司法部有关规定执行。

第四十一条 依据本办法第三十九条、第四十条规定,公证员应当上缴公证员执业证书、公证员签名章但拒绝上缴的,公证机构应当书面责令其限期上缴。

第四十二条　公证员执业证书、签名章损毁或者遗失的,由本人提出申请,所在公证机构予以证明,提请主管司法局报市司法局申请换发或者补发。公证员执业证书遗失的,所在公证机构应当在省级报刊上申明作废。

公证员应当妥善保管公证员执业证书、公证员签名章。公证员遗失执业证书、公证员签名章的,应当及时采取必要的补救措施;因未及时采取必要的补救措施,致使公证员执业证书、公证员签名章被他人使用造成后果的,依法承担相应责任。

第四十三条　公证员的签名是公证员本人依法履行职务,在公证申请书、询问笔录、公证拟稿纸等公证执业文书上用于署名的书面字迹和电子字迹。

公证员签名应当清晰、易读,能辨识出公证员的姓氏和名字。公证员申请执业的,主管司法局应当在下达公证员任命决定之日起 10 日内,将公证员签名影印件报市司法局备案。公证员拟变更公证员签名的,应当在变更签名前报经主管司法局审核同意后报市司法局备案。

公证员在开展公证执业活动中,使用的公证员签名应当与经市司法局备案的公证员签名基本相符。

第五章　公证员助理

第四十四条　公证员助理是经相关任职程序,在公证机构从事公证辅助事务的工作人员。

公证处、公证员不得委托、指派公证员助理履行公证员职责。公证员助理不得独立办理公证业务、出具公证文书。

第四十五条　公证员助理由公证机构根据业务需要自主聘用,并报市公证协会备案。公证机构不得指派未经市公证协会备案的人员承担公证员助理岗位的工作。

公证员助理不再从事公证员助理岗位工作的,公证机构应当在公证员助理停止工作之日起 10 日内,向市公证协会注销备案。

公证员助理备案管理规定由市公证协会负责制定并组织实施。

第四十六条　公证员助理可以在公证员的指导、监督下办理下列事项,并在相应文书上签名,法律、法规、规章、规范性文件另有规定的除外:

（一）解答有关公证业务咨询;

（二）指导当事人填写《公证申请表》;

（三）协助公证员审查《公证申请表》以及公证申请材料,制作公证事项受理、不予受理、补正等程序性文书;

（四）协助公证员接受公证当事人委托代书申办公证的有关材料;

（五）协助公证员审核公证当事人的资格及提交的证明材料；

（六）协助公证员制作《询问笔录》，履行公证办证告知义务；

（七）协助公证员起草《公证书（拟稿纸）》，归总公证办证审批的材料；

（八）协助公证员制作公证文书；

（九）发送公证文书；

（十）立卷归档；

（十一）法律、法规、规章、规范性文件规定的其他公证事务辅助工作。

本条第一款规定的第（三）（四）（五）（六）（七）（八）项事项由公证员助理协助办理的，公证员应当在办理公证事务的现场，全程指导、监督公证员助理开展工作。

公证机构、公证员不得违反公证员亲自办理公证事务的规定，指派或容许公证员助理独立办理公证事务或由其使用公证员签名章出具公证文书。

公证员、公证员助理在公证执业过程中具有违反本条前三款规定的情形的，应当认定为违反《公证程序规则》明确的公证员亲自办理公证事务的规定。

第四十七条　公证机构应当按照等级工资制施行对公证员助理的薪资管理，公证员助理薪资由工资和奖金两部分组成。公证机构不得采用或者变相采用在公证收费中提成、抽成或者计件、计量定额工资制等方式核算公证员助理的工资、奖金数额。公证员助理的薪资管理制度和工资等级标准由公证机构制定，报主管司法局备案后执行。

第六章　公证事项办理

第四十八条　公证机构办理的公证事项应当列入《上海市公证事项目录》。《上海市公证事项目录》中公证事项的增加、取消、调整工作，由市公证协会负责实施。

第四十九条　本市公证事项办理严格执行标准化管理制度。对列入《上海市公证事项目录》的公证事项，均应编制、发布对应的《公证事项业务手册》《公证事项申请指南》，具体编制、发布工作由市公证协会组织实施。

《公证事项业务手册》是规范公证机构、公证员公证事项办理流程的标准化手册，公证机构、公证员应当依照《公证事项业务手册》设定的办证流程开展公证执业活动。《公证事项申请指南》是向公证申请人提供的公证办理指引的标准化手册，公证申请人依据《公证事项申请指南》向公证机构提交公证申请材料，且符合公证申办条件的，公证机构应当予以受理。

公证机构、公证员在执业中，发现《公证事项业务手册》《公证事项申请指南》存在疏漏、错误或者具有可优化办事流程、改进办证方式等方面的意见或者建议的,可以向市公证协会提出,市公证协会应当认真研究。

公证机构、公证员参与《公证事项业务手册》《公证事项申请指南》编制、修订工作或者提出的修改完善意见、建议被市公证协会采纳的,市公证协会应当给予适当的表彰或者奖励。

第五十条　公证员应当依法依规亲自办理公证事务,每件公证事项均应当由公证员亲自与当事人谈话;公证执业活动中制作的《公证申请表》《询问笔录》《公证书(拟稿纸)》,均应当由公证员亲笔签名;证明谈话全程的音视频资料应当附卷备查或者上传市司法局指定的数据库保存。

第五十一条　公证机构应当严格执行办证审批制度。除经市司法局批准施行办证免批的公证事项外,每件公证事项均应当由公证机构主要负责人或其指定的公证员审批。公证事项未经办证审批,公证机构不得出具公证文书。

第五十二条　公证机构应当指派同一名公证员完成公证事项全过程的办理工作。除公证员具有下列情形之一的,公证机构不得调换已受理公证事项的承办公证员:

(一)需连续离岗 10 日以上的;

(二)死亡或者丧失民事行为能力的;

(三)重病丧失工作能力的;

(四)妇女休产假的;

(五)被依法限制人身自由的;

(六)被暂停办证资格的;

(七)依法依规应当回避的。

公证机构调换承办公证员的,应当填写《调换承办公证员记录单》,明确记录原承办公证员姓名、调换公证员姓名、调换事由等内容,由公证机构负责人签字确认。《调换承办公证员记录单》以及据以证明承办公证员调换事由符合本条前款规定调换情形的相关材料复印件,应当附卷归档。

第五十三条　重大、疑难,复杂、新型的公证事项,一名公证员无法办理的,公证机构可以采取组建公证员团队方式,合作办理该类公证事项。采取团队合作方式办理公证事项的,团队全体公证员对该公证事项的真实性、合法性负责。

公证员团队合作办证规则由市公证协会制定,并负责指导、监督公证机构、公证员组织实施。公证员团队合作办证规则实施前,公证机构、公证员不得擅自组建公证员团队、采取合作办证模式开展公证执业活动。

第五十四条　公证机构在开展公证执业活动中具有下列情形之一的,可以依据有关程序向市司法局或者市公证协会提出请示:

(一)需要市司法局解释由其制定印发的规范性文件的;

68

规范与准则

（二）有前项以外的其他公证执业疑难问题需要请示解决的。

请示内容属前款第一项事项的，公证机构应当将拟请示事项书面报告主管司法局，由主管司法局向市司法局书面请示。

请示内容属前款第二项事项的，公证机构应当直接向市公证协会提出书面请示，由市公证协会研究并形成书面指导意见，按照本办法第十条、第十一条规定报送市司法局备案后，答复公证机构。

第五十五条　公证事项办结并出具公证文书后，公证申请人向公证机构申请查阅由其本人申办的公证事项公证卷宗档案的，公证机构应当准许。

公证申请人以外人员需要查阅公证卷宗档案的，公证机构应当按照《公证档案管理办法》执行。

第七章　监督检查

第五十六条　主管司法局对所属公证机构及其公证员的下列事项实施监督：

（一）公证机构组织建设情况；

（二）公证机构、公证员执业活动情况；

（三）公证机构、公证员公证质量情况；

（四）公证员执业年度考核情况；

（五）公证机构档案管理情况；

（六）公证机构财务制度执行情况；

（七）公证机构内部管理制度建设情况；

（八）司法部和市司法局要求进行监督检查的其他事项。

第五十七条　公证机构、公证员具有违法违规违纪执业问题或者违反本办法的行为的，市司法局、主管司法局、市公证协会应当按照管理权限，分别运用行政处罚、事业单位处分、行业协会惩戒和党纪政纪处分、组织处理以及移送刑事处罚等手段，依法依规依纪向公证机构、公证员严肃追责。

第五十八条　公证员因涉及错证、假证给当事人、公证事项的利害关系人造成损失，由公证机构承担相应的赔偿责任的，公证机构在履行赔偿责任后，应当依法及时向负有责任的公证员追偿。

第五十九条　因违法违规违纪执业问题或者有违反本办法的行为，公证人员已被司法行政机关予以立案调查，公证机构认为该公证员不宜继续履行职责的，可以暂停其履行职务。

公证人员在被处罚、处分立案调查期间，提出解除聘用合同、出国（境）或办理退休手续申请的，公证机构应当依照有关规定不予批准。

第六十条　主管司法局应当将公证机构、公证员受到表彰、奖励或者党纪、政纪、法纪等处理的执业信息及时录入上海市法律服务行业信用信息平台,定期向上海市公共信用信息服务平台、司法部和中国公证协会网站推送,主动接受社会监督。

第六十一条　主管司法局应当加强对公证员助理的管理。公证机构、公证员具有违反法律、法规、规章、规范性文件以及本办法规定使用公证员助理的情形的,主管司法局应当采取下列措施:

(一)责令公证机构限期改正;

(二)依据本办法第五十七条,视情节轻重对公证员作出相应处理;

(三)视情节轻重,可以责令公证机构对公证员助理作出扣发工资或奖金、暂停协助办证、接受离岗培训、调离工作岗位、解除劳动合同等处理。

因公证机构对公证员助理管理缺失,造成严重后果的,主管司法局还应当追究公证机构负责人的责任。

第八章　附　　则

第六十二条　本办法所称的主管司法局,是指负责组建该公证机构,实施日常监督、指导职能,并在公证机构《事业单位法人证书》"举办单位"栏中明确载明的司法行政机关。合作制公证机构的主管司法局另行规定。

本办法关于报告、审核、核准、备案期间有关"3 日""10 日""15 日""20 日"的规定是指工作日,不含节假日。

第六十三条　本办法由市司法局负责解释。

第六十四条　本办法自 2018 年 11 月 1 日起施行,至 2023 年 10 月 31 日终止。

关于印发《上海市公证执业活动
投诉处理实施办法》的通知

沪司规〔2018〕23 号

市局各部门、市公证协会,各区局:

　　《上海市公证执业活动投诉处理实施办法》经 2018 年市司法局第 10 次局长办公会议审议通过,现予以印发,请遵照执行。

　　特此通知。

上海市司法局

2018 年 11 月 28 日

上海市公证执业活动投诉处理实施办法

第一章　总　　则

　　第一条　为规范本市公证执业活动投诉处理工作,加强公证执业活动监督,根据《中华人民共和国公证法》(以下简称《公证法》)《公证程序规则》《公证机构执业管理办法》《公证员执业管理办法》《司法部关于印发〈公证投诉处理办法(试行)〉的通知》等有关规定,结合本市实际,制定本办法。

　　第二条　本市司法行政机关处理自然人、法人或者其他组织(以下统称“投诉人”)对本市公证机构、公证员(以下统称“被投诉人”)公证执业活动中违法违规行为的投诉,适用本办法。

　　第三条　公证执业活动投诉处理工作应当遵循及时受理、依法查处、处罚与教育相结合的原则。本市司法行政机关应当依法保障和维护投诉人和被投诉人的合法权益。

　　第四条　市司法局负责指导、监督全市公证执业活动的投诉处理工作。

主管司法局负责组织实施对所属公证机构及其公证员的投诉处理工作。

第二章　投 诉 受 理

第五条　投诉人投诉时,应当向主管司法局提供投诉书、有关证据、投诉人身份证明等投诉材料。

投诉书应当写明投诉人姓名或者名称以及有效的联系方式、被投诉人的姓名或者名称、投诉请求以及相关的事实和理由。

投诉人委托代理人投诉的,代理人应当提交投诉人的授权委托书以及投诉人和代理人的身份证明。委托代理人为律师的,应当同时提交律师执业证书复印件和律师事务所证明。

第六条　主管司法局收到投诉材料的,应当及时填写《公证执业活动投诉登记表》。主管司法局自收到投诉之日起 5 日内,作出是否受理的决定,并书面告知投诉人或者其代理人。决定不予受理的,应当同时告知投诉人不予受理的理由。

投诉材料不齐全或者表述不清楚的,主管司法局应当自收到该投诉材料之日起 5 日内,一次性书面告知投诉人补正;逾期不告知的,自收到投诉材料之日起即为受理。补正通知应当载明需补正事项和 10 日补正期限。无正当理由逾期不补正的,视为投诉人放弃投诉。

第七条　收到投诉的司法行政机关经审查,认为投诉事项不属于本单位管辖的,应当在 5 日内将投诉事项及全部投诉材料转交主管司法局,并将转交情况书面告知投诉人。

投诉办理期限自主管司法局收到转交材料的次日起计算。

第八条　主管司法局接到投诉后,投诉事项属于下列情形之一的,不予受理:

(一) 投诉事项不属于违反《公证法》及公证管理法律、法规、规章、规范性文件等规定的;

(二) 投诉事项不属于司法行政机关法定职权处理范围或者本市司法行政机关管辖范围的;

(三) 投诉事项已经司法行政机关处理,或者经行政复议、行政诉讼结案,且没有新的事实和证据的;

(四) 法律、法规、规章规定的其他不予受理的情形。

对不属于本市司法行政机关管辖范围的投诉事项,能够明确办理机关的,应当告知投诉人寻求救济的途径。

投诉人向市公证协会投诉,又就相同事项向主管司法局投诉,或在市公证协会作出处理决定后，又向主管司法局投诉的，投诉事项属于主管司法局职权范围的，主管司法局应当依法受理。

第三章　投　诉　处　理

第九条　主管司法局受理投诉事项的，应当自接到或者收到投诉的次日起60日内，对投诉事项依法作出处理，并将投诉处理结果答复投诉人。

因投诉事项复杂，在规定期限内不能处理完毕的，经主管司法局负责人批准，可以延长处理答复时间，答复时间最长不得超过3个月。主管司法局应当将延长处理答复时间的决定书面告知投诉人。

投诉人补正投诉材料所需时间和投诉事项转交的流转时间，不计算在本条前两款规定的时限内。

第十条　主管司法局受理投诉后，应当对投诉事项开展调查，依法收集有关证据材料，并制作调查笔录。调查应当全面、客观、公正。在调查过程中，调查人员应当听取被投诉人对投诉事项的陈述和申辩。

在接受主管司法局调查期间，被调查人应当予以配合，不得提供虚假、伪造的材料或者隐匿、毁损、涂改有关证据材料。

第十一条　主管司法局应当自投诉受理之日起5日内，将隐去投诉人个人信息的投诉书复印件发送被投诉人。被投诉人应当自收到投诉书复印件之日起7日内，向主管司法局提交针对投诉事项请求、事实和理由的书面意见，并提供据以作出被投诉公证的全部办证材料以及所依据的文件。

根据《公证法》及公证管理法律、法规、规章、规范性文件、行业规范等规定，投诉事项的办证程序应当采取签名确认、附卷归档、录音摄像等举措的，被投诉人在依据本条第一款规定向主管司法局提交书面意见以及相关文件、材料时，应当同时提交据以证明被投诉公证办理过程中实施了签名确认、附卷归档、录音摄像等举措的证明材料。被投诉人不提供或者提供的材料无法证明被投诉公证符合办证程序的，一般情况下，由被投诉人承担相应举证不利的后果。

在出具公证书之后，被投诉人收集的证据原则上不能作为认定投诉事项合法合规的依据。

第十二条　主管司法局开展调查的，调查人员不得少于两人，并应当向被调查人员出示行政执法证，在调查记录中予以记载。

第十三条　主管司法局实施询问调查的，应当由一人或者一人以上询问、一人做记录。在询问之前要核实被调查人的身份，告知被调查人应当如实提供证据、证言，同时告知故意作伪证或者隐瞒事实要承担的法律责任。询问完毕，应当由被调查人阅读或者向被调查人宣读调查笔录。调查笔录由被调查人逐页签名确认,修改处由被调查人签名。

调查笔录应当由被调查人签字或者盖章;被调查人无法签字的,可以捺手指印确认;被调查人拒绝签字、盖章的,调查人员应当在笔录中注明有关情况。

向两名以上被调查人员调查取证的,应当单独询问,分别做好调查笔录。

第十四条 经调查取得的书面证据材料复印件,调查人员应当要求提供人出示原件,并经核实后在复印件上注明"原件与复印件相符"字样,由提供人签名或者盖章。

第十五条 具有下列情形之一的,主管司法局可以书面告知投诉人中止调查,中止调查期间不计入投诉处理期限:

(一)投诉人不配合与其自身利益相关事实的调查;

(二)相关证据需要鉴定或投诉处理决定需要以其他公权力机关的结论为前提的;

(三)投诉事项正在诉讼或者仲裁的,但是诉讼或者仲裁争议的内容和结果不影响对投诉事实的认定和处理的除外;

(四)法律、法规、规章、规范性文件规定的其他应当中止投诉处理的情形。

第十六条 具有下列情形之一的,主管司法局应当书面告知投诉人终止投诉处理:

(一)主管司法局在调查过程中发现有本办法规定的不予受理情形的;

(二)在作出投诉答复前,投诉人自愿撤回投诉,经主管司法局审核同意的;

(三)法律、法规、规章、规范性文件规定的其他应当终止投诉处理的情形。

第十七条 投诉调查终结后,主管司法局应当形成投诉调查结论。投诉调查结论的内容应当包括投诉人、被投诉人的基本情况,投诉诉求及事由,调查处理程序,查明的事实及相关证据,相关法律依据、投诉处理意见等。

第十八条 主管司法局应当依据投诉调查结论,按下列方式形成投诉处理决定,对投诉作出处理:

(一)被投诉人违反《公证法》第四十一条、第四十二条规定,应当给予行政处罚的,按照行政处罚有关规定,报请市司法局予以行政处罚;

(二)被投诉人违反市公证协会制定的会员惩戒规则,应当给予行业惩戒的,按照惩戒规则有关规定,建议市公证协会予以行业惩戒;

(三)被投诉人违反《事业单位人事管理条例》《事业单位工作人员处分暂行办法》规定,应当给予事业单位处分的,按照事业单位处分有关规定予以处理;

(四)被投诉人违反《中国共产党纪律处分条例》有关规定,应当给予党纪处分的,按照纪律处分条例有关规定予以处理;

(五)被投诉人执业不规范,但是未违反《公证法》及公证管理法律、法规、

规章、规范性文件等有关规定的,应当责令被投诉人限期改正;

（六）投诉事项经查证不实的,依法对被投诉人不予处理;

（七）被投诉人涉嫌构成犯罪的,应当移送有权机关依法追究刑事责任;

（八）其他违法违规情况按照相关法律、法规、规章、规范性文件等有关规定予以相应的处理。

构成前款第（一）（二）项情形的,主管司法局应当将调查中所获取的所有证据材料、投诉调查结论以及投诉人提交的投诉材料等材料的复印件,在每页注明"原件与复印件相符"字样,并加盖单位印章后,移送市司法局或者市公证协会处理。

第十九条　投诉事项调查完毕,主管司法局应当制作公证执业活动投诉处理答复书,将投诉处理结果书面告知投诉人。投诉答复的办理时限,不得违反本办法第九条规定。

公证执业活动投诉处理答复书的内容应当包括投诉人、被投诉人的基本情况,投诉诉求及事由,调查处理程序,查明的事实及相关证据,相关法律依据、投诉处理决定等。

第二十条　投诉人对主管司法局作出不予受理、调查终止的处理决定或者公证执业活动投诉处理答复书有异议的,可以自收到决定书之日起六个月内向有管辖权的人民法院提起行政诉讼,也可以自收到决定书之日起60日内向主管司法局的本级人民政府或者上一级主管部门提起行政复议。

前款规定的内容,主管司法局应当在投诉事项不予受理、调查终止的处理决定书以及公证执业活动投诉处理答复书中列明。

第二十一条　有下列情形之一的,主管司法局应当按照本办法有关规定进行调查处理,形成投诉调查结论,但是无须作出公证执业活动投诉处理答复书。

（一）投诉人采取匿名方式投诉公证执业活动中违法违规行为的;

（二）在作出投诉答复前,投诉人自愿撤回投诉,经主管司法局审核同意,向投诉人作出投诉调查终止决定的。

第二十二条　被投诉人具有下列情形之一的,主管司法局可以对其实施行政约谈:

（一）被投诉举报数量较多的;

（二）被投诉举报且产生较大社会影响的;

（三）被群体性投诉的;

（四）需要行政约谈的其他情形。

第二十三条　主管司法局办理投诉应当做到投诉事项及时登记、调查处理全程记录、办理情况全程留痕、查处资料全程备查,建立来信登记、来访登记、电话记录、询问笔录等投诉处理工作档案,并妥善保管和使用。

对已办结的投诉案件要及时归档,做到一案一卷,装订整齐,统一保管。

第四章　监　督　检　查

第二十四条　市司法局应当加强对公证执业投诉处理工作的指导、监督和检查,发现主管司法局存在违反本办法的行为的,应当责令其限期改正。

第二十五条　主管司法局工作人员在投诉处理工作中有滥用职权、玩忽职守、包庇纵容或者具有其他违法违规违纪行为的,应当按照干部管理权限,依据有关规定给予相应的行政处分;构成违法犯罪的,移送有权机关处理。

第二十六条　被投诉人具有违反本办法第十一条的行为的,由主管司法局、市公证协会分别依据事业单位处分、行业惩戒等有关规定,给予其事业单位处分、行业惩戒。

主管司法局经调查,认为被投诉人违反本办法的行为应当给予行业惩戒的,可以书面建议市公证协会予以行业惩戒。

第二十七条　投诉人因投诉行为受到被投诉人打击报复的,主管司法局应当对被投诉人开展批评教育,并责令被投诉人立即停止打击报复行为;被投诉人实施的打击报复行为情节严重,已涉嫌违反治安管理有关法律、法规规定或者构成刑事犯罪的,主管司法局应当协助投诉人向公安机关报案。

第二十八条　区司法局应当在每年1月15日前,将上年度的公证执业活动投诉处理工作情况书面报告市司法局。

第五章　附　　则

第二十九条　本办法所称的主管司法局,是指负责组建该公证机构,实施日常监督、指导职能,并在公证机构《事业单位法人证书》"举办单位"栏中明确载明的司法行政机关。合作制公证机构的主管司法局另行规定。

本办法关于投诉处理期间有关"5日""7日"的规定是指工作日,不含节假日。

第三十条　投诉事项不涉及公证执业活动,但属于信访事项的,主管司法局应当依据信访有关规定办理该事项。

第三十一条　本办法由市司法局负责解释。

第三十二条　本办法有效期5年,自2019年1月1日起施行,至2023年12月31日终止。

关于印发《关于进一步开展公证参与人民法院
司法辅助事务试点工作的实施意见》的通知

沪司发〔2018〕46 号

市高级人民法院相关部门、各中级人民法院、各区人民法院，市司法局相关部门、各区司法局：

现将《关于进一步开展公证参与人民法院司法辅助事务试点工作的实施意见》印发给你们，请认真贯彻执行。

特此通知。

上海市高级人民法院　上海市司法局

2018 年 4 月 16 日

关于进一步开展公证参与人民法院
司法辅助事务试点工作的实施意见

为贯彻落实最高人民法院、司法部《关于开展公证参与人民法院司法辅助事务试点工作的通知》，现就本市进一步开展公证参与人民法院司法辅助事务试点工作提出如下实施意见：

一、指导思想和重要意义

全面贯彻落实党的十九大精神，坚持以习近平新时代中国特色社会主义思想为指导，紧紧围绕司法体制改革和完善矛盾纠纷多元化解决机制要求，充分发挥公证制度的服务、沟通、证明、监督等功能，推动本市公证机构进一步参与人民法院司法辅助事务工作，促进公证机构改革创新发展，助力人民法院司法体制改革顺利进行。近年来，普陀区人民法院与普陀公证处，徐汇区人民法院与徐汇公证处，市第一、第二、第三中级人民法院、上海铁路运输法院与市东方公证处均签署了合作协议,并开展了不同范围的司法辅助试点工作,取得了良好的社会效果。公证参与司法辅助事务,有利于缓解人民法院"案多人少"的矛盾,协助法官集中精力做好审判执行工作,推动社会纠纷化解资源的合理配置和高效利用,也有利于公证行业进一步发挥职能优势、拓宽工作领域、转换服务理念、提升工作能力,更有助于促进本市司法资源进一步深度整合,构建法律服务行业参与司法体制综合配套改革的新格局。

二、主要内容

(一)公证参与调解。人民法院可以通过吸纳公证机构进入特邀调解组织名册,委派或委托公证机构在家事、商事等领域开展调解,发挥诉前引导程序性作用,探索调解前置的程序改革工作。在有条件的法院,可以设立"公证调解室",对起诉至人民法院的民间借贷、离婚、继承、房屋买卖、抚养权等纠纷案件以及其他适宜由公证机构调解的民商事纠纷,人民法院在受理前,经评估适宜调解的,征得当事人同意后,可以委派或委托公证机构进行调解。经委派调解达成协议的,公证机构可以应当事人申请,对具有给付内容、债权债务关系明确的和解、调解协议办理公证并赋予强制执行效力;经委托调解达成调解协议的,公证机构应当将调解协议及相关材料移交人民法院,由人民法院按照法律规定出具民事调解书或作相应处理;未达成调解协议的,公证机构可以在征得各方当事人同意后,用书面形式记载调解过程中双方没有争议的事实,并由当事人签字确认。公证机构对未达成调解协议的案件,可以向人民法院出具含有案件相关法律事实和主要争议梳理的法律意见书。在诉讼程序中,除涉及国家利益、社会公共利益和他人合法权益的情形外,当事人无需对调解过程中已确认的无争议事实举证。公证机构可以制作调解宣传手册,引导诉讼当事人通过公证等非诉讼方式解决争议。

(二)公证参与调查取证。人民法院可以委托公证机构就当事人户籍信息、婚姻状况、亲属关系、财产状况、未成年子女抚养情况、工商登记资料、银行账户等登记信息或账户信息及交通事故处理材料、公安询问(讯问)笔录等事实材料,在本市辖区内进行核实和调查取证。人民法院可以发挥公证机构在婚姻状况、亲属关系、房地产权属登记状况等领域积累的丰富调查经验,委托公证机构开展家事领域的专项调查取证工作。调查结束后,公证机构应就核查内容、核查过程、核查结果向法院出具取证报告或者工作记录。

(三)公证参与送达。人民法院可以委托公证机构开展案件各阶段的司法送达事务。公证机构可以派员协助人民法院送达人员进行送达,优化各类法定送达方式的流程及特点,以现场送达为主,以其他送达方式为辅。公证机构参与送达工作,以人民法院通过"邮政 EMS 法院专递"无法送达(包括查无此人、地址变更或不详、当事人拒收等)的案件为主。公证机构在接受人民法院委托进行送达时,可以引入存证、见证方式,对电话送达过程进行在线录音,形成音频证据文件,确保送达程序合法有效。公证机构可以采用信息化等手段,推行集约化送达模式,避免分散作业和资源重复投入。公证机构进行现场送达的,应有 2 人共同进行。有条件的公证机构可以与人民法院同步自主开发集中送达软件,与法院系统对接,在开庭排期上与法官日程安排自动关联。送达工作完成后,公证机构应当就送达过程、送达结果等情况形成送达法律服务《证明书》或者全流程登记表,交由人民法院留存备查。

(四)公证参与保全。公证机构可以派员协助人民法院核实被保全财产信息和被保全财产线索,核实被保全动产的权属和占有、使用等情况,协助人民法院保全、清点、制作保全或清点清单。财产保全需要向人民法院提供担保的,公证机构可以协助人民法院审查申请保全人或第三人提交的财产保全担保书、保证书,并对其中的担保内容及证据材料进行核实。公证处应当加强与人民法院的沟通,充分实现公证工作固定证据的职能作用。在知识产权、侵权类纠纷中,公证机构可对侵权证据办理保全证据公证,亦可对诉前律师函或有关诉讼文件的送达行为办理送达公证,进一步完善证据链,助力人民法院提高审判效率。

(五)公证参与执行。人民法院支持公证机构在执行工作环节参与司法辅助事务。公证机构可以参与人民法院执行中的和解、调查、送达工作,协助人民法院搜集核实执行线索、查核执行标的,协助清点和管理查封、扣押财物。对经公证"具有强制执行效力的债权文书",公证机构需核实债权债务履行情况后出具执行证书,并向人民法院提交相应核实材料,人民法院切实加强"具有强制执行效力的公证债权公证书"的执行力度,充分利用公证机构出具的执行证书进一步破解"执行难"问题。

三、试点时间和范围

市第一、第二、第三中级人民法院、长宁、徐汇、普陀、虹口区人民法院、上海铁路运输法院及相应公证机构,应充分发挥先行引领作用。全市具备条件的人民法院和公证机构可以在本市已经试行的基础模式和工作经验上,积极稳妥推进各项试点工作。本市各级人民法院可以根据工作实际需求,与不同的公证机构开展合作,不局限于"一对一"合作模式。本市各级人民法院除在调解、调查取证、保全、送达、执行等五方面引入公证机构参与司法辅助工作外,还可通过引入公证机构参与人民法院诉讼服务中心前台的导诉和咨询,将符合公证受理条件的无争议家事、商事案件引导至公证机构通过办理公证手续解决,此类案件不再进入人民法院的立案和诉讼程序。各试点单位要及时总结试点工作情况（经验做法、存在问题和解决措施），每季度逐级向上级人民法院和司法行政机关报送试点工作情况报告。2018 年 6 月底，市高级人民法院会同市司法局总结试点工作经验，评估试点工作取得的成效，对本市开展试点工作的情况进行通报。

四、工作要求

（一）加强对试点工作的组织领导。本市各级人民法院、司法行政机关要高度重视本地区公证参与人民法院司法辅助事务试点工作，加强对试点工作的跟踪指导和督促检查，明确试点单位和工作任务，确保试点工作按时启动、顺利推进、如期完成。各试点法院和公证机构要制定细化试点工作方案，明确工作职责、规范工作流程；要建立工作沟通协调机制，定期召开工作例会，共同研究、决策、协调、解决工作中遇到的问题，视工作情况也可通过网络会议、电话会议等形式召开，工作例会应该有专人记录，并形成会议纪要存档备查。

（二）搭建工作平台，推进信息共享。人民法院要建立公证参与司法辅助事务工作平台，为公证人员开展工作提供必要办公场所，保障公证人员必要工作条件。公证机构要派出公证人员进驻人民法院诉讼服务中心，参与接待处理群众咨询、开展导诉、诉前调解等司法辅助事务；相互查阅信息资源，法院在案件审理过程中，可向公证处查询公证遗嘱信息，公证机构与人民法院共享遗嘱信息查询平台，公证机构还可基于办证需要向法院查询当事人婚姻家庭、有无民事行为能力、调解书、判决书、裁定书等信息；开辟查档绿色通道，优先、快速查阅，并建立风险信息通报机制；人民法院可以通过将公证引入到静态证据调查、诉讼保全、执行保障、辅助送达等审判、执行工作各环节，为各级法院和司法机关更加深入紧密的合作创造条件，双方可借此搭建信息沟通新平台，开创法院与公证合作的新领域。人民法院和公证机构要积极探索建立互联共通、高效便捷的在线对接平台，实现矛盾纠纷在线受理、调解、统计、分析，司法辅助事务网上委派，法律文书网上传递，争取实现平台工作全流程智能化管理。

（三）坚持依法规范，确保工作质量。要结合工作实际，及时研究和细化公证机构参与司法辅助事务的条件、内容、程序和举措。要加强公证人员业务培训和纪律教育，严格规范公证行为，提高公证机构参与司法辅助事务工作的质量和信息化、规范化水平。

（四）积极争取支持，加强经费保障。本市各级人民法院、司法行政机关要积极争取党委、政法委、财政等部门支持与配合，将政府购买服务等方式引入公证机构参与司法辅助事务，为试点工作提供必要的经费、场地、设施等保障，推动试点工作在本市深入开展。

关于认真做好司法部公证业务统计表填报工作的通知

沪司发〔2018〕49号

各区局,市公证协会:

司法部在近日印发的《司法行政业务统计报表》(司发通〔2018〕28号,见附件1)等文件中,新增了一系列公证统计表(见附件2)。各区局应当高度重视,抓紧督导所属公证机构填报2017年度和2018年第一季度的各项业务统计表,并在汇总、审核后于2018年4月10日前向市局报送。今后,各区局也应于每月5日前按照前述要求及时报送月报表。各区局、市公证协会还应督导各公证机构加快信息化建设,尽早实现公证统计报表数据自动汇总生成的目标。

特此通知。

附件:1. 司法部关于印发《司法行政工作主要评价指标》和《司法行政业务统计报表》的通知(司发通〔2018〕28号)(略)

2. 公证业务统计表(略)

上海市司法局

2018年4月3日

关于开展合作制公证机构试点及
组织报名遴选工作等事项的通知

沪司发〔2018〕53 号

各区局、市公证协会：

为贯彻落实全国公证工作会议精神，深化公证体制改革与机制创新，激发公证工作发展活力，顺利推进本市合作制公证机构试点工作，依据《公证法》、司法部《关于推进合作制公证机构试点工作的意见》(司发通〔2017〕95 号)精神，市局结合本市公证工作实际，制定了《关于上海市推进合作制公证机构试点工作的方案》《关于推进合作制公证机构试点工作的实施意见》，并已报经上级机关同意。

现将本市合作制公证机构试点工作的主要内容和组织报名、遴选等事项通知如下，请传达至所属公证机构及全体公证员，并请各区局和市公证协会予以高度重视、积极配合。

一、基本原则

合作制公证机构试点工作是创新公证组织形式、深化公证体制改革的重要举措。要按照"依法依规、严格把关""稳妥积极、合理布局""精心组织、确保质量"三大原则，紧紧围绕全面依法治国对公证服务的新要求，建立适应市场经济体制、按照市场规律和自律机制运行的公证机构，促进公证事业健康发展，更好地满足人民群众和经济社会发展对公证服务的新需求。

二、合作制公证机构的设置

根据《关于上海市推进合作制公证机构试点工作的方案》规定，并考虑本地区经济总量和公证服务的需求度，结合本市存在的公证法律服务与群众需求间不平衡的矛盾等因素，本市确定在浦西的虹桥经济技术开发区或虹桥商务区、浦东的自贸试验区(包括上海综合保税区)或张江高科技园区各设立 1 家合作制公证机构，并在此地域内设立公证机构办公场所。

为解决本市远郊公证机构公证法律服务与需求不平衡的矛盾,经市局核准后,设立在浦西的合作制公证机构,应当在本市金山区开设办证点;设立在浦东的合作制公证机构,应当在本市崇明区开设办证点。上述两个办证点均仅限办理民事类公证事项。

三、设立合作制公证机构的条件

(一)执业区域和机构管理

合作制公证机构的执业区域确定为上海市行政区域,机构的主管单位为上海市司法局。

(二)公证员组成和规模

1. 有 5 名以上公证员作为发起人,有不低于 200 万元人民币的开办资金。公证员人数不超过 15 名,公证员助理等辅助人员不超过 15 名。

2. 发起人政治素质高、社会责任感强,具有改革创新的共同理念和甘于奉献的精神;从未受过行政处罚、行业惩戒或行政、党纪处分;年龄在 60 周岁以下,其中至少有 3 人执业 10 年以上。

3. 发起人中至少有 3 人为中共党员。同时应在其中选择 1 名作为牵头人,牵头人应当具有较强的领导力和组织协调能力,以及业内公认的道德品质和业务素质。合作制公证机构设立后,应当建立党支部,隶属于上海市公证协会党委。

4. 发起人以外的公证员须 10 年内未受过行政处罚、行业惩戒或行政、党纪处分。

5. 其他条件参照《公证机构执业管理办法》规定办理。

四、设立合作制公证机构的程序

设立合作制公证机构的程序包括两次报名和审核遴选等环节。**第一次报名**:符合合作制公证机构合作人条件的公证员可以自愿报名,经初审通过后,由市局在司法行政门户网站上进行公示,公示时间为 7 日。**第二次报名**:公示无异议的人员,可在公示名单内自行选择合作人,并共同委托牵头人向市局申报组建合作制公证机构。市局接受报名工作的承办部门为局公共法律服务处(地址:徐汇区小木桥路 470 号;邮编:200032;总机:53899700)。

市局成立合作制公证机构试点遴选工作小组(遴选小组由市局兼职法律顾问、市政府相关职能部门负责人、市公证协会负责人和市局相关部门负责人组成),对收到的申请材料进行复核,并采取评审、考察等方式,对申请人的职业道德、公证质量、自律意识、社会责任、纪律观念、管理能力及合作制公证机构章程

（草案）制定情况等方面开展全面审核和遴选工作。通过打分排序等方式，选择得分最高的两组发起人组合，于 2018 年 6 月 10 日前授予合作制试点公证机构组建资格，于 6 月 30 日前向符合申请条件的发起人组合制发准予设立合作制公证机构的审批决定书，并颁发执业证书，完成发起人的执业机构变更手续。若前述的发起人组合在 6 月 30 日前未达到合作制公证机构设立条件的，取消其合作制试点公证机构组建资格，由打分排序后一顺位的发起人组合自然递补，并办理相应手续。

（一）第一次报名（合作人报名）

1. 起止时间

自文件下发之日起至 2018 年 4 月 23 日止。

2. 需提交的申请材料

（1）上海市设立合作制公证机构个人申请表（见附件 1）；

（2）公证员执业证复印件；

（3）身份证复印件。

3. 初审日期

2018 年 4 月 24 日至 4 月 28 日。

4. 公示时间

2018 年 5 月 2 日至 5 月 8 日。

（二）第二次报名（合作制公证机构牵头人报名）

待公证员个人报名截止后，初审通过人员名单将由市局通过司法行政门户网站进行公示。通过初审符合发起人条件的公证员进行自行组合（每名公证员只能组合 1 次），并推选出牵头人，待收齐相关材料后，由牵头人向市局报名申请设立合作制公证机构。

1. 起止时间

2018 年 5 月 11 日至 5 月 18 日。

2. 需提交的申请材料

（1）委托书（发起人中必须明确 1 名牵头人，见附件 2）；

（2）申请书（须由全体发起人共同签名，包括合作制公证机构拟用名称、拟定办公场所地址，见附件 3-1、3-2）；

（3）发起人名单目录（见附件 4）；

（4）章程草案（须由全体发起人共同签名，见附件 5）；

（5）规章制度草案（须包含分配制度、质量管理制度、重大事项报告制度等基本制度）；

（6）认缴开办资金的承诺书（须由全体发起人共同签名，见附件 6）；

（7）出资协议书（须由全体发起人共同签名，见附件7）；

（8）提供办公场所产权证明或使用权证明的承诺书（须由全体发起人共同签名，见附件8）。

（三）报名方式

1. 第一次报名：符合合作制公证机构合作人条件的公证员报名，采用网上报名方式进行。相关材料须以扫描件形式，通过电子邮箱 zhk2512@ sina. com 报名。

2. 第二次报名：组建合作制公证机构报名，采用当面提交书面材料的方式。相关材料须由牵头人统一提交至市局。

五、合作制公证机构《章程》的制定

（一）制定原则

要坚持《公证法》规定的"不以营利为目的"的机构属性，坚持公益性、非营利的基本定位，严格依法行使《公证法》赋予的公证证明权；坚持自主开展业务，独立承担责任；坚持创新发展，便民利民、服务社会，确保公证质量，维护公证公信力；坚持全体合作人民主协商，严格内部管理。

（二）制定程序

合作制公证机构设立前，应当召开全体发起人会议，依法制定《章程》并经全体发起人一致通过。合作制公证机构《章程》自机构批准设立之日起生效。设立后修改章程的，应报市局批准。

（三）主要内容

公证机构的名称、执业场所；公证机构的宗旨；公证机构的组织形式和机构设置；合作人会议的组成和职责；公证机构负责人的条件、职责及产生和变更的程序；合作人的权利和义务；合作人新增、退出、除名的条件和程序；合作人争议的解决；开办资金的数额及来源；财务管理制度、分配制度及债务承担方式；人员聘用的程序；公证机构变更、终止的条件和程序；章程的修改程序；其他需要说明的事项。

六、合作制公证机构负责人的产生

合作制公证机构的负责人，应当按照《公证法》和《章程》的规定，由全体公证员在合作人范围中推选产生，推选产生的负责人应当报市局核准、备案。负责人每届任期5年，可连任1届。

七、合作制公证机构制定内部分配制度应遵循的原则

（一）合作制公证机构应按照《章程》规定，召开全体合作人会议，采用民主协商、共同参与的方式制定内部分配制度。

（二）分配制度应当体现按劳分配、多劳多得的原则,同时激励公证员更多地办理民生类公证事项,既要体现公证人员的收入分配与岗位职责、工作业绩、实际贡献相适应,又要遵循机构内部不同岗位之间收入分配适度公平的原则。

（三）合作制公证机构用于全体工作人员（公证员、公证员助理、行政管理人员）的工资性支出,分为基础性工资支出和绩效考核支出。在扣除各类税、费后的机构年度收入结余部分,可提取比例不超过50%的经费用于绩效考核支出。

基础性工资支出和绩效考核支出方案,由合作人召开全体合作人会议讨论确定。

八、设立合作制公证机构的组织形式和议事规则

（一）组织形式

合作制公证机构由符合条件的公证员个人自愿组合、共同参与、共同出资;不占国家编制,不用国家经费,自主开展业务,独立承担民事责任;其财产由合作人共有,以其全部资产对债务承担有限责任;实行民主管理,按市场规律和自律机制运行。

（二）议事规则

合作制公证机构实行民主管理和议事的机构为合作人会议。合作人会议的职权包括:

1. 决定公证机构的发展规划;

2. 批准公证机构负责人提出的年度预决算方案,决定公证机构的分配方案;

3. 提出推选公证机构负责人人选的条件,选举、罢免公证机构负责人,决定新增、退出或者除名合作人;

4. 决定重大财务支出和大型固定资产的购置;

5. 修改章程,制定规章制度;

6. 决定公证机构的分立、合并、解散及财产的清算;

7. 其他重大事项。

合作制公证机构还应建立健全公证员大会、管理委员会会议、监督委员会会议等制度。

（三）合作人权利义务

1. 合作人的权利: 参加合作人会议,行使表决权;担任公证机构负责人的选举权和被选举权;监督本机构财务及收支情况和合作人会议决议的执行情况;获得养老、医疗和其他社会保障的权利;章程规定的其他权利。

2. 合作人的义务: 忠实履行公证员职责,遵守公证机构的规章制度;执行合

作人会议决议;章程规定的其他义务。

3. 公证机构负责人是公证机构的法定代表人,负责对本机构的业务活动和内部事务进行管理,对外代表公证机构,依法承担相应管理责任。

九、合作制公证机构的管理

(一)质量管理

1. 市局公证工作管理部门和市公证协会应当加强对合作制公证机构公证质量的监督和指导,强化公证质量和执业行为的检查、抽查、监管、考核力度,必要时可以采取开展专项督察、驻点督察的方式,实现质量检查和执业监管的全覆盖。检查监督情况列入合作制公证机构年度考核内容。

2. 合作制公证机构内部必须健全完善公证执业监督管理体系与风险防控机制。应当制定严格的公证审批制度,所有公证事项均应经主任或其委托承担审批职责的公证员审批;重大公证事项须经副主任或者部门负责人、主任二级审批。对重大、复杂的公证事项,应当提交公证机构集体讨论,真正做到材料不实不出证、调查不全不出证、审批不严不出证。

3. 建立公证质量责任终身追究制,使公证质量监管覆盖出证前、办证中、出证后等环节。

4. 坚决杜绝单纯追求经济利益、忽视公证质量的现象,一经发现应予以严厉惩戒,并及时向管理部门报告。

5. 建立公证员执业过错责任保证基金,基础额度为合作制公证机构公证员人数乘以50万元人民币后的总和。首笔基金由所有公证员按份先行垫支,待公证机构运转正常后逐年从结余部分替换。基础额度的保证基金,应当始终保存于公证机构账户。保证基金的用途,是用于偿付应由公证员承担的赔偿费用、罚款等支出。

6. 建立重大事项报告制度。事关政府实事工程、重点项目及社会稳定的重大公证事项,应当事先报告;合作人变更、机构及人员违法违纪情况,错证和假证及对公证文书的复查、投诉等情况,涉及诉讼的公证事项,公证文书未被仲裁、审判等部门采信等重大事项,应当及时报告。

7. 加强公证信息化建设。应当做好整体规划和布局,推进公证业务和管理信息化,推进信息互联共享。

8. 积极拓展公证业务领域。新设合作制公证机构,应当积极拓展金融创新领域、知识产权保护、国际商事贸易、司法辅助事务、涉外经济业务等方面的公证服务,以更好地服务上海经济社会发展大局,进一步满足人民群众日益增长的公证法律服务需求。

（二）人员管理

1. 建立科学的人事管理制度,规范公证员的任用、培训、考核、奖惩、晋升等工作,减少内部矛盾。

2. 严格遵守《公证法》等法律法规规章,严禁公证员出现本市公证执业活动负面清单所列的违法违规违纪情形。

3. 严格执行公证员助理等辅助人员管理制度,严禁公证员助理履行公证员职责、独立办理公证业务。

（三）财务管理

1. 实行独立核算,自担风险,依法纳税。

2. 建立与绩效挂钩的公证机构工资水平激励制度,使机构工作人员工资与岗位职责、工作业绩、实际贡献紧密联系。

3. 在扣除各项开支和税费后,按规定参加公证职业责任保险,建立事业发展基金、风险赔偿基金、社会保障和培训基金。事业发展基金的来源为每年度从公证机构结余部分提取不少于30%的资金;培训基金的来源为本年度人员工资总额2%的资金;另按国家规定提留工会会费,不可将结余全部用于发放工资。

4. 合作制公证机构存续期间,禁止随意挪用、转移和分割资产,禁止进行投资,禁止引入社会资本开办和运营公证机构。

5. 办理公证事项实行统一受理、统一收费、统一入账。

特此通知。

（本通知在上海市司法局门户网站和微信公众号主动公开）

附件：1. 上海市设立合作制公证机构个人申请表

　　　2. 委托书

　　　3. 申请书、合作制公证机构申请表

　　　4. 发起人名单目录

　　　5. 章程样稿

　　　6. 认缴开办资金承诺书

　　　7. 出资协议书

　　　8. 提供办公场所产权证明或使用权证明承诺书

附件 1

上海市设立合作制公证机构个人申请表

□发起人　　　　□合作人

姓　　名		性别		出生年月		2 寸免冠照 粘贴处
身份证号码			执业证号码			
政治面貌		工作部门及职务				
学历、学位		联系方式				
专业职称	□一级　□二级　□三级　□四级				评定年月	
编制情况	□在编　□非编				执业年限	
进入公证处工作年月						
获公证员资格年月						
获涉外资格年月						
公证机构意见	是否同意其本人遴选入额后,辞去公职。 　　　　　　　　　　签字:　　　　　签章:　年　月　日					
公证协会意见	行业惩戒情况: 　　　　　　　　　　签字:　　　　　签章:　年　月　日					
主管区司法局	1. 是否受过行政、党纪处分。 2. 是否同意其本人遴选入额后,辞去公职。 　　　　　　　　　　签字:　　　　　签章:　年　月　日					

　　本人承诺,以上信息属实。本人自愿参加合作制公证机构试点工作,待遴选入额后,本人将辞去公职。

　　　　　　申请人签字:　　　　　　　　　　　日期:

附件 2

委 托 书

　　兹委托×××为牵头人,办理向上海市司法局申请并提交"设立合作制公证机构"的有关材料。

委托人:

(注: 需所有发起人签名)

××××年××月××日

附件 3 - 1

关于设立合作制公证机构的申请

根据《市司法局关于推进合作制公证机构试点工作的实施意见》，经协商一致，我们申请设立合作制公证机构，我们将自觉遵守设立合作制公证机构的基本原则，明确设立合作制公证机构是为了促进公证机构健康发展，更好地满足人民群众对公证服务的新需求。我们将坚持"不以营利为目的"的公证机构属性，严格遵守《上海市推进合作制公证机构试点方案》的各项规定。

合作制公证机构拟用名为×××，拟定办公场所地址×××。

申请人：
（全体发起人）
日期：

附件 3－2

设立合作制公证机构申请表

申请人 (牵头人)	名　称	××公证处(拟设)	电　话	
	拟定办公地址		邮　编	
	姓　名		电　话	
	住　址		邮　编	
	身份证件号码			
	委托书及身份证复印件(见附件:共　　　页)			
申请从事行政审批 事项的名称	合作制公证机构设立审批		申请设立☑　　　名称变更□ 办公场地变更□　　负责人变更□	
申请人 提供的 材料 目录	序号	名　　　称		来　源
	1	设立合作制公证机构在申请书	□原件□复印件	
	2	发起人名单目录	□原件□复印件	
	3	公证员名单、简历、居民身份证	□原件□复印件	
	4	章程和规章制度(草案)	□原件□复印件	
	5	开办资金证明	□原件□复印件	
	6	……	□原件□复印件	
	7	……	□原件□复印件	
法律文书送达方式	直接送达□　　邮寄送达□　　其他□ ＿＿＿＿＿＿			
申请人联系方式				

　　申请人郑重声明:申请人申请该行政审批事项,符合法律、法规、规章规定的条件,保证未有违反法律、法规规定的禁止性情形;申请人提交的申请材料齐全、真实。否则,申请人愿意承担由此而引起的一切法律后果。
　　此致
上海市司法局

申请人签章:

申请日期:　　　年　　月　　日

附件 4

发起人名单目录

序号	姓名	性别	身份证号码	执业证号码	学历、学位	政治面貌	专业职称
1							
2							
3							
4							
5							
6							
7							
8							
9							
10							
11							
12							
13							
14							
15							

附件 5

上海市××公证处章程

（草案样稿）

目　　录

第一章　总　　则

第一条　为贯彻落实《中华人民共和国公证法》《司法部关于推进合作制公证处试点工作的意见》以及《关于上海市推进合作制公证机构试点工作方案》，按照平等、互利、自愿的原则，经过协商，制定本章程。

第二条　本公证处性质为合作制公证处，是实行"公证员自愿组合、共同参与、共同出资、自主开展业务、独立承担民事责任"的具有法人资格的公证法律服务机构。

第三条　本公证处的财产由合作人共有,公证处以其全部资产对公证处的债务承担有限责任。其他单位和个人不得无偿调拨、挤占公证处的资产。合作人以其出资额为限承担有限责任。

第四条　本公证处依法接受司法行政机关和公证协会的监督、指导,接受社会各界的监督。

第五条　本章程自生效之日起,即成为规范本公证处的组织与行为、规范本公证处全体人员行为的具有法律约束力的文件。

第二章　公证处的名称和执业场所

第六条　本公证处的名称:＿＿＿＿＿＿＿＿＿＿＿＿＿＿(暂定)。
第七条　本公证处的执业场所:＿＿＿＿＿＿＿＿＿＿＿(暂定)。

第三章　公证处的宗旨

第八条　本公证处的目标和宗旨:紧紧围绕全面依法治国对公证服务的新要求,建立与市场经济体制相适应的,按市场规律和自律机制运行的公证处,促进公证事业发展,更好地满足人民群众和经济社会发展对公证服务的新需求。

第四章　公证处的组织形式和机构设置

第九条　本公证处设立合作人会议、主任办公会议、公证员大会、管理委员会、公证质量监督委员会。

第十条　本公证处由合作人公证员、聘用公证员、公证员助理、后勤人员组成。公证员由司法行政部门按程序报批、任命,并由本公证处自主聘用;公证员助理和后勤人员由本公证处自主聘用。

第十一条　本公证处建立完善的治理结构,实行权力、决策、执行、监督分权设置,民主管理、规范运作。

本公证处设立合作人会议制度,合作人会议是本公证处的最高权力机构和决策机构,决定本公证处的一切重大事宜。

第十二条　本公证处设立主任一名、副主任若干名,主任是本公证处的负责人、法定代表人,对内行使日常工作的管理职能,对外代表本公证处行使权利、承担义务。

第十三条　本公证处的主任、副主任由合作人会议推荐、选举产生,对合作人会议负责。

第十四条　本公证处根据业务发展需要设若干专业业务部门。业务部门由业务部主任、执业公证员组成。业务部门的组成人员由本公证处主任提名、合作人会议决定。业务部门在本公证处主任的领导下依法开展相关业务,对合作人会议负责。

第十五条　本公证处设立综合部、公证员助理部。综合部、公证员助理部在本公证处主任的领导下开展各项工作,对合作人会议负责。

第五章　合作人会议的组成、职责、议事程序

第十六条　本公证处的合作人会议由全体合作人组成,合作人行使表决权。

第十七条　合作人会议行使以下职权:

1. 决定本公证处的发展规划;

2. 批准年度预决算方案,决定公证机构的分配方案;

3. 决定担任公证机构负责人人选的条件,选举、罢免公证机构主任、副主任;

4. 决定重大财务支出和大型固定资产的购置;

5. 修改章程;

6. 制定规章制度;

7. 决定公证机构的分立、合并、解散及财产的清算;

8. 决定新增、退出或除名合作人;

9. 聘任(续聘)和解聘公证员、公证员助理及后勤人员;

10. 决定本公证处的增资、减资及合作人间出资份额的转让;

11. 决定人员的工作考核、奖惩、职务变动;其他重大事项。

合作人会议应有完备的会议记录,并制作书面决议。

第十八条　合作人会议分为定期会议和临时会议两种。

第十九条　经本公证处主任或三分之一以上合作人的提议可召开临时合作人会议。临时会议的时间、地点及须表决的事项或方案,须在2日前由会议秘书通知各合作人。

第二十条　如果合作人会议决议违反法律、法规、本公证处章程,致使本公证处遭受损害的,参与表决的合作人对该损害承担连带赔偿责任,但有证据,证明在表决时曾表明异议并将异议记载于会议记录的合作人,可免除责任。

第二十一条　合作人会议的所有表决均采用书面方式(合作人另有一致同意的表决方式除外)。因特别情况无法出席会议,可书面委托其他合作人投票表决或采用电子邮件、QQ、微信的方式进行表决或事后补签。

第二十二条　涉及与某合作人的合作人身份有关(仅包括合作人的退出、除名)的表决,该合作人不参与表决。但该合作人有权要求合作人会议就表决结果做出合理解释。

第二十三条　合作人会议设秘书一人。其职责是通知、记录(录音、录像)、收集、保存资料,向合作人会议、合作人提供查询资料,解答职责范围内的有关问

题。合作人会议秘书受本公证处主任领导,对合作人会议负责,日常归公证处综合部管理。

第二十四条 合作人会议秘书应将合作人会议形成的记录、会议决议等文件于会议当时或当日交由出席的合作人签署,特殊情况下不得晚于次日。

第二十五条 各合作人的申请、通知、建议、委托书等文件送达合作人会议秘书即视为送达合作人会议。

第六章 公证处主任的条件、产生变更的程序及职责

第二十六条 本公证处设主任、副主任,由合作人会议选举产生。副主任协助主任的工作,主任不能履行职责时,由副主任代为履行。主任、副主任每届任期5年,可连任1次。

第二十七条 本公证处主任、副主任的候选人应当符合下列条件:有5年以上执业经历的公证员、政治素质高、社会责任感强、有较强的领导能力和组织协调能力。

第二十八条 主任、副主任一经合法程序产生,非因重大过失或故意给本公证处造成重大损失或不能履行一般职责的,不得中途变更。主任、副主任的选举、罢免的办法另行制定。

第二十九条 公证处主任是公证处的法定代表人,主持公证处的日常工作,代表公证处行使下列职权:

1. 召集合作人会议,主持召开处主任办公会;
2. 组织实施合作人会议决议,组织落实处主任办公会决议,安排工作;
3. 主持公证机构日常工作;
4. 负责向司法行政机关、行业协会汇报工作,听取意见,接受监督;
5. 主持召开业务工作会议;
6. 组织完成公证机构中长期发展规划和年度工作计划;
7. 负责公证处副主任及中层人员的工作安排;
8. 负责参与审批公证事项;
9. 公证机构章程及合作人会议、主任办公会授权的其他职权。

第三十条 主任办公会是合作制公证机构的常设执行机构和办事机构。主任办公会由公证处主任、副主任组成,必要时吸纳其他相关人员参加或列席。

主任办公会应有完备的会议记录,并制作会议纪要。

第七章 公 证 员 大 会

第三十一条 公证员大会的组成和职责。

（一）公证员大会由本公证处的全体公证员组成,每年举行一至二次会议,由主任负责召集并主持。经主任批准,本公证处的其他工作人员可以列席参加公证员大会。

（二）公证员大会行使以下职权:

1. 监督合作人会议,主任依据法律法规、公证处章程行使职权;

2. 听取合作人关于公证处发展规划、年度工作总结、公证处改革和制定重要规章制度情况、劳动合同签订履行情况、缴纳社会保险费和住房公积金情况等报告,有权提出意见和建议;

3. 对合作人会议制定、修改或者决定的有关劳动报酬、劳动时间、休息休假、住房公积金和社会保险费、福利、公证员培训、执业纪律以及业务管理等直接涉及公证员切身利益的规章制度或者重大事项方案,提出意见和建议;

4. 推选劳动模范以及推荐公证处管理人员;

5. 审查监督公证处执行劳动法律法规和劳动规章制度情况,民主评议公证处领导人员,并提出奖惩建议;

6. 其他根据法律法规、章程、规章制度授予的职权。

（三）公证员大会会议应制作会议记录。会议记录和决议由参加会议的成员签字并存档。

第八章　管理委员会

第三十二条　管理委员会的组成和职责。

（一）管理委员会的组成:

1. 本公证处根据发展需要可以设立管理委员会,作为合作人会议决议的执行机构,在公证处主任的直接领导下开展工作;

2. 在管理委员会设立之前,由本公证处主任办公会议行使管理委员会的职责;

3. 本公证处主任兼任管理委员会主任;

4. 管理委员会的成员由公证处主任任免,任期一年,可连选连任。

（二）管理委员会职责:

1. 拟定本公证处年度工作报告;

2. 拟定本公证处内部管理机构设置方案;

3. 拟定并实施本公证处规划、各项规章制度和实施细则;

4. 拟定聘请公证员、公证员助理、后勤人员的聘用合同;

5. 拟定本公证处年度预决算及分配方案;

6. 拟定本公证处章程修改方案;

7. 拟定本公证处重大投资和资产处置；

8. 拟定本公证处终止清算方案；

9. 执行合作人会议决议；

10. 其他根据法律法规、章程、规章制度、本公证处有权机构（包括但是不限于主任办公会议、合作人会议等）做出的决议、决定授予的职权。

（三）管理委员会每季度至少召开一次会议，如有两名成员提议或管委会主任认为有必要时，也可以召开临时会议。管理委员会的会议应制作会议记录。会议记录和决议由参加会议的成员签字并存档。管理委员会形成决议，必须由三分之二以上多数同意，方为有效。

第九章　公证质量监督委员会

第三十三条　公证质量监督委员会的组成和职责。

（一）公证质量监督委员会的组成：

1. 公证质量监督委员会是公证处对公证案件质量进行评价、监督、管理的常设机构；

2. 公证质量监督委员会是由公证处中具有较高理论水平、丰富实践经验的公证员组成；

3. 公证质量监督委员会主任由主任提名后经合作人会议表决通过后任免，其他成员由委员会主任提名，主任任免；

4. 公证质量监督委员会主任在合作公证员中产生，每届任期三年，可连选连任；

5. 公证质量监督委员会采取每半年检查、专项检查和个案检查等形式，开展公证质量监督检查。公证质量监督委员会作出的决定当然完全效力及于公证处全体人员，全处人员必须严格执行。

（二）公证质量监督委员会行使下列职权：

1. 对公证机构公证质量状况进行调研、分析与评估，提出具体的整改和解决意见；

2. 对业务质量及公证质量管理制度落实情况进行监督检查，并且有权认定公证员所办及公证员助理协办的公证案件质量等级；

3. 对发生公证质量问题被举报、投诉以及被新闻媒体报道并产生社会影响的公证事项进行专门监督、检查和指导；

4. 对在公证质量监督、检查活动中发现的严重质量问题、违法违纪问题，在查清事实的基础上，及时向合作人会议通报情况并提供相关证据材料；

5. 其他根据法律法规、章程、规章制度、本公证处有权机构（包括但是不限于合作人会议、主任办公会议等）做出的决议、决定授予的职权。

（三）公证质量监督委员会的会议应制作会议记录。会议记录和决议由参加会议的成员签字并存档。

第十章　合作人的权利和义务

第三十四条　本公证处合作人的权利如下：

1. 参加合作人会议并行使表决权；

2. 担任公证处主任和其他职务的选举权和被选举权；

3. 监督合作人会议的执行情况和公证处业务、财务收支情况；

4. 对公证处财产享有所有权；

5. 获得报酬和财产、养老、医疗和其他社会保障的权利；

6. 绩效考核的分配权；

7. 章程规定的其他权利。

第三十五条　本公证处合作人的义务如下：

1. 严格遵守国家法律、法规及规章，严格遵守公证员的职业道德和执业纪律，忠诚履行公证员职责；

2. 模范带头遵守公证处的各项规章制度；

3. 忠实执行合作人会议决议；

4. 足额交纳出资。

第十一章　合作人新增、退出、除名的条件和程序

第三十六条　合作人有下列情形之一的，自动失去合作人资格：

1. 辞职被批准的；

2. 年满 65 周岁的；

3. 因健康原因不能履行职务的；

4. 故意为不真实、不合法的公证事项出具公证书；

5. 一年内受到两次停止执业行政处罚的；

6. 被吊销公证员执业证书的；

7. 私下收费的；

8. 藏匿、毁损公证档案的；

9. 章程规定的其他情形。

第三十七条　本公证处吸纳普通合作人的，应当与新普通合作人签订书面协议。

本公证处成立之后吸纳的普通合作人的出资比例原则上相同，确有特殊贡

献的,可以适当调整。新普通合作人的具体出资额由合作人会议讨论决定。

第三十八条 新增合作人的,本公证处将其新增人员的姓名、出资证明及简历、身份证、公证员执业证等资料载入合作人名册并报市司法行政机关备案。

自备案完成之日起,新增人员取得合作人身份,开始享有合作人的权利并承担合作人的义务。

第三十九条 经合作人会议同意,合作人之间可以转让部分或全部出资。

合作人转让出资后,公证处应将变动情况载入合作人名册并报市司法行政机关备案。

第四十条 合作人出现下列情况之一的,经合作人会议同意,应当退出本公证处:

1. 主动申请退出本公证处的;
2. 年满65周岁的;
3. 因身体或精神原因连续1年或累计1年以上不能正常履行职务、职责的;
4. 死亡或丧失民事行为能力的;
5. 受刑事处罚的;
6. 被吊销公证员执业证的;
7. 无正当理由未在本处履行职责2个月以上的;
8. 合作人无正当理由未出现合作人会议3次以上,或拒不执行合作人会议决议,给公证处或其他合作人造成重大损失的;
9. 侵吞公证费或公证专用物品的;
10. 泄露在执业活动中知悉的国家秘密、商业秘密或者个人秘密的。

第四十一条 合作人被开除(除名)的条件和程序。

(一)合作人有下列情形之一的,经合作人会议根据本章程议事规则决议通过,可以决议将其开除:

1. 因故意出具错证或者假证,导致公证员执业证书被依法吊销的;
2. 违反国家法律、职业道德、执业纪律,情节十分严重的;
3. 因故意或重大过失给公证处造成重大经济损失或者重大名誉损失的;
4. 未经合作人会议同意,连续6个月不在本处工作的;
5. 被人民法院强制执行其在公证处中的全部财产份额的;
6. 经合作人会议根据本章程议事规则决议认为的应予以开除的其他情形。

(二)自上述合作人会议决议通过之日起该合作人被开除。

第十二章　合作人争议的解决

第四十二条 合作人对合作事项发生争议,应当协商解决;协商无法解决的,应当将该争议事项提交合作人会议表决,过半数合作人通过的决议,合作人应当执行。

第十三章　开办资金的数额和来源

第四十三条　本公证处的开办资金为人民币＿＿＿＿＿＿万元,由发起人＿＿＿
＿＿＿＿＿＿＿＿＿＿＿＿＿＿＿＿各出资人民币＿＿＿＿＿＿＿＿＿＿＿＿＿＿＿＿＿＿＿。

第四十四条　开办资金不足需要继续投入的,由出资人继续出资。合作人的出资协议另行签订。

第十四章　财务管理制度、工资制度及债务的承担

第四十五条　本公证处实行独立核算,自担风险,依法纳税。

第四十六条　本公证处按照按劳分配原则,实行基础工资、绩效考核工资。

本公证处根据合作人、聘用公证员及其他公证人员的岗位职责、业务能力、工作业绩、职业道德、实际贡献等因素,按照多劳多得原则,确定各类人员的工资数额,并根据本公证处发展情况适时自主调整。

第四十七条　本公证处建立健全财务管理制度,制定财务制度规范,明确财务负责人,分设会计、出纳岗位,实行统一收费、统一入账、统一出票。

本公证处贯彻执行《会计法》和国家财务管理规定,强化财务基础管理,认真编制各类报表,按照会计电算化的要求,做好会计资料的录入、维护、备份、归档工作,按照有关规定做好职工薪酬发放及所得税代扣代缴和“五险一金”等扣缴工作。

第四十八条　本公证处建立并落实资产管理制度,做好固定资产的登记、建档、管理工作。任何人不得以任何理由转移、挪用、分割、侵占、损害公证处集体资产。

第四十九条　本公证处合作人、聘用公证员、公证员助理、后勤人员采取基本工资加绩效工资制,工资和业务数量、质量、社会效益和经济效益挂钩。本公证处所有人员的基本工资、绩效工资提取办法另行制定。

第五十条　本公证处按照有关文件按时足额缴纳公证协会会费和保险赔偿金。本公证处建立执业过错责任保证金制度,公证员须足额缴纳执业过错责任保证金方可执业。

第五十一条　本公证处存续期间,禁止随意挪用、转移和分割资产,禁止进行投资,禁止引入社会资本开办和运营公证机构。

第五十二条　本公证处合作人对公证处的全部财产依合作人协议实行按出资比例共有。

第五十三条　因合作人的故意或重大过失使本公证处产生负债的,应由该合作人承担全部责任。

第五十四条　因本公证处员工个人故意或重大过失给本公证处、合作人、当事人造成损失的,本公证处有权向员工个人追偿。

第十五章　人员聘用的程序

第五十五条　本公证处实行全员合同制,依法签订劳动合同。

第五十六条　本公证处根据业务需要决定人员聘用,由主任办公会议研究拟定招聘方案,招聘方案应当报合作人会议审议通过后执行。

第十六章　公证处变更、终止的条件和程序

第五十七条　本公证处变更名称、住所、章程、合作人协议等事项的,应当报市司法局核准。负责人变更报市司法局核准。

第五十八条　有下列情形之一的,本公证处应当解散:

1. 未进行年度考核;

2. 合作人会议决定解散的;

3. 法律、法规、规章规定应当解散的其他情形。

第五十九条　本公证处停止执业后,应将公证处钢印、印章交回市司法行政机关。文件、财务账簿、业务档案移交司法行政机关保管。

第十七章　公证处的章程修改程序

第六十条　三分之一以上合作人提议修改本章程的,合作人会议应讨论表决是否修改。

第六十一条　合作人会议决定修改章程的,由主任办公会议提出章程修改方案,提交合作人会议审议表决。

第六十二条　本公证处合作人会议可根据本章程的基本原则,制定本章程的实施细则以及各项规章制度。

第十八章　法　律　责　任

第六十三条　本公证处人员因个人过错给本公证处造成重大损失的,应以个人财产份额赔偿公证处。

第六十四条　本公证处人员未按本章程规定的时间及程序申请并获同意而擅自离岗、离职给本公证处造成损失的,应承担赔偿责任。

第六十五条　本公证处人员将本公证处利益私自据为己有或者采取其他手段侵占本公证处财产的,合作人会议有权责令将该利益和财产退还本公证处。给本公证处造成损失的,依法承担赔偿责任。构成犯罪的,依法追究刑事责任。

附件 6

认缴开办资金承诺书

　　根据市司法局《关于推进合作制公证机构试点工作的实施意见》的要求,经所有发起人共同协商一致,拟共同出资不低于 200 万元人民币作为开办资金。

　　特此承诺。

签字:

（全体发起人共同签名）

日期:

附件7

出 资 协 议 书

根据市司法局《关于推进合作制公证机构试点工作的实施意见》的要求,经所有发起人共同协商一致,拟共同出资 200 万元人民币作为开办资金。

其中,×××出资×××,占比××%;

×××出资×××,占比××%;

×××出资×××,占比××%;

×××出资×××,占比××%。

签字:

(全体发起人共同签名)

日期:

附件 8

提供办公场所产权证明或使用权证明承诺书

根据市司法局《关于推进合作制公证机构试点工作的实施意见》的要求,我们拟共同发起设立合作制公证机构,并愿意提供×××的场所作为机构办公场所,并提交相应的产权凭证或使用权证明。

特此承诺。

签字:

(全体发起人共同签名)

日期:

关于印发"智慧公证"信息化工程
全市推进实施方案的通知

沪司发〔2018〕94 号

局机关各处室、各区局、市公证协会:

　　按照市委政法委及市局党委的要求,"智慧公证"信息化工程坚持"整体布局、统一规划、统一标准、统一实施"的工作原则,建设工作现已达到预期成效。首批 180 项公证事项标准化业务手册及申请指南已经完成编制;赋码监管系统、公证业务音视频留痕监管系统、一体化办证系统、查证服务平台等核心软件系统已完成主要功能研发;全国首个一体化公证专用主机完成研制。依据市局"智慧公证"专题会议精神,"智慧公证"项目将开展全市部署应用。具体工作安排如下:

一、主要目标

　　于 2018 年 7 月底前挑选部分中心城区与郊区公证机构先行开展试运行,总结经验,完成系统优化完善。年底前在全市全面推开,所有机构、所有事项均通过"智慧公证"系统开展公证业务。

二、主要任务

　　(一)在东方、杨浦、徐汇、长宁、浦东、松江、奉贤、嘉定、金山、崇明公证处先行开展试运行,各试点机构制定试运行计划,组建试运行工作团队。

　　(二)根据新制定的公证业务手册及申请指南,进行试点机构系统的初始化设置工作;对各公证处相关办证场所进行数字化改造、办证装备部署;完成系统上云部署,并落实各试点机构连接云系统的网络改造。

　　(三)对全市公证员及相关人员进行办证业务手册培训和办证系统操作培训。试运行期间,要及时发现问题、总结经验,进一步优化完善系统。

　　(四)在全市所有公证机构全面部署"智慧公证"平台,正式全面启用。

三、推进步骤

（一）第一批试运行工作（2018 年 5 月，已启动）

东方公证处从 5 月 31 日开始，与"智慧公证"技术研发团队配合进行一体化办证系统及相关设备的正式试运行工作；由市局公证工作管理处、信息技术处组成试运行工作小组，进行赋码监管系统、音视频留痕系统的试运行工作。

（二）第二批试运行工作（2018 年 6 月至 7 月）

第二批试点单位为杨浦、徐汇、长宁、浦东、松江、奉贤、嘉定、金山、崇明公证处，试点单位需明确试运行事项范围，组建试运行工作团队；技术研发团队负责完成试运行相关场所、装备、系统的最终部署和调试；业务研究团队及技术研发团队对试运行工作团队所有人员进行集中培训；工作团队应制定试运行具体业务工作方案；市局公证工作管理处、信息技术处及公证协会对试运行准备工作进行验收。

（三）全市推广（2018 年 8 月至 12 月）

在全市所有公证机构推广使用，为所有公证机构部署办证系统，完成办证室标准化改造，部署相应标准设备。对全员进行新版业务手册及系统操作培训。2018 年年底前，实现全市所有机构、所有事项均通过"智慧公证"系统办理。

四、任务分解（按单位）

（一）市司法局、市公证协会

1. 统筹推进全市试运行工作。市局公证工作管理处、信息技术处及公证协会确定试运行总体计划，共同组建监管系统试运行小组，统筹推进全市试运行工作；组织人员集中对赋码监管系统、音视频留痕系统进行试运行，提出修改完善意见。

2. 审批各公证处试运行方案。公证协会对各试点单位提交开展试运行的申请计划进行审批。待试运行准备工作完成后，由市局公证工作管理处、信息技术处及公证协会对试运行方案及相关设备、系统等进行验收。

3. 完善业务规则，制定业务指导意见。在试运行正式开始后，由市公证协会"智慧公证"业务研发团队对实际试运行工作中涉及的业务规则或流程等方面问题提供指导意见。

4. 市公证协会负责办证平台及相关系统建设。由市公证协会负责一体化智能办证平台建设，妥善解决原有数据迁移工作。负责公证行业统一数字认证系统（CA）建设，为每个公证机构及公证员发放数字证书。升级原有税控系统，实现全市统一的税控管理，实现电子发票功能。

（二）各公证处

1. 组建试运行工作团队。试运行公证处应组建试运行工作团队，并明确试运行工作负责人。工作团队应包含接待咨询、受理、收费、调查、审批、排版、翻译、装订、事业部内勤、档案管理等岗位成员。

2. 确定试运行公证事项。各公证处应选取平时办证量大且具有代表性的公证事项进行试运行测试。各公证处选定的试运行事项和试运行期间的公证书编号对策等情况,应提前报公证协会。

3. 准备试运行相关配套环境。确定开展试运行的办证室,准备试运行系统所需的网络环境及开票打印机、税控盘等相关设备。

4. 组织人员进行培训。分别组织人员按接待咨询、受理、收费、调查、审批、排版、翻译、装订、事业部内勤、档案管理等岗位需要,进行业务培训及系统操作培训。

5. 开展试运行工作。各公证处开展对外试运行工作,由试运行工作团队对推进工作中遇到的问题或收集的相关建议进行集中整理,并及时向技术研发团队反馈,协助解决系统平台相关问题,完善工作流程。

6. 开展正式运行工作。试运行完成后,所有公证机构均应完成系统部署,组织全体公证人员进行培训,确保所有事项通过"智慧公证"系统进行统一办理。

7. 加强网络资源配套建设。各公证机构应当按照"智慧公证"信息化工程的统一部署要求,对各机构网络带宽进行升级和改造,确保"智慧公证"平台保质保量落实推进。

(三)业务、技术研发团队

1. 制定统一上云方案。由技术研发团队负责制定"智慧公证"平台统一上云方案,实现一体化智慧办证系统、赋码监管系统、全程音视频留痕系统等全部采用阿里云部署的解决方案;研究制定各公证处通过互联网接入云上平台使用的技术保障方案,方案内容应包括网络、安全、数据灾备等内容。

2. 硬件部署。按照"智慧公证"有关要求进行试运行办证室改造,安装办证一体机、音视频留痕系统等相关设备。

3. 系统部署。根据上云方案,以公证协会名义申请开通所需阿里云资源,技术研发团队负责在阿里云上部署试运行所需系统,包括一体化智慧办证系统、赋码监管系统、全程音视频留痕系统等。

4. 开展人员培训。与各公证处确认人员培训计划并开展培训,培训对象分别为接待咨询、受理、收费、调查、审批、排版、翻译、装订、事业部内勤、档案管理等岗位人员;业务研发团队负责进行业务手册使用培训,技术研发团队负责系统操作培训。

5. 保障系统平稳运行。试运行阶段,技术研发团队应保障系统平稳运行,试运行过程中,应制定问题收集表,及时处理系统故障,并对用户反馈问题进行优化完善;业务研发团队对反馈的业务标准问题应及时汇总,提出修改完善意见。

6. 进行全市正式部署。试运行阶段完成后,在全市公证机构进行系统部署,完成所有办证室的标准化改造,对全市公证机构人员进行统一培训,并安排专门力量保障系统在全市稳定运行。

五、工作要求

(一)加强组织领导

"智慧公证"是本市司法行政信息化建设和公证改革的重要项目,是提高公证服务质量、提升公证精细化管理的有效手段,已经得到市委和司法部领导的充分肯定。各单位"一把手"作为信息化工作的第一责任人,应当引起高度重视;要充分发挥各公证机构的主动性和创造性,积极推动公证机构信息化建设,举全系统之力,共同做好项目建设和应用保障。

(二)加强队伍保障

公证协会、各区局应当建立信息化工作专门机构,实现信息化工作归口化、专业化管理,配备适合本机构信息化建设与运维管理所需要的信息技术人员,保障工作顺利推进。

(三)加强经费保障

充分利用市区两级财政经费及公证协会会费支持,做好重要基础性信息化项目建设;常规项目应纳入年度财政预算;各公证机构应当充分运用自有资金,保障项目建设及系统日常运维经费。

(四)加强安全保障

各单位要保障安全技术措施与服务的投入力度,健全"制度+技术"的信息安全保障机制,提高安全防范意识,确保"智慧公证"信息化建设安全有序运行。

特此通知。

附件1:智慧公证试运行计划表(××公证处)

附件2:智慧公证试运行问题记录反馈单

2018年7月6日

上海市司法局

附件1

智慧公证试运行计划表(××公证处)

任务	序号	工作内容	要求说明	计划日期	负责人	实际完成日期
工作小组筹建	1-1	确定工作小组负责人	工作小组负责人协调试运行整体推进工作		公证处	
	1-2	组建内测小组	公证员/助理/收费员		公证处	
	1-3	组建试运行小组	参与试运行的公证员/助理/收费员		公证处	
硬件部署	2-1	确定试运行公证室			公证处	
	2-2	机房及公证室网络改造			金桥	
	2-3	音视频留痕设备,公证一体机部署			金桥	
	2-4	服务器部署	具体参照服务器配置表 财务需提供收费开票用税控盘		公证处	
软件部署	3-1	一体化办证系统			同道	
	3-2	音视频留痕系统			金桥	
内部测试	4-1	制定内测方案	确定内测事项		同道/公证处	
	4-2	测试小组培训			同道/公证处	
	4-3	开展具体测试			同道/公证处	
	4-4	问题反馈,系统完善			同道/公证处	
试运行	5-1	制定试运行方案	确定试运行事项		同道/公证处	
	5-2	试运行小组培训	新版业务手册培训,系统培训		同道/公证处	
	5-3	开始试运行			同道/公证处	

附件2

智慧公证试运行问题记录反馈单

	日期	办证受理	收费开票	出证审批	制证完成	发证领取	问题反馈
周一							
周二							
周三							
周四							
周五							

关于印发《关于充分发挥公证职能作用服务"三农"领域工作的实施意见》的通知

沪司发〔2018〕100 号

市司法局相关部门、各区司法局、市公证协会，市农委相关部门、相关区"三农"管理部门：

现将《关于充分发挥公证职能作用服务"三农"领域工作的实施意见》印发给你们，请认真贯彻执行。

特此通知。

上海市司法局　上海市农业委员会

2018 年 7 月 24 日

关于充分发挥公证职能作用服务"三农"领域工作的实施意见

为全面贯彻落实党的十九大精神，根据《中共中央　国务院关于实施乡村振兴战略的意见》（中发〔2018〕1 号）、《关于进一步拓展创新公证业务领域更好地服务经济社会发展的意见》（司发通〔2017〕72 号）、《中共上海市委上海市人民政府关于贯彻〈中共中央　国务院关于实施乡村振兴战略的意见〉的实施意见》（沪委办〔2018〕7 号）精神，充分发挥公证服务"三农"领域工作的职能作用，提出如下实施意见：

一、充分认识公证服务"三农"工作的重要意义

农业农村农民问题是关系国计民生的根本性问题。实施乡村振兴战略，是解决人民日益增长的美好生活需要和不平衡不充分的发展之间矛盾的必然要求，是实现"两个一百年"奋斗目标的必然要求，是实现全体人民共同富裕的必

然要求。要坚持农业农村优先发展,按照产业兴旺、生态宜居、乡风文明、治理有效、生活富裕的总要求,建立健全城乡融合发展体制机制和政策体系,统筹推进农村经济建设、政治建设、文化建设、社会建设、生态文明建设和党的建设,加快推进乡村治理体系和治理能力现代化的建设。公证制度作为一项预防性的司法证明制度,具有服务、沟通、证明、监督的功能,在维护市场经济秩序、保障和实现公民权益、促进对外开放、加强社会诚信建设等方面具有独特优势。随着当前国家在"三农"领域工作的推进,农村经济结构的变化、农业产业结构的调整和农村社会事务的发展,也需要公证法律服务全方位、多角度、深层次地介入与跟进,通过公证独特的职能优势,为国家"三农"工作的攻坚克难保驾护航。

二、不断发挥公证服务"三农"领域的职能作用

公证机构要充分发挥贴近基层、贴近群众的特点和优势,在巩固传统公证业务领域的同时,将公证工作向农村倾斜,把公证服务的领域向农村延伸,认真研究农村公证法律服务的需求,切实为农村改革发展、新农村建设提供公证法律服务。通过发挥公证的法定证据效力、强制执行效力、法律行为成立要件效力等作用,实现对"三农"领域工作的全方位介入和保护。公证机构要围绕上海"三农"的实际,积极拓展和深化服务,实现"三农"公证服务的创新发展。要积极为农产品种植基地、养殖基地、农产品及有机肥加工、农产品流通设施、农业社会化服务、农业新技术和新品种引进与推广、农业科技成果转移转化、农业废弃物资源化利用等项目提供有效的公证服务;积极为农村集体产权制度改革创新提供公证支撑;要积极为农村小额贷款、企业抵押贷款和融资、规范农村信用体系建设等提供公证保障;要积极为农村家庭财产的分割、土地征用补偿、房屋动迁等民生问题提供公证预防;要积极为农资打假、农产品质量监管执法、农产品商标、地理标志、绿色食品认证维权提供保全证据公证,打造一批经得起市场检验、有区域影响力的农产品品牌。

三、积极探索适应"三农"领域的公证服务

(一)开展以土地制度改革为重点的"三农"领域公证服务

要围绕深化农村土地制度改革,构建归属清晰、权能完整、流转顺畅、保护严格的中国特色社会主义农村集体产权制度,建立符合市场经济要求的农村集体经济运行新机制,形成有效维护农村集体经济组织成员权利的公证服务体系。围绕深化以所有权、承包权、经营权"三权分置"为重点的农村土地制度改革,服务完善农村基本经营制度,构建新型农业经营体系,更好地服务农村集体、承包农户、经营主体,提供对其合法权益进行确权、维护合同有效性的公证服务。围

绕在种植基地、养殖基地、农产品加工、农资经营、种子供应、技术服务、农业保险等环节,支持公证机构利用新理念、新思维,创新性开展工作。开展公证服务农村土地承包经营权、农村集体建设用地使用权、宅基地使用权、集体林权、水域滩养殖权的确权、流转工作。

(二)开展以美丽乡村为主线的"三农"项目公证服务

积极支持各地美丽乡村建设,通过组建专业法律服务团等方式,按需对农村垃圾分类、污水处理、河道整治、道路建设等基础设施建设以及旅游、教育、医疗等公共服务配套项目所涉招投标、拍卖、挂牌交易等活动进行现场监督,特别是为相关重大基础设施、产业和民生工程等办理现场监督、证据保全、提存、合同公证等。

(三)开展以宅基地为基点的"三农"民生公证服务

充分发挥公证预防、证明、沟通、监督的职能作用,构建覆盖城乡的公证服务体系。认真参与宅基地所有权、资格权、使用权"三权分置",保障宅基地农户资格权、农民房屋财产权的确权与流转公证。认真对涉及土地征收与征用、房屋拆迁及补偿安置提供公证法律意见。审查协议主体是否合法,避免因主体不明确或主体没有承担法律责任的能力而面临无法履行协议的风险。在房屋拆迁前,由公证机构对房屋及附属物的现状依法采取勘测、拍照或摄像等保全措施,客观、全面地记录被拆迁房屋的现场状况,收集、提取有关证据,切实保障拆迁各方主体的合法权益。发挥公证职能优势,在农村城镇化建设方面。积极为其项目用地办理"招、拍、挂"公证,为动迁农民选房定房提供公证服务。创新开展夫妻财产公证、家庭财产分割、继承、遗嘱、意定监护等公证业务。为本市经认定的低收入农户给予公证费减免,对农民工、残疾人、未成年人、老年人等特殊群体开辟绿色通道,提供贴心公证法律服务。

(四)开展以知识产权制度为核心的"三农"建设公证服务

加快现代化农业发展,提升自主创新能力。围绕知识产权创造设立、运用流转、权利救济、纠纷解决、境外保护等环节提供公证服务,实现对知识产权事前、事中、事后的全程保护,切实为农业高新现代化建设发展保驾护航。在农业绿色生产方面,强化对无公害农产品、绿色食品、有机农产品和地理标志农产品的认证和监管。不断发挥公证的法定证据效力、法律行为成立要件效力等作用,完成对"三农"领域工作的全方位服务。

(五)开展以"一带一路"建设为延伸的"三农"海外公证

服务优化资源配置,着力节本增效,提高我国农产品国际竞争力。围绕国家"一带一路"建设倡议,构建农业对外开放新格局,提高我国农产品国际竞争力,加快部署和实施农业"走出去"战略,支持和培育具有国际竞争力的农业龙头企业。围绕"走出去"发展战略,为涉农企业和个人境外知识产权的申请、转让、许可、涉外诉讼和国际仲裁提供强有力的证据支撑和法律保障。

（六）开展以农业企业为主体的"三农"金融公证服务

实施乡村振兴战略,要健全投入保障制度,创新投融资机制,加快形成财政先保障、金融重点倾斜、社会积极参与的多元投入格局,培育发展家庭农场、合作社、龙头企业、社会化服务组织和农业产业化联合体。引导公证机构根据农业特点和农村需求,创新服务内容和方式,如尝试探索关于政府财政补助资金发放的审核和事后的监管、农业生产设施设备的融资租赁合同公证等。积极为以家庭农场、农民合作社、农业龙头企业为主体的新型农业经营主体,中小微企业融资贷款提供公证服务,通过公证机构对于借款人、抵押人资质材料的真实性、合法性的审查,切实保护金融债权人的合法权益,降低金融风险。对于商业银行、农村信用合作社等金融服务主体所产生的信贷类债权文书进行公证并赋予债权文书强制执行效力,为农村发展资金难问题提供有效的解决途径。

四、着力加强对公证服务"三农"领域的合作指导

（一）培养一支专业的服务"三农"领域公证人才队伍

强化服务"三农"领域公证队伍的建设,把懂农业、爱农村、爱农民作为基本要求,培养一批业务能力和研究能力兼备的服务"三农"专业公证员队伍,形成多个以"三农"服务为特色的示范性公证机构,完善"三农"公证法律服务的标准化建设,提升"三农"服务的权威性和影响力,基本形成数量足、素质高、结构合理,与上海"三农"领域工作发展相适应的公证人才团队。

（二）统筹协调各方力量完善"三农"领域公证规范

公证机构与相关涉农部门要明确工作责任和进度,加大对公证服务"三农"领域的支持力度,积极搭建平台,发挥公证在服务"三农"领域工作中的作用,共同推进公证服务"三农"领域工作。围绕本实施意见的主要内容,在各自职能范围内制定切实可行的措施和政策。引导"三农"领域公证法律服务,参与制定科学合理的"三农"服务清单,丰富公证服务"三农"领域的形式和手段。公证机构主动与司法所合作,积极构建区、街镇、村三级公证便民服务网络,本着"前移窗口服务,贴近基层群众,掌握社情民意,预防矛盾纠纷"的原则,开通便民法律服务绿色通道,探索公证处在司法所设立视频办证点,通过视频办理相关公证手续,方便农民办理公证。公证服务向基层农村延伸,深入乡村,服务农户,自觉主动地把公证服务重心转移到为"三农"服务工作上来。实施乡村振兴战略,是新时代做好"三农"工作的必然要求,上海要按照中央精神,努力走出一条具有时代特征、中国特色、上海特点的社会主义乡村振兴道路。各部门要认真学习本

《通知》精神,结合中共中央和国务院关于"三农"问题的政策文件和精神、《上海市现代农业"十三五"规划》的要求,加快构建公证服务"三农"领域工作的衔接机制,整合职能资源,维护"三农"工作发展的良好态势,进一步促进公证服务"三农"领域工作。

关于印发《上海市办理公证"最多跑一次"工作方案》的通知

沪司发〔2018〕112 号

市局相关单位、部门,各区局:

　　根据《司法部办公厅关于开展办理公证"最多跑一次"试点工作的通知》(司办通〔2017〕70 号)精神,市局于 2017 年 9 月 4 日印发了《关于印发〈办理公证"最多跑一次"试点工作方案〉的通知》(沪司发〔2017〕79 号),要求本市东方、徐汇、杨浦、长宁、闸北、闵行 6 家公证机构开展为期 1 年的试点工作。截至 2018 年 6 月底,6 家公证机构共办理公证"最多跑一次"事项 14 025 件。其中,出具公证书 8 069 件,代办送领事馆认证、房产证抵押登记等业务 5 030 件,提供邮寄公证书服务 926 件。此外,接受"最多跑一次"公证相关咨询 12 757 次。试点工作实现了让"数据多跑路、群众少跑腿"的效果,一定程度上方便了市民群众办事,提升了公证机构的服务效率,受到了社会各界的高度关注和普遍欢迎。为充分运用试点工作成果,全面贯彻落实司法部关于公证行业"放管服"改革工作的部署,切实做到公证减证便民,进一步适应社会新期待,满足人民群众新需求,更好地为当事人提供通畅便捷、优质高效的公证法律服务,经研究决定,自 2018 年 9 月 1 日起,在全市各公证机构推广办理公证"最多跑一次"服务。现将《上海市办理公证"最多跑一次"工作方案》印发给你们,请认真遵照执行。

　　特此通知。

上海市司法局
2018 年 7 月 28 日

上海市办理公证"最多跑一次"工作方案

为推进公证工作"放管服"改革,进一步适应社会新期待,切实满足人民群众新需求,更好地为当事人提供通畅便捷、优质高效的公证法律服务,根据《司法部办公厅关于开展办理公证"最多跑一次"试点工作的通知》(司办通〔2017〕70号)精神,本市全面开展办理公证"最多跑一次"服务。具体安排如下:

一、启动时间

2018年9月1日

二、参加单位

本市各公证机构

三、事项范围

其他委托(仅限于出国游学、旅游等用途)、其他声明(仅限于出国游学、旅游等用途)、公司章程、合伙章程、社团章程、其他章程、出生(婚生)、生存、死亡、宣告死亡、国籍、法定监护、指定监护、委托监护、因死亡户籍注销、因迁移户籍注销、曾用名、又名、别名/译名/笔名/网名等、住所地(居住地)、高中、大学专科、大学本科、硕士研究生、博士研究生、学士、硕士、博士、自然人经历、法人经历、非法人组织经历、职务、专业技术职务、法人资格、用于知识产权事务的法人资格、非法人组织资格、职业资格、无犯罪记录、有犯罪记录、未婚、未再婚、丧偶未再婚、已婚(初婚)、已婚(再婚)、亲属关系(直系亲属间)、亲属关系(无其他子女)、其他亲属关系、收养关系、股权、著作权、专利权、商标权、存款、不动产物权、动产物权、纳税状况、选票、指纹、印鉴样式、签名样式、查无档案记载、不动产权证(房屋产权证)、机动车驾驶证、结婚证、离婚证、执业资格证书、居民身份证、居民户口簿、护照、退伍证、退休证、转业证、纳税证明、户籍证明、婚姻状况证明、毕业证书、学位证书、成绩证明/单(表)、高考成绩/通知书/录取证明、合格/结业/肄业证书、鉴定报告、出生医学证明、死亡证明、火化证明、国际旅行健康检查证书/证明、存款证明、股权证明、判决书、裁定书、仲裁书、调解书、营业执照、税务登记证、组织机构代码证、商标注册证、专利证书、法定代表人证明、法人资格证明、验资证明、复印本与原本相符、译本与原本相符、节本与原本相符、副本与原本相符、译本与复印本/影印本/文本相符103个事项。

对于其他法律关系简单、事实清楚、无争议的公证事项,只要当事人提交的申请材料齐全、真实,符合法定受理条件,均应实现让当事人"最多跑一次"的目标。

四、实现方式

（一）运用远程技术

倡导通过"12348上海法网—公证服务—在线公证"统一入口，或自有网络服务平台，在线受理"最多跑一次"申请。对于具备网上申办条件的公证事项，要积极探索网上申请、网上受理、网上审核、网上缴费。

（二）提供邮寄送达

根据当事人的需要，在与当事人协商一致的基础上，公证机构可采取邮政、快递等方式发送公证书。

（三）开展代办服务

具备条件的公证机构，可以开展多样化的代办服务，拓展新型便民服务项目。

五、工作要求

一要注重工作的规范性。目前纳入"最多跑一次"服务的事项，对《司法部办公厅关于开展办理公证"最多跑一次"试点工作的通知》（司办通〔2017〕70号）中原定的出生、身份、曾用名；学历、学位；职务（职称）、资格；证书（执照）、文本相符4大类试点内容进行了扩展，涉及中国公证协会《关于印发公证业务分类表的通知》（中公通〔2018〕29号）所列公证业务分类表中一级目录11项、二级目录40项，覆盖近三分之一公证事项。各公证机构要认真做好公证业务分类登记，以便日后统计总结。要认真执行《上海市公证办理申请指南》《上海市公证办理业务手册》。在"最多跑一次"服务中，公证机构要求当事人提交的材料要明确具体，并一次性告知清楚，无特殊情形，公证机构或公证员不得要求当事人另行提供其他证明材料。需要寄送公证书的，公证机构应当在询问笔录中明确公证书发送的方式，寄送回单要留卷备查。

二要增强服务的便捷性。要严格落实本市公证行业服务标准，着力打造良好的窗口形象。安排业务素质高、工作能力强、服务态度好的公证人员办理窗口业务。要公开咨询电话和网上咨询路径，努力做到咨询电话一打就通、咨询事项一口说清、网上咨询即时答复。要在醒目的地方张贴引导性文字或图示，对办证各环节进行详细说明和后续环节提示，使当事人及时掌握办证信息。

三要改进流程的科学性。市公证协会要指导各公证机构统一设置便于操作、便于审查、便于沟通的工作流程，将公证服务关口前移，努力做到当事人办证取证只跑一次公证处。各公证机构要对全流程进行梳理和优化，建立窗口人员动态调整机制和分流机制，科学设置岗位，合理配置人员，提高工作效率，减少当事人现场排队等待的时间。

市局将在推进"智慧公证"建设过程中,进一步整合资源,实现"12348 上海法网"公证申办平台与"智慧公证"办证系统无缝对接,通过"智慧公证"业务平台完成线上受理的后续流程。同时,市局还将加强与外事、公安、法院、民政、国土、住建、卫计、档案等部门的协作配合,逐步构建统一的查证数据中心,为办理公证业务提供有效的信息核实手段。各区局也要加强相关工作的指导、推进力度,为所属公证机构拓宽查证通道。市公证协会、各公证机构要积极推进公证信息化建设,提高公证受理、登记、审批、出证等环节的信息化水平。

各单位要高度重视,真正做到思想认识到位、工作措施到位、组织机构到位,尽快制定工作计划,渐次有序推进。在推进过程中,要采取有效的质量监控措施,防范执业风险,确保公证的真实性、合法性,防止错证,杜绝假证。应当加强舆论宣传,积极利用各种渠道,广泛宣传此项便民措施。同时,及时向市局报送工作中取得的经验和亮点,发现的问题和不足,建议采取的对策和措施。

关于印发《上海市公证员配备方案
(2018—2021 年)》的通知

沪司发〔2018〕115 号

市局相关处室,各区局,市公证协会:

为贯彻落实 2018 年全国公证工作电视电话会议精神,加快推进上海公证领域"放管服"改革以及公证队伍建设,现将《上海市公证员配备方案(2018—2021 年)》印发给你们,请遵照执行。

合作制公证机构的公证员配备方案另行规定。

特此通知。

上海市司法局

2018 年 8 月 2 日

上海市公证员配备方案(2018—2021 年)

为贯彻落实 2018 年全国公证工作电视电话会议精神,加快推进本市公证"放管服"改革和公证队伍建设,不断提升公证服务供给能力,切实满足新时期人民群众日益增长的公证服务需求,从根本上扭转解决"证多人少"的工作局面,按照《公证法》关于公证员配备的有关规定以及司法部关于公证行业的总体发展规划和要求,结合本市经济社会发展、人口状况和公证业务需求,制定本方案。

一、本市经济社会概况

(一)人口总量

至 2017 年年底,本市常住人口 2 418.33 万人,比上年同期减少 1.37 万人,其中本市户籍人口 1 445.65 万人,非本市户籍常住人口 972.68 万人。常住人口密度为 3 814 人/平方公里。《上海市城市总体规划(2017—2035)》提出,至 2020 年本市常住人口控制在 2 500 万人以内,并以 2 500 万人左右的规模作为 2035 年常住人口调控目标。

(二)经济发展情况

2015—2017 年期间,上海市生产总值年均增长 6.9%,人均生产总值达到 11.57 万元。2017 年,全年实现生产总值 30 133.86 亿元,按本市常住人口计算的人均生产总值为 12.46 万元;战略性新兴产业增加值为 4 943.51 亿元,比 2016 年增长 8.7%,占本市生产总值的比重为 16.4%,比 2016 年提高 1.2 个百分点;全年完成全社会固定资产投资总额 7 246.60 亿元,比上年增长 7.3%,第三产业投资占全社会固定资产投资总额的比重为 85.7%,非国有经济投资占全社会固定资产投资总额的比重为 69.7%。2015—2017 年期间,本市经济运行总体平稳、稳中向好、好于预期,创新驱动发展、经济转型升级成效进一步显现,民生保障持续加强,上海"五个中心"的核心功能显著增强,城市能级和核心竞争力大幅提升,城市吸引力、创造力、竞争力全面增强。《中共上海市委关于面向全球面向未来提升上海城市能级和核心竞争力的意见》提出,本市将再用 5 年左右的时间,使上海"五个中心"的核心功能全面提升,在全球城市体系中具有较大影响力,基本建成全球高端资源要素配置的重要承载地,形成一批具有全球竞争力的世界一流企业和品牌,成为全球金融体系、贸易投资网络、航运资源配置、技术创新网络的重要枢纽城市。

(三)行政区域设置

全市土地总面积为 6 340.50 平方公里,行政区划分为 16 区。《上海市城市总体规划(2017—2035)》提出,努力推动本市城乡发展一体化,优化本市空间格局,构建由"主城区—新城—新市镇—乡村"组成的城乡体系和"一主、两轴、四翼;多廊、多核、多圈"的空间结构。"一主、两轴、四翼",即:主城区以中心城为主体,沿黄浦江、延安路—世纪大道两条发展轴引导核心功能集聚,并强化虹桥、川沙、宝山、闵行四个主城片区的支撑,提升主城区功能能级,打造全球城市核心区。"多廊、多核、多圈",即强化沿江、沿湾、沪宁、沪杭、沪湖等重点发展廊道,完善嘉定、松江、青浦、奉贤、南汇 5 个新城综合性节点城市服务功能,培育功能集聚的重点新市镇,构建公共服务设施共享的城镇圈,实施乡村振兴战略,实现区域协同、城乡统筹和空间优化。

二、本市公证行业基本情况

(一)公证行业基本情况

截至 2017 年年底,本市共有 21 家公证机构,均为事业单位体制。除崇明公证处是差额拨款外,其余 20 家公证机构均为自收自支的事业单位。

目前,本市 21 家公证机构(不含合作制公证机构,本方案所涉及的公证机构和公证员均不含合作制公证机构)均符合《公证法》规定的设立条件。**以执业公证员数量划分**:30 人以上的公证处 3 家,21—30 人的公证处 3 家,10—20 人的公证处 10 家,3—9 人的公证处 5 家。**以公证处人员规模划分**:100 人以上的公证处 3 家,51—100 人的公证处 6 家,20—50 人的公证处 9 家,19 人以下的公证处 3 家。

(二) 公证业务量情况

2015—2017 年期间,全市公证机构共办理公证业务 174.97 万件,比 2012—2014 年同期增加 6.99%。

2015 年,全市公证机构共办理公证业务 59.22 万件,与 2014 年相比增加 3.59%。其中,办理国内公证事项 29.44 万件,涉外公证事项 28.77 万件。

2016 年,全市公证机构共办理公证业务 62.57 万件,与 2015 年相比增加 5.66%。其中,办理国内公证事项 34.46 万件,涉外公证事项 27.17 万件。

2017 年,全市公证机构共办理公证业务 53.17 万件,与 2016 年相比减少 15.02%。其中,办理国内公证事项 27.19 万件,涉外公证事项 25.09 万件。

(三) 公证机构业务量情况

2015—2017 年期间,全市公证机构业务总量最多的三家公证机构为东方、浦东、徐汇公证处,分别办理公证业务 47 万件、15.56 万件、15.20 万件;公证员人均年办证量最多的三家公证机构为奉贤、松江、闵行公证处,分别为 2 299.97 件、2 091.83 件、2 086.59 件;公证机构业务总量最少的三家公证机构为崇明、国信、金山公证处,分别办理公证业务 7 654 件、9 172 件、13 737 件;公证员人均年办证量最少的三家公证机构为崇明、国信、青浦公证处,分别为 544.75 件、611.47 件、617.32 件。

(四) 公证员情况

2015—2017 年全市新增执业公证员 24 名,比 2012—2014 年同期减少 54.72%。

2015 年全年新增公证员 13 名,比 2014 年同期减少 55.17%。至 2015 年年底,本市共有执业公证员 426 人,比 2014 年减少 0.69%。公证员队伍平均年龄 40.04 岁。双学士以上学历 86 人,占 20.18%;本科学历 326 人,占 76.52%;大专学历 13 人,占 3.05%;高中及以下 1 人,占 0.23%。

2016 年全年新增公证员 0 名。至 2016 年年底,本市共有执业公证员 415 人,比 2015 年减少 2.58%。公证员队伍平均年龄 41.93 岁。双学士以上学历 102 人,占 24.57%;本科学历 330 人,占 79.51%;大专学历 17 人,占 4.09%;高中及以下 1 人,占 0.24%。

2017 年全年新增公证员 11 名。至 2017 年年底,本市共有执业公证员 414 人,比 2016 年同期减少 0.24%。公证员队伍平均年龄 41.37 岁。双学士以上学历 69 人,占 16.66%;本科学历 335 人,占 80.91%;大专学历 9 人,占 2.17%;高中及以下 1 人,占 0.24%。

三、2018—2021 年本市公证员配备目标

（一）指导思想

坚持以习近平新时代中国特色社会主义思想为指导,深入学习贯彻党的十九大和十九届二中、三中全会精神,认真贯彻司法部、上海市委、市政府的部署,全面落实全国公证工作电视电话会议精神,增强"四个意识"、提升政治站位,突出问题导向、锐意改革创新,按照"当好全国改革开放排头兵、创新发展先行者"的要求,以着力构筑新时代上海发展的战略优势、全面增强城市核心功能为出发点和落脚点,紧密结合公证"放管服"改革,进一步优化上海公证员队伍结构,厚植公证人才优势,增强公证服务供给能力,提高公证工作水平,为充分发挥好公证"沟通、服务、证明、监督"职能作用、促进服务好上海经济社会发展提供坚实优质的公证法律服务保障。

（二）配备原则

1. 依法核定原则。根据《公证法》第十七条和司法部《公证员执业管理办法》第三十六条的规定,结合本市过去三年公证员队伍建设和公证服务力量布局情况,综合核定公证员配备数量。

2. 总量控制原则。公证员队伍配备数量直接决定了区域公证服务的供给能力,并进而影响公证服务水平、质量和公证员队伍合理、稳定。公证员配备数量实行总量控制,既要满足社会对公证法律服务的需求,又要尊重公证员队伍建设发展的客观规律,避免公证员数量过快、无序、野蛮增长。

3. 合理配备原则。以本市近年来经济发展情况、人口总量分布及公证业务开展状况为研判基础,结合本市未来城市规划布局发展趋势、公证服务需求变化等因素,合理调配、按需配备本市各区域公证员数量。

（三）配备目标

1. 配备目标总数。以 2017 年 12 月 31 日本市执业公证员数 414 人为底数,本方案执行期间,对照《上海市城市总体规划（2017—2035）》《中共上海市委关于面向全球面向未来提升上海城市能级和核心竞争力的意见》等文件要求,逐年核定本市公证员配备数量,至 2021 年,本市公证员核定配备总数提升至 1 000 名。

2. 具体核算方式。按本市各区域对公证服务的现实需要,以 2017 年 12 月

31 日各公证机构的执业公证员数量为底数设定年均增长量,重点加速发展主城区、新城区域的公证员队伍,稳步增加新市镇、乡村区域的公证员数量,基本保障本市公证服务结构分布与构建"主城区—新城—新市镇—乡村"城乡体系要求的匹配、衔接。主城区、主城片区区域(黄浦、静安、徐汇、浦东、长宁、虹口、杨浦、普陀、闵行、宝山区)的公证机构,按年均 25%的增长率确定公证员核定配备数量;新城区域(嘉定、松江、奉贤、青浦区)的公证机构,按年均 20%的增长率确定公证员核定配备数量;乡村区域(金山、崇明区)的公证机构,公证员核定配备数量每年增加不得少于 1 人;2015—2017 年期间以及当年度,公证员人均年办证量超过 2 000 件的公证机构,按年均 25%的增长率确定公证员核定配备数量。

3. 灵活统筹适用。全市统筹推进、各区重点落实,适时根据各区域发展实际情况变化,对公证员核定配备数量予以调整;合作制公证机构公证员的配备数量,由合作制公证机构试点工作方案确定,不计入本方案确定的本市公证员配备总数。

(四)落实措施

1. 强化公证员配备方案落实责任。主管区局要根据本方案,制定未来三年本行政区域公证员队伍发展目标及年度工作方案,加强对所属公证机构对具体方案落实情况的监督、指导,切实推动本方案有效落地,督导各公证机构用足、用好公证员配备数量。

2. 完善公证机构人才引进机制。依据事业单位人员聘用、劳务派遣人员聘用等相关规定,主管区局要指导所属公证机构,建立健全公证机构人才引进机制,主动破解公证机构人员编制使用难题,积极转变发展理念,引进优秀人才。市局相关职能部门要严格落实"放管服"改革工作要求,对于符合法定条件的公证员执业申请,要简化、优化审批程序,从快、从速办理审批手续。

3. 科学合理配置公证服务资源。根据《上海市城市总体规划(2017—2035)》各区域功能划分,以及《中共上海市委关于面向全球面向未来提升上海城市能级和核心竞争力的意见》主要目标任务,结合司法部部署,市局、主管区局要指导公证机构合理配备重点地域公证员数量,科学配置全市公证服务资源,满足经济社会发展和市民群众民生的需求。

4. 推进公证行业人才储备工作。市公证协会要根据全市公证行业发展需求,加强对公证员队伍的培训,积极开展政治思想、职业道德、公证质量、业务理论与实践等方面的培训,提高整体业务素质和服务水平。各公证机构要增加录用已通过国家统一法律职业考试人员的比例,提高公证员助理队伍法律专业水平,积极为公证行业储备人才,为充实公证员队伍提供支持和保障。

附件:上海市公证员配备数量核定表(2018—2021 年)

附件

上海市公证员配备数量核定表（2018—2021 年）

年度 公证机构	2017 年 底　数	2018 年 配备数	2019 年 配备数	2020 年 配备数	2021 年 配备数
东方公证处 （主城区区域）	84	105	131	164	205
浦东公证处 （主城区区域）	40	50	63	78	98
徐汇公证处 （主城区区域）	35	44	55	68	85
黄浦公证处 （主城区区域）	24	30	38	47	59
新黄浦公证处 （主城区区域）	10	13	16	20	24
卢湾公证处 （主城区区域）	15	19	23	29	37
长宁公证处 （主城区区域）	17	21	27	33	42
静安公证处 （主城区区域）	21	26	33	41	51
闸北公证处 （主城区区域）	19	24	30	37	46
杨浦公证处 （主城区区域）	26	33	41	51	62
虹口公证处 （主城区区域）	17	21	27	33	42
普陀公证处 （主城区区域）	20	25	31	39	49
宝山公证处 （主城片区区域）	20	25	31	39	49

续表

年　度 公证机构	2017年 底　数	2018年 配备数	2019年 配备数	2020年 配备数	2021年 配备数
闵行公证处 （主城片区区域）	17	21	27	33	42
嘉定公证处 （新城区域）	8	10	12	14	17
松江公证处 （新城区域）	12	15	19	23	29
奉贤公证处 （新城区域）	10	13	16	20	24
青浦公证处 （新城区域）	7	8	10	12	15
金山公证处 （乡村区域）	8	10	12	13	14
崇明公证处 （乡村区域）	4	6	8	9	10
全市公证员 核定配备总数	414	519	650	803	1 000

备注：

1. 主城区、主城片区区域（黄浦、静安、徐汇、浦东、长宁、虹口、杨浦、普陀、闵行、宝山区）的公证机构，按年均25%的增长率确定公证员核定配备数量；

2. 新城区域（嘉定、松江、奉贤、青浦区）的公证机构，按年均20%的增长率确定公证员核定配备数量；

3. 乡村区域（金山、崇明区）的公证机构，公证员核定配备数量每年增长不得少于1人；

4. 2015—2017年期间人均年办证量超过2 000件的公证机构（闵行、松江、奉贤公证处），按年均25%的增长率确定公证员核定配备数量；

5. 国信公证处已被金山区司法局决定暂停执业，该处工作人员已全部转入金山公证处工作，故未对国信公证处配备数进行核定。本表中金山公证处2017年末执业公证员底数，系由国信公证处与金山公证处执业公证员数相加得出。

关于印发《关于在本市公证行业深入开展公证领域"放管服"改革的实施意见》及其任务分解的通知

沪司发〔2018〕121号

市局相关处室、市公协、各区局：

《关于在本市公证行业深入开展公证领域"放管服"改革的实施意见》及其任务分解，经2018年市司法局第10次局长办公会议审议通过，现予以印发，请遵照执行。

市公协、各区局、各公证机构要组织全市公证从业人员始终坚持以习近平新时代中国特色社会主义思想为指导，认真学习全国公证工作电视电话会议以及傅政华部长、熊选国副部长讲话精神，坚持以人民为中心的发展思想，牢固树立公证为民理念，努力提高政治站位，在思想上充分认识公证领域"放管服"改革的重大意义，在行动上确保公证领域"放管服"改革的各项举措落地见效，奋力开创新时代公证事业新局面，不断增强人民群众的获得感、幸福感、安全感，为本市建设"五个中心"、卓越的全球城市和社会主义现代化国际大都市做出更大贡献。

特此通知。

上海市司法局

2018年8月31日

关于在本市公证行业深入开展公证领域"放管服"改革的实施意见

为贯彻落实《国务院办公厅关于印发全国深化"放管服"改革转变政府职能电视电话会议重点任务分工方案的通知》（国办发〔2018〕79号）要求，以及全国公证工作电视电话会议和傅政华部长、熊选国副部长讲话精神，现就减证便民、优化服务,扎实深入全面推进本市公证领域"放管服"改革,提出如下实施意见。

一、坚持政治引领促进改革落实

要全面提升政治站位,充分认识全国公证工作电视电话会议的重要意义,充分认识深化公证领域"放管服"改革的必要性、重要性,切实增强本市公证行业推进公证减证便民的思想自觉和行动自觉。要坚持政治引领和党建先行,坚持党对公证事业的绝对领导,把党的领导落实到行业自律管理、公证业务管理、公证队伍建设的各方面和全过程。市公证协会党委、各公证机构党委(党支部)必须旗帜鲜明、理直气壮地创新和加强公证行业党建工作。要结合公证行业特点,在党的组织建设、活动开展、工作内容和方式方法等各方面,多出新招、实招,充分发挥基层党组织、党员在公证领域"放管服"改革中的战斗堡垒作用和先锋模范作用,以党建带队建促发展。

二、坚持便民利民促进服务优化

要高度重视公证办理"最多跑一次"改革,在总结试点开展的基础上,进一步增强公证信息化服务能力,实现与本市"一网通办"对接。自今年9月1日起,将公证"最多跑一次"事项扩展至103项,至年底前,在本市全面推行"最多跑一次"改革。采取"网上预审当场受理""网上预审当场发证"网上办证服务模式,对可以当场办结的公证事项,一律予以当场办结,坚决兑现具体公证事项上对群众作出的"最多跑一次"承诺。要积极争取政策支持,创新公证服务模式,有效运用"告知承诺"举措,研究形成并逐步推出更多的便民利民惠民措施。要加快推进公证领域改革,引入社会竞争,强化行业监管和社会监督,有计划、有步骤地落实"马上办、网上办、就近办、一次办"要求,集中力量攻坚一批群众反映最为强烈的办事手续繁、效率低问题,用最短时间最大限度提升公证服务的社会满意度。要大力支持、鼓励公证机构举行包括公证助老系列法律服务活动在内的各类惠民服务,积极回应老年人、妇女儿童、残障人士、军人军属等群体对公证服务的个性化需求,让人民群众能够真切感受到公证行业的"温暖"与"温情"。

三、坚持标准引导促进流程再造

要着力强化标准对公证执业行为的规范引导作用,制定出台《公证执业标准化管理办法》,严格规范公证执业行为,健全公证受理、审查核实、出证审批、立卷归档、争议处理、责任追究等各环节的工作标准和要求。要按照公证领域"放管服"改革及减证便民要求,在今年9月底前完成对现行180项《上海市公证办理业务手册》和《上海市公证办理申请指南》的重审工作,按照"一事一核"

的原则,逐条逐项审查业务手册和申请指南中存在的非必要申请材料和审查环节,精减办证程序,科学再造办证流程和核查措施,引导公证机构、公证人员在受理、审批、出证等环节全面加强便民服务。市公证协会要定期组织开展对《上海市公证办理业务手册》和《上海市公证办理申请指南》执行情况的监督检查,凡经查发现公证机构无正当理由未按照业务手册开展执业活动、对群众按申请指南提交申请材料的公证申请作出不予受理决定等情况的,要坚决问责。

四、坚持技术管控促进效能提升

要按照“标准奠基、科技引导、赋码监管、全程留痕、优化服务”的设计理念,进一步加大研发“智慧公证”公证执业办证系统和智能辅助办证装备力度,通过赋码监管技术,借助智能装备,通过信息技术管控,不断提升公证办证质量、工作效率和服务体验,力争“智慧公证”项目在今年年底前全面实现正式上线运行。要充分依托“赋码监管”技术的有效运用,使公证执业办证系统具备电子卷宗随案同步生成、全流程网上智能办证和办证过程音视频自动留痕功能,实现公证事项办理节点可查询、进程可监控、风险可预估、全程可追溯,做到对公证业务风险的提前预警、精准拦截、科学管控。要密切结合上海市公共法律服务体系建设总体步伐,主动对接12348公共法律服务网、12348热线、本市各级公共法律服务中心(窗口),通过网上平台、热线电话、线下实体三大服务渠道,努力为人民群众提供优质、便捷、普惠的公证法律服务。要着力打通上海公证办证信息资源共享渠道,在今年年底前,全面实现本市所有公证机构办证信息互联互通、实时可查,并在此基础上,配合上海市大数据中心项目建设,探索建立上海公证查证中心,整合政务信息资源,提高公证执业效能,尽快实现群众办理出生、婚姻状况、有无犯罪记录、学历学位等公证事项的证明“一次也不用跑”,切实有效缩短公证当事人的办证时间。

五、坚持理念更新促进职能发挥

要切实贯彻落实好司法部《关于进一步拓展创新公证业务领域更好地服务经济社会发展的意见》(司发通〔2017〕72号)以及市局印发的一系列改革配套文件,以更强的使命感和责任感,紧紧围绕党和国家工作大局,破除固有思维局限,主动转变执业理念,综合运用公证证明、保全证据、现场监督、赋予强制执行效力等制度特色和功能优势,努力满足经济社会发展中多层次、宽领域的公证法律服务需求,充分发挥公证服务、沟通、证明、监督等职能,不断满足经济社会发展和人民生活需要。要围绕全面依法治国对公证服务的新要求,在巩固发展已有公证业务的基础上,拓展新型领域公证业务,创新公证服务方式方法,提高公证服务质量,增强公证工作活力,引导广大公证员充分发挥职能作用,为促进经济社会发展、维护人民群众合法权益、全面建成小康社会提供优质高效的公证法律服务。

六、坚持严管厚爱促进公信提升

要严守公证质量的红线和底线,从讲政治的高度提升公证质量监管水平,坚持不懈、持之以恒地抓好公证质量管理监督,强化事前防范、事中监督和事后问责,坚决杜绝防范错证假证。要切实规范公证执业行为,禁止公证员助理等非执业公证员在接待场所(窗口)接待当事人,每件公证事项均应由公证员亲自与申请人谈话,《申请表》《询问笔录》《公证书(拟稿纸)》均应由公证员亲自签名,证明谈话过程的视频资料应当永久保存。要严格执行《关于严格公证责任追究的实施办法》,按照全面追责的原则,对公证机构、公证员在执业活动中违反法律、法规、规章和相关政策、行业规范规定的,要依法依规追究相关刑事、民事、行政、行业和纪律责任,不得以承担一种责任为由免予追究依法依规应当追究的其他责任。要健全公证员执业准入和退出制度,建立涵盖执业准入、日常监管、考核评价、奖励处罚等方面的公证执业监管体系,对年度考核连续 2 年不合格的公证员实行淘汰退出机制。要加强公证执业信用管理,建立完善公证员执业情况与其个人利益紧密挂钩制度,加大守信激励、失信惩戒力度,公证机构、公证人员受到党纪、政纪、法纪等处理的不良执业信息,要及时录入上海市法律服务行业信用信息平台,并定期向上海市公共信用信息服务平台、司法部和中国公证协会网站推送,主动接受社会监督。要按照司法部统一部署,推动将公证事项纳入社会信用体系,将以虚假材料骗取公证书的企业和个人列入失信名单,对失信行为人予以失信联合惩戒,大幅度增加失信成本。

七、坚持协会管理促进行业自律

要完善司法行政机关和公证行业协会的"两结合"公证管理体制,围绕发挥行业协会自律组织的职能定位和专业优势,切实加强公证执业自律管理和业务指导。要引导公证机构和公证员严格执行行业服务标准,全力保障民生领域的公证服务,及时纠正一些公证机构、公证员对涉及百姓需求、基础民生的普通民事类公证业务积极性不高的情况,坚决整改"一证难求""限号公证""门难进、事难办、态度差"等服务问题。要强化业务指导和培训力度,依托行业协会专业委员会,积极履行工作职责,加强新型公证领域的理论研究、案件指导、规则制定等方面的工作,为公证机构、公证人员业务办理提供依据。要加强公证人员执业培训,全方位、多形式开展公证员业务培训工作,做到任职前培训和在职培训并重,线上培训和线下培训并重,常规培训和专题培训并重。要进一步做好公证工作宣传,充分运用O2O上海法宣直播等主流法宣新媒体,积极打造"公证人说公证事"公证普法宣传系列节目,宣传典型事例和典型人物,讲好公证故事、传播公证文化、普及公证知识,释放行业正能量,为公证事业改革和发展凝聚社会共识、营造良好氛围。

　　附件:《关于在本市公证行业深入开展公证领域"放管服"改革的实施意见》的任务分解

附件

《关于在本市公证行业深入开展公证领域
"放管服"改革的实施意见》的任务分解

一、坚持政治引领促进改革落实

工作任务(一)：要全面提升政治站位,充分认识全国公证工作电视电话会议的重要意义,充分认识深化公证领域"放管服"改革的必要性、重要性,切实增强本市公证行业推进公证减证便民的思想自觉和行动自觉。

责任部门：市公证协会党委负责,市局政治部、各区局、各公证机构配合。

完成期限：长期工作,由责任部门按阶段、分步骤予以落实。

工作任务(二)：要坚持政治引领和党建先行,坚持党对公证事业的绝对领导,把党的领导落实到行业自律管理、公证业务管理、公证队伍建设的各方面和全过程。市公证协会党委、各公证机构党委(党支部)必须旗帜鲜明、理直气壮地创新和加强公证行业党建工作。

责任部门：市公证协会党委负责,市局政治部、各区局、各公证机构配合。

完成期限：长期工作,由责任部门按阶段、分步骤予以落实。

工作任务(三)：要结合公证行业特点,在党的组织建设、活动开展、工作内容和方式方法等各方面,多出新招、实招,充分发挥基层党组织、党员在公证领域"放管服"改革中的战斗堡垒作用和先锋模范作用,以党建带队建促发展。

责任部门：市公证协会党委负责,市局政治部、各区局、各公证机构配合。

完成期限：长期工作,由责任部门按阶段、分步骤予以落实。

二、坚持便民利民促进服务优化

工作任务(四)：要高度重视公证办理"最多跑一次"改革,在总结试点开展的基础上,进一步增强公证信息化服务能力,实现与本市"一网通办"对接。

责任部门：市局公证工作管理处、信息技术处,市公证协会负责,各区局、各公证机构配合。

完成期限：2019年6月底前完成。

工作任务(五)：自9月1日起,将公证"最多跑一次"事项扩展至103项,至今年年底前,在本市全面推行"最多跑一次"改革。采取"网上预审当场受理""网上预审当场发证"网上办证服务模式,对可以当场办结的公证事项,一律予以当场办结,坚决兑现具体公证事项上对群众作出的"最多跑一次"承诺。

责任部门：市局公证工作管理处、信息技术处,市公证协会负责,各区局、各公证机构配合。

完成期限：2018 年 12 月底前完成。

工作任务(六)：要积极争取政策支持,创新公证服务模式,有效运用"告知承诺"举措,研究形成并逐步推出更多的便民利民惠民措施。

责任部门：市局公证工作管理处、信息技术处,市公证协会负责,各区局、各公证机构配合。

完成期限：2019 年 6 月底前完成。

工作任务(七)：要加快推进公证领域改革,引入社会竞争,强化行业监管和社会监督,有计划、有步骤地落实"马上办、网上办、就近办、一次办"要求,集中力量攻坚一批群众反映最为强烈的办事手续繁、效率低问题,用最短时间,最大限度地提升公证服务的社会满意度。

责任部门：市局公证工作管理处、信息技术处,市公证协会负责,各区局、各公证机构配合。

完成期限：2019 年 6 月底前完成。

工作任务(八)：要大力支持、鼓励公证机构,举行包括公证助老系列法律服务活动在内的各类惠民服务,积极回应老年人、妇女儿童、残障人士、军人军属等群体对公证服务的个性化需求,让人民群众能够真切感受到公证行业的"温暖"与"温情"。

责任部门：市公证协会负责,各区局、各公证机构配合。

完成期限：2019 年 6 月底前完成。

三、坚持标准引导促进流程再造

工作任务(九)：要着力强化标准对公证执业行为的规范引导作用,制定出台《公证执业标准化管理办法》,严格规范公证执业行为,健全公证受理、审查核实、出证审批、立卷归档、争议处理、责任追究等各环节的工作标准和要求。

责任部门：市局公证工作管理处负责,市公证协会、各区局、各公证机构配合。

完成期限：2018 年 12 月底前完成。

工作任务(十)：要按照公证领域"放管服"改革及减证便民要求,在今年 9 月底完成对现行 180 项《上海市公证办理业务手册》和《上海市公证办理申请指南》的重审工作,按照"一事一核"的原则,逐条逐项审查业务手册和申请指南中存在的非必要申请材料和审查环节,精减办证程序,科学再造办证流程和核查措施,引导公证机构、公证人员在受理、审批、出证等环节全面加强便民服务。

责任部门：市公证协会负责，市局公证工作管理处、各公证机构配合。

完成期限：2018年9月底前完成。

工作任务（十一）：市公证协会要定期组织开展对《上海市公证办理业务手册》和《上海市公证办理申请指南》执行情况的监督检查，凡经查发现公证机构无正当理由未按照业务手册开展执业活动、对群众按申请指南提交申请材料的公证申请作出不予受理决定等情况的，要坚决问责。

责任部门：市公证协会负责，市局公证工作管理处、各区局、各公证机构配合。

完成期限：长期工作，发现一起问责一起。

四、坚持技术管控促进效能提升

工作任务（十二）：要按照"标准奠基、科技引导、赋码监管、全程留痕、优化服务"设计理念，进一步加大研发"智慧公证"公证执业办证系统和智能辅助办证装备力度，通过赋码监管技术，借助智能装备，通过信息技术管控，不断提升公证办证质量、工作效率和服务体验，力争"智慧公证"项目在今年年底前全面实现正式上线运行。

责任部门：市局公证工作管理处、信息技术处，市公证协会负责，各区局、各公证机构配合。

完成期限：2018年12月底前完成。

工作任务（十三）：要充分依托"赋码监管"技术的有效运用，使公证执业办证系统具备电子卷宗随案同步生成、全流程网上智能办证和办证过程音视频自动留痕功能，实现公证事项办理节点可查询、进程可监控、风险可预估、全程可追溯，做到对公证业务风险的提前预警、精准拦截、科学管控。

责任部门：市局公证工作管理处、信息技术处，市公证协会负责，各区局、各公证机构配合。

完成期限：2018年12月底前完成。

工作任务（十四）：要密切结合上海市公共法律服务体系建设总体步伐，主动对接12348公共法律服务网、12348热线、本市各级公共法律服务中心（窗口），通过网上平台、热线电话、线下实体三大服务渠道，努力为人民群众提供优质、便捷、普惠的公证法律服务。

责任部门：市局公证工作管理处、公共法律服务处、信息技术处，市公证协会负责，各区局、各公证机构配合。

完成期限：2018年12月底前取得阶段性成效。

工作任务（十五）：要着力打通上海公证办证信息资源共享渠道，在今年年底前,全面实现本市所有公证机构办证信息互联互通、实时可查,并在此基础上,配合上海市大数据中心项目建设,探索建立上海公证查证中心,整合政务信息资源,提高公证执业效能,尽快实现群众办理出生、婚姻状况、有无犯罪记录、学历学位等公证事项的证明"一次也不用跑",切实有效缩短公证当事人的办证时间。

责任部门:市局公证工作管理处、信息技术处,市公证协会负责,各区局、各公证机构配合。

完成期限:2018 年 12 月底前,全面实现本市所有公证机构办证信息互联互通、实时可查;2019 年 12 月底前,公证办证业务数据与上海市大数据中心实现互传对接。

五、坚持理念更新促进职能发挥

工作任务(十六):要切实贯彻落实好司法部《关于进一步拓展创新公证业务领域更好地服务经济社会发展的意见》(司发通〔2017〕72 号)以及市局印发的一系列改革配套文件,以更强的使命感和责任感,紧紧围绕党和国家工作大局,破除固有思维局限,主动转变执业理念,综合运用公证证明、保全证据、现场监督、赋予强制执行效力等制度特色和功能优势,努力满足经济社会发展中多层次、宽领域的公证法律服务需求,充分发挥公证服务、沟通、证明、监督等职能,不断满足经济社会发展和人民生活需要。

责任部门:市公证协会负责,市局公证工作管理处、各区局、各公证机构配合。

完成期限:长期工作,2018 年 12 月底前取得阶段性成效。

工作任务(十七):要围绕全面依法治国对公证服务的新要求,在巩固发展已有公证业务的基础上,拓展新型领域公证业务,创新公证服务方式方法,提高公证服务质量,增强公证工作活力,引导广大公证员充分发挥职能作用,为促进经济社会发展、维护人民群众合法权益、全面建成小康社会提供优质高效的公证法律服务。

责任部门:市公证协会负责,市局公证工作管理处、各区局、各公证机构配合。

完成期限:长期工作,2018 年 12 月底前取得阶段性成效。

六、坚持严管厚爱促进公信提升

工作任务(十八):要严守公证质量的红线和底线,从讲政治的高度提升公证质量监管水平,坚持不懈、持之以恒地抓好公证质量管理监督,强化事前防范、事中监督和事后问责,坚决杜绝防范错证假证。

责任部门:市局公证工作管理处、市公证协会、各区局负责,各公证机构配合。

完成期限:长期工作,发现一起问责一起。

工作任务(十九):要切实规范公证执业行为,禁止公证员助理等非执业公证员在接待场所(窗口)接待当事人,每件公证事项均应由公证员亲自与申请人谈话,《申请表》《询问笔录》《公证书(拟稿纸)》均应由公证员亲自签名,证明谈话过程的视频资料应当永久保存。

责任部门:市局公证工作管理处、市公证协会、各区局负责,各公证机构配合。

完成期限:2018年12月底前完成。

工作任务(二十):要严格执行《关于严格公证责任追究的实施办法》,按照全面追责的原则,对公证机构、公证员在执业活动中违反法律、法规、规章和相关政策、行业规范规定的,要依法依规追究相关刑事、民事、行政、行业和纪律责任,不得以承担一种责任为由免予追究依法依规应当追究的其他责任。

责任部门:市局公证工作管理处、市公证协会、各区局负责、各公证机构配合。

完成期限:长期工作,发现一起问责一起。

工作任务(二十一):要健全公证员执业准入和退出制度,建立涵盖执业准入、日常监管、考核评价、奖励处罚等方面的公证执业监管体系,对年度考核连续2年不合格的公证员实行淘汰退出机制。

责任部门:市局公证工作管理处、市公证协会负责,市局公共法律服务处、各区局、各公证机构配合。

完成期限:2018年12月底前完成。

工作任务(二十二):要加强公证执业信用管理,建立完善公证员执业情况与其个人利益紧密挂钩制度,加大守信激励、失信惩戒力度,公证机构、公证人员受到党纪、政纪、法纪等处理的不良执业信息,要及时录入上海市法律服务行业信用信息平台,并定期向上海市公共信用信息服务平台、司法部和中国公证协会网站推送,主动接受社会监督。

责任部门:市局办公室、公证工作管理处,市公证协会负责,各区局、各公证机构配合。

完成期限:2019年6月底前完成。

工作任务(二十三):要按照司法部统一部署,推动将公证事项纳入社会信用体系,将以虚假材料骗取公证书的企业和个人列入失信名单,对失信行为人予以失信联合惩戒,大幅度增加失信成本。

　　责任部门:市公证协会负责,市局公证工作管理处、各区局、各公证机构配合。

　　完成期限:按司法部部署时间节点开展相关工作。

七、坚持协会管理促进行业自律

　　工作任务(二十四):要完善司法行政机关和公证行业协会的"两结合"公证管理体制,围绕发挥行业协会自律组织的职能定位和专业优势,切实加强公证执业自律管理和业务指导。

　　责任部门:市公证协会、市局公证工作管理处负责,各区局、各公证机构配合。

　　完成期限:2018 年 12 月底前完成。

　　工作任务(二十五):要引导公证机构和公证员严格执行行业服务标准,全力保障民生领域的公证服务,及时纠正一些公证机构、公证员对涉及百姓需求、基础民生的普通民事类公证业务积极性不高的情况,坚决整改"一证难求""限号公证""门难进、事难办、态度差"等服务问题。

　　责任部门:市公证协会负责,市局公证工作管理处、各区局、各公证机构配合。

　　完成期限:长期工作,2018 年 12 月底前取得阶段性成效。

　　工作任务(二十六):要强化业务指导和培训力度,依托行业协会专业委员会,积极履行工作职责,加强新型公证领域的理论研究、案件指导、规则制定等方面的工作,为公证机构、公证人员业务办理提供依据。

　　责任部门:市公证协会负责,各公证机构配合。

　　完成期限:长期工作,2018 年 12 月底前取得阶段性成效。

　　工作任务(二十七):要加强公证人员执业培训,全方位、多形式开展公证员业务培训工作,做到任职前培训和在职培训并重,线上培训和线下培训并重,常规培训和专题培训并重。

　　责任部门:市公证协会负责,各公证机构配合。

　　完成期限:长期工作,2018 年 12 月底前取得阶段性成效。

　　工作任务(二十八):要进一步做好公证工作宣传,充分运用 O2O 上海法宣直播等主流法宣新媒体,积极打造"公证人说公证事"公证普法宣传系列节目,宣传典型事例和典型人物,讲好公证故事、传播公证文化、普及公证知识,释放行业正能量,为公证事业改革和发展凝聚社会共识、营造良好氛围。

　　责任部门:市公证协会负责,市局法制宣传处、公证工作管理处,各区局、各公证机构配合。

　　完成期限:长期工作,每月至少举办一场"公证人说公证事"公证普法活动。

关于印发《关于推进公证机构
人事管理创新工作的实施意见》的通知

（草案稿）

各区人社局、司法局：

现将《关于推进公证机构人事管理创新工作的实施意见》印发给你们，请认真贯彻执行。

特此通知。

上海市人力资源和社会保障局　上海市司法局

2018 年　月　日

关于推进公证机构人事管理创新工作的实施意见

为贯彻落实司法部、中央编办、财政部、人力资源和社会保障部《关于推进公证体制改革机制创新工作的意见》精神，深化公证体制改革，加强公证机制创新，激发公证工作活力，适应上海"五个中心"建设的总体要求，满足人民群众不断增长的公证法律服务需求，现就本市推进公证机构人事管理创新工作提出如下实施意见。

一、指导思想

全面贯彻落实党的十九大会议精神，坚持以习近平新时代中国特色社会主义思想为指导，围绕全面依法治国对公证服务的新要求，深化公证机构体制改革，创新优化事业体制公证机构人事管理工作机制，激发公证工作创新动力，更好地满足人民群众和经济社会发展对公证服务的新需求。

二、基本原则

（一）明确公证机构定位。公证机构是依法设立，不以营利为目的，依法独立行使公证职能、承担民事责任的证明机构。推进公证体制改革机制创新过程中,应把握公证工作的基本属性,明确公证机构定位。坚持依法改革,既要激发公证机构活力,又要保证公证工作质量,更要满足人民群众公证需求。

（二）改革创新方向。进一步落实公证机构自主管理权,突出本市公证机构公益二类事业单位的特点,坚持公益性、非营利性事业法人的属性,以体制改革、机制创新为抓手,把激活优化公证机构工作机制,增强发展活力作为此次推进公证工作改革发展的重中之重。通过人事管理工作机制创新,吸引优秀人才加入,扩大公证队伍规模,破解"案多人少"的实际困难,切实提高公证质量。

三、主要内容

（一）落实人事管理自主权。深化公证机构内部运行机制改革,保障其依法决策,独立自主办理业务并承担责任。落实主任负责制,明确公证机构的用人自主权,公证机构通过直接聘用、劳务派遣等渠道聘用事业编制以外的公证员、公证员助理和其他辅助人员的,由其根据业务发展和内部管理等需要自主聘任。

（二）创新人事管理制度。公证机构应当建立科学人事管理制度,逐步建立公证员、公证员助理和其他辅助人员分类、分级管理机制,规范公证员、公证员助理和其他辅助人员任用、培训、考核、奖惩、晋升等工作,明确公证员、公证员助理和其他辅助人员工作职责,建立能进能出、能上能下的用人机制。要完善聘用制度,加强聘用合同管理,建立符合公证行业特点的聘用制度和公开招聘制度。

（三）完善绩效分配制度。建立健全符合公证机构公益属性,体现按劳分配、多劳多得、优劳优酬要求的公证机构绩效工资分配激励机制。各公证机构在编人员绩效工资总量和绩效工资水平,由主管司法局初核后,再送同级人社局确定。

公证机构在编人员的绩效工资水平不应低于同一地区公务员绩效工资水平。公证机构绩效工资总量根据业务发展总量、公证质量水平每年实行动态调整,对在便民惠民、服务民生等领域作出较大贡献以及业务发展较好、绩效考核优秀的公证机构,在核定绩效工资总量时应当给予倾斜。

公证机构在绩效工资总量内可自主进行分配,实行灵活多样的绩效工资分配办法,使工作人员收入与岗位职责、工作业绩、实际贡献紧密联系,增强工作人员工作积极性和主动性。非在编人员绩效工资总量,由公证机构在公证收费收入扣除成本并按规定提取各项基金后自行确定方案,并报主管司法局统一核定,抄送同级人社局、财政局备案。

四、加强组织领导

（一）明确工作责任。主管司法局要高度重视推进公证机构人事管理创新工作,要制定本地区改革具体实施方案,及时研究解决改革中遇到的新情况、新问题,不断总结经验,完善改革措施。各区司法局主要负责人要作为推进改革的第一责任人,认真抓好本地区改革实施工作。

(二)加强工作协调。加强司法行政部门与人社部门的沟通协调,建立健全符合公证发展要求的人事管理制度,完善公证机构聘用制度、收入分配激励机制、职称评定制度,继续做好公证从业人员各类社会保障工作。

(三)稳妥推进改革。依法依规、稳妥推进公证机构人事管理等各项改革,确保业务不断、队伍不乱、人心不散。

关于印发《关于推进上海市公证机构编制管理创新工作的实施意见》的通知

（草案稿）

各区编办、司法局：

现将《关于推进上海市公证机构编制管理创新工作的实施意见》印发给你们，请认真贯彻执行。

特此通知。

上海市编制委员会办公室　上海市司法局

2018 年　月　日

关于推进上海市公证机构编制管理创新工作的实施意见

为贯彻落实司法部、中央编办、财政部、人力资源和社会保障部《关于推进公证体制改革机制创新工作的意见》精神，深化公证体制改革，加强公证机制创新，激发公证工作活力，适应上海"五个中心"建设的总体要求，满足人民群众不断增长的公证法律服务需求，现就本市推进公证机构工作人员事业编制管理创新工作提出如下实施意见。

一、指导思想

全面贯彻落实党的十九大会议精神，坚持以习近平新时代中国特色社会主义思想为指导，围绕全面依法治国对公证服务的新要求，深化公证机构体制改革，创新优化事业体制公证机构人员编制管理工作机制，激发公证工作创新动力，更好地满足人民群众和经济社会发展对公证服务的新需求。

二、基本原则

（一）明确公证定位。公证机构是依法设立，不以营利为目的，依法独立行使公证职能、承担民事责任的证明机构。推进公证体制改革机制创新过程中，应把握公证工作的基本属性，明确公证机构定位。坚持依法改革，既要激发公证机构活力，又要保证公证工作质量，更要满足人民群众公证需求。

（二）改革创新方向。进一步落实公证机构自主管理权，突出本市公证机构公益二类事业单位的特点，坚持公益性、非营利性事业法人的属性，以体制改革、机制创新为抓手，通过不断创新和完善事业编制管理，让事业体制公证机构用人机制不断优化，把激活优化事业体制公证机构人员编制管理工作，作为此次推进公证工作改革发展的重中之重。公证行业要以此为契机，吸引、留住优秀人才，扩大公证员队伍，破解"证多人少"的实际困难，切实提高公证质量。

三、主要内容

（一）用好现有事业编制。各公证机构在招录工作中，应将现有的事业编制数额用于已经取得法律职业资格（公证员资格或律师资格）的业务人员、担任会计等重要核心岗位的管理人员，不得用于其他一般工作人员的录用。

（二）用足现有事业编制。各公证机构现有事业编制的空额，应当尽快在今明两年内用足，最迟不得超过 2020 年年底。今后，上一年度人员退休等原因导致的编制空额，应当在下一年度使用完毕。

（三）创新编制管理制度。由市、区机构编制部门、司法行政部门根据全市公证机构的设置情况和公证业务的需要统筹规划，建立健全符合公证行业发展需求的编制管理制度。公证机构可结合自身实际情况，在原有事业编制总量内实行编制备案管理。

四、加强组织领导

（一）明确工作责任。市、区司法行政部门要高度重视创新优化事业体制公证机构人员编制管理机制，要制定本地区具体实施方案，及时研究解决新情况新问题，不断总结经验，完善改革措施。各区司法局主要负责人要作为推进改革的第一责任人，认真抓好本地区改革实施工作。

（二）加强工作协调。加强司法行政部门与机构编制等部门的沟通协调，建立健全符合公证发展要求的机构编制管理制度。

（三）稳妥推进改革。依法依规、稳妥推进公证机构改革，确保业务不断、队伍不乱、人心不散。

关于进一步拓展创新自贸试验区
公证法律服务领域的实施意见

(草案稿)

为贯彻落实国务院《关于印发全面深化中国(上海)自由贸易试验区改革开放方案的通知》、上海市司法局《关于进一步拓展创新公证业务领域,更好地服务经济社会发展的实施意见》,充分发挥公证机构的职能作用,更好地服务和保障中国(上海)自由贸易试验区(以下简称"自贸试验区")的建设,现提出如下实施意见:

中国(上海)自由贸易试验区管理委员会　上海市司法局
2019 年　　月　　日

一、深刻领会进一步拓展创新自贸试验区公证法律服务领域的重要意义

自贸试验区是党中央、国务院在新形势下全面深化改革和扩大开放的战略举措。随着自贸试验区开始新一轮的建设,力争建立同国际投资和贸易通行规则相衔接的制度体系,把自贸试验区建设成为投资贸易自由、规则开放透明、监管公平高效、营商环境便利的国际高标准自由贸易园区。对公证法律服务提出了更新更高的要求。公证行业应当充分发挥公证服务、沟通、证明、监督等功能,综合运用公证证明、保全证据、现场监督、赋予强制执行效力等制度特色和职能优势,为自贸试验区形成法治化、国际化、便利化的营商环境和公平、统一、高效的市场环境提供有力支撑。

二、积极贯彻落实拓展创新自贸试验区公证法律服务领域的总体要求

(一)指导思想

全面贯彻党的十九大精神和全面依法治国基本方略,以习近平新时代中国特色社会主义思想为指导。牢固树立和践行新发展理念,严格按照《中国(上海)自由贸易试验区条例》中关于投资开放、法治环境、金融服务、贸易便利的规定,紧紧围绕国家"一带一路"建设、上海自贸试验区和"五个中心"建设以及上海全力打响"四大品牌"的发展战略。建立健全公证法律服务自贸试验区的工作制度和机制,为上海对外开放战略新布局营造健康的公证法律服务生态,在全国自贸试验区的公证法律服务领域工作中起到示范引领作用。

（二）基本原则

坚持服务大局,为促进上海自贸试验区全方位发展提供优质高效的公证法律服务。坚持创新发展,从实际出发,找准"请进来""走出去"实践中的新举措,切实提高服务水平,为全国其他自贸试验区的公证法律工作起到示范引领作用。坚持统筹兼顾,围绕国家"一带一路"建设、上海自贸试验区和"五个中心"以及打响"四大品牌"战略定位,促进公证法律服务发展的速度、规模、质量与开放型经济发展相协调,实现公证法律服务领域整体协调发展。坚持协同合作,充分发挥政府部门、行业协会和公证机构的合力作用,共同推进自贸试验区的发展。

（三）总体要求

巩固深化现有公证业务,尝试拓展新型业务类型,创新公证服务方式方法,提高公证服务质量水平,增强公证工作活力。紧紧把握自贸试验区的基本定位,做好公证法律服务的先行先试,充分发挥公证行业的改革创新主动性和创造性,为自贸试验区全面深化改革和扩大开放,取得更多可复制可推广的制度创新成果。

三、拓展创新自贸试验区公证法律服务领域的具体任务

（一）试点合作制公证机构服务自贸试验区

深入贯彻落实司法部《关于推进合作制公证机构试点工作的意见》的精神,紧紧围绕全面依法治国对公证服务的新要求,积极探索创新公证机构组织形式,建立与市场经济体制相适应的,按市场规律和自律机制运行的合作制公证机构,促进公证事业发展,更好地满足在自贸试验区发展中对公证服务提出的新需求。

当前已在自贸试验区范围内成立一家合作制公证机构。作为首批合作制公证机构之一的上海市张江公证处主要服务于自贸试验区,为自贸试验区内的企业提供证据保全、融资租赁、金融、知识产权、航运等方面的公证服务,同时积极拓展创新业务,适应自贸试验区的新型业务发展,为自贸试验区的发展提供全方位的服务。

（二）拓展公证服务自贸试验区金融领域

积极落实最高人民法院、司法部、中国银监会《关于充分发挥公证书的强制执行效力,服务银行金融债权风险防控的通知》要求,有效发挥公证预防纠纷、化解争议的作用,为建立适应自贸试验区发展和上海国际金融中心建设联动的金融监管机制,加强金融风险防范,为营造良好金融发展环境提供有力支持。

以公证法律服务创新支持金融制度创新,拓展赋予债权文书强制执行效力公证服务的深度和广度,进一步推动公证行业为信托、证券、保险、保理、融资租赁、金融衍生品交易等业务提供公证法律服务。在风险可控和依法合规前提下,充分尊重当事人意思自治和国际惯例,保护当事人合法权益,维护金融市场安全和交易效率。

(三)拓展公证服务自贸试验区知识产权领域

全面落实司法部、国家工商行政管理总局、国家版权局、国家知识产权局《关于充分发挥公证职能作用加强公证服务知识产权保护工作的通知》要求,创新拓展知识产权领域公证法律服务,加快构建完善的知识产权全流程保护机制。

充分发挥公证在知识产权保护中的多样形式,将公证服务嵌入在专利、商标、版权等知识产权的创造、运用、保护、管理和服务的全链条中,提升自贸试验区知识产权质量和效益。创新探索公证服务互联网、电子商务、大数据等领域的知识产权保护方式方法,努力降低维权成本,提高侵权代价,完善对于知识产权的全方位保障。

(四)拓展公证服务自贸试验区多元化纠纷解决机制

贯彻落实最高人民法院、司法部《关于开展公证参与人民法院司法辅助事务试点工作的通知》精神,大力推进公证参与司法辅助事务,进一步完善自贸试验区多元化纠纷解决机制。

公证机构可以接受人民法院、相关商会和行业协会等组织的调解机构委派或委托,对自贸试验区内产生的家事和商事等领域开展调解,经调解达成协议的,公证机构可以依当事人申请,对具有给付内容、债权债务关系明确的和解、调解协议办理公证并赋予强制执行效力。

(五)创新公证服务自贸试验区营商环境

认真落实市委、市政府《上海着力优化营商环境加快构建开放型经济新体制行动方案》精神,顺应自贸试验区发展新需求,努力创新发展自贸试验区商事贸易等领域的公证法律服务,以加快形成法治化、国际化、便利化的营商环境为目标,为企业提供更全面、便捷的公证法律服务。

适应经济发展新常态和推进供给侧结构性改革新要求,充分运用合同公证、提存、保全证据、法律意见书等多种公证法律服务手段,提高自贸试验区内企业及经济实体经济交往的效率。在自贸试验区内推广常年公证法律顾问制度,指派业务精、专业强的公证员为自贸试验区内企业提供"全天候"公证法律服务,深入自贸试验区企业开展"大走访、大调研、大服务",了解企业需求,摸清企业生产经营中的难点、痛点、堵点,为自贸试验区提供更全面的公证法律服务。

顺应自贸试验区便捷公证法律服务需求持续上扬的趋势,优化办证流程,提高办证效率,缩短从受理到出证之间的时间差。探索"简繁分离"的办证模式,扩大"最多跑一次"的试点范围,开设"绿色通道",为政府引进高端人才提供公证法律服务绿色通道,提供专人咨询、免等候、优先上门办证、送证上门等特色服务。试点在公证机构开展企业集中办理设立、变更、合并、分立等工商登记,运用代办登记等延伸公证服务,为自贸试验区提供更便捷的公证法律服务。

四、进一步拓展创新自贸试验区公证法律服务的工作措施

（一）积极配合自贸试验区发展,切实加强组织领导

积极与自贸试验区管委会对接,高度重视拓展创新自贸试验区公证法律服务的工作,增强改革意识和担当意识,切实负起监督指导责任。加强组织领导,确保公证机构、公证员积极稳妥开拓创新公证法律服务中做到遵法守规,确保公证质量。完善配套机制,加强规章制度建设,提升执行力,促进业务可持续发展。市公证协会要加强业务指导,及时总结经验,制定办理相关公证的业务指导性文件,推广典型案件,组织开展新型公证业务的专题培训、研讨活动,努力提高自贸试验区公证法律服务的质量和水平。

（二）不断优化公证服务,切实满足自贸试验区新需求

要紧扣自贸试验区的发展,加强研究公证的地位和作用,准确把握公证职责。服务大局,服务经济,调整公证业务结构,多领域的研究探索,打造业务品牌,使公证法律服务与自贸试验区发展相匹配。进而使公证法律服务与自贸试验区的拓展创新需求形成联动,以服务提升宣传,以宣传促进服务。公证行业及公证机构应当注重强化公证法治宣传,扩大公证影响力,引导自贸试验区内企业及其他社会主体运用公证手段合理解决自身法律问题,保障自身合法权利。公证行业及公证机构应当采取多样化的宣传措施,深入自贸试验区,让更广泛的社会群体了解公证、选择公证、信赖公证,从而为公证法律服务在自贸试验区的拓展创新打下坚实群众基础。

（三）大力推广智慧公证,切实提升服务能级

充分利用自贸试验区统一的监管信息共享平台,创新公证业务领域需要以构建信息共享及协作机制为纽带,实现与司法行政机关、行业管理部门、业务关联部门及其他组织的信息互通。在自贸试验区范围内大力推广"智慧公证"项目,加快落地"最多跑一次""一次都不跑"项目。充分利用公证处网站、园区信息平台、微信等在线工具,结合"智慧公证"的多部门信息核查功能,全面开通邮寄送达业务。通过运用现代化高科技,以信息化推进规范建设,以智能化提高服务水平,以科技化提升行业效能,在证据保全、融资租赁、金融、知识产权、航运等公证服务方面不断满足自贸试验区对公证服务的新期待新要求,不断提升群众

的满意度与获得感。相关各部门要明确工作责任,围绕本实施意见的主要内容,在各自职能范围内商定切实可行的措施和政策,增强协作意识,促进资源整合,形成工作合力。尽快实现信息共享,让群众少跑腿,让信息多跑路。

（四）提升保全公证服务水平,切实优化营商环境

公证机构、公证人员要在坚持运用法治思维的同时不断提高服务意识,在自贸试验区中不断开展公证业务改革创新,提升证据保全公证的服务水平,充分发挥公证的预防纠纷、化解矛盾的作用,为自贸试验区建设营造良好的营商环境。尤其在以科创为中心的自贸试验区,知识产权保护显得更为重要,公证机构要搭建拥有自主知识产权利用区块链底层技术在线电子数据存储平台,由公证处全程监管提供权威安全便捷的存储、保全服务,满足自贸试验区企业对知识产权保护的需求。同时在张江科学城企业服务中心设立公证员工作室,有效提供公证法律咨询和维权服务,快速对接园区内的 25 家知识产权服务机构。

第二部分
司法部公证"放管服"改革文件

司法部　国家工商行政管理总局　国家版权局
国家知识产权局关于充分发挥公证职能作用
加强公证服务知识产权保护工作的通知

司发〔2017〕7号

各省、自治区、直辖市司法厅(局)、工商行政管理局市场监督管理部门、版权局、知识产权局,新疆生产建设兵团司法局、版权局、知识产权局:

为深入贯彻落实党的十八大和十八届三中、四中、五中、六中全会精神,深入贯彻落实党中央、国务院关于实施创新驱动发展战略和国家知识产权战略,加快知识产权强国建设的决策部署,充分发挥公证服务知识产权保护的职能作用,现就有关事项通知如下。

一、加强公证服务知识产权保护工作的重要意义

随着我国经济发展进入新常态和我国创新驱动发展战略的深入实施,知识产权日益成为国家发展的战略性资源和国际竞争力的核心要素。知识产权作为现代产权制度的重要构成、创新驱动发展的重要保障,在国家经济社会发展中的地位和作用日益凸显。公证制度是一项预防性的司法证明制度,具有服务、沟通、证明、监督的功能,在维护市场经济秩序、保障和实现公民权益、促进对外开放、加强社会诚信建设等方面具有独特优势和重要作用。经过公证证明的事项具有法定的证据效力、强制执行效力和法律行为成立要件效力。公证工作在服务知识产权保护,促进实施创新驱动发展战略和国家知识产权战略,加快知识产权强国建设中大有可为。加强公证服务知识产权保护工作,充分发挥公证制度在知识产权保护中的功能和优势,是加强知识产权保护运用、创新完善知识产权管理机制、健全知识产权公共服务体系的重要内容,也是深入实施知识产权战略、加快知识产权强国建设的重要举措。各级司法行政机关、工商行政管理机关、版权局、知识产权局要从全面依法治国和推进社会主义法治建设的高度,从实施创新驱动发展战略,加快知识产权强国建设的高度,充分认识加强公证服务知识产权保护工作的重要意义,积极创造条件,加大服务力度,创新方式方法,推

进公证服务知识产权保护,维护知识产权创新、创造、应用和保护的良好秩序,促进和保障我国知识产权事业健康发展。

二、充分发挥公证服务知识产权保护的职能作用

各级司法行政机关、工商行政管理机关、版权局、知识产权局要支持和引导公证机构充分发挥公证职能作用,围绕知识产权创造设立、运用流转、权利救济、纠纷解决、境外保护等环节提供公证服务,实现对知识产权事前、事中、事后的全程保护。

(一)发挥公证在知识产权创造中的作用。支持和引导公证机构积极为企业、科研院所和发明创造权利人的技术研发、技术改进等活动提供公证服务,特别要注重做好对企业、科研院所和权利人在新技术研发过程中涉及的生产工艺流程及半成品、成品等证据材料的保全工作,防范新技术的泄露和纠纷的产生,保护技术创新。积极为企业新产品的委托开发或委托设计等活动提供法律咨询和公证服务,帮助和指导企业、科研院所和权利人提高证据意识,及时为其办理保密、竞业禁止等协议公证,为企业建立和完善现代企业制度提供法律支持。探索利用新技术手段在作品、计算机软件等著作权登记前的创作过程中提供全程公证服务。

(二)促进知识产权合理运用和有效流转。加强对权利人以协议、遗嘱、赠与等方式使用、传承知识产权的公证服务工作,不断完善公证在知识产权的交易流转、财产继承和分割事务中的公证程序和方法,保障知识产权依法交易、分配、使用、继承,促进社会和谐。支持和引导公证机构在知识产权的转让、许可和竞价拍卖等活动中主动作为,积极介入监督交易活动,及时指出并纠正违法行为,确保程序公正透明、行为合法有效。积极办理知识产权转让许可、知识产权合作、知识产权入股等知识产权交易合同公证,帮助当事人各方审查合同条款的合法性,依法核查合同各方当事人的签约能力情况,监督履约,保障相关合同资金的安全使用和知识产权的有效实施,预防和减少合同履行中的风险。

(三)加强知识产权纠纷预防和调解工作。以公证的方式保管知识产权证据及相关证明材料,加强对证明知识产权在先使用的保全证据公证。支持和引导公证机构对知识产权质押融资合同办理赋予债权文书强制执行效力公证,为知识产权融资增信,提高履约率,预防和减少三角债,维护企业经营秩序和金融秩序。开展知识产权纠纷诉讼与调解对接工作,依法规范知识产权纠纷调解工作,完善多部门参与的知识产权纠纷调解机制,探索对有给付内容的调解协议办理赋予债权文书强制执行效力公证。

(四)充分运用公证手段维护保障合法权益。支持和引导公证机构接受委托或依据当事人申请,对市场(含电子商务)中侵犯著作权、专利权、商标专用权

的商品进行公证购买并办理保全证据公证,对经营者在 KTV、影院等经营场所未
经许可播放音乐、影视等作品办理保全证据公证,对展会现场展出商品涉嫌侵犯
著作权、专利权、商标专用权办理保全证据公证,对侵犯著作权、专利权、商标专
用权的商品集中销毁行为办理保全证据公证。支持公证机构提供远程公证服
务,针对网络文学、新闻、音乐、影视、游戏、动漫、软件等重点领域的侵权盗版行
为,允许权利人或相关人员使用公证机构开发的远程公证系统实时取证,作为办
理公证的证据材料。

(五)加强知识产权境外保护公证工作。支持企业实施"走出去"战略,支
持和引导公证机构积极做好"走出去"企业的知识产权境外保护工作,帮助企业
对已经申请专利、获得专利权或已经生产、使用的产品、技术,做好在先使用、公
开在先证据资料的保全服务,为企业境外专利申请、转让、许可、涉外诉讼和国际
仲裁提供强有力的证据支撑。

三、加强对公证服务知识产权保护工作的组织领导

(一)创新公证服务方式。公证机构要加强公证信息化建设,关注和研究
"互联网+"和电商经济的新特点、新要求,依托电子签名和数据加密等新技术,
改进创新公证证明方式和服务方法,优化服务知识产权保护的公证流程,不断探
索拓展公证服务知识产权保护新业务。建立知识产权公证服务平台,积极探索
开展"智慧保管箱"等新型公证业务。

(二)培育遴选示范机构。鼓励有条件的公证机构设立专门的知识产权公
证部门,确定专职知识产权公证工作人员,开辟知识产权公证绿色通道,建立知
识产权维权取证快速响应机制。公证机构经批准可在科创园区、知识产权密集
型产业集聚区、知识产权服务业聚集区等重点园区、知识产权保护中心设立公证
服务点,有条件的地方可组建专业知识产权公证机构。在全国范围内遴选若干
家知识产权公证服务示范机构并授牌,发挥示范作用,引导公证机构提供优质高
效的知识产权公证服务。

(三)加强工作指导协调。各级司法行政机关、工商行政管理机关、版权行
政管理机关和知识产权局要高度重视,加大对公证服务知识产权保护工作的支
持力度,积极搭建平台,发挥公证在知识产权创造、应用、流转、保护中的作用,共
同推进公证服务知识产权保护工作。各地公证协会要加强业务指导,组织开展
知识产权公证业务的专题培训、研讨活动,努力提高知识产权公证业务质量。

司法部　国家工商行政管理总局

国家版权局　国家知识产权局

2017 年 6 月 16 日印发

司法部　中央编办　财政部
人力资源社会保障部印发《关于推进公证体制改革机制创新工作的意见》的通知

司发〔2017〕8 号

各省、自治区直辖市司法厅（局）、编办、财政厅资源社会保障厅（局），新疆生产建设兵团司法局、（局）编办人力财务局、人力资源社会保障局：

现将《关于推进公证体制改革机制创新工作的意见》印发你们，请结合实际，认真贯彻执行。

司法部　中央编办
财政部　人力资源社会保障部
2017 年 7 月 13 日

关于推进公证体制改革机制创新工作的意见

为深入贯彻落实《公证法》、国务院 2000 年批准的《关于深化公证工作改革的方案》、《中共中央国务院关于分类推进事业单位改革的指导意见》（中发〔2011〕5 号）和《司法部中央编办财政部关于推进公证机构改革发展有关问题的通知》精神，现就进一步推进公证体制改革机制创新工作提出如下意见。

一、总体要求

（一）指导思想。全面贯彻落实党的十八大和十八届三中、四中、五中、六中全会精神，以邓小平理论、"三个代表"重要思想、科学发展观为指导，深入学习贯彻习近平总书记系列重要讲话精神和治国理政新理念新思想新战略，围绕全面依法治国对公证服务的新要求，坚持《公证法》对公证机构的基本定位和国务院 2000 年批准确立的公证机构事业体制改革方向，按照中央关于分类推进事业单位改革指导意见的精神和要求,深化公证机构体制改革,抓紧将行政体制公证机构转为事业体制,创新优化事业体制公证机构体制机制,推进合作制公证机构试点,完善配套扶持政策,更好地满足人民群众和经济社会发展对公证服务的新需求。

(二)基本原则。坚持创新发展。把人民群众新要求新期待作为推进公证工作改革的发力点,进一步创新体制机制,增强公证机构发展活力,提高公证服务水平,健全公证服务体系。坚持依法改革。根据《公证法》对公证机构和公证服务的定性,按照中央关于推进公益服务事业单位改革的要求,健全公证机构管理体制和运行机制。

坚持分类指导。指导地方根据公证工作实际和公证机构体制现状,按照改革总体设计制定具体方案,因地制宜、分步实施、稳慎推进,不搞"一刀切"。

坚持统筹兼顾。加强与相关部门沟通协调,完善公证机构改革配套政策,统筹推进行政体制公证机构改为事业体制、创新优化事业体制公证机构体制机制、推进合作制公证机构试点。

(三)工作目标。现有行政体制公证机构 2017 年年底前全部改为事业体制;事业体制公证机构的编制管理、人事管理、收入分配机制不断健全完善;合作制公证机构试点工作稳步推进。扶持保障公证机构发展的配套政策逐步建立健全,公证事业发展的制度和政策环境日益优化,公证机构人员积极性进一步调动,发展活力进一步增强。

二、抓紧将行政体制公证机构转为事业体制

(四)限期按时完成。按照既定部署,采取因地制宜、分类指导、分步推进的方式,抓紧将现有行政体制公证机构改为事业体制。2017 年年底前,现有行政体制公证机构全部改为事业体制。

(五)加强编制保障。作为司法行政机关内设科室的公证机构改为事业体制时,可新设事业单位,也可按照精简效能的原则,在一定区域内合并设立。行政体制公证机构改为事业体制时,原有行政编制通过置换的方式核拨事业编制。原使用的行政编制由机构编制管理部门收回统筹使用,其中政法专项编制由中央编办商司法部统筹用于加强司法行政系统重点急需领域工作力量。

(六)妥善安置人员。改革中具有公务员身份的公证员,选择留在司法行政机关工作的,保留其公务员身份及工资、福利和养老、医疗保障待遇。选择留在改革后的公证机构工作的,执行事业单位人事管理办法和岗位绩效工资制度,不保留公务员身份。

(七)加强财政保障。对改革为公益类事业单位的公证机构,按照事业单位分类改革有关政策规定,提供相应的经费保障。

三、优化事业体制公证机构体制机制

(八)科学合理划分公证机构类别。事业体制公证机构划入从事公益服务的事业单位,坚持公益性、非营利性事业法人的属性。

(九)落实公证机构自主管理权。深化公证机构内部运行机制改革,保障其依法决策,独立自主办理业务并承担责任。公证机构主任、副主任应从执业公证员中选任。落实主任负责制,明确公证机构的用人自主权,公证员和其他辅助人员由公证机构根据业务需要自主聘用。建立健全公证机构法人财产制度,确保公证机构财务自主权和财产不被无偿调用。

(十)创新编制管理制度。建立健全符合公证业发展需求的编制管理制度,对划入公益二类的公证机构实行备案制。

(十一)完善绩效工资分配激励机制。建立健全符合公证机构公益属性和社会功能,体现按劳分配、多劳多得要求的公证机构绩效工资分配激励机制,公证机构在核定的绩效工资总量内可自主进行分配。实行灵活多样的绩效工资分配办法,使工作人员收入与岗位职责、工作业绩、实际贡献紧密联系。对于业务发展较好、绩效考核优秀的公证机构,可以在核定绩效工资总量时给予适当倾斜。

(十二)完善财务管理制度。完善事业体制公证机构财务管理制度,建立健全科学合理的公证机构运营成本及利润的核算制度。具备条件的公证机构实行企业化财务管理制度。

四、推进合作制公证机构试点

(十三)积极稳妥推进试点。坚持高标准、高起点,在具备条件的地区,可以设立合作制公证机构。合理确定合作制公证机构的设立条件,积极探索创新公证机构组织形式,建立与市场经济体制相适应、按市场规律和自律机制运行的公证机构,进一步增强公证工作活力。

(十四)加强监督管理。加强质量监管,健全完善公证执业日常监督管理体系,完善公证机构内部风险防控机制,推进质量标准化建设,确保公证质量。明确合作制公证机构设立原则、设立条件、议事规则、合作人权利义务、财产归属、终止与清算等事项,规范合作制公证机构收入分配、财务开支、资产管理等制度。

五、加强组织领导

(十五)明确工作责任。各省(区、市)司法行政机关要高度重视推进公证

体制改革机制创新工作,列入重要议事日程。司法厅(局)主要负责同志要作为推进改革的第一责任人,认真抓好本地区改革实施工作。各地司法行政机关要制定本地区改革具体实施意见,及时研究解决改革中遇到的新情况新问题,不断总结经验,完善改革措施。

(十六)加强工作协调。加强司法行政部门与机构编制、财政、人社部门的沟通协调,建立健全符合公证业发展要求的机构编制管理制度,完善事业体制公证机构聘用制度、收入分配激励机制、职称评定制度,继续做好公证从业人员基本养老、基本医疗、失业、工伤等社会保障工作,加强事业体制公证机构经费保障。

(十七)稳妥推进改革。各省(区、市)要结合本地公证工作实际,制定改革工作方案和改革时间表,完善改革过渡有关政策,依法依规、稳妥有序推进本地区公证机构改革,确保公证机构业务不断、队伍不乱、人心不散。做好改革后公证机构的资产、档案承接,防止国有资产流失,确保国有资产的保值、增值。严禁借推进改革突击进人和提拔干部,严禁以各种名义侵吞、私分国有资产。对因改革政策执行不到位、工作不力、处置不当而引发不稳定事件的,依法追究相关人员责任。

司法部办公厅关于加强公证质量监管严防错证假证问题的紧急通知

司明电〔2017〕17 号

各省、自治区、直辖市司法厅(局),新疆生产建设兵团司法局:

近一段时期来,金融诈骗、不动产诈骗不法分子越来越多地利用公证程序谋求骗局得逞,北京、内蒙古等地接连发生办理民间借贷、涉及房产处分的委托书、遗嘱、继承等公证业务中出具错误公证书的情况,导致当事人房产在不知情的情况下被买卖或抵押,严重损害了人民群众的切身利益,严重损害了公证队伍的形象和声誉,社会影响极坏,教训十分深刻。北京市司法局对此召开局党委会专题研究整改措施,并调整了局领导分工;对西城区司法局局长进行了行政约谈,并在前阶段对涉案公证机构、公证员作出行政处罚的基础上,进一步追究了涉案公证机构负责人的党纪政纪责任。内蒙古司法厅已向公安部门报案,并启动了内部调查程序。为严格规范公证质量监管,加强公证执业风险防控,严防错证假证问题,切实维护当事人合法权益和公证工作公信力,现就有关事项紧急通知如下:

一、加强质量意识教育和风险预防。公证质量是公证工作的生命线。各级司法行政机关、各地公证协会和公证机构要深刻汲取教训,举一反三,把提高公证质量放到当前工作的突出位置,大力加强公证员队伍质量意识教育,切实加强质量监管和风险预防,压紧压实主体责任,切实提高公证工作水平。要教育引导公证机构、公证员在执业活动中强化红线意识、坚守底线思维,时刻绷紧公证质量管理这根弦,严谨细致开展工作,决不能不顾真实合法原则追逐经济效益,决不能为拓展公证业务而偏废公证质量,坚决防止为虚假的公证申请人或者不真实、不合法的事项出具公证书,杜绝出现假证、错证。

二、严格审查核实当事人身份。从近期出现的错证情况看,多数都涉及不法分子冒充他人身份申请办理公证,在公证员审查核实环节、公证机构出证审批环节均未严格把关,未能发现假冒身份的情况,导致为不真实的事项出具公证书。各地公证机构在审核当事人身份时一定要严谨细致、慎之又慎,确保准确识别当事人身份,不给不法分子可乘之机。要综合运用询问、交叉印证、身份证识别仪等信息技术手段,严格审查核实当事人身份。对当事人身份、亲属关系、被继承人死亡情况等进行审查后有疑义的,应当根据情况通过公安、民政、卫生、人事等部门信息核实。加大核实环节工作力度,坚决防止核实程序流于形式。公证员对核实过程应作相应工作记录,留档备查。

三、**严格规范办理民间借贷公证业务**。近期出现的错证大多都涉及民间融资行为,民间借贷与非法集资、金融诈骗相互交织,不法分子越来越多地利用公证程序为其非法行为背书或谋取合法形式,公证书被使用后导致当事人重大财产损失。各地公证机构在办理民间借贷公证业务中应当严格遵守法律、法规规定的程序,切实做好当事人身份、担保物权属、当事人内部授权程序、合同条款等审核工作,严格审查当事人意思表示是否真实,确认当事人签约行为的合法效力,明确告知当事人申请赋予债权文书强制执行效力的法律后果,严格防控风险。

四、**严格规范办理涉及财产转移的委托公证**。公证机构在办理此类公证时,要严格审查委托书内容是否与委托人意思表示一致,委托书中有无违反法律规定或者明显虚假的内容;处分房产的,要严格核实委托人提交的房产权属凭证是否属实及有无被抵押、查封、扣押等限制处分的情况;对异地办理委托书公证的,尤其要提高警惕,严格精细审查。

五、**严格公证审批制度**。加强公证机构风险防控机制建设,建立严格的质量管理制度,明确办证人、审批人分别承担的责任。公证机构负责人要严把审批关,杜绝只批不审现象。对一些重要的或有疑点的证据材料,公证员应当主动报告,重大疑难事项应当提交集体讨论,真正做到材料不实不出证,核实不准不出证,审批不严不出证。

六、**加强监督检查**。近期,各地要集中时间,组织精干力量开展公证质量专项督查,重点检查民间借贷、涉及房产处分的委托书、遗嘱、继承等公证业务办理情况,发现问题要及时报告。各公证机构要查摆突出问题,采取措施,堵塞漏洞。对已经出现的错证,要及时纠正,最大限度减少损失;对业务素质差、多次办错证的公证员,应离岗培训或调离工作岗位;对公证机构和公证员的违法违纪行为,发现一起,查处一起,坚决依法处理,绝不姑息迁就;对公证机构内部人员积极参与或者纵容默许非法活动的,要依法依规严惩;对疏于管理、怠于管理引发严重后果的,要严肃追责,追究公证机构和管理机关相关责任人的责任。各地要将本通知精神迅速传达到每一个公证机构、每一名公证员,组织司法行政机关、公证协会和全体公证员认真学习讨论,制定相应措施和规范,切实加强公证质量管理,切实防范错证假证问题发生,推进公证工作健康顺利发展。

司法部办公厅

2017 年 5 月 17 日

最高人民法院　司法部关于开展公证参与人民法院司法辅助事务试点工作的通知

司发通〔2017〕68号

北京、内蒙古、黑龙江、上海、江苏、浙江、安徽、福建、广东、四川、云南、陕西省（区、市）高级人民法院、司法厅（局）：

为深入贯彻党的十八大和十八届三中、四中、五中、六中全会精神，贯彻落实中共中央办公厅、国务院办公厅《关于完善矛盾纠纷多元化解机制的意见》，充分发挥公证制度在推进多元化纠纷解决机制改革中的职能作用，现就开展公证参与人民法院司法辅助事务试点工作通知如下。

一、充分认识开展公证参与司法辅助事务试点工作的重要意义

公证制度是我国社会主义法律制度的重要组成部分，是预防性司法证明制度。公证活动可以为人民法院审判和执行工作提供裁判依据，促进审判活动依法高效进行；经公证的债权文书具有强制执行效力，可以不经诉讼直接成为人民法院的执行依据，减少司法成本，提高司法效率；公证制度具有服务、沟通、证明、监督等功能，是社会纠纷多元化解决的基础性司法资源，可以成为人民法院司法辅助事务的重要承接力量。近年来，一些地方人民法院积极引入公证机构参与司法辅助事务，取得了良好效果。公证参与司法辅助事务，是公证服务推进以审判为中心的诉讼制度改革的有益探索，是公证助力人民法院司法体制改革的重要举措，有利于协助法官集中精力做好审判执行工作，缓解人民法院"案多人少"的矛盾，有利于进一步深化多元化纠纷解决机制改革，推动社会纠纷资源的合理配置和高效利用，有利于促进公证机构改革创新发展。各级人民法院、司法行政机关要从全面依法治国和推进社会主义法治建设的高度，充分认识公证参与司法辅助事务的重要意义，积极为公证机构参与司法辅助事务创造条件，扎实推动此项试点工作的深入开展。

二、开展公证参与司法辅助事务试点工作的主要内容

自2017年7月起，选择在北京、内蒙古、黑龙江、上海、江苏、浙江、安徽、福

建、广东、四川、云南、陕西12省(区、市)开展公证参与司法辅助事务试点,试点期限为一年。试点地方高级人民法院、司法厅(局)要选择法院"案多人少"矛盾突出,公证机构服务能力强的地方,积极稳妥开展公证机构参与人民法院司法辅助事务试点工作,支持公证机构在人民法院调解、取证、送达、保全、执行等环节提供公证法律服务,充分发挥公证制度职能作用。公证机构参与司法辅助事务的主要内容有:

(一)参与调解。人民法院通过吸纳公证机构进入人民法院特邀调解组织名册,进入名册的公证机构可以接受人民法院委派或委托在家事、商事等领域开展调解,发挥诉前引导程序性作用、开展调解前置程序改革。经委派调解达成协议的,公证机构可以应当事人申请,对具有给付内容、债权债务关系明确的和解、调解协议办理公证并赋予强制执行效力;经委托调解达成调解协议的,公证机构应当将调解协议及相关材料移交人民法院,由人民法院按照法律规定出具民事调解书或作相应处理。未达成调解协议的,公证机构可以在征得各方当事人同意后,用书面形式记载调解过程中双方没有争议的事实,并由当事人签字确认。在诉讼程序中,除涉及国家利益、社会公共利益和他人合法权益的外,当事人无需对调解过程中已确认的无争议事实举证。

(二)参与取证。公证机构可以接受人民法院委托,就当事人婚姻状况、亲属关系、财产状况、未成年子女抚养情况、书面文书等进行核实和调查取证。核查结束后,公证机构应就核查内容、核查过程、核查结果向法院出具取证报告。

(三)参与送达。公证机构可以接受人民法院委托,参与案件各个阶段的司法送达事务。鼓励公证机构采用信息化手段,推行集约化送达模式,避免分散作业和资源的重复投入。送达工作完成后,公证机构应当就送达过程、送达结果等情况形成送达全流程登记表,交由人民法院留存备查。

(四)参与保全。公证机构可以协助人民法院核实被保全财产信息和被保全财产线索,核实被保全动产的权属和占有、使用等情况。财产保全需要提供担保的,公证机构可以协助人民法院审查申请保全人或第三人提交的财产保全担保书、保证书,对其中的担保内容及证据材料进行核实。

(五)参与执行。人民法院支持公证机构在执行工作环节参与司法辅助事务。公证机构可以参与人民法院执行中的和解、调查、送达工作,协助人民法院搜集核实执行线索、查控执行标的,协助清点和管理查封、扣押财物。经执行机关申请,可以办理保全证据公证。

三、加强对公证参与司法辅助事务试点工作的组织领导

(一)加强组织领导。各试点省(区、市)高级人民法院和司法厅(局)要高

度重视公证参与司法辅助事务试点工作,研究制定试点实施方案,确保试点工作按时启动、顺利推进、如期完成。要建立工作沟通协调机制,为公证机构和公证人员参与司法辅助事务创造条件。

(二)加强培训指导。要明确公证机构参与司法辅助事务的条件、内容、程序和工作措施,及时研究解决试点工作中遇到的问题。加强公证人员业务培训和纪律教育,加强相关领域尤其是专业技术领域公证业务的培训,严格规范公证行为,确保公证证据的真实性,避免公证证据瑕疵,提高司法辅助事务工作质量和信息化、规范化水平。

(三)加强政策保障。试点地方各级人民法院、司法行政机关要结合工作实际,争取党委政法委、财政等部门的支持配合,采取政府购买服务等方式引入公证机构参与司法辅助事务,为试点工作提供必要的经费、场地、设施等,保障试点工作的深入开展。

(四)推动制度完善。各级人民法院、司法行政机关要加强对试点情况的跟踪和指导,加强工作协调和督促检查,认真总结推广试点工作的经验做法。2018年6月,最高人民法院会同司法部总结经验,全面评估试点工作的实际效果,积极推动有关规章制度修订完善。

最高人民法院　司法部

2017 年 6 月 29 日

司法部关于建立公证员宣誓制度的决定

司发通〔2017〕69号

各省、自治区、直辖市司法厅(局),新疆生产建设兵团司法局,公证协会:

为切实提高公证员队伍思想政治素质、职业道德素质和专业素质,不断增强公证员的职业使命感、荣誉感和社会责任感,根据《中华人民共和国公证法》,决定在全国建立公证员宣誓制度。现就有关事项规定如下:

一、经省、自治区、直辖市司法行政机关许可,首次取得或者重新取得公证员执业证书的人员,应当进行公证员宣誓。

二、公证员宣誓,应当在公证员取得公证员执业证书之日起六个月内进行,采取分次集中的方式进行。

三、公证员宣誓仪式,由设区的市级或者直辖市司法行政机关会同公证协会组织举行。

四、宣誓仪式要求

(一)宣誓会场悬挂中华人民共和国国旗;

(二)宣誓仪式由司法行政机关负责人主持,领誓人由公证协会负责人担任;

(三)宣誓仪式设监誓人,由司法行政机关和公证协会各派一名工作人员担任;

(四)宣誓人宣誓时,应当着公证员职业装,免冠,佩戴中国公证协会会徽,呈立正姿势,面向国旗,右手握拳上举过肩,随领誓人宣誓。领誓人持相同站姿位于宣誓人前方;

(五)宣读誓词应当发音清晰、准确,声音铿锵有力。

五、宣誓程序

(一)宣誓人面向国旗列队站立,奏(唱)国歌;

(二)领誓人逐句领读誓词,宣誓人齐声跟读;领誓人领读完誓词、读毕"宣誓人"后,宣誓人自报姓名;

(三)宣誓人在誓词页上签署姓名、宣誓日期。

经宣誓公证员签署姓名的誓词页一式两份,一份由宣誓公证员收执,一份存入该公证员执业档案。

六、公证员宣誓誓词为:

我是中华人民共和国公证员。我宣誓:忠于祖国,忠于人民,忠于宪法和法律,拥护中国共产党的领导,拥护社会主义法治,依法履行职责,客观公正执业,遵守职业道德,勤勉敬业,廉洁自律,为全面依法治国、建设社会主义法治国家努力奋斗!

七、公证员应当自觉践行誓词,将誓词作为执业行为准则,依法、诚信、尽责执业,恪守职业道德和执业纪律,接受司法行政机关、公证协会、当事人和社会的监督。

八、宣誓的具体实施办法由省、自治区、直辖市司法行政机关依据本决定制定。

九、本决定自印发之日起施行。

司法部办

2017 年 7 月 4 日

司法部办公厅关于开展办理公证
"最多跑一次"试点工作的通知

司办通〔2017〕70号

北京、天津、黑龙江、上海、江苏、浙江、安徽、福建、四川、陕西省(市)司法厅(局):

为适应社会对公证工作的新期待,切实满足人民群众对公证服务的新需求,更好地为当事人提供通畅便捷、优质高效的公证服务,现就开展办理公证"最多跑一次"试点工作通知如下。

一、试点范围和期

自2017年8月起,选择在北京、天津、黑龙江、上海、江苏、浙江、安徽、福建、四川、陕西10省(市)开展办理公证"最多跑一次"试点工作。试点地区要选择服务能力较强、信息一化建设水平较高的公证机构,积极稳妥开展试点工作,试点期限为一年。2018年7月,总结试点经验,全面评估试点工作的实际效果,适时在全国推广。

二、"最多跑一次"公证事项范围

对于以下法律关系简单、事实清楚、无争议的公证事项,只要申请材料齐全、真实,符合法定受理条件,要实现让当事人"最多跑一次":

(一)出生、身份、曾用名;

(二)学历、学位;

(三)职务(职称)、资格;

(四)证书(执照)、文本相符。

有条件的试点省份可结合实际,适度扩大"最多跑一次"公证事项范围。

三、健全完善信息化办证手段

完善网上公证业务办理工作流程和服务标准,推进公证服务方式规范化、科学化。建设公证业务网络服务平台,提高公证受理、登记、审批、出证等环节信息化水平。对于具备网上申办条件的公证事项,要实行网上申请、网上受理、网上审核、网上缴费。充分利用微信、支付宝等平台的服务功能,开展掌上办证业务。有条件的公证机构自主研发办证软件 APP,设置便于操作、便于审查、便于沟通的工作流程,将公证服务关口前移,努力做到当事人办证取证只跑一次公证处。

四、着力畅通咨询答复渠道

为实现当事人"最多跑一次",公证机构要求当事人提交的材料要明确具体,一次性告知清楚。无特殊情形,公证机构或公证员不得要求当事人另行提供其他证明材料。提交材料的标准要在公共网络平台公布,方便当事人查询。要公开咨询电话和网上咨询路径,努力做到咨询电话一打就通、咨询事项一口说清、网上咨询即时答复。

五、创新提高窗口服务能力

着力打造良好的窗口形象,安排业务素质高、工作能力强、服务态度好的公证人员办理窗口业务,优化工作流程,提高办证效率。建立窗口人员动态调整机制和科学的分流机制,减少当事人现场排队等待的时间和往返公证机构次数。在醒目的地方张贴办证流程文字说明或流程图,对办证各环节进行详细说明和后续环节提示,使当事人及时掌握办证信息。

六、努力改进文书送达方式

根据当事人的需要,在公证机构与当事人协商一致的基础上,可采取邮政、快递等方式发送公证书。需要寄送公证书的,公证机构应当在询问笔录中明确公证发送的方式,寄送回单要留卷备查。

七、积极推动信息互联共享

加大沟通协调力度,加强与所在地外事、公安、法院、民政、国土、住建、卫计、档案等部门的协作配合,建立完善公证服务查询系统,实现与这些部门的数据互联对接,为办理公证业务提供有效的信息核实手段。

各试点省份要高度重视开展办理公证"最多跑一次"工作,真正做到思想认识到位、工作措施到位、组织机构到位,尽快制定工作方案,先行先试,专项督办,总结推广成功经验,将此项工作渐次有序推进,务求实效。开展办理公证"最多跑一次"试点工作的情况,请及时报部。

司法部办公厅

2017 年 7 月 3 日

司法部关于进一步拓展创新公证业务领域
更好地服务经济社会发展的意见

司发通〔2017〕72 号

各省、自治区、直辖市司法厅（局），新疆生产建设兵团司法局：

为深入贯彻落实党的十八大和十八届三中、四中、五中、六中全会精神，努力适应新形势对公证服务的需求，进一步拓展创新公证业务领域，充分发挥公证工作职能作用，更好地为经济社会发展提供优质高效的公证服务，经商最高人民法院、外交部、国家发改委、国土部、农业部、商务部、国资委、工商总局、国家版权局、国家知识产权局、银监会、证监会、保监会，现提出如下意见。

一、充分认识进一步拓展创新公证业务领域的重要性

党中央、国务院高度重视公证工作。党的十八届四中全会对发展公证法律服务业作出了重要部署，为公证事业发展指明了方向。近年来，我国公证事业不断发展，公证业务领域不断拓展，服务能力日益增强，公证工作在服务经济社会发展、预防化解矛盾纠纷、保障当事人合法权益等方面发挥着越来越重要的作用。当前，我国经济发展进入新常态，深入推进供给侧结构性改革，重点实施"一带一路"、京津冀协同发展、长江经济带三大战略，扩大了公证服务的新需求；全面深化改革，特别是深化司法体制和社会体制改革，推进以审判为中心的诉讼制度改革，完善多元化纠纷解决机制，丰富了公证服务的新领域；全面依法治国，建设完备的法律服务体系，建设社会主义法治国家，拓展了公证服务的新空间。但与新形势、新任务的要求相比，公证工作服务经济社会发展还存在一些不适应的问题，主要是：新型业务领域介入不够，公证服务方式有待创新，公证服务能力和水平有待进一步提高等。这些问题迫切需要采取有力措施加以解决。各级司法行政机关和广大公证员要充分认识做好公证服务经济社会发展工作的重要意义，切实增强使命感和责任感，把进一步拓展创新公证业务领域作为当前工作的重要任务，紧紧围绕党和国家工作的大局，充分发挥公证服务、沟通、证明、监督等功能，综合运用公证证明、保全证据、现场监督、赋予强制执行效力

等制度特色和职能优势,努力满足经济社会发展中多层次、宽领域的公证法律服务需求。

二、总体要求

进一步拓展创新公证业务领域的总体要求是：高举中国特色社会主义伟大旗帜,全面贯彻落实党的十八大和十八届三中、四中、五中、六中全会精神,以邓小平理论、"三个代表"重要思想、科学发展观为指导,深入学习贯彻习近平总书记系列重要讲话精神和治国理政新理念、新思想、新战略,围绕全面依法治国对公证服务的新要求,在巩固发展已有公证业务的基础上,拓展新型领域公证业务,创新公证服务方式方法,提高公证服务质量,增强公证工作活力,引导广大公证员充分发挥职能作用,为促进经济社会发展、维护人民群众合法权益、全面建成小康社会提供优质高效的公证法律服务。

三、工作任务

(一)拓展创新金融领域公证服务。适应经济发展新常态和推进供给侧结构性改革新要求,着眼于防控金融风险,充分运用公证机构赋予债权文书强制执行效力的手段,服务促进和规范金融业健康发展。推进公证机构在国务院证券监督管理机构统一监管下开展证券业务活动,为市场主体证券发行、信息披露,以及重大资产重组和并购等提供公证服务,研究推动在资本市场公开承诺中运用公证制度,增强公开承诺的公信力和可执行力,强化对中小投资者的保护,减少违反承诺行为的发生。推动公证机构依据法律法规的规定,为信托、保险、金融衍生品交易等业务提供公证法律服务,在资产投资、转让、清收、处置等方面提供综合性、个性化专项公证服务。加大对中小企业融资贷款的公证服务力度,研究推进银行贷款公证业务,规范民间借贷公证业务,防范非法集资风险,确保融资安全。

(二)拓展创新知识产权保护公证服务。围绕实施国家创新驱动战略、建设创新型国家的要求,创新拓展知识产权公证法律服务,加快构建完善的知识产权预防性保护机制。建立知识产权公证服务平台,搭建在线证据保全公证系统。探索以公证的方式保管知识产权证据及相关证明材料,加强对证明知识产权在先使用、侵权等行为的保全证据公证工作。司法行政部门在国家自主创新示范区、高新技术开发区、知识产权服务业集聚区等地区,选取若干地方开展公证服务知识产权保护试点,遴选培育设立若干家知识产权保护公证服务示范机构。

(三)拓展创新司法辅助公证服务。贯彻落实《中共中央办公厅、国务院办公厅关于完善矛盾纠纷多元化解机制的意见》,积极推动公证服务多元化纠纷解决机制改革。充分发挥公证机构法定证明机构的职能作用和中立地位优势，支持公证机构依法对民事法律行为、有法律意义的事实和文书依法进行核实和证明，促进矛盾纠纷有效化解。支持引导公证机构加强与人民法院、行政机关、社会组织、调解组织等的对接，在人民法院诉讼服务中心等部门设立工作室、服务窗口，为当事人达成的债权债务合同以及具有给付内容的和解协议、调解协议办理债权文书公证。探索开展公证机构参与人民法院司法辅助事务试点工作，支持公证机构在人民法院调解、取证、送达、保全、执行等环节提供公证法律服务。推进与人民法院等部门实现遗嘱、继承等业务信息互查共享，加强公证债权文书的强制执行工作。

（四）拓展创新产权保护公证业务。贯彻落实《中共中央、国务院关于完善产权保护制度依法保护产权的意见》，积极服务各种所有制经济组织和公民财产权保护，做好产权保护领域公证工作。围绕健全企业内部监督制度和内控机制，在资产评估、清点登记、权益转让、清算退出等环节办理现场监督、保全证据、咨询代理等业务，为国有企业股权多元化和公司治理现代化提供法律服务和保障。拓宽传统婚姻家庭公证业务，开展家庭理财、资产管理、财富传承等公证法律业务，创新开展家庭财产分割、绿色继承、意定监护、遗嘱信托、养老保险反向抵押公证等公证业务。实现涉及不动产的公证遗嘱、公证继承等业务信息与不动产登记机构不动产登记信息互查互享。研究探索婚姻法与公司法、信托法交叉业务，离婚与股权分割业务等新型业务，从传统业务中研发新的业务增长点。

（五）拓展创新"三农"领域公证业务。贯彻落实《中共中央 国务院关于稳步推进农村集体产权制度改革的意见》，围绕深化以所有权、承包权、经营权"三权分置"为重点的农村土地制度改革，开展公证法律服务，服务完善农村基本经营制度，更好地维护农民集体、承包农户、经营主体的权益。深入开展公证服务农村集体建设用地使用权、宅基地使用权、集体林权的确权、流转工作，做好农产品商标和地理标志证明商标的保护工作，增加农产品附加值。积极介入农村经济社会事务管理，不断拓展公证服务的广度和深度，推进公证工作为农村基础设施建设和脱贫攻坚等提供优质高效法律服务。

（六）拓展创新涉外公证法律服务。围绕推进"一带一路"、自贸区建设等重大国家发展战略，适应我国实施"走出去"发展战略的需要，鼓励和支持公证机构参与中国企业和公民"走出去"法律事务。推动建立"一带一路"沿线国家和地区公证知识产权合作机制，在国际货物贸易、服务贸易等方面，为中国企业和公民国际知识产权申请、转让、许可和国际诉讼、仲裁等提供公证法律服务。培育建设若干家涉外公证服务示范机构，健全完善涉外公证质量监管机制，进一步提高涉外公证服务质量。建立严格的证据收集与审查制度、审批制度以及重大疑难涉外事项集体讨论制度，为全面提升开放型经济水平提供公证法律服务。

（七）拓展创新公证服务方式。着眼于打造特色品牌，推动一批公证机构在特色领域形成竞争优势，在优势领域巩固领先地位。推行公证机构一条龙、一站式、个性化服务，通过源头服务和跟踪回访，提供更多的延伸业务。推动服务方式向线上线下互补转变，加强互联网手段与现有服务方式的协作配合，完善网上公证业务办理工作流程和服务标准，推进公证服务方式规范化、科学化。建设公证业务网络服务平台，提高公证受理、登记、审批、出证、查询等环节信息化水平。

四、加强工作指导

（一）完善工作机制。研究建立公证员依法独立办证和责任机制，推进公证文书改革，制定适应新型领域公证的要素式公证书格式。加强对公证新型业务的理论研究，制定完善公证新型业务指导目录。充分发挥公证机构和广大公证员的主动性和创造性，健全完善业务交流、创新、信息共享机制，形成各地公证机构和广大公证员协同配合，互相支持，互相联动的工作机制。通过业务合作、战略联盟等形式，拓宽公证服务领域，实现优势互补、融合发展。完善公证质量监管机制，坚持一手抓创新，一手抓质量，确保业务创新依法依规进行。

（二）健全政策制度。各级司法行政机关要制定切实可行的工作措施，为公证机构拓展创新业务创造有利条件。要主动搭建平台，建立与政府有关部门、行业协会、组织的沟通合作机制。加大政策制度保障，及时总结和固化公证业务创新拓展成果，逐步推进重点领域公证业务法定化。积极推动公证业纳入本地区服务业规划，争取公证业享受现代服务业的鼓励和扶持政策措施，推动完善政府购买公证法律服务制度，力争将公益性公证法律服务列入政府采购目录。

（三）注重总结推广。各级司法行政机关和各地公证协会要努力发掘公证机构和公证员在拓展公证服务领域、创新服务方式方法、打造特色服务品牌等方面的经验做法，认真总结推广典型经验宣传。要通过报纸、电视、微信、微博等平台，开展多种形式的，激发和调动公证机构和广大公证员的工作热情，扩大公证工作的社会影响力，营造良好社会氛围。执行中的重大问题和情况，请及时向司法部请示报告。

司法部

2017 年 7 月 10 日

最高人民法院　司法部　中国银监会
关于充分发挥公证书的强制执行效力
服务银行金融债权风险防控的通知

司发通〔2017〕76 号

各省、自治区、直辖市高级人民法院、司法厅（局），解放军军事法院，新疆维吾尔自治区高级人民法院生产建设兵团分院、新疆生产建设兵团司法局；各银监局，各政策性银行、大型银行、股份制银行，邮储银行，外资银行，金融资产管理公司，其他有关金融机构：

　　为进一步加强金融风险防控，充分发挥公证作为预防性法律制度的作用，提高银行业金融机构金融债权实现效率，降低金融债权实现成本，有效提高银行业金融机构防控风险的水平，现就在银行业金融机构经营业务中进一步发挥公证书的强制执行效力，服务银行金融债权风险防控通知如下：

　　一、公证机构可以对银行业金融机构运营中所签署的符合《公证法》第 37 条规定的以下债权文书赋予强制执行效力：

　　（一）各类融资合同，包括各类授信合同、借款合同、委托贷款合同、信托贷款合同等各类贷款合同，票据承兑协议等各类票据融资合同，融资租赁合同，保理合同，开立信用证合同，信用卡融资合同（包括信用卡合约及各类分期付款合同）等；

　　（二）债务重组合同、还款合同、还款承诺等；

　　（三）各类担保合同、保函；

　　（四）符合本通知第二条规定条件的其他债权文书。

　　二、公证机构对银行业金融机构运营中所签署的合同赋予强制执行效力应当具备以下条件：

　　（一）债权文书具有给付货币、物品、有价证券的内容；

　　（二）债权债务关系明确，债权人和债务人对债权文书有关给付内容无疑义；

　　（三）债权文书中载明债务人不履行义务或不完全履行义务时，债务人愿意接受依法强制执行的承诺。该项承诺也可以通过承诺书或者补充协议等方式在债权文书的附件中载明。

　　三、银行业金融机构申办强制执行公证,应当协助公证机构完成对当事人身份证明、财产权利证明等与公证事项有关材料的收集、核实工作;根据公证机构的要求通过修改合同、签订补充协议或者由当事人签署承诺书等方式将债务人、担保人愿意接受强制执行的承诺、出具执行证书前的核实方式、公证费和实现债权的其他费用的承担等内容载入公证的债权文书中。

　　四、公证机构在办理赋予各类债权文书强制执行效力的公证业务中应当严格遵守法律、法规规定的程序,切实做好当事人身份、担保物权属、当事人内部授权程序、合同条款及当事人意思表示等审核工作,确认当事人的签约行为的合法效力,告知当事人申请赋予债权文书强制执行效力的法律后果,提高合同主体的履约意识,预防和降低金融机构的操作风险。

　　五、银行业金融机构申请公证机构出具执行证书应当在《中华人民共和国民事诉讼法》第二百三十九条所规定的执行期间内提出申请,并应当向公证机构提交经公证的具有强制执行效力的债权文书、申请书、合同项下往来资金结算的明细表以及其他与债务履行相关的证据,并承诺所申请强制执行的债权金额或者相关计算公式准确无误。

　　六、公证机构受理银行业金融机构提出出具执行证书的申请后,应当按照法律法规规定的程序以及合同约定的核实方式进行核实,确保执行证书载明的债权债务明确无误,尽力减少执行争议的发生。

　　公证机构对符合条件的申请,应当在受理后十五个工作日内出具执行证书,需要补充材料、核实相关情况所需的时间不计算在期限内。

　　七、执行证书应当载明被执行人、执行标的、申请执行的期限。因债务人不履行或不完全履行而发生的违约金、利息、滞纳金等,以及按照债权文书的约定由债务人承担的公证费等实现债权的费用,有明确数额或计算方法的,可以根据银行业金融机构的申请依法列入执行标的。

　　八、人民法院支持公证机构对银行业金融机构的各类债权文书依法赋予强制执行效力,加大对公证债权文书的执行力度,银行业金融机构提交强制执行申请书、赋予债权文书强制执行效力公证书及执行证书申请执行公证债权文书符合法律规定条件的,人民法院应当受理,切实保障银行业金融机构快速实现金融债权,防范金融风险。

　　九、被执行人提出执行异议的银行业金融机构执行案件,人民法院经审查认为相关公证债权文书确有错误的,裁定不予执行。个别事项执行标的不明确,但不影响其他事项执行的,人民法院应对其他事项予以执行。

　　十、各省(区、市)司法行政部门要会同价格主管部门合理确定银行业金融债权文书强制执行公证的收费标准。公证机构和银行业金融机构协商一致的，可以在办理债权文书公证时收取部分费用，出具执行证书时收齐其余费用。

十一、银行业监督管理机构批准设立的其他金融机构，以及经国务院银行业监督管理机构公布的地方资产管理公司，参照本通知执行。

最高人民法院　司法部

中国银监会

2017 年 7 月 13 日

司法部关于推进合作制公证机构试点工作的意见

司发通〔2017〕95 号

各省、自治区、直辖市司法厅(局),新疆生产建设兵团司法局:

为深化公证体制改革,增强公证发展活力,司法部决定推进合作制公证机构试点工作,现提出如下意见。

一、指导思想

深入贯彻落实《公证法》、国务院批准的《关于深化公证工作改革的方案》和《司法部中央编办财政部关于推进公证机构改革发展有关问题的通知》《司法部中央编办财政部人力资源和社会保障部关于推进公证体制改革机制创新工作的意见》精神,紧紧围绕全面依法治国对公证服务的新要求,积极探索创新公证机构组织形式,建立与市场经济体制相适应的,按市场规律和自律机制运行的公证机构,促进公证事业发展,更好地满足人民群众和经济社会发展对公证服务的新需求。

二、设立合作制公证机构的条件

(一)依照统筹规划、合理布局的原则,在符合以下条件之一的地方开展合作制公证机构试点:

1. 具备统一执业区域和同一监督管理层级条件的设区市的城区。

2. 人口众多、公证需求量大的县、不设区的市。

3. 自贸区、高新区、国家级经济技术开发区需要新设公证机构的地方。

4. 已有一个合作制试点公证机构的城市。

(二)设立合作制公证机构应具备以下条件。

1. 有 5 名以上公证员作为发起人,有不低于 50 万元人民币的开办资金。

2. 发起人政治素质高、社会责任感强,具有改革创新的共同理念和甘于奉献的精神;近 3 年内未受过行政处罚、行业惩戒或行政、党纪处分;年龄在 60 岁以下,其中至少有 3 人执业 5 年以上。牵头人还应具有较强的领导能力和组织协调能力,业界公认的道德品质和业务素质。

3. 发起人中至少有 3 人为中共党员,发起设立后建立党支部。

现有公证机构改制的,该公证机构应当有符合发起设立条件的人员,应当建立党支部。其他条件按照《公证机构执业管理办法》的规定办理。

三、设立合作制公证机构应遵循以下程序

(一)省(区、市)司法行政机关根据本意见,制定推进本地区合作制公证机构试点工作方案。已有试点的省份,一般增设不超过 3 家;目前还没有试点的省份,一般试点不超过 3 家。

(二)方案确定开展试点的地方,所在地的司法行政机关负责组织实施。

(三)设立合作制公证机构,由发起人向试点机构所在地司法行政机关提出申请,并逐级报省(区、市)司法行政机关审批;设立后,报司法部备案。

1. 申请设立合作制公证机构,发起人向所在地司法行政机关报送以下材料:申请书,拟用名称,公证机构章程,发起人和合作人名单、简历、身份证、公证员执业证,开办资金证明,规章制度(草案),办公场所产权或使用权证明。

2. 合作制公证机构应依法制定章程,内容包括:公证机构的名称、执业场所;公证机构的宗旨;公证机构的组织形式和机构设置;合作人会议的组成和职责;公证机构负责人的条件、职责及产生和变更的程序;合作人的权利和义务;合作人新增、退出、除名的条件和程序;合作人争议的解决;开办资金的数额及来源;财务管理制度、分配制度及债务承担方式;人员聘用的程序;公证机构变更、终止的条件和程序;章程的修改程序;其他需要明确的事项。

章程自公证机构被批准设立之日起生效。设立后修改章程的,应逐级报审批机关批准。

3. 合作制公证机构的负责人应依法核准、备案。

四、合作制公证机构的组织形式、议事规则和权利义务

(一)组织形式合作制公证机构由符合条件的公证员个人自愿组合,共同参与,共同出资;不要国家编制和经费,自主开展业务,独立承担民事责任,其财产由合作人共有,以其全部资产对债务承担有限责任;实行民主管理,按市场规律和自律机制运行。

(二)议事规则

合作制公证机构实行民主管理和议事的机构为合作人会议。合作人会议的职权包括:

1. 决定公证机构的发展规划;

2. 批准公证机构负责人提出的年度预决算方案,决定公证机构的分配方案;

3. 提出推选公证机构负责人人选的条件,选举、罢免公证机构负责人,决定新增、退出或者除名合作人;

4. 决定重大财务支出和大型固定资产的购置;

5. 修改章程,制定规章制度;

6. 决定公证机构的分立、合并、解散及财产的清算;

7. 其他重大事项。

合作制公证机构还应建立健全公证员大会、管理委员会会议、监督委员会会议制度。

（三）合作人权利义务

1. 合作人的权利:参加合作人会议,行使表决权;担任公证机构负责人的选举权和被选举权;监督本机构财务及收支情况和合作人会议决议的执行情况;获得养老、医疗和其他社会保障的权利;章程规定的其他权利。

2. 合作人的义务:忠实履行公证员职责,遵守公证机构的规章制度;执行合作人会议决议;章程规定的其他义务。

3. 公证机构负责人是公证机构的法定代表人,负责对本机构的业务活动和内部事务进行管理,对外代表公证机构,依法承担相应管理责任。

五、合作制公证机构的管理

（一）质量管理

1. 合作制公证机构要健全完善公证执业日常监督管理体系,建立多层次的风险防控机制。严格公证审批制度,对重大公证事项要经过部门负责人、副主任或主任二级审批,对重大、复杂的公证事项,应提交公证机构集体讨论,真正做到材料不实不出证,调查不全不出证,审批不严不出证。

2. 严格公证质量责任,建立公证质量责任制、错证追究制和公证质量检查公证质量保障制度,真正使证前、证中、证后的质量监管都落到实处,严防单纯追求经济效益、忽视公证质量的现象。

3. 建立公证员执业责任保证金制度,主要用于偿付应由公证员承担的赔偿费用、罚款等。

4. 建立重大事项报告制度。事关当地政府实事工程、重点项目及社会稳定的重大公证事项,应当事先报告;合作人变更,机构及人员违法违纪情况,错、假证及对公证文书的复查、投诉情况,涉及诉讼的公证事项,公证文书未被仲裁、审判等部门采信等重大事项,应当事后报告。

（二）人员管理

1. 建立科学的人事管理制度,规范公证员的任用、培训、考核、奖惩、晋升等工作,减少内部矛盾。

2. 严格执行公证员助理管理制度。严禁公证员助理履行公证员职责、独立办理公证业务。

(三) 财务管理

1. 合作制公证机构实行独立核算,自负盈亏,依法纳税。

2. 建立体现按劳分配、多劳多得要求的公证机构收入分配激励制度,使工作人员收入与岗位职责、工作业绩、实际贡献紧密联系。

3. 在扣除各项开支和税费后,从盈余部分提取一定比例的资金用于公共积累,不能采取分光吃净的做法。

4. 按规定参加公证职业责任保险,建立事业发展基金、风险赔偿基金、社会保障和培训基金。

5. 合作制公证机构存续期间,禁止随意挪用、转移和分割资产,禁止进行投资,禁止引入社会资本开办和运营公证机构。

六、加强对合作制试点工作的领导

合作制公证机构试点工作是创新公证组织形式、深化公证体制改革的重要举措。各级司法行政机关要切实提高认识,加强组织领导,进一步解放思想,强化改革意识,积极稳妥地推进本地区合作制公证机构试点工作。要严把设立关、审核关,统筹人员素质、服务水平、监管能力和外部条件等因素,高标准选好试点地区、选准试点公证机构,帮助其协调理顺各种关系,确保试点工作符合正确的政治方向,自始在高起点上规范运行。要严格国有资产管理纪律,做好由现有公证机构改制为合作制公证机构的国有资产界定,确保国有资产不流失。妥善处理好人员身份转换、社会保障、资产、档案及法律责任承接等相关问题。要开展深入细致的思想工作,教育引导试点公证机构与同一执业区域的其他公证机构及其公证人员秉持行业担当、社会责任理念,开展合理竞争、做到互助共赢,坚决防止同业间的不正当竞争。省级司法行政机关要与试点公证机构所在地的司法行政机关共同担负起监督、指导的责任,组织专门力量,建立健全机制,对试点公证机构及其公证员执业活动中遵法守规、负责人履职、执业规范及其服务质量、党建活动等情况,加强日常性监督检查,立足抓早抓小抓苗头,及时发现问题,研究解决办法。对严重违规、管理混乱、内部矛盾突出、出现严重质量问题的试点公证机构,可以终止其试点。

各省(区、市)司法厅(局)制定的推进本地区合作制公证机构试点工作方案,于 2017 年 10 月底前报司法部评估、批准。

司法部
2017 年 9 月 5 日

司法部关于印发《司法行政工作主要评价指标》和《司法行政业务统计报表》的通知

司发通〔2018〕28 号

各省、自治区、直辖市司法厅（局），新疆生产建设兵团司法局、监狱管理局：

为适应新时代司法行政改革发展需要，引领、推动司法行政工作水平整体提升，在广泛调研征求意见基础上，司法部对原有司法行政统计项目作了调整优化，研究制定了《司法行政业务统计报表》，提出了《司法行政工作主要评价指标》，已经 2018 年第 6 次部长办公会审议通过，现予以印发，并就做好有关工作通知如下：

一、充分认识做好司法行政评价指标和业务统计工作的重大意义

习近平总书记强调指出，"必须加快形成推动高质量发展的指标体系、政策体系、标准体系、统计体系、绩效评价、政绩考核，创建和完善制度环境，推动我国经济在实现高质量发展上不断取得新进展"。党的十九大作出中国特色社会主义进入新时代的重大论断，新时代我国社会主要矛盾已经转化为人民日益增长的美好生活需要和不平衡不充分的发展之间的矛盾，人民群众在民主、法治、公平、正义、安全、环境等方面的要求增量部分无不与司法行政工作密切相关，都离不开公共法律服务。司法行政机关以建设公共法律服务体系、增强人民群众获得感幸福感安全感为总抓手，统筹推进各项工作，实现公共法律服务从"有没有"到"好不好"新发展时期的跨越，必须加强和改进统计工作，建立统一的司法行政工作评价指标体系，引领司法行政工作提升水平，让人民群众共享实实在在的获得感幸福感安全感。一个时期以来，司法行政统计工作基础薄弱，没有建起全国统一的司法行政工作评价指标体系，主要是粗放式、封闭式、靠经验、下命令指导、评价工作，存在多头统计、数据不及时、不准确等问题，评价指标比较单一，甚至"自说自话"，这既不科学，又极大增加了基层负担，远远不能适应司法行政工作发展的需要。制定新的司法行政工作评价指标，充分体现了党和国家的工作是统一的，分工不分家，都有相互促进、影响和支持的工作关系。从司法行政

工作指标可以看到国家和社会的变化,社会和其他党政机关的相关工作数据能
够反映司法行政工作情况。新指标最大不同在于,是用综合、特定的社会治理、
社会管理指标来评价衡量司法行政工作,意在促进、做实司法行政和法律服务各
项工作,坚决改变司法行政工作"自说自话"的评价模式。比如,评价人民调解
工作,既要看调解成功率、调解协议履行率,也要看公检法机关办理的民间纠纷
转化为治安案件、刑事案件和民商事案件的状况有无积极变化;评价律师、公证
工作,既要看管理、收入等指标,也要看律所、公证处为弱势群体提供传统、公益
法律服务的业务量;评价法治宣传教育,既要看面上热热闹闹的工作,也要看人
民法院受理的行政诉讼案件、政府法制办或上级行政机关受理的行政复议案件、
本地非法信访案件变化情况,等等。

　　建立工作评价指标体系,是司法行政主动自我加压的改革任务,是各级司法
行政机关必须抓紧做好的一项基本的,也是基础的重要工作。各级司法行政机
关要充分认识做好司法行政评价指标和业务统计工作的重要性、紧迫性,采取有
力措施,积极加以推进,切实发挥好统计和评价指标作为司法行政工作"指挥
棒"的作用,更好地引领推动司法行政工作上水平、上台阶。

二、认真做好司法行政评价指标和业务统计各项工作

　　各级司法行政机关主要负责同志是本地区工作评价指标和统计工作第一责
任人,要高度重视,精心组织,积极推进工作评价指标体系建设,支持统计人员开
展工作。

　　要充实加强工作力量。省(区、市)司法厅(局)、市(地)司法局要建立健全
专门统计机构,县(市、区)司法局要有一名专职、数名兼职统计人员,负责此项
工作,确保统计工作有人抓、有人管、有人去落实。统计工作人员要熟悉司法行
政、统计和信息化知识,涉及国家秘密的,应当按照保密岗位人员的要求配备管
理,不得使用临时聘用人员。

　　要加大培训工作力度。司法部将于近期举办统计分析业务培训班,对各省
(区、市)司法厅(局)负责统计工作的同志进行培训。各地也要结合实际,定期
开展有针对性的业务培训,提高统计人员业务知识和技能水平。

　　要按时完成工作任务。各省(区、市)司法厅(局)要按照结合工作实际,抓
紧研究制定本地区工作评价指标体系。要按照《司法行政业务统计报表》要求,
尽快完成本地区2017年度和2018年第一季度各项业务统计工作任务,于2018
年4月16日前将统计数据报送司法部办公厅。

　　要严肃统计工作纪律。杜绝统计数据造假,防止漏报和多头统计,确保统计
数据客观真实准确。对统计数据弄虚作假的,要依规依纪处理,发现一起,严肃

处理一起,并追究相关人员责任。

　　要提高统计分析工作信息化水平。司法部正在规划建设司法行政综合统计部级管理平台,加快实现统计数据的采集、分析、传递、共享等工作信息化,全面提升统计质量和效率。今后,司法行政各项统计工作都将依托司法部统计管理综合平台开展,建立司法行政系统数据统计直报系统,实现统计数据平台采集和报送。

　　建立完善司法行政工作评价指标体系,既是一项长期重要任务,也是一项全新的工作任务,没有现成经验可以借鉴,各地在工作中遇到的新情况新问题要及时报部。司法部将认真研究,修改完善评价指标和业务统计报表,进一步提高统计分析工作的科学化、规范化水平。

司法部

2018 年 3 月 16 日

第三部分
公证指导案例汇编

司法部办公厅关于发布公证执业指导案例的通知

司办通〔2017〕97号

各省、自治区、直辖市司法厅(局),新疆生产建设兵团司法局:

《司法部关于公证执业"五不准"的通知》下发以来,各地公证机构认真贯彻落实通知要求,执行情况总体较好。但也存在一些理解上和执行中的偏差等问题,导致有的公证机构对"五不准"规定理解和把握不准,随意扩大禁办范围,对应当办理的公证事项不予办理,对把握不准的公证事项简单拒绝办理;有的公证机构滥用公证书格式,以其他形式的公证替代禁办公证事项,规避"五不准"规定。为指导各地公证机构依法依规办理公证事项,经研究,现将公证执业,特别与正确理解执行好"五不准"规定有关的案例予以发布,请各地公证机构在办证中认真参照执行。

司法部办公厅
2017 年 9 月 25 日

公证指导案例(一)
不得拒绝办理异地房产的售房委托公证

公证要点

代为售房委托公证是常规公证业务,是群众正常办证需求。公证机构不得因异地房产售房委托核实工作较多,潜在风险较大而拒绝办理,除审查当事人身份、房产权属、婚姻状况、与受托人关系外,不得要求当事人提供与委托无关的材料,不得随意扩大禁止办证范围,不得设置障碍故意拒绝办理。

基本案情

A 市人甲将要出国学习,欲出售名下位于 B 市的一套房产,其向公证处咨询办理售房委托书公证,受托人为其妻子,委托事项为代为出售 B 市的一套房产。公证机构审查后认为没有能力审查异地的房产权属情况,遂要求甲提供售房合同。因甲尚未找到买家,无法提供售房合同,公证机构拒绝办理。

案例分析

1. 处分不动产的委托书公证较之其他委托潜在风险较大,公证机构、公证员应当尽到更高注意义务,认真审查当事人身份、房产权属、婚姻状况以及委托人与受托人之间的关系。异地房产信息、婚姻状况必要时应当委托当地公证机构查询核实,公证机构不得以房产信息、婚姻信息在外地而简单拒绝办理。

2. "五不准"《通知》规定不准办理涉及不动产处分的全项委托公证,正常的售房委托公证不在禁止之列。公证机构不得随意扩大禁止办证范围,不得要求当事人提供与委托无关的材料,不得设置障碍故意拒绝办理。

公证指导案例(二)

一并办理解押、出售不动产的委托公证受托人应为近亲属

公证要点

公证机构、公证员在充分审查申请人的身份、意思表示,查验核实委托人和受托人的亲属关系后,可以办理同时包含代为解押、代为出售事项的委托公证,但不得设定受托人代为收取售房款的内容。

基本案情

甲将要移民出国,欲出售房产一套,其向公证处咨询办理售房委托书公证,受托人为其胞弟。委托事项为代为解押、代为出售房产、代收售房款。公证机构为其办理内容为代为解押、代为出售房产的委托书,但不包括代为收取售房款。

案例分析

1. 涉及不动产处分交易,需要委托符合民事法律规定的近亲属(包括配偶、父母、子女、兄弟姐妹、祖父母、外祖父母、孙子女、外孙子女)的,公证机构、公证员在充分审查申请人的身份、意思表示,查验核实委托人和受托人的亲属关系后,可以办理同时包含代为解押、代为出售不动产事项的委托公证,同时将相应的亲属关系证明材料附卷存档。

2. 不动产转让款数额往往较大,代收售房款往往会出现"担保性委托"的情形,也会给委托人带来巨大的经济风险,售房款转入委托人账户也是银行、房屋交易监管部门的通行做法。因此,在近亲属间涉及不动产处分的委托公证中,不宜在委托书中设定受托人代为收取售房款的内容。但委托人可以授权受托人协助办理将相关款项转入委托人账户的手续,并在委托书中明确售房款直接转入委托人的账户并写明账户信息。

公证指导案例(三)

委托贷款合同公证应当审查资金来源和借款用途

公证要点

委托贷款关系因银行的加入而被纳入了国家金融监管的范围,其性质亦不再是当事人双方之间的企业借贷关系,公证机构可以办理相关合同公证及赋予强制执行效力公证,但应当审查资金来源和借款用途。

基本案情

某投资管理有限公司委托 A 银行向某房地产开发有限公司放款 2.5 亿元,贷款期限 2 年,年利率 15%,某房地产开发有限公司以其拥有的土地使用权设定抵押担保。上述三方当事人向公证处申请赋予委托贷款合同和抵押合同强制执行效力公证,公证处受理了该申请,经过审查资金来源、借款用途后出具了具有强制执行效力的公证书。

案例分析

1. 委托贷款是指委托人提供资金,由受托人(商业银行等金融机构)根据委托人确定的借款人、用途、金额、期限、利率等代为发放、协助监督使用并收回的贷款(不包括现金管理项下委托贷款和住房公积金贷款)。委托贷款关系因银行的加入而被纳入了国家金融监管的范围,其性质亦不再是当事人双方之间的企业借贷关系,公证机构可以办理相关合同公证及赋予强制执行效力公证。

2. 委托贷款合同公证业务中,公证机构应当对于资金来源、借款用途等进行尽职审查。公证机构可以要求银行提供其进行资金来源及借款用途审查的有关情况。

公证指导案例(四)

不得同时办理抵押、解押、出售不动产的委托公证

公证要点

涉及不动产处分的重大事项应以所涉及的主要民事法律关系来认定和判断,不动产的抵押、解押、出售等事项均属于重大事项。"重大事项一次一委托"就是要求公证机构不能将多个重大事项拆分为多份公证书同时办理,而是要依据不动产当时的状态和情形来办理。其他与实现核心法律关系相关的、事务性

的、手续性的事项不属于重大事项。

基本案情

甲有一套房产,已向银行设定抵押,因无法归还贷款,经与银行协商一致,决定变卖房产归还贷款。甲由于工作繁忙,欲委托朋友办理相关手续,向公证处申请委托公证。委托授权的内容包括代为还款、代为解押、代为领取产权证书、代为寻找买家售房、代为签订合同、代为办理过户登记、代为配合买方办理贷款、代为交接物业等事项。

案例分析

1. 涉及不动产处分的重大事项应以所涉及的主要民事法律关系来认定和判断,不动产的解押、出售、抵押事项属于重大事项,应当据实委托办理。而与重大事项相关的寻找买家、磋商价格、签订合同、办理过户、配合买家办理贷款、交接物业等事务性的、手续性的事项,可以围绕重大事项而一并委托。

2. "重大事项一次一委托"的目的在于避免委托人一次性将全部财产权能委托他人,特别是授予没有信任基础关系的人,从而使委托人的财产权利长期处于不稳定状态。同时,涉及不动产处分的重大事项之间往往存在意思表示冲突,公证员应当向委托人充分释明涉及不动产处分重大事项委托的法律意义和法律效果,不得在不动产未设立抵押之前办理解押的委托公证,不得同时办理包含全部重大事项的委托公证。

公证指导案例(五)
处分不动产的委托公证应当审查权属和婚姻状况

公证要点

办理涉及不动产处分的委托公证,公证机构、公证员应当认真审查申请人的身份、意思表示,审查委托人和受托人的亲属关系,审查核实不动产权属和当事人婚姻信息。

基本案情

甲在 A 市工作多年,最近取得购买限购房屋的资格,拟出售其在 B 市的房产,以便在 A 市购买商品房。因正值企业销售旺季,甲不能请假,故委托父亲代为办理出售房屋的相关事宜,向 A 市公证机构申请办理委托书公证。A 市公证机构在办理公证时,未对甲所处分的 B 市不动产及在 B 市的婚姻登记信息进行核实,出具的公证书中注明"未对不动产权属及婚姻信息进行核实,不承担有关信息不实的责任"。

案例分析

1. 关于自然人处分不动产的委托书公证的审查范围,通常涉及委托人的身份、委托人的签字(指印、印鉴)、委托人的意思表示、委托书所处分的不动产的权属情况、委托人的婚姻状况。

2. 公证机构应当审查不动产权属状况和委托人婚姻状况,异地的房产及婚姻信息,视情况可以委托当地公证机构进行查询核实,公证机构应当对不动产权属信息进行记录。

3. 未经审查核实不得出具公证书,不得擅自在公证书中增加"因未对有关信息进行审查不承担相应责任"等表述。

公证指导案例(六)
公证机构应当综合使用联网查询、交叉印证等手段核实当事人身份

公证要点

涉及敏感、重大权益事项的公证事项,公证员应当增强责任心和风险防控意识,除常规审核方式外,还要综合使用仪器识别、联网查询等方式对当事人身份进行审查核实,必要时应当进行录音录像。

基本案情

A公司向公证处申请办理其股东、法定代表人"张某"所签署的委托书公证,用于向银行提供贷款担保。公证处受理后,公证员采取了视读的方式审查"张某"的身份证,对"张某"进行人证同一辨认并拍照留存,随后出具了公证书。后发现"张某"系假冒,所提供的身份证系伪造,公证书被撤销。

案例分析

1. 身份证件的核实、人证同一的认定,是办理公证的前提。公证员应当告知当事人冒充他人、伪造证件、骗取公证书的法律责任后果,告知当事人虚假陈述等失信行为将被记入信用记录、受到联合惩戒。

2. 审查公证当事人的身份应当经过"证件视读、身份证识别仪核验、单独谈话、交叉印证"等程序,充分运用指纹比对、人脸识别等技术手段,及时与公安部门身份信息系统联网比对查询。对于身份可疑的当事人,对涉及敏感、处分重大权益的事项,公证员应当通过单独谈话、交叉印证等方式查明当事人身份和真实意图。公证员上门办证的,应当使用手持仪器等设备进行身份核实。

3. 申请人使用临时身份证、护照、港澳居民来往内地通行证、台湾居民来往大陆通行证等身份证件,无法对该证件进行仪器识别的,公证员应与公安部门进行核实。

4. 核实工作应当全过程记录存档,必要时应当全程录音录像。

公证指导案例(七)
不得办理垫资赎楼交易中的担保性委托公证

公证要点

委托人(售房人)和受托人(垫资还贷人)间签署垫资服务协议,名为委托,实为借贷关系,委托书具有担保性质,公证机构不得办理。

基本案情

甲有一套尚未还清房贷的房子欲出售,需先向银行还清剩余贷款,解除抵押登记,取回房屋产权证书。某融资担保公司表示能够帮助甲先垫资还清贷款,申请银行解除抵押登记,取回房产证原件,即所谓的"垫资赎楼"。甲和该担保公司签订垫资(担保)服务协议,并按照其欠银行贷款金额 1% 的比例支付服务费。同时,甲向公证处申请办理委托公证,受托人为担保公司和其员工,委托事项包括结清贷款、解除抵押、领取并保管产权证、签署房屋买卖合同、收取售房款(含买方按揭款)、房屋再次抵押及贷款、出租房屋、房屋拆迁、回迁、诉讼代理等全部事项。公证机构告知甲可以同时办理"垫资解押"+"借款抵押"或"垫资解押"+"出售房产"两个委托公证。

案例分析

1. 将原先的全项委托书拆分成"垫资解押"+"借款抵押"或"垫资解押"+"出售房产"两个委托书,甚至以"重大事项一事一委托"为由进一步拆分,要求当事人同时申办多个委托公证,同时签署多份委托书,同时领取公证书,实质上与全项委托无异。垫资解押与借款抵押、出售房产在不动产处分环节中明显存在着先后顺序,处于抵押、查封等限制处分状态的不动产,必须先解除抵押、查封等限制状态后才能办理出售委托书公证。公证机构、公证员不应简单拆分并同时办理解押和出售、解押和再次抵押委托公证。

2. 市场机构(中介公司、担保公司)为确保垫资(担保)资金安全,要求房产出售方委托垫资第三方全权处置房产,并利用公证机构予以"证明",主要是为了保障受托人利益的实现,往往不是委托人的真实意思表示,违背委托代理的法律本意,属于担保性委托。

3. 为保护委托人的合法权益,公证机构不得在公证委托书中出现"本委托书不可撤销""委托期限至全部事项办完为止"等内容,不得出现"撤销此类委托书须收回之前所有的委托公证书"或"受托人到公证机构表示同意方可撤销"等内容。

4. 公证机构应在文书起草、合意确认的证明功能基础上,创新发展不动产领域的包含产权转移登记代理、资金监管等全流程综合性法律服务。

公证指导案例(八)
不得以保全证据公证替代民间借贷合同公证

公证要点

公证机构、公证员不得偷换概念、滥用公证书格式,不得以保全证据公证办理合同公证。

基本案情

某公证处为当事人办理、出具了一份借款合同保全证据公证书。甲作为出借人向乙出借人民币 100 万元,双方为此签订了借款合同,并就借款合同的期限、抵押物、利率、还款付息方式、纠纷解决方式等条款进行了约定,合同一式五份,其中两份约定存放于公证处。承办公证员按照保全书证的公证事项,对该签订借款合同的行为进行所谓的保全证据公证,证明结论部分为"兹证明与本公证书相粘连的《借款合同》共壹页与保存于某公证处的原件内容相符"。

案例分析

1. 保全证据公证是指公证机构根据当事人的申请,对与申请人权益有关的、日后可能灭失或难以取得的证据,采取一定的措施,先行予以收集、固定并进行保管,以保持其真实性和证明力的活动。合同公证是公证机构依法证明当事人之间签订合同行为的真实性、合法性。合同公证要求公证员指导当事人依法签订合同,使合同真实、合法、有效,并督促签约各方认真履行合同,预防纠纷。保全证据公证与合同公证在公证事项、证明内容、证明方式、证明结果等方面都存在较大差异,公证机构和公证员承担的法律责任也有明显区别。

2. 公证机构、公证员用保全证据公证的形式替代民间借贷合同公证,属于滥用公证书格式、规避实质审查义务的行为。

公证指导案例(九)
不得以声明公证替代委托公证

公证要点

公证机构、公证员不得错误使用公证书格式,将属于委托事项的"出售不动产、收取售房款"包装成声明的形式,办理声明公证。

基本案情

甲向公证机构申请办理《房屋出售过户、代收房款声明书》公证、《代收房款声明书》公证,声明书的主要内容包括"声明人甲授权乙代表上述声明人办理不动产的转让、过户、网上签约、配合买受人办理二手房贷款或者住房公积金贷款等手续。现为预防纠纷,声明人特此声明如下:声明人同意受托人代收上述不动产的售房款,买受人将售房款打入受托人的个人银行账户内,则视为声明人收到售房款;声明人自愿对上述声明内容承担一切法律责任"。

案例分析

1. 委托和声明均为单方民事法律行为,区分标准在于意思表示内容的不同。声明的意思表示内容为"主张权利、放弃权利或承担义务",委托的意思表示内容为"代理权之授予"。收取售房款属于委托的意思表示范畴,不得以声明书公证代替委托书公证。

2. 不动产转让款数额往往较大,代收房款往往会出现"担保性委托"的情形,给委托人带来巨大的经济风险,售房款打入委托人账户也是银行、房屋交易监管部门的通行做法。禁止在委托书中设定受托人代为收取售房款的内容,公证机构不得以声明书公证等任何方式进行规避。

公证指导案例(十)
不得以签名属实公证替代委托公证

公证要点

公证机构、公证员应严格审查申请人的真实目的和公证书的用途,不得以签名(印鉴)属实公证替代委托公证,规避对实质内容的审查。

基本案情

某公证员在办理不动产处分的委托公证时,仅对当事人身份进行了严格审查,没有对不动产的权属情况及委托人婚姻状况进行严格审查,直接以签名(印鉴)属实公证替代委托公证,出具多份公证书。

案例分析

1. 签名(印鉴)属实公证是证明有法律意义的文书上的签署形式,并没有对文书本身的真实性、合法性进行证明,其适用范围主要是法人或其他组织出具的授权书、保证函、确认函、签名样式、推荐信等,使用范围以涉外使用为主。

2. 当事人办理委托公证事项,虽然形式上也是在公证员面前签名,公证词中也要证明签名属实,但是委托有更加明确的证明要求,委托人表示知悉委托的法律意义和法律后果、委托行为符合法律规定。它要求公证员对委托人的身份证明、人证是否一致、意思表示是否真实、签名是否属实(或是否在公证员面前签署)等进行审查核实。

　　3. 以签名(印鉴)属实公证替代委托公证,属于公证书格式的滥用。

司法部办公厅关于发布第 1 批
公证指导性案例(1—3 号)的通知

司办通〔2017〕134 号

各省、自治区、直辖市司法厅(局),新疆生产建设兵团司法局:

　　经研究,现将老年人意定监护协议公证等 3 件案例(指导性案例 1—3 号),作为第 1 批公证指导性案例发布,供各公证机构办理公证业务时参照。

司法部办公厅

2017 年 12 月 17 日

公证指导性案例 1 号
老年人意定监护协议公证

关键词

老年人　意定监护　协议

案情概况

　　上海市宝山区居民甲年过七旬,中年丧妻,最近因身体不适住院,他的五个子女因治疗和陪护意见不一致而产生矛盾。甲心里又着急又无奈,特别是担心自己将来因病头脑意识不清或者昏迷,子女会因医疗和照顾问题再起纷争,于是决定趁自己现在还没有糊涂的时候和平时对自己关心最多、自己也最信任的小儿子乙商量,由他来做自己丧失或者部分丧失民事行为能力时的监护人。乙听说公证机构能够提供这方面的法律服务,便陪同甲到附近的某公证处咨询。2016 年 10 月 12 日,上海市某公证处公证员李某接待了他们,通过与甲谈话聊天,确认了甲神志清醒,希望通过签订协议指定小儿子乙作为自己的监护人。公证机构受理了该公证申请后,承办公证员李某引导甲乙双方到专门的录音录像办证室,对办理公证的全过程进行录音录像。公证员首先将意定监护的法律概念、法律意义和法律效果告诉双方,甲明确表示愿意在自己身体健康的情况下指定小儿子乙作为监护人，待自己丧失或者部分丧失民事行为能力时，由乙履行监护职责。公证员又向乙告知监护人应当承担的责任，乙明确表示愿意负责父亲将来的生活照管、医疗救治、财产管理、维权诉讼和死亡丧葬等事务。随后，公证员向甲乙双方告知了意定监护的生效条件、监护人的职责范围、监护的具体事项、意定监护的撤销等内容。公证员进一步告诉甲，他可以在神志清醒的情况下以公证形式单方撤销监护协议，并由公证机构负责送达给乙，此后就依法恢复成法定监护。公证员还告诉甲，公证机构将为甲乙双方设立的意定监护协议保密，待协议约定的条件成就时，甲的其他法定监护人可以向公证机构申请查询，以维护甲、乙及其他法定监护人的合法权益。甲和乙对意定监护协议内容达成一致，公证员李某对协议内容进行了审查，甲、乙现场签字捺印。公证书出具后，甲、乙各持一份。公证员李某于公证书出具当日，将意定监护协议上传至全国公证管理系统进行备案。

案例评析

一、相关法律和政策依据

1.《中华人民共和国民法总则》第三十三条；

2.《中华人民共和国老年人权益保障法》第二十六条；

3.《中华人民共和国公证法》第十一条。

二、公证要点

1.《民法总则》和《老年人权益保障法》等法律规定了意定监护制度，当事人可以依法向公证机构申请办理意定监护协议公证，公证申请人应为意定监护的设立人和协商确定的监护人双方。

2. 公证员应向当事人阐明意定监护制度的法律意义、法律风险、法律后果和监护人的责任，审查当事人是否具备民事行为能力以及意思表示是否真实。

3. 公证员可以根据当事人的意思表示代为起草意定监护协议文书。意定监护协议文书应当明确意定监护事项、监护职责、监护条件实现的确认方式、争议解决等方面的内容。

4. 意定监护协议公证办理后，公证机构、公证员负有保密义务，不得向协议双方以外的第三人透露意定监护协议的内容，以维护意定监护协议双方，特别是设立意定监护的老年人的合法权益。在意定监护条件实现时，公证机构可以根据申请，向意定监护的设立人的所有法定监护人公开意定监护公证文书。

5. 公证机构办理意定监护协议公证，应当在公证书出具后及时将意定监护协议公证上传至全国公证管理系统进行备案。

三、案例意义

我国已进入老龄社会，加强老年人权益保障和法律服务工作意义重大。

2015 年 4 月修正的《老年人权益保障法》中首次提出了意定监护制度,2017 年 10 月 1 日施行的《民法总则》将意定监护的适用人群范围扩大至所有具有完全民事行为能力的成年人,有力地保障了成年人,特别是老年人丧失或者部分丧失民事行为能力时能够有所养、有所依。目前一些公证机构根据当事人的申请,依法办理意定监护协议公证,有效维护了当事人的合法权益。

四、专有名词解释

监护:是为监督和保护无民事行为能力人和限制民事行为能力人的合法权益而设立保护人的一种民事法律制度。监护依设立的方式,一般可分为法定监护、指定监护、意定监护和委托监护。

意定监护:有完全民事行为能力的成年人,可以与其近亲属、其他愿意担任监护人的个人或者组织事先协商,以书面形式确定自己的监护人。协商确定的监护人在该成年人丧失或者部分丧失民事行为能力时,履行监护职责。

公证指导性案例 2 号
一次性支付未成年子女抚养费协议公证和提存公证

关键词

未成年人一次性支付抚养费协议提存

案情概况

重庆市江北区的甲、乙双方因感情不和离婚,在离婚协议书中,他们对未成年儿子丙的抚养问题进行了约定,由甲抚养丙,乙一次性支付丙的抚养费。离婚后双方马上就面临抚养费的实际支付问题,甲担心抚养费不能及时给付到位,乙却担心抚养费不能专款专用于丙,于是双方打算向公证处申请办理抚养费协议公证和抚养费提存公证。

2016 年 12 月 12 日,甲、乙来到重庆市某公证处申请办理公证。公证员顾某审查了双方提供的抚养费协议,并向甲、乙告知,虽然丙和甲共同生活,但父母都有抚养的义务,抚养费协议中不得对给付抚养费附加条件,乙不得以没有实现探望权等为借口,停止支付或不足额支付抚养费;抚养费可以提存到公证处,由甲代丙进行领取,也可以按协议约定由公证处向指定的银行账户交付。甲、乙双方表示同意,决定由乙一次性将丙 18 岁之前的抚养费提存至公证处,由公证处按月向丙的银行账户交付。公证员为他们办理了抚养费协议公证及提存公证后,乙当场将抚养费一次性打入公证处的提存账户,公证处出具了公证书。

案例评析

一、相关法律和政策依据

1.《中华人民共和国公证法》第十一条、第十二条;

2. 最高人民法院《关于人民法院审理离婚案件处理子女抚养问题的若干具体意见》第八条。

二、公证要点

1. 对于离婚父母一方有能力一次性支付未成年人抚养费的,或者支付抚养费的一方担心抚养费用途的,父母双方可以申请办理抚养费协议公证和提存公证。

2. 父母对于未成年子女的抚养义务是法定义务,不因离婚而免除。在办理抚养费协议公证时,不直接抚养的一方不得将行使探望权等作为支付抚养费的条件。

3. 办理抚养费提存公证时,父母双方要明确抚养费的支付方式、支付期限、专用账户信息等内容,公证机构可以按照当事人的约定向特定银行账户进行交付。

4. 公证机构应当按照司法部《提存公证规则》的规定,在指定银行设立专门提存账户,不得擅自挪用提存款及其他提存标的物。

三、案例意义

夫妻双方离婚时对未成年子女的抚养费问题进行明确约定,能够有效防止离婚后因抚养费给付问题而产生的矛盾纠纷,保护未成年人的合法权益。如果夫妻双方对抚养费约定不明确,或者约定的内容无法执行,实践中很容易产生纠纷,直接损害未成年子女利益和他们的学习和生活。因此,对于有能力一次性支付抚养费的当事人,可以运用法律制度,选择到公证机构办理抚养费协议公证及提存公证,并由公证机构按照约定的条件向未成年子女交付抚养费。

四、专有名词解释

提存公证:是指公证机构按照法定条件和程序,对提存申请人交付的提存物进行寄托、保管,并在条件满足时交付债权人或其他受益人的活动。

公证指导性案例 3 号

房屋租赁合同公证及单方收回出租房屋的保全证据公证

关键词

房屋租赁合同　单方收回出租房屋　催告保全证据

案情概况

甲公司系北京市朝阳区一写字楼的出租人,在以往的租赁经营中,经常出现租户租约到期后锁门跑路或者失联,房屋无法腾退,也无法顺利续租的情况,导致遭受损失。后来甲公司了解到可以通过公证解决上述问题,便计划在新租户租赁房屋时,共同到公证机构申请办理租赁合同公证。2016 年 4 月,甲公司与新租户乙公司的代理人共同来到北京市某公证处,申请办理租赁合同公证。公证员张某审查了甲公司、乙公司的法人资质、代理人的身份和代理权限等证明材料后,受理了公证申请。公证员向甲公司、乙公司告知,按照租赁合同约定,如果乙公司不按期交纳租金和物业费,经催告仍拒不交纳或者失联的情况下,甲公司有权解除合同并将出租房屋收回。乙公司对此表示同意。公证员进一步告知申请人双方,应当在合同中明确用于催告的联系地址、电话、电子邮箱等信息,腾退出租房屋的条件,以及房屋中存放物品的处理方式。乙公司当场表示,如果自己违约并出现甲公司单方收回房屋的情形,同意其自行处置房屋内物品。公证员审查了双方达成一致意见的租赁合同,并办理了公证。几个月后,乙公司以"内部装修"为由突然关门,迟迟不营业并无法联系。2017 年 1 月 30 日,甲公司按照合同约定,决定单方收回租给乙公司的办公场地,并向公证处申请办理单方收回出租房屋现场保全证据公证。在公证员张某的面前,甲公司的代理人按照乙公司留下的联系地址、电话和电子邮箱,拨打电话、以特快专递发出催告函及催告电子邮件。10 天后,特快专递被退回,电子邮件也未收到回复,符合合同中对于"经催告失联"的认定情形。2 月 10 日,公证员张某审查核实相关情况后,决定对单方收回出租房屋现场进行公证证据保全。当天下午,公证员张某和助理来到租赁办公场地,会同居委会工作人员、甲公司工作人员一同进入现场,进行物品清点,全程进行录像。公证员对于现场物品进行贴标、编号、登记、装箱并密封。清点完毕后,公证员及其助理和在场人员在物品登记清单和现场记录上签名,清点的物品交由甲公司按照合同处理。回到公证处后,公证员起草保全证据公证证词,经审批后出具了公证书。至此,甲公司顺利收回了出租房屋。

案例评析

一、相关法律和政策依据

1.《中华人民共和国公证法》第十一条;

2.《公证程序规则》第五十四条。

二、公证要点

1. 公证员可以根据保全证据公证的意义和法律效果,向当事人提供咨询,告知出租人依法单方收回出租房屋的条件、程序及申办保全证据公证的有关要求。

2. 公证员应协助、指导出租人和承租人完善合同条款,明确各方权利义务。合同中应当明确"承租人不履行或不完全履行合同义务时,出租人有权单方收回出租房屋";明确不履行或不完全履行合同义务的情形,包括拖欠租金、租期届满时不腾退房屋等;明确出租人单方收回房屋前应履行的催告义务,用以催告的联系地址和电话,以及收回出租房屋的条件。

3. 公证员在受理单方收回出租房屋的保全证据公证时,应提示出租人履行催告义务,重点审查和核实承租人存在违约的事实。

4. 清点存放在出租房屋中的财物时,公证员应登记造册、拍照或摄像,保全过程制作现场记录,财物交由出租人按照约定处置。

5. 租赁合同中没有承租人自愿接受出租人单方收回房屋的条款,且未经公证证明,在承租人违约又不腾退的情形发生时,公证机构不得办理单方收回房屋的保全证据公证。

三、案例意义

房屋租赁中会经常发生承租人不付租金或租期届满后不腾退房屋的情况。特别是一段时期以来,一些涉及非法吸收公众存款和集资诈骗的公司骗租写字楼物业,有关承租人进入刑事诉讼程序后,依法出租人既联系不上他们,也很难将房屋收回后再次出租。公证机构可以根据申请,为出租人和承租人办理租赁合同公证,明确载明承租人不履行或者不完全履行合同义务时,出租人有权单方收回出租房屋,帮助守约方依法及时收回出租房屋,防止损失扩大,维护守约方的合法权益。

四、专有名词解释

保全证据公证:是指公证机构根据自然人、法人或者其他组织的申请,依法对与申请人权益有关的、有法律意义的证据、行为过程加以提取、收存、固定、描述或者对申请人的取证行为的真实性予以证明的活动。

司法部办公厅关于发布第 2 批
公证指导性案例（4—6 号）的通知

司办通〔2018〕21 号

各省、自治区、直辖市司法厅（局），新疆生产建设兵团司法局：

公证制度在依法保护产权中具有重要作用。充分运用证据保全、合同公证等方式，做好产权保护领域公证工作，对于弘扬法治、宣传公证、服务社会、维护权利具有重要意义。经研究，现将公司股权激励合同公证等 3 件产权保护类案例（指导性案例 4—6 号），作为第 2 批公证指导性案例发布，供各公证机构办理公证业务时参照。

司法部办公厅

2018 年 1 月 29 日

公证指导性案例 4 号
公司股权激励合同公证

关键词

员工持股　　股权回购　　股权激励合同公证

案情概况

2017 年年初，山东省青岛市的某国有控股混合所有制企业，拟开展员工持股试点，对公司重要技术人员、经营管理人员和业务骨干等实施股权激励计划。根据国有资产管理要求和公司股东会决议，股权激励计划须确保国有股本不变，以员工个人出资实施增资扩股的形式，授予员工股权；员工在劳动服务期限内持有股权并享受分红，期限届满且达到激励目标时，享有股权增值部分的收益，但不得对股权进行转让、质押等处分。员工与公司的劳动服务关系终止时，由公司回购股权，授予新的员工，实现循环激励。为确保履约、防止纠纷，该公司向公证处咨询，希望对包括股权授予和股权回购等内容的股权激励合同办理公证，公证员在全面了解情况后告知了公司需要提交的申请材料。

2017 年 10 月 16 日,该公司代理人与公司员工王某共同来到山东省青岛市某公证处,申请办理股权激励合同公证。公证员张某首先审查核实了公司的营业执照、公司章程,代理人和王某的身份,审查确认股权激励方案已经董事会决议、股东会决议、职工代表大会决议通过并进行了公示。同时,公证员向国有资产管理部门进行了核实,确认方案内容符合国家法律规定且真实有效。随后,公证员审查了股权激励合同中持股比例、入股价格、出资来源、持股方式、股权分红、退股条件、退股期限、退股价格及其计算方式等内容,重点就股份回购的程序、股权处分的限制、持股员工权益保护等向合同双方进行了告知说明,指导双方修改完善了股权授予和股权回购等合同条款,对容易产生歧义或约定不明的内容进行了明确。双方对合同内容达成一致意见后,公证员询问确认了该公司和王某签订股权激励合同的意思表示真实,出具了股权激励合同公证书。

案例评析

一、公证要点

1. 国有控股混合所有制企业实施员工股权激励计划,关系到国有企业改革发展和公司员工切身利益,法律政策性强,各方主体产权保护要求高。公证机构办理国有控股企业股权激励合同公证过程中,应坚持依法平等保护各类股东权益,确保股权激励合同符合国家有关法律法规和国有企业改制、国有产权管理等有关规定。

2. 公证机构应当重点审查核实激励方案是否按照国有资产管理部门要求和公司章程,履行了董事会、股东会、职工代表大会等内部议事程序,是否经有关国有资产管理部门批准,是否履行了公司内部公示等程序,确保规则公开、程序公开、结果公开,确保员工持股过程公开透明,防止暗箱操作和利益输送,防止国有资产流失。

3. 公证机构应在审查股权激励合同内容符合激励方案要求的同时,重点认真审查合同中的股权授予人、持股人、持股比例、入股价格、出资来源、持股方式、股权分红、退股条件、退股期限、退股价格及其计算方式等内容,确保股权激励合同的内容符合公司法等法律法规的规定。

二、案例意义

2016 年,中共中央、国务院《关于完善产权保护制度依法保护产权的意见》提出,要在国有企业混合所有制改革中,依照相关规定支持有条件的企业实行员工持股,建立员工利益和企业利益、国家利益激励相容机制。2017 年 7 月,司法部印发《关于进一步拓展创新公证业务领域更好地服务经济社会发展的意见》,要求拓展创新产权保护公证业务,积极服务各种所有制经济组织和公民财产权保护,做好产权保护领域公证工作。公证机构通过提供法律咨询、方案设计、合同审查、合同公证、监督履行等法律服务,能够保障公司股权激励依法依规进行,预防纠纷、防范风险,平等保护公司、被激励员工以及其他各类股东的产权权益。

三、相关法律和政策依据

1.《中华人民共和国公证法》第十一条、第十二条;

2.《中华人民共和国公司法》第一百四十二条、第一百七十八条;

3. 国务院《关于国有企业发展混合所有制经济的意见》;

4. 国务院国有资产监督管理委员会《关于国有控股混合所有制企业开展员工持股试点的意见》。

四、专有名词解释

股权激励:是指企业采取股权出售、股权奖励、股权期权等方式授予激励标的股权,对企业的重要技术人员、经营管理人员和业务骨干等实施激励的行为。

股权回购:是指公司按一定的程序购回发行或流通在外的本公司股份的行为。

公证指导性案例 5 号
农村土地承包合同公证

关键词

土地承包经营权　　土地承包程序　　土地承包合同公证

案情概况

2017 年 5 月,浙江省义乌市某农业开发企业承包了某村一片土地,用于农业养殖和种植。为防止因村民对土地承包不知情、承包程序不符合法律规定等导致纠纷,该企业负责人甲到公证处咨询能否对土地承包经营权合同进行公证。公证员刘某了解情况后告知甲,根据《中华人民共和国农村土地承包法》规定,作为该村以外的单位,承包该类土地必须经村民会议三分之二以上成员或者三分之二以上村民代表同意、乡(镇)政府批准、通过各镇(街)招标中心招标获得;办理土地承包经营权合同公证应由合同双方共同到公证处提交申请,并需要提交村民代表大会决议、政府批文、土地承包中标结果确认书、企业营业执照、企业农业开发资质证书、土地权属凭证、拟公证的土地承包合同等材料。2017 年 6 月 11 日,甲和作为发包方代表的村民委员会主任乙一同到公证处申请办理公证。公证员刘某细致审查了双方身份证明及提交的材料后,受理了公证申请。随后,公证员到村民委员会查看了村民代表大会会议记录,确认本次土地发包已经按照程序召开村民代表大会通过,该村9名村民代表均参加会议并全部同意发包。接着,公证员到镇政府核实了批准发包的文件,到国土资源局和林业局核实了承包土地所有权归属和土地性质,到税务、工商和农业部门查询了承包企业的纳税情况、资产申报情况,核实了相关资质证书的真实性,最后到招标中心查阅了招标记录,核实了评标结果。在确定所有材料真实、合法后,公证员通知甲和乙再次来到公证处,对双方办理公证的意愿、目的、合同主要内容等进行询问并制作了询问笔录,指导双方对拟公证的土地承包合同进行了完善,明确了土地用途、违约责任、征收补偿等内容,并确认双方对合同内容无异议。双方在公证员面前签署了修改后的合同。公证员出具了土地承包合同公证书。

案例评析

一、公证要点

1. 农村土地承包的法律性和政策性较强,不仅涉及《土地管理法》《土地承包法》《村民委员会组织法》等多部法律法规,还涉及中央和地方的土地政策。公证员办理土地承包合同公证要全面了解相关法律法规和政策要求,确保承包行为合法合规且合乎政策要求。

2. 在主体资质方面,公证员应重点审查发包人、承包人是否具有相应的资质,包括发包方是否具有相应的处分权利,发包方是否对承包方的资信情况和运营能力进行了审查等内容。

3. 在承包程序方面,公证员应重点审查村民委员会的发包程序是否合法,包括发包方将农村土地发包给本集体经济组织以外的单位或者个人承包,是否事先经本集体经济组织成员的村民会议三分之二以上成员或者三分之二以上村民代表的同意,是否报乡(镇)人民政府批准;是否经招标、拍卖、公开协商等公开竞争方式获得,招标、拍卖、公开协商等程序是否符合相关法律法规,从而避免因程序违法而导致发包结果无效。

4. 在合同内容方面,公证员应重点审查发包方、承包方的姓名(名称),承包土地的名称、坐落、面积、质量等级,承包期限和起止日期,承包土地的用途,双方权利义务及违约责任等内容。特别要对承包方在土地上建造必要用房的面积、占地范围和报批手续,承包期满后地上建筑、苗木等附着物产权归属或折价方式,以及如遇土地征收时相关补偿方式和补偿费分配等约定进行审查,必要时指导双方当事人对合同进行完善,避免履行过程中发生纠纷。

二、案例意义

农村土地承包事关农村经济发展、农民利益和承包方的切身利益。对于承包方企业而言,稳定的土地承包经营权是一项重要的产权,事关企业财产安全甚至长远发展。近年来,因承包发包程序不合法、合同内容约定不明确、征地补偿约定不明等引发的产权纠纷增多。公证机构为农村土地承包经营活动提供公证服务,对土地权益交易流转中涉及的资质、程序等事项进行审查核实,排除不真实、不合法因素,指导当事人依法依程序签署合同、履行义务,能够有效防止土地承包经营过程中的纠纷隐患,保护农民土地权益和承包经营权人的合法权益。

三、相关法律和政策依据

1.《中华人民共和国公证法》第十一条;

2.《中华人民共和国土地管理法》第十五条;

3.《中华人民共和国农村土地承包法》第二十一条、第四十四条、第四十六条、第四十八条;

4.《中华人民共和国村民委员会组织法》第二十四条、第二十六条。

四、专有名词解释

土地承包经营权:是指土地承包经营权人依法对其承包经营的耕地、林地、草地等享有占有、使用和收益的权利,有权从事种植业、林业、畜牧业等农业生产。

公证指导性案例 6 号
知识产权侵权市场调查活动保全证据公证

关键词

商标市场调查　　保全证据公证

案情概况

乔丹体育股份有限公司(以下简称乔丹体育公司)是一家在中国登记的中国企业,2001 年至 2002 年间,乔丹体育公司注册了"乔丹""QIAODAN"等商标并广泛使用。2012 年,美国著名篮球运动员迈克尔·乔丹以乔丹体育公司上述商标的注册行为侵犯其在先权利为由,向中国国家工商行政管理总局商标评审委员会提出撤销"乔丹""QIAODAN"或相似商标的申请。乔丹体育公司辩称"乔丹"是常见的英文姓氏,与迈克尔·乔丹本人并没有唯一对应关系。为证明公众看到"乔丹"商标就会联想到迈克尔·乔丹,迈克尔·乔丹的代理人北京市某律师事务所决定委托某市场调查与分析公司(以下简称调查公司)进行一次市场调查,调查报告将作为证据用于撤销商标申请或诉讼。

2012 年 3 月 17 日,迈克尔·乔丹的代理人向上海市某公证处提出公证申请,对调查公司在上海市进行市场调查的过程进行保全证据公证。公证员黄某审查了当事人提交的相关身份证明和资格证明,与保全的证据有利害关系的证明材料,载有申请保全证据的理由、用途和证据取得方法的书面说明。公证员向当事人告知保全证据公证的法律意义和可能产生的法律后果,并特别告知调查结果是客观形成的,无论对当事人的主张产生有利或不利影响,公证处都会根据事实进行记录描述,保证保全行为的连续性、客观性和真实性。在重点审查了调查活动和调查方案不会侵害他人合法权益、参与保全证据相关人员的身份符合要求后,公证员受理了该公证申请。2012年3月17日至19日,公证员黄某和公证员助理与调查公司的调查员一起,分别前往上海市美罗城广场、沪西工人文化宫和中山公园,在公证人员的监督下,调查员现场随机选择被访者进行问卷调查,并现场回收商标认知调查问卷。三处地点分别回收74份、91份和55份问卷,之后交公证人员带回公证处密封并加贴公证处封条。保全证据公证书详细记载了公证人员与调查员到达调查地点、随机选择被访者、被访者填写问卷、回收问卷等调查全过程。最后,公证员将公证书连同经公证处密封的调查问卷原件一并送达当事人。

2016年12月7日,"乔丹"商标争议行政纠纷系列案件作出再审判决。最高人民法院审理认为,上述调查活动证明了中文"乔丹"与迈克尔·乔丹存在稳定的对应关系以及相关公众误认为"乔丹"与迈克尔·乔丹存在特定关系;调查过程由公证机构进行了公证,调查程序较为规范,调查结论的真实性、证明力相对较高,可以与其他证据结合后共同证明相关事实。法院最终认定"乔丹"争议商标违反了《中华人民共和国商标法》的有关规定,侵犯了迈克尔·乔丹的在先姓名权,判决商标评审委员会就争议商标重新作出裁定。

案例评析

一、公证要点

1.公证机构办理知识产权侵权市场调查活动保全证据公证,应当事先审查当事人提供的调查方案和调查问卷内容,确保其中不存在违反法律法规、侵犯他人合法权益以及误导被调查人的情形。

2.公证机构应当确保知识产权侵权调查活动具有一定的随机性,公证员可以在调查方案确定的时间段和区域范围内随机指定调查时间、调查地点。

3.公证机构应当确保知识产权侵权调查活动的客观性,公证人员监督申请人严格按照经审查的调查方案进行调查活动,客观全面如实记录调查过程并制作工作记录,调查获得的原始数据应由公证人员保管并加以封存。

4.公证机构派员外出办理知识产权侵权保全证据公证,应当由二人共同办理,其中一名必须是公证员。

二、案例意义

随着国家知识产权战略的深入实施,我国知识产权保护水平不断提高。实践中越来越多的知识产权权利人了解和认识到公证在知识产权的权利认定、流转保障和侵权维权方面发挥独特作用,选择通过公证法律服务保障自身权益。为知识产权侵权市场调查活动办理保全证据公证,是公证积极拓展创新服务内容的一项举措,通过公证的事前审查、事中监督、事后出具有法定证据效力的公证书,能够为诉讼活动中依法认定侵权事实提供有力依据,切实维护知识产权权利人的合法权益。

三、相关法律和政策依据

1.《中华人民共和国公证法》第十一条、第三十六条;

2.《中华人民共和国商标法》第十条、第四十四条;

3. 司法部国家工商行政管理总局国家版权局国家知识产权局《关于充分发挥公证职能作用加强公证服务知识产权保护工作的通知》。

司法部办公厅关于发布第 3 批
公证指导案例(7—8 号)的通知

(司办通〔2018〕91 号)

各省、自治区、直辖市司法厅(局),新疆生产建设兵团司法局:

经研究,现将商品住房选房顺序摇号现场监督公证等 2 件案例(指导案例 7—8 号),作为第 3 批公证指导案例发布,供各公证机构办理公证业务时参照。

司法部办公厅

2018 年 6 月 21 日

公证指导案例 7 号
商品住房选房顺序摇号现场监督公证

关键词

商品住房销售　选房顺序摇号　现场监督公证

案情概况

2017 年 5 月,南京市某房地产公司星晖花园项目商品住房销售的申购人数大于房源数。为保障销售活动公平公开透明,5 月 29 日上午,该房地产公司向江苏省南京市某公证处申请办理商品住房选房顺序摇号现场监督公证,希望采用电脑摇号方式确定申购人选房先后顺序。受公证处指派,公证员王某审查了房地产公司代理人提交的营业执照、商品住房预售许可证、授权委托书、销售方案等材料;重点审核了经南京市房地产市场综合执法办公室核验的《报名摇号清册》,确认该商品住房销售项目共有 375 组申购人,其中有 356 组符合南京市住房限购政策,具备摇号资格。根据审查情况,公证处于当日受理了公证申请。

随后,公证员王某与房地产公司代理人进行充分沟通,制定了《摇号规则》,重点明确了以下内容:1. 本次摇号活动暂定于 5 月 31 日上午 10 时在公证处进行,如在公示期内有申购人提出异议且不能及时解决的,则推迟摇号时间;2. 摇号活动由公证员全程主持;3. 摇号活动采用电脑摇号方式进行,摇号电脑和软件均由公证处提供;4. 摇号活动现场生成摇号所需要的号码数据,须与申购人在《报名摇号清册》中的报名序号一一对应;5. 摇号活动现场突发情况的处理规则;6. 摇号活动通过公证处官方网站、微信公众号对外进行视频直播。5 月 29 日下午,公证处通过官方网站对《报名摇号清册》《摇号规则》进行了 24 小时的公示。5 月 30 日,公证处对准备摇号使用的专用电脑进行了检查,与经检测合格的摇号软件共同封存。

公示期满,公证处未接到有效异议。5 月 31 日上午 10 时,摇号活动如期在公证处举行,公证员王某、张某主持摇号活动。首先,公证员王某现场介绍摇号活动的有关规则,安排公证员助理启封摇号电脑和摇号软件,操作电脑运行摇号软件生成摇号所需要的号码数据。随后,公证员王某宣布了摇号现场突发情况处理规则,公证员助理操作摇号软件随机生成了 356 组有效申购人的选房先后顺序号码。最后,公证员王某现场宣读公证证词,并对本次摇号活动使用的电脑和软件进行封存。房地产公司代表、申购人代表、人大代表、政协委员、纪检监察人员、房地产监管部门代表、新闻媒体代表受邀到场见证。公证处通过官方网站及微信公众号对摇号过程进行了视频直播。摇号活动结束后,公证处将摇号结果在官方网站进行了公示。6 月 5 日,公证处依法出具了公证书。

案例评析

一、公证要点

1. 公证机构办理商品房选房顺序摇号现场监督公证,应当事先与房屋管理部门充分沟通协调,在工作层面进行有效衔接。公证机构应当从严、从实、全方位、全流程参与摇号过程,切实履行公证职能。

2. 公证机构应当对商品房申购人的信息和资格尽到审查义务,确保用于摇号的基础数据真实、完整和准确,防范人为操作摇号结果的情形发生。符合摇号条件的申购人名单信息应当由公证机构公示,或者公证机构监督开发商公示。

3. 公证机构应当指导公证申请人制定科学严谨的摇号规则,明确相关突发事件的处置预案,确保摇号活动的公平和安全。公证机构发现抽签摇号活动违反事先已明确的规则、当事人及相关人员存在弄虚作假和徇私舞弊的情形,应当终止公证。

4. 公证机构应当重点排除人为和技术上的干涉和干扰,自主控制、自行开展商品房摇号工作。采用计算机摇号的,要保证计算机的专用性,不得用于摇号以外的其他用途;要保证软件由公证协会、公证机构或房屋管理部门自主或委托开发,并经检测合格,在使用的各个环节不存在他人介入的可能,不得使用房地产公司或其他利益相关方提供的软件;计算机及软件在摇号前和摇号后由公证机构封存保管,摇号时不得接入互联网。采用传统人工方式摇号的,要根据规则使用相应的方法和工具,保证摇号的随机性、公正性和全程公开。公证机构应当对现场摇号环节全程录像,并可以采取符合法律规定的形式进行现场直播。

5. 公证机构应当在摇号结束后现场宣布摇号结果,并采取适当方式进行公示,接受社会监督。

二、案例意义

近年来,为促进房产依法公平交易、维护市场经济秩序,越来越多的地方引入公证手段,对商品住房选房顺序摇号活动进行现场监督。公证以客观中立身份一方面帮助制定购房选房规则、解释和运用规则,对选房摇号全过程进行监督、证明和公示,能够确保房产交易公开透明,有效预防房产销售过程中的暗箱操作行为;另一方面能够有效保障人民群众获得公平合理的选购权益,避免矛盾纠纷和群体性事件发生。公证机构在其证明、监督过程中,对交易规则的解释和运用,是向社会、公民进行普法宣传教育的有效途径。

三、相关法律和政策依据

1.《中华人民共和国公证法》第十一条;

2.《公证程序规则》第五十二条。

四、专有名词解释

商品住房选房顺序摇号:是指在商品住房项目销售过程中,有效申购人多于项目可供房源的,通过随机摇号的方式确定申购人选房先后顺序的活动。

现场监督公证:是指公证机构根据当事人的申请,依法通过事前审查、现场监督,对招投标、拍卖、开奖、摇号等活动的真实性、合法性予以证明的活动。

公证指导案例 8 号

民办学校入学电脑派位现场监督公证

关键词

学生入学　电脑派位　现场监督公证

案情概况

2017 年 6 月,湖北省某市教育局为做好全市民办初中学校新生入学工作,制定下发了《关于进一步规范 2017 年义务教育阶段新生入学管理工作的通知》,同时制定《电脑派位工作方案》和《电脑派位规则》,要求民办初中学校招收新生时,实行电脑派位和自主招生相结合的办法,并请公证机构进行监督。市教育局提供了委托研发的"初中学校新生入学电脑派位系统"。在市教育局的工作人员前来湖北省某公证处提出公证请求后,公证处指派公证员田某先期对派位系统第三方评审鉴定的全过程以及派位系统加密、刻盘、密封的环节做了全程监督。

7月10日,市教育局的工作人员再次来到公证处,申请对其组织的2017年全市民办初中学校新生入学电脑派位过程及其结果进行现场监督公证。公证员田某审查了盖有教育局公章和法定代表人签名的公证申请书、法定代表人身份证明、授权委托书、代理人身份证明、《关于各民办学校报名人数和电脑派位拟录取人数的情况说明》后,受理了公证申请。

7月13日上午,公证员田某和助理前往市教育局。在公证人员的监督下,各学校报名数据由市教育局工作人员逐一进行比对,确认无误后将数据形成电子文档,与电脑派位系统软件一同刻录到光盘中。光盘经市教育局工作人员和公证员共同签封后,交由公证处专门保管。对于用来派位的专用电脑,公证员进行检查后予以封存。

7月15日上午,公证员田某和助理来到市教育局电脑派位现场,在学生家长代表、政府有关部门和监察部门工作人员的见证下,当众启封电脑和光盘。公证员就前期电脑派位系统编程科学、合理、可行性的认证,以及检测效果、数据录入、电脑系统及场所封存和检查情况,向在场人员进行了说明。之后,公证员监督市教育局工作人员操作电脑进行随机派位,并将结果暨录取名单打印一式三份,由市教育局负责人、各学校负责人和公证员签名确认。公证处据此证明民办初中新生入学电脑派位工作全过程符合法律规定和有关规则,派位结果真实、有效,并当场宣读了公证词。

案例评析
一、公证要点

1. 公证机构办理新生入学电脑派位现场监督公证,应当确保从摇号规则制定到摇号结束的全部流程都在公证机构的监督范围内,保障活动的真实、公平、透明。支持具备条件的公证机构先期介入申请人资格审查。同时,要会同公证申请人研究制定应对派位现场突发情况的预案。

2. 新生入学电脑派位软件系统应当由公证协会、公证机构提供。暂不具备条件而由教育管理等部门提供的软件系统,公证员应当审查软件著作权,确认不存在侵权情况;应当进行计算机软件安全性、可靠性检测,开展模拟测评,确认算法概率公平;公证机构应当派员对检测过程进行监督,并对软件予以封存。

3. 公证机构应当对教育主管部门提交、已经审核过的参加电脑派位的申请人情况进行再审查,重点审查学校接受新生计划数额与教育管理部门下达的计划数是否一致,以及申请人报名的信息真实准确,是否存在重复报名等违规情形。

4. 公证员可以根据实际需要,在操作电脑派位运行前,向现场代表就前期电脑派位准备工作和公证机构对其审查、监督的情况进行说明。

5. 在电脑派位过程中,公证人员应当监督电脑软硬件设备是否正常运行,每一个步骤是否符合已审查确认的程序,所产生的数据是否属实。公证员应当现场宣读公证词,宣布派位结果。公证机构应当采取适当方式将派位结果予以公示,接受社会监督。

6. 公证机构对于电脑派位原始数据、系统程序和派位过程中产生的资料,应当全部留存附卷备查。

二、案例意义

教育公平是社会公平的重要内容,关系民众切身利益和民生福祉。公证运用沟通、证明、监督的制度优势,参与入学派位工作过程的监督,保证入学派位过程公平、公正、公开透明,能够切实维护入学升学正常秩序,有利于消除社会公众疑虑、维护政府公信力。公证对入学派位过程的监督、规则运用和宣讲,是以案释法、宣传法治的有效方式,也是公证防范风险、服务社会治理创新、公平配置社会资源、促进社会和谐的重要体现。

三、相关法律和政策依据

1.《中华人民共和国公证法》第十一条;

2.《公证程序规则》第五十二条。

关于发布公证执业指导案例重申
公证执业"五不准"规定的通知

沪司发〔2017〕97号

各区司法局、市公证协会：

　　《司法部关于公证执业"五不准"的通知》下发以来，本市各公证机构认真贯彻执行，总体情况良好。但在近期司法部督察组来沪开展的质量抽查和市司法局信访投诉检查中，发现仍有部分公证机构对"五不准"的规定，理解和把握不准，违规办证现象仍呈频发状态。为监督指导各公证机构依法依规办证，严格执行公证执业"五不准"规定，现就相关事项通知如下：

　　一、发布经汇总整理的相关公证案例，请主管司法局和行业协会监督、指导所属公证机构在办理公证事项过程中，认真参照执行。

　　二、重申严格执行司法部公证执业"五不准"规定，严格执行市司法局《规范公证执业行为专项治理工作方案》。每件公证事项均应由公证员亲自与申请人谈话并且形成《询问笔录》，《申请表》、《询问笔录》、《公证书（拟稿纸）》均由公证员亲自签名；证明谈话过程的视频资料应当附卷备查；每件公证书均由承办公证员拟制，连同被证明的文书、当事人提供的证明材料、《申请表》、《询问笔录》、《公证书（拟稿纸）》、公证审查意见，报送审批。

　　三、废止所有公证员办证免批的规定，每件公证事项均由公证机构主要负责人或其指定的审批人员（包括副主任和承担审批职责的公证员）审批。一是根据执业公证员人数，每8名公证员可设置1名审批人员（不包括公证机构主要负责人）。二是根据每年办证件数，每5 000件公证可设置1名审批人员。三是公证机构主要负责人每月审批公证事项不得少于100件；动拆迁证据保全、执行证书、摇号开奖等疑难复杂涉众、其他极易引发矛盾纠纷的公证事项，一律由公证机构主要负责人审批。四是审批人员名单自本通知下发后10个工作日内，由主管区司法局审核后报送市司法局公证工作管理处备案。

特此通知。

附件：上海市公证执业指导案例

上海市司法局

2017 年 10 月 31 日

附件

上海市公证执业指导案例

公证指导案例（一）

基本案情：

本市居民戴某和杨某系夫妻关系，欲出售位于常德市的一套房产（系夫妻共有财产），因无法亲自赴湖南省常德市办理，委托杨某的母亲刘某代为办理产权过户、转移登记等相关手续，至本市某公证机构办理委托书公证。公证处受理后，审查了当事人的身份，收集了相关证明材料，进行了询问谈话，制作了《询问笔录》，进行了实质审查，公证机构代拟了委托书后出具了公证书。

检查情况：

1. 代拟委托书中的委托期限为一年，应特别注明委托权限的起止日期；2. 卷宗尚未归档，但未见录像；3. 所拍照片中未见公证员。

问题分析：

公证处根据申请人要求代为起草委托书，内容应当准确无误，委托事项明确后，委托期限系委托书的另一个重要要素，必须准确表述。但本案委托书内容中，委托期限笼统表述为一年，极易产生歧义。为履行好"预防纠纷"的职能，公证员应当重点提示委托人，重大事项的委托期限应特别注明起止日期。

根据市司法局《规范公证执业行为专项整治工作方案》的要求，本公证事项应明确每件公证事项均应由公证员亲自与申请人谈话，证明谈话过程的视频资料应当附卷备查。本案在办理过程中，未见音频资料附卷，同时，归档的照片中未见公证员，无法证明公证员本人亲自办理了该公证事项。

公证指导案例（二）

基本案情：

委托人郭某与受托人吉某系夫妻关系，郭某欲将登记在自己名下的房屋产权的份额转让给他人，又欲购买本市另一处房产，均委托其夫吉某办理相关手续，并至本市某公证机构申请分别办理售房委托和购房委托二份公证，要求公证机构代为拟写《委托书》。

检查情况：

1. 《询问笔录》记载的被询问人住址信息为空白；2. 所拍照片中未见公证

员,无法证明公证员本人是否确实在现场办证;3. 代书委托书记载的委托事项不规范、不明确,如有"包括,但不限于……"的表述。

问题分析:

根据市司法局《规范公证执业行为专项整治工作方案》的要求,本公证事项应明确每件公证事项均应由公证员亲自与申请人谈话,证明谈话过程的视频资料应当附卷备查。本案在办理过程中,未见视频资料附卷,归档的照片中也未见公证员,无法证明公证员本人亲自办理了该公证事项。

公证员代为拟写的售房委托书,委托事项不明确,委托权限中出现了"包括,但不限于……"的表述极易被他人利用,引发矛盾和纠纷,反映了公证员职业风险意识较差,预防纠纷的能力比较欠缺。

公证指导案例(三)

基本案情:

本市居民李某、姚某系夫妻关系,欲将其共有的本市房产一套出售他人,委托其子李某某经办房屋出售。公证机构受理后,按规定程序审查了当事人的主体资格和房产权属信息,并与李某和姚某进行谈话,询问中李某和姚某均表示"委托其子李某某签订房产买卖合同,对于出售对象、金额、付款方式等,均由受托人确定"。并委托公证机构代为拟定委托书。公证机构代拟的委托书上,仅表述为"具体委托事项为代为签订上述房屋的房地产买卖合同"。审批人系公证机构负责人,但其未做认真审查,即签字出证。

检查情况:

1. 违反司法部"五不准"规定,具体事项中未注明,不得收取房款;2. 违规收费,收取摄像费100元;3. 未告知已办理公证的委托书也可以撤销以及撤销的相关法律后果。

问题分析:

公证承办人通过询问方式审查当事人真实意思表示时,已经明确了解当事人的办证意图和委托具体事项,但在代书委托书内容时仍笼统地以"具体委托事项为代为签订上述房屋的房地产买卖合同"进行表述,系故意规避司法部"五不准"的规定。同时,委托内容的表述也违背了当事人真实意思表示,为该公证事项遗留下质量隐患。特别是在公证机构负责人亲自审批的情况下,仍签字出证,说明公证机构的审批制度流于形式。

公证指导案例(四)

基本案情:

云南省居民张某在本市某医院整形外科进行了性别畸形整复手术,在住院期间委托安徽籍人员易某"办理医学诊断证明书"。公证机构在无当事人明确授权的情况下,擅自受理了易某提出的公证申请,且在未做询问核实,未经实质审查、不明确办证目的、未查实《医学诊断证明书》真实性的情况下,办理了"复印件与原件相符,原件属实"公证。

检查情况:

1. 违反司法部"五不准"规定,未经实质审查出具公证书。变性医学证明涉及敏感、重大事项,未做《询问笔录》,使用目的不明;2. 对该受理事项,涉及身份性别变更,应由当事人亲自申办,以利于公证员审核。同时应当严格注意此类公证的申办人员,是否多次代理申办公证。

问题分析:

性别畸形整复手术(变性手术),涉及重大、敏感的公证事项,关系到社会管理的方方面面,公证机构承办人员应以高度的社会责任感,谨慎受理,强化审查核实。公证机构在无当事人明确授权的情况下,擅自受理了无关人员易某提出的公证申请,且在未做询问核实、未经实质审查、不明确办证目的、未查实《医学诊断证明书》真实性等情况下,办理"复印件与原件相符,原件属实"公证,明显违反了司法部"五不准"规定和现行的公证办证程序规定。公证员违规办证的行为,可能为不法人员利用,损害公证工作公信力。

公证指导案例(五)

基本案情:

当事人钱某因涉及相关债务纠纷,外省某法院在诉讼阶段要求其提供一份经过公证的《证人证言》,公证机构受理后,收集了相关证据材料,制作了《询问笔录》,笔录中公证员特别告知"公证机构仅证明你的签字属实",在出具的公证文书上以"签名"作为公证事项的案由,证明钱某在《证人证言》上签名。

检查情况:

1. 立案案由错误,"证人证言"属于证据保全类公证书,"签名属实"属于证明类公证书;2. 全程应进行录像、录音。

问题分析:

本案公证员编立的案由发生错误,"证人证言"属于证据保全类公证,"签名属实"属于文书证明类公证。本案在办理时虽然收集了较多的证据材料,对证言的相关性、真实性进行了认真审查,但仍存在编列案由、适用文书格式等差错的问题。且违反了市司法局《规范公证职业行为专项治理工作方案》的具体要求,办理公证谈话过程未进行录音、录像。

公证指导案例(六)

基本案情:

当事人戴某欲与他人合资开办餐饮公司,因不能亲自办理工商注册手续,委托其父亲代为办理。公证机构受理该公证申请后,仅收集了身份证明、户籍资料,制作了《询问笔录》,进行了简单询问后,即办理了委托公证。

检查情况:

违反司法部"五不准"规定,公证员未做实质审查,且收集材料过于简单,公司注册申请人作为股东,应当提供出资证明、公司章程。

问题分析:

当事人申请办理工商登记委托公证,涉及重大财产权益,公证机构、公证员应当尽到更高标准的审查注意义务,应当收集详尽的证据资料和采取有重点、有针对性的谈话、联网查询等方式,对公证事项的实体内容进行严格审查。本案公证员在办证时收集证据简单、询问谈话缺乏针对性,整个审查过程流于形式。应当认定为明显违反司法部"五不准"规定,未经实质审查出具公证书。

公证指导案例(七)

基本案情:

曹某、李某系夫妻关系,因无法请假外出,遂委托李某母亲曾某至重庆办理两套房屋的交房手续,公证机构受理后,收集了相关证据材料,进行了询问谈话,并根据当事人自书的委托书,出具了委托公证书。在委托书中,当事人将委托事项表述为"全权代表我们处理在重庆市……大道购买的两套房屋交房事宜",且该委托书中未注明委托期限。

检查情况:

1. 违反司法部"五不准"规定,处分不动产办理了全项委托;2. 讯问笔录过于简单、字迹潦草,且无附卷的视频资料;3. 委托书中未注明具体委托期限的起止日期。

问题分析:

该委托涉及重大财产权益,公证员应当具备高度的责任心,妥善履行审查义务,但本案承办公证员对当事人提交的委托书原件内容未予严格审查,致使委托权限不明,期限遗漏。委托书中"交房事宜"具体含义不明确,完全可被理解为涉及房屋买卖的全项委托。且承办公证员在收集证据材料中,作为主要证据材料的《买卖合同》复印件缺页严重,以致无法判断相关事实的真实性。

公证指导案例(八)

基本案情:

本市某投资管理中心(有限合伙)的所有合伙人申请办理《变更决定书》,内容为吸收新的有限合伙人,变更为外商投资合伙企业,普通合伙人丁某、吴某将所持本企业的股份转让给他人。19名合伙人均在《变更决定书》上签字,其中有10名合伙人申请办理《变更决定书》上签字属实公证。公证机构受理后,分别出具了10份公证书。

检查情况:

1. 证明多名申请人在同一份文件上签字,应只出具一份公证书,但公证员为了多次收取公证费,进行了人为拆分,分别出具了10份公证书,规避收费规定,变相多收费;2. 案由应为"变更决定书","签名/印鉴属实"公证不妥。

问题分析:

公证机构在办理公证时,应当为当事人选择最经济的方式办理公证事项,多名申请人在同一份《变更决定书》上签字,如当事人无特殊要求,不应将同一公证事项人为拆分为多份公证书。同时,本公证事项违反了市司法局《关于暂缓办理民间借贷公证事项的通知》中关于有限合伙公司募集资金的公证事项一律暂缓受理的规定。

公证指导案例(九)

基本案情:

公证当事人陶某因出国留学,委托其母林某出售其名下位于本市某区房屋一套,并办理相关手续。公证机构受理后收集了相关资料、审核了当事人主体资格、进行了询问审查,公证员询问了陶某的婚姻状况时,陶某回答"单身",公证员未作进一步了解,也未进行核实婚姻状况信息,即出具了公证书。

检查情况:

1. 违反司法部"五不准"规定,对申请人的婚姻状况未进行实质审查;2. 存在装订错误问题:流转单放在了公证书前,公证书正稿放在了委托书前;3. 笔录中只记录了当事人的姓名、未记载其他信息;4. 无告知公证收费的规定。

问题分析:

委托处分不动产,涉及当事人及其他相关人员的重大财产权益,公证机构应当在办理此类公证时,在审查不动产权属的同时,应特别注重实质审查不动产权利人的婚姻状况。不得以不动产登记在权利人一人名下为由,放弃对权利人婚姻状况的实质审查。本案应当认定为违反司法部"五不准"规定,未经实质审查出具公证书。

公证指导案例(十)

基本案情:

上海 A 实业投资有限公司(下称 A 公司)的法定代表人沈某于 2017 年 8 月 25 日向本市某公证机构申办声明书公证。声明书主要内容是"公司的公章、发票专用章以及财务专用章各一枚于 2017 年 7 月遗失,现声明上述印章均作废"。沈某向公证机构提供了公司的营业执照、本人的身份证、《文汇报》上刊登的"遗失声明"、新刻的公章、财务章、发票章三枚以及《上海市公安局印铸刻字准许证》;承办公证员还对沈某提供的营业执照通过全国企业信息系统进行了核查,确认了 A 公司处于存续状态,企业信息网公示的法定代表人确系沈某,承办公证员对沈某提供材料的真实性进行了查实后,出具了公证书,证明沈某在《声明书》上签名、盖章。

检查情况:

违反司法部"五不准"规定,对申请人签名、盖章的《声明书》真实性未进行实质审查。本案经检查,发现 A 公司系由 B 公司和 C 公司合资组成。A、B 两公司的法定代表人系同一人。A 公司成立后,股东之间达成口头协议,由股东双方分别保管印章、证件,以起到相互监督的作用。后因股东双方发生纠纷,A 公司的法定代表人沈某召集临时股东会议,并在 C 公司缺席的情况下,通过会议决议,责成 C 公司向沈某移交 A 公司的印章、证件等。因 C 公司拒绝履行股东会议决议,A 公司的法定代表人沈某即登报申明印章遗失,并向公安机关申办了《上海市公安局印铸刻字准许证》,并要求办理公证。

问题分析:

承办公证员在办理该件公证过程中,未尽到高标准审查注意义务,片面依赖申请人提供的书面证据材料,未向作为 A 公司股东之一的 C 公司相关人员进行任何调查、核实,就出具了公证书。后经查明,A 公司正因经营管理事项与 C 公司发生纠纷,法院已于近期正式受理相关民事诉讼。实际上,A 公司的公司公章等并未遗失,公证机构出具的公证书内容与事实不符。公证机构出具公证书的行为已经违反了《公证法》第十三条和司法部"五不准"规定,即只重程序,不重实体审查,对涉及单位印章遗失等重大权益事项,未通过交叉询问、分别谈话等形式进行审查,也未对应于"合理怀疑"的公证申请,及时进行会商研究,属于未经实质审查出具不真实公证书的行为。

关于印发充分发挥公证职能作用
全力优化营商环境指导案例的通知

沪司发〔2018〕15 号

市公证协会,各区局:

　　为全面贯彻落实党的十九大精神,根据习近平总书记关于加大营商环境改革力度的重要指示和党中央、国务院的决策部署,市委、市政府制定了《着力优化营商环境加快构建开放型经济新体制行动方案》(以下简称《行动方案》),明确提出"到 2020 年,本市各领域营商环境便利度全面进入国际先进行列,形成充满活力、富有效率、更加开放的法治化、国际化、便利化营商环境"。

　　公证具有三大效力:证据效力、强制执行效力、法律行为的成立要件效力,将公证的服务特性、公证手段同打造服务优化营商环境的综合公证法律服务体系相结合,可以充分发挥公证效力。特别是以证据保全公证为代表的知识产权公证法律服务作为一项综合性的法律服务,在包括信息调查、预防侵权、被侵权后的积极维权等阶段都发挥着至关重要的作用。现阶段,证据保全公证是最有利、最直接、最全面杜绝侵权行为继续蔓延的有效手段。

　　为进一步发挥公证职能,营造更加健康的营商环境,我局根据《行动方案》要求,结合司法部召开的全国公证工作会议精神,相继出台了《关于进一步拓展创新公证业务领域更好地服务经济社会发展的实施意见》《关于充分发挥公证职能作用加强公证服务知识产权保护工作的实施意见》等文件,制定了优化营商环境、提升公证服务能级的具体措施。

　　为确保市局相关文件精神落地生效,落实好公证服务优化营商环境系列举措,更好地指导公证机构发挥职能作用,服务经济社会发展,我们从各公证处报送的具体案例中选取了涉及知识产权保护、金融风险防范、网络信息数据保全等10 个优秀案例,整理汇编后下发给你们,请你们组织所属公证机构、公证员认真学习,在工作中参考使用。

　　市公证协会要发挥好行业引领作用,及时组织专门力量,以问题为导向,以项目化为指引,加大对新类型、新领域公证业务的研究,及时制定业务规范和办证指导意见；要以"智慧公证"建设为契机，持续推进公证业务标准化和办证流程信息化建设，助力公证机构优化业务结构，为本市公证行业优化营商环境、服务经济社会发展营造良好的执业氛围，提供强有力的支撑保障。

各区局要鼓励公证机构、公证员加大创新力度，积极稳妥地探索新型公证业务领域，在确保公证质量的前提下不断提高工作效率，努力为优化营商环境、服务经济社会发展提供更加优质、高效的公证法律服务。

特此通知

上海市司法局

2018 年 1 月 26 日

公证保全社会调查活助力商标纠纷中的姓名权保护

（案例一）

美国篮球明星×××乔丹因×××体育股份有限公司持有的注册商标"乔丹"及"QIAODAN"侵犯其姓名权，向国家工商行政管理总局商标评审委员会申请撤销，由此引发"乔丹"商标争议系列诉讼。该案由最高人民法院启动审判监督程序提审，于 2016 年 12 月审结，具有广泛社会影响，被评为"2016 年推动中国法治进程十大案件"之一。本案中，最高人民法院阐释了姓名权保护的内涵与法律依据、外国人外文姓名的部分中文译名的保护等问题，并认定"乔丹"商标损害了×××乔丹在先享有的姓名权。此前，上海市东方公证处、北京市××公证处等公证机构的公证人员对本案据以认定事实的社会调查报告的调查过程进行了保全证据公证。该报告以特定城市的受访人对"乔丹"商标与×××乔丹之间是否容易产生误认与混淆为调查对象，是认定本案事实问题的关键证据之一。最高人民法院在判决书中明确认可了该调查报告，认为它"对调查对象的构成、访问方式、抽样方法等都有详细的说明"，并附有调查问卷等原始材料，其"真实性、证明力相对较高"。本案中，社会调查活动保全证据公证对法院认定"乔丹"商标与×××乔丹之间的关系产生了重要影响，体现了公证证据在涉及商标纠纷的姓名权保护案件中的独特价值。

公证保全涉案音像作品播放情况促进音像作品放映权保护

（案例二）

××国际音乐股份有限公司（以下简称 A 公司）授权中国音像著作权集体管

理协会(以下简称音集协)管理其音像作品的放映权、复制权与广播权。上海××餐饮娱乐有限公司(以下简称 B 公司)于其经营的 KTV 中使用 A 公司音像作品供消费者点播,音集协以其侵犯音像作品放映权提起诉讼。本案由上海知识产权法院于 2016 年审结,法院认定 B 公司侵犯了 A 公司对涉案音像作品享有的放映权,应予以赔偿。上海市东方公证处的公证人员对音集协委托代理人在 B 公司营业场所的消费及摄像过程进行了保全证据公证,记录了 B 公司经营场所可供放映的涉案音像作品的情况。现实生活中,KTV 经营场所未经许可使用歌曲 MV,侵犯音像作品著作权的现象比较常见,本案即为此类案件的代表性案例之一。放映权为著作权财产权的一种,本案显示,公证对于音像作品著作权保护具有重要作用。

公证保全涉嫌侵权事实促进影视作品信息网络传播权保护
(案例三)

北京××科技有限公司(以下简称 C 公司)因上海××商务咨询有限公司(以下简称 D 公司)经营的"××私人影院"向消费者提供电影《杀破狼 2》《十万个冷笑话》的点播服务,侵犯其对上述影视作品所享有的信息网络传播权,向法院提起诉讼。本案由上海市××区人民法院于 2016 年一审审结,认定 D 公司侵犯 C 公司对涉案影视作品享有的信息网络传播权。上海市东方公证处的公证人员对 D 公司的代理人利用"××私人影院"包厢内的播放设备搜索、播放涉案影片的过程进行公证,该公证显示,涉案影视作品系存储于"××私人影院"局域网的服务器终端,消费者可从该终端获取片源播放。这一公证证据被法院采信,是法院裁判所依据的关键证据。信息网络传播权是著作权财产权的一种,本案中,公证有力地保护了影视作品信息网络传播权,体现了公证在影视作品著作权保护中的作用。

公证保全涉案网络证据助力法院认定点评信息权益
(案例四)

上海××信息咨询有限公司(以下简称信息公司)是大众点评网的创建者与运营者,因北京××网讯科技有限公司(以下简称网讯公司)旗下的"××地图"和"××知道"从大众点评网抓取并展示用户点评信息,向法院提起诉讼。本案由上海知识产权法院于 2016 年二审审结,是关于用户点评信息使用纠纷的第一案。法院认为,大众点评网上的用户评论信息是由信息公司付出大量资源所获取的,具有很高的经济价值,网讯公司利用技术手段从大众点评网抓取大量用户点评信息用于充实"××地图"和"××知道",已经超过《反不正当竞争法》所容忍的必要限度,构成不正当竞争。上海市东方公证处与上海市卢湾公证处的公证人员对"××地图"和"××知道"界面中所展示的来自大众点评网的用户点评信息的数量、范围和所涉及的商户的行业分布等情况进行了保全证据公证,为法院认定涉案点评信息使用范围、判断涉案行为是否构成不正当竞争提供了依据。在大数据时代的背景下,信息的价值日益突显,本案反映出公证对保护具有经济价值信息方面的权益具有积极作用。

公证保全涉案电子证据助力电子竞技赛事独家转播权保护
(案例五)

上海市××文化传媒股份有限公司(以下简称上海×公司)因广州××网络科技有限公司(以下简称网络公司)侵犯其依法取得的 DOTA2 赛事独家转播权提起诉讼。本案由上海知识产权法院于 2016 年二审审结,是国内首例电子竞技游戏(以下简称电竞)赛事网络直播纠纷案。电竞产业近年来飞速发展,赛事网络直播是其衍生产品之一。然而,电竞直播的权利性质及侵权认定问题尚存诸多法律难题,本案为类似案件处理提供了新思路。法院认为,涉案电竞赛事独家转播权虽不属于著作权,但具有商业属性,是一种财产性民事权益,可为《反不正当竞争法》所保护。上海市东方公证处、上海市黄浦公证处分别为涉案电子证据,即当事人上海×公司的运营经理与游戏主播的 QQ 聊天通信记录,以及网络公司 TV 对涉案赛事的盗播画面,进行了保全证据公证,为法院认定侵权事实并据以判定损害赔偿提供了有力依据,是公证在互联网时代保护新型民事权利的有益实践。

公证参与保全企业生产经营活动自我加压
提高效率　加大知识产权保护力度
(案例六)

上海市杨浦公证处自 2009 年开始为益×里集团提供长期公证法律服务。这些年,在益×里集团不断发展的过程中,上海市杨浦公证处为该企业的生产经营、品牌知识产权维护、海外经营开拓等先后办理了一系列公证事项。

近年来,益×里集团对于知识产权的保护加大力度,网上凡是对于其品牌有侵权的内容都会向公证处申请保全证据公证,网上发布的言论经常会瞬间消失。2016年,益×里集团在人民网首页上发现有帖子恶意攻击该公司金×鱼品牌,对其企业经营影响很大,并且需要立刻固定证据,否则很有可能证据灭失。为此,其法务人员电话联系杨浦公证处公证员,公证员在上午八点半之前赶到单位,对有关网上证据予以保全。当所有证据保全完毕,该公司法务人员再重新上网查询,发现前面保全的内容均已经不见,但正因为公证处及时到位,把重要证据予以保全,为其公司与人民网就侵权赔偿谈判提供了有利依据。基于该公证书,人民网差点因未尽审查义务而遭受巨额赔偿,经过多轮谈判,人民网最终向益×里公司出具书面赔礼道歉函并在其网站上登载。

2017年,益×里集团负责人需陪同国家领导人到北美洲地区进行访问,突然被告知需要其办理无犯罪记录公证,该公证书需翻译并进行认证。为此,公证处急事急办,用2天时间完成核查、出证、翻译及外事认证,公证书如期送达。该负责人最终如期陪同国家领导人出访北美国家,并在出访期间签署了该公司与境外公司之间的战略合作合同。该负责人对于杨浦公证处高效、优质的服务表示感谢。

积极探索　创造先例
（案例七）

随着知识产权作为一项国家战略深入推进,公证行业对于知识产权的保护在深度和广度上也更上了一层楼,除传统的著作权、专利权、商标权外,还积极探索对于商业秘密的保护。2013年,全球知名的医药研发企业美国礼×公司在其公司服务器上的文件使用日志中发现礼×(中国)研发有限公司员工黄某违规非法下载了机密的药品研发数据文件。由于这些内容涉及高度的商业秘密和巨大的经济利益,美国礼×公司十分紧张。为了保存侵权证据用于相关的诉讼,作为当事方之一的礼×(中国)研发有限公司求助于上海市卢湾公证处。针对这一没有先例的公证申请,卢湾公证处的承办公证员仔细研究了相关法律规定,并在正式办理之前会同礼×(中国)研发有限公司的代表及其代理律师,与美国礼×公司的相关法律和技术人员进行了多次电话会议,对办证的流程反复进行了磋商和演练。在办理公证的当天,中美双方人员克服了12个小时的时差,于同一时间通过电话会议的形式,在美方的指导和授权下、在公证员的现场监督下,由中方人员完成了对所有 21 个涉密文件使用情况的保全,证明了涉案文件被下载和拷贝的记录,作为对涉案人员进行追诉的最主要证据。

在随后进行的诉讼过程中,负责案件审理的上海市第一中级人民法院于 2013 年 8 月 2 日就原告美国礼×公司、礼×(中国)研发有限公司与被告黄某间侵害技术秘密纠纷案件发出行为保全裁定,裁定禁止黄某披露、使用或允许他人使用上述两公司主张作为商业秘密保护的 21 个文件内容。这是新《民事诉讼法》实施以来,我国首个依行为保全规定作出的商业秘密行为禁令。

本案例针对的是知识产权保护中较为少见的商业秘密。商业秘密由于其隐秘性的特点,在保护方面与传统意义上的著作权、专利、商标等有着明显的不同和更高的要求。在本案中,承办公证员在前期与代理律师、公证申请人及其美国母公司进行了反复多次的沟通,并策划和主导了整个办证流程,最终获得了良好的结果,集中体现了公证员的主观创造性和公证文书的价值。此番公证文书作为主要证据促成了国内首个商业秘密行为禁令的颁布,为此后同类案件提供了标杆和先例,是公证参与和推进知识产权保护的典型案例。

提高效率　主动调整办证流程
(案例八)

闵行区有多家国家级、市级经济技术开发区,区内企业林立,光世界 500 强企业旗下公司在闵行就有 90 多家。

近年来,闵行公证处着力与区内知名企业保持良好的沟通交流与合作。公证处充分发挥公证员的专业法律背景优势,通过流程设计、提供咨询、定点定时办理、个性化服务等措施,为这些企业提供优质、高效的公证服务。

毕×威会计师事务所是全球四大会计师事务所之一,其在中国的华东区总部设在南京西路恒隆广场内。该所在中国的企业模式是"特殊普通合伙",每半年,中国的全体合伙人要开一次会,就合伙人退出、吸收达成四项文件(《变更决定书》《新合伙人入伙协议》《认缴出资确认书》和据此修订和重述的《合伙协议》)。按照工商总局要求,这些协议书需要办理签名公证,并凭公证书向工商行政管理部门办理变更登记。多年来,闵行公证处与毕×威会计师事务所合作紧密,每半年,公证员就会根据申请上门为合伙人办理公证。华东区集齐所有合伙人签名的公证书后,连同华北区、西南区共三区的公证书合并一道,方能在工商总局办理变更登记。

2017 年 11 月,闵行公证处又一次收到了毕×威会计师事务所的申请,按照以往的做法,公证员一般是上门办理,便于在华东区合伙人会议后为全体合伙人办理公证。然而,司法部在同年 8 月下发的《公证执业"五不准"通知》里的第一条就是"不准为未核查真实身份的公证申请人办理公证"。这些合伙人中,有来自十几个国家和地区的人员,即便承办公证员要求这些合伙人都到公证处来,也无法一一核实身份,在仅有中国身份证识别仪的情况下,怎么完成其他国家地区证件的"证件视读"?再加上市局对于每件公证案件都有需要摄影摄像的规定,"现场录像"的真实性也很难保证。那么,怎样才能既符合现行规定,又不给企业增设太多麻烦呢?

经多方协调后,首先,公证员请毕×威会计师事务所行政人员预先收取了所有要签署文件合伙人的身份证和护照、台胞证、回乡证复印件,对于原合伙人及即将退伙人员的证件,在过往卷宗中进行比对,遇有转新证件的情况,请行政人员特别予以标注;对于新入伙人员及之前提及的转新证件,规定凡是中国人的证件先从公证处与公安对接的公民户籍系统库中进行查询,凡属境外人员证件则从上海市出入境平台先行查询,以此保证所有证件都是真实有效的。闵行公证处还专门邀请毕×威会计师事务所上海人力资源总监以及财务总监在签名办证的当天,为公证员"作证",进行人证逐一比对确认。关于现场录像问题,经与毕×威会计师事务所行政负责人商量,办理公证当天,毕×威会计师事务所专门开启了公证操作室的监控录像,每一位合伙人的签署行为都被录像,并刻盘留存。

当天,有几位合伙人在外出差,未能一起办理公证,需要另行来公证处办理。在非共同办理前提下,公证词是要有所体现的,但毕×威会计师事务所方面表示公证书不能分开出具。如何做到既不违反公证程序规则,又符合企业要求呢?承办公证员决定联系公证书使用部门——工商总局寻求解决办法。在与工商总局沟通数次后,公证员在预先保证可使用的前提下,调整了公证词的表述。毕×威会计师事务所华东区在拿到公证书次日就去工商总局办理了登记,二十天后,公证员收到了毕×威会计师事务所的感谢电,得知工商变更登记已如期完成。

助力工商行政监管　构建良好营商环境
(案例九)

上海市工商局为构建良好的营商环境,提升商品质量,引导正确消费,保护优秀的产品生产商,欲对一批涉及重大民生的包括箱包、电器、皮具等产品进行质量抽检,并对抽检结果中不合格产品的销售者或者生产者进行处罚。为提高抽检过程的公信力,确保抽检过程公平公正,避免被处罚单位或者个人对市工商局取证、处罚有异议,市工商局特委托徐汇公证处对整个质量抽检工作进行证据保全。

徐汇公证处受理该案件后,首先请市工商局工作人员利用该处的取证电脑在线购买一批需要检测的货品(同样的物品购买两件),并将收货地址设定为某检测机构,同时公证员对在线购买的全过程进行截图录像,并对营业执照、商品描述信息、网络交易平台等重要信息进行重点取证。待检测机构收到货后,公证员到检测机构进行开箱公证,并将购买的两件相同的货品一件用于检测、一件用于封存,同时公证员对快递单号、具体商品详情等都进行全程证据保全。

证据保全在网络交易商品质量抽检工作中发挥了至关重要的作用。线上抽检不同于线下抽检,买样、取样全部都在线上或通过物流进行,缺少了当事人对商品取样、封样的确认环节,可能会存在当事人否认被抽检商品是由其销售或提供的情况。公证证据保全的引入,有效地克服了这一缺陷,通过有力的第三方证据证明了商品、销售者、网络交易平台三者之间的关系,保证了抽检从网上下单到收货整个执法过程证据链的形成,对营造良好营商环境具有重大意义。

发挥公证综合职能　　系统保护企业权益
(案例十)

美国某家主要从事影视作品技术开发的公司想拓展中国市场,收购几家中国公司,但并未全面掌握这几家中国公司的信息。于是,该公司委托中国律师向徐汇公证处申请调查并保全相关拟收购企业的信息。承办公证员受理该案后,对这几家中国公司的营业场所、公司规模、设立的工厂、整体运营情况以及公司的信誉度等相关信息进行调查,并进行证据保全。

根据证据保全内容,该公司有选择地对这几家中国公司进行了收购,但在收购过程中,遇到被收购方不积极配合的情况。该公司又向徐汇公证处申请办理资金监管公证,理顺了支付流程,确保了资金安全,最终收购成功。

该公司因为进入中国市场较晚,在入驻上海后,发现自己使用的很多商标都已被抢注,导致公司的商标运营出现问题。于是,该公司向徐汇公证处申请对商标抢注者的恶意性抢注行为进行保全,并通过诉讼,很多抢注商标被判无效,夺回了商标权。随后,该公司又向徐汇公证处申请证据保全,对市场上存在大量如影视作品、展会等侵权进行维持一年的取证,并凭借相关保全公证,利用法律途径制止了相关企业的侵权行为,净化了市场环境。同时,该公司也更加注重知识产权领域相关权益的保护,例如在动漫作品的研发阶段,就向徐汇公证处申请办理预防性保全公证,积极杜绝侵权行为的发生。

关于印发充分发挥公证职能作用
切实维护妇女合法权益指导性案例的通知

沪司发〔2018〕39 号

市公证协会,各区局:

为充分发挥公证职能作用,不断满足人民群众新需求,我们于近期收集汇总
了一批公证案例。经研究,现将其中 5 个涉及维护妇女合法权益的典型案例作
为指导性案例印发给你们,请及时组织所属公证机构和公证员认真学习,并在办
理公证业务过程中参照运用。

特此通知。

上海市司法局

2018 年 3 月 19 日

严格审查　维护妇女权益
（案例一）

关键词

保护妇女权益　严查配偶信息　赋予强制执行效力公证

案情概况

当事人张某因向银行申请贷款人民币贰佰万元整,提供登记在其名下的坐
落于上海市沁春路某号的房地产作为抵押担保,该房地产已经设有抵押,本次为
余额抵押。张某与银行共同向上海市公证处申请办理赋予债权文书强制执行效
力的公证。公证中,张某除提交了身份证、户口簿、房产证之外,还提交了其与前
妻马某的离婚证、离婚协议。张某系 2008 年结婚,2017 年离婚,而房地产则于
2005 年婚前取得。张某据此认为房地产为其婚前个人财产,故在离婚协议中并
未涉及该房地产,此次抵押贷款也未让其前妻马某到场。

公证员在受理过程中发现两个问题。其一,该房地产当时仍有购房按揭贷

款尚未结清,也就意味着张某与马某婚姻存续期间曾以夫妻共同财产支付还贷款项,根据《最高人民法院关于适用〈中华人民共和国婚姻法〉若干问题的解释(三)》,离婚时该不动产应由双方协议处理;其二,张某户口簿婚姻状况一栏中登记为"崔某",并非前妻马某。

交流中,张某解释婚姻状况登记为"崔某"系因其原配为崔某,但2人早已离婚,该房产与其无关。而关于购房按揭贷款还贷的问题,张某认为当时家庭经济来源主要是依靠他的收入,贷款也是由他每个月还款,且当时离婚时,前妻马某也并未对该房产产权提出异议,现在要马某出面确认,担心她会嫌麻烦不配合。于是,公证员在征得张某同意后,直接电话联系马某,将上述情况及相关法律规定向马某进行了详细解释。马某了解情况后表示愿意与张某面谈,就上述房产问题进行协商。

数日后,张某与其前妻马某来到公证处,2人在公证员面前协议该房地产归张某所有,马某获得一定的经济补偿,双方签署了《协议书》。同时,张某还提供了1本其与崔某已于1998年在海南省登记离婚的离婚证。

在审查过程中,公证员通过查询本市婚姻登记档案记录,核实了张某与马某结婚及离婚的信息。但却发现张某与第一任前妻崔某的离婚证上存在两个疑点:一是男女双方身份证号码均为18位,但1998年的身份证号码仍应是15位;二是2人在1998年就已经离婚,2002年签发的户口簿上却还记载前妻名字。公证员遂发函向登记机关查询,确认该离婚证为假证。

公证员电话联系了张某,张某承认该本离婚证系托关系办理的假证,真实情况是:其与崔某于1998年结婚,在2006年即已准备离婚。当年凭结婚证在房地产登记机关办理了夫妻间更名手续,后于2007年在美国通过判决离婚。因2人已经自行分割完毕在中国境内的财产,故判决书主要涉及美国当地财产,且判决书当时即已在美公证认证。但是崔某后来定居美国,张某担心无法满足公证员对于崔某到场的要求,方才出此"制假"下策。

了解情况后,公证员前往房地产登记机关证实了夫妻间更名的说法。为尽量避免崔某特地为此事回国,公证员先是通过视频方式与崔某确认了张某的上述解释,核实该房地产确已分割;随后再让崔某尽快在美办理确认书的公证认证,确认该房地产归属。崔某得知可以不用回国后,很快就在美办妥了上述事宜。

一波三折之后,获得银行贷款的张某再次来到公证处,对公证员表示感谢,而银行工作人员也对公证员在幕后做了这么多工作感到钦佩。然而,公证员也不会忘记张某的两任前妻崔某和马某对于公证员的感激和信任。因为,这份感激和信任不仅是给予公证员的,更是给予公证和法律的。

案例评析

（一）公证要点

1. 自然人或法人、非法人组织向银行等金融机构借款，可以共同向公证处申请办理借款合同、抵押合同等合同公证，并申请公证赋予债权文书强制执行效力。

2. 对涉及自然人的借款、抵押，特别要注重明确自然人的婚姻状况等信息，因为这涉及债务是个人债务还是夫妻共同债务，抵押物是个人财产还是夫妻共同财产。

3. 不片面依赖书面证据材料而忽视沟通交流，实体内容与程序合规同样重要。要做到人证相符、证证相符，对于当事人提供的不同材料之间、材料与交流之间不一致的地方，要做到"合理怀疑"，进一步核实有关情况。

（二）案例意义

当事人在日常生活中发生的诸多行为，很多时候"合理"多于"合法"，大部分当事人不是法律专家，只是根据生活常识去履行民事法律行为，这就需要公证员通过法律思维加以引导，告知当事人权利和义务，以及民事法律行为的法律意义和后果。

当事人在夫妻关系存续期间向银行等金融机构申请贷款时，公证机构都会要求夫妻双方到场确认是否为夫妻共同债务，如有担保物，还要确认担保物是否为夫妻共同财产。2018年1月18日《最高人民法院关于审理涉及夫妻债务纠纷案件适用法律有关问题的解释》施行后，对夫妻双方共同签字、夫妻一方事后追认等共同意思表示所负的债务认定为夫妻共同债务进行了确认。

而在本案中，公证机构对于当事人前配偶的权利也同样高度重视。《最高人民法院关于适用〈中华人民共和国婚姻法〉若干问题的解释（三）》中规定，"夫妻一方婚前签订不动产买卖合同，以个人财产支付首付款并在银行贷款，婚后用夫妻共同财产还贷，不动产登记于首付款支付方名下的，离婚时该不动产由双方协议处理。依前款规定不能达成协议的，人民法院可以判决该不动产归产权登记一方，尚未归还的贷款为产权登记一方的个人债务。双方婚后共同还贷支付的款项及其相对应财产增值部分，离婚时应根据婚姻法第三十九条第一款规定的原则，由产权登记一方对另一方进行补偿"。正是公证员对于权利的告知，让马某得以获得补偿。而对于公证员拨云见日、通过证件交叉比对才发现的崔某，公证员也没有片面依赖书面证据材料而忽视沟通交流，而是做到程序合规、实体内容并重，真正把保护当事人权益落到了实处。在我国现阶段的国情下，妇女在婚姻关系中往往处于较为弱势的地位，在公证中，保护妇女合法权益就显得尤为重要。

（三）相关法律和政策依据

1.《中华人民共和国婚姻法》第十七条、第十八条、第十九条、第三十九条；

2.《中华人民共和国公证法》第十一条、第二十七条、第二十八条、第二十九条、第三十七条；

3.《最高人民法院关于适用〈中华人民共和国婚姻法〉若干问题的解释（三）》第十条。

（四）专有名词解释

赋予强制执行效力的债权文书公证：具有强制执行效力的债权文书的公证，应当符合下列条件：

1. 债权文书以给付货币、物品或者有价证券为内容；

2. 债权债务关系明确，债权人和债务人对债权文书有关给付内容无疑义；

3. 债权文书中载明当债务人不履行或者不适当履行义务时，债务人愿意接受强制执行的承诺；

4.《中华人民共和国公证法》规定的其他条件。

债务人不履行或者不适当履行经公证的具有强制执行效力的债权文书的，公证机构可以根据债权人的申请，依照有关规定出具执行证书。

夫妻共同财产：夫妻在婚姻关系存续期间所得的下列财产，归夫妻共同所有：

1. 工资、奖金；

2. 生产、经营的收益；

3. 知识产权的收益；

4. 继承或赠与所得的财产，但《中华人民共和国婚姻法》第十八条第三项规定的除外；

5. 其他应当归共同所有的财产。

夫妻对共同所有的财产，有平等的处理权。

个人财产：有下列情形之一的，为夫妻一方的财产：

1. 一方的婚前财产；

2. 一方因身体受到伤害获得的医疗费、残疾人生活补助费等费用；

3. 遗嘱或赠与合同中确定只归夫或妻一方的财产；

4. 一方专用的生活用品；

5. 其他应当归一方的财产。

电子数据保全公证　着力解决劳动纠纷

（案例二）

关键词

电子数据保全证据公证　女职工权益保护

案情概况

甲（女）与乙（男）同为本市丙公司的员工，2017年4月，甲乙两人受公司委派赴外市出差。晚餐结束返回酒店后，乙将甲从楼道强行拖进自己房间，企图实施强奸。后甲逃出乙的房间，同时在酒店其他客人的帮助下，乙的犯罪未能得逞。当晚，甲即通过微信向其他同事描述了该事件，返回上海后，甲报了警，并将此事告知公司，公司得知后，当即决定开除乙。

乙否认强奸行为，不服公司的开除决定，于是申请劳动仲裁。因案发现场无监控录像，所以乙的强奸行为难以被确认。就此，甲主动向公证处申请了保全证据公证，要求对其在上述事件发生当日，自己与公司其他同事描述该事件的微信聊天内容进行保全，以作为公司提交给仲裁委的重要证据之一。

在了解上述情况后，公证员为甲办理了保全证据公证。在公证员的监督下，甲使用其手机登录了自己的微信账号，对其与另两个账号间的聊天内容进行截屏，随后使用数据线连接该手机与公证处计算机，将上述过程中所截屏的图片全部导入公证处计算机，最后打印全部图片，由公证员出具公证书。

案例评析

（一）公证要点

1. 公证员在办理微信聊天记录的证据保全公证前，审查了申请人的微信号是否与其手机号相关联、手机号是否系申请人实名制办理，确保该微信号系申请人自己的微信账号，以审核申请人与保全事项之间的关联性，同时避免申请人冒用他人账号进行证据固定。

2. 公证员告知申请人应当完整保全聊天记录，不可断章取义地保全部分内容的聊天记录或仅保全针对己方有利的记录。因为，完整的证据才能反映事实真相，这是法院公正、合法裁判的基础。

3. 公证员告知申请人公证机构仅对提取、固定电子数据过程的真实性作出证明。电子数据属于个人微信聊天记录的，公证机构仅证明电子数据被提取时的客观状况，不证明电子数据被提取之前的客观状况。此外，也不保证所保全的电子数据必然发生对当事人有利的影响，也不保证所保全的电子数据必然被仲裁委采信。

（二）案例意义

根据《中华人民共和国妇女权益保障法》《女职工劳动保护特别规定》中的相关规定,在劳动场所,用人单位应当预防和制止对女职工的性骚扰。本案中,丙公司为保护妇女权益免受侵犯将乙开除,但乙否认强奸事实,不服开除。因而,在丙公司与乙的劳动仲裁案件中,乙是否涉嫌强奸成为影响劳动仲裁结果的关键问题。因案件发生在甲乙两人于外地出差期间,且案发现场无监控录像,在刑事案件尚无结论的情况下,丙公司作为用人单位,存在举证难的问题。此时,保全证据公证作为丙公司提交仲裁委的证据,成为仲裁委判断乙是否实施过强奸行为的重要佐证。

（三）相关法律和政策依据

1.《中华人民共和国公证法》第十一条;

2.《中华人民共和国妇女权益保障法》第三条;

3.《女职工劳动保护特别规定》第十一条。

（四）专有名词解释

保全证据公证:公证机构根据自然人、法人或者其他组织的申请,依法对与申请人权益有关的、有法律意义的证据及行为过程加以提取、收存、固定、描述或对申请人取证行为的真实性予以证明的活动。

严格审查　确保法律正确实施
（案例三）

关键词

赋予强制执行效力的债权文书公证　夫妻共同财产　借款　抵押　保证

案情概况

张某、李某双方系夫妻,目前家住本市徐汇区。丈夫张某目前经营一家电子设备公司,2017年电子行业不是特别景气,到了年底,张某就想通过投资新项目进行业务转型。于是,张某联系了上海某银行,以个人名义向该银行借款。

2018年1月26日,张某和银行信贷人员一同前往上海市公证处,申请办理赋予《借款合同》《抵押合同》《保证合同》公证并赋予强制执行效力。公证员审查了合同的内容以及双方所提交的包括张某身份证、户口簿、不动产权证在内的一系列申请材料。当公证员询问张某的婚姻情况时,张某口称已婚,且不情愿地从包中取出结婚证。公证员审查了结婚证之后告知张某,因涉及夫妻一方借款并且所抵押的房地产系夫妻共同财产,故需妻子李某前来公证处表态是否同意

抵押,并认可该债务。张某辩称该房产是登记在张某个人名下且使用个人钱款
购买的,李某就是个家庭妇女,应该不需要李某同意,且银行也未要求妻子李某
要亲自到场。公证员向其解释,按照《中华人民共和国婚姻法》第十七条规定,
在夫妻关系存续期间购买的房地产,双方又没有另行约定的,不论登记在谁名下
都属于夫妻共同财产。张某又推脱说李某目前在国外,无法赶回来。公证员和
张某明确表态称,为保障妻子李某的财产权益,同时为了明确债权债务及担保关
系,若李某不能亲自来公证处或者在国外办理相应公证手续,该借款抵押合同公
证暂时无法受理。

没想到,第二天,张某就带着妻子李某来公证处了。原来张某怕李某对其投
资不支持,所以就想自己把该贷款抵押事宜办理完毕。但因无法回避申办公证
手续,当天回去后张某就和妻子李某详细说明了情况,没想到妻子还是很支持自
己事业的,愿意一同来公证处。公证员向张某、李某双方告知了本次借款抵押的
法律意义和法律后果,特别是考虑到前一天的办理情形,特地强调了两点:一是
本次借款是否作为夫妻共同债务;二是本次借款使用登记在张某名下的属于张
某、李某双方夫妻共有的房地产作为抵押物,张某、李某双方是否同意抵押并赋
予强制执行效力。李某当场表态认可是夫妻共同债务,并且同意以所涉房地产
作为上述借款的抵押担保。本次合同公证顺利完成。

案例评析

(一)公证要点

1. 自然人或法人、非法人组织向银行等金融机构借款,可以共同向公证处申
请办理借款合同、抵押合同、保证合同等合同公证并申请公证赋予债权文书强制
执行效力。

2. 对涉及自然人的借款,尤其要明确自然人的婚姻状况等信息,因为这涉及
是个人债务还是夫妻共同债务的认定。必要时,合同各方应在合同中予以确认。

3. 涉及用夫妻共有的如房地产、股权等财产为借款的抵押担保的,不论该不
动产或动产是登记在夫妻一方或者双方名下,在办理公证时,夫妻双方均要予以
表态确认。

4. 夫妻双方可以按照《中华人民共和国婚姻法》第十九条规定,约定婚姻关
系存续期间所得的财产以及婚前财产归各自所有、共同所有或部分各自所有、部
分共同所有。约定应当采用书面形式。没有约定或约定不明确的,适用《中华
人民共和国婚姻法》第十七条、第十八条规定。夫妻对婚姻关系存续期间所得
的财产以及婚前财产的约定,对双方具有约束力。夫妻对婚姻关系存续期间所
得的财产约定归各自所有的,夫或妻一方对外所负的债务,第三人知道该约定
的,以夫或妻一方所有的财产清偿。

（二）案例意义

夫妻一方或双方向银行等金融机构进行借款或以名下财产为本人或他人借款作抵押担保等,为明晰夫妻之间的债权债务关系和担保关系,需要夫妻双方共同确认债务是个人所有还是夫妻共有。以夫妻共有财产作为担保物的,要明确是否经过夫妻双方同意。尤其是在 2018 年 1 月 18 日《最高人民法院关于审理涉及夫妻债务纠纷案件适用法律有关问题的解释》施行后,对于夫妻双方共同签字、夫妻一方事后追认等共同意思表示在夫妻共同债务的认定中尤显重要,也更有利于保护夫妻一方特别是常处于经济弱势一方的女性的财产权利。婚姻关系的审查以及对个人财产还是夫妻共同财产的认定,历来是办理处分类公证时的审查重点和难点。

（三）相关法律和政策依据

1.《中华人民共和国婚姻法》第十七条、第十八条、第十九条;

2.《中华人民共和国公证法》第十一条、第十二条、第二十七条、第三十七条;

3.《最高人民法院关于审理涉及夫妻债务纠纷案件适用法律有关问题的解释》第一条。

（四）专有名词解释

赋予强制执行效力的债权文书公证:具有强制执行效力的债权文书的公证,应当符合下列条件:

1. 债权文书以给付货币、物品或者有价证券为内容;

2. 债权债务关系明确,债权人和债务人对债权文书有关给付内容无疑义;

3. 债权文书中载明当债务人不履行或者不适当履行义务时,债务人愿意接受强制执行的承诺;

4.《中华人民共和国公证法》规定的其他条件。

债务人不履行或者不适当履行经公证的具有强制执行效力的债权文书的,公证机构可以根据债权人的申请,依照有关规定出具执行证书。

夫妻共同财产:夫妻在婚姻关系存续期间所得的下列财产,归夫妻共同所有:

1. 工资、奖金;

2. 生产、经营的收益;

3. 知识产权的收益;

4. 继承或赠与所得的财产,但《中华人民共和国婚姻法》第十八条第三项规定的除外;

5. 其他应当归共同所有的财产。

夫妻对共同所有的财产,有平等的处理权。

个人财产：有下列情形之一的，为夫妻一方的财产：

1. 一方的婚前财产；

2. 一方因身体受到伤害获得的医疗费、残疾人生活补助费等费用；

3. 遗嘱或赠与合同中确定只归夫或妻一方的财产；

4. 一方专用的生活用品；

5. 其他应当归一方的财产。

证据保全公证　保护"忠实义务"

（案例四）

关键词

电子数据保全证据公证　夫妻忠诚义务

案情概况

2017年7月，甲向公证处申办"珍爱网"（征婚交友网站）的网页公证及其与配偶的微信聊天记录公证。公证员接待后甚是疑惑，已婚人士很少会关注征婚交友网站，对夫妻之间私密的聊天记录更是不愿公开，为什么还要来公证处办理公证呢？

公证员与甲交谈后得知，其在微信聊天记录中发现一张"特别"的图片——一张电脑浏览器的页面截图。粗看很平常，但是细心的甲却发现了异样：图片中浏览器未展开的标签页面标注着"珍爱网"字样。这一细微的线索让甲顿生警觉，丈夫怎么会浏览征婚交友网站？为一探究竟，甲就在"珍爱网"实名注册了VIP会员，通过VIP会员匿名搜索、浏览其他会员的功能，在网站中发现昵称为"内心独白"的个人页面。该用户头像使用了丈夫的真实照片，且页面中教育程度、地域、工作经历、个人简介都和丈夫非常相似，唯独个人婚史栏填写"未婚"字样。根据上述内容，甲认定"内心独白"就是她的丈夫。丈夫的行为让甲很伤心，于是，甲查阅了婚姻法，了解到配偶间应尽到夫妻忠诚义务的规定，丈夫在征婚交友网站公开征婚的行为已然违背了夫妻之间的忠诚义务，因此，甲想以此为由解除婚姻关系。在听取法律人士建议后，甲来到公证处要求对"珍爱网"及相关微信聊天记录内容进行公证，公证员为其办理了网页及微信聊天记录的保全证据公证。

案例评析

（一）公证要点

1. 以配偶一方违背夫妻忠实义务的理由提出离婚，另一方可以围绕该理由收集、固定证据并办理保全证据公证。但是此类证据往往只能证明对方过错，无法达到离婚所要求的证据标准，因为夫妻之间的忠实义务仅是原则性规定，法律中尚无法定的强制履行规定,司法解释更是明确:以夫妻之间违背忠实义务为由提起诉讼的,法院不予受理。公证员向当事人告知,微信及网页证据可以作为其离婚诉讼中不利于对方的证据,但是为进一步达到离婚目的,应收集《中华人民共和国婚姻法》第三十二条规定符合离婚情形的其他证据。

2. 本案中,公证员告知当事人完整保全聊天记录,不可断章取义地保全部分内容的聊天记录或者仅保全针对己方有利的记录。因为,完整的证据才能反映事实真相,这是法院公正、合法裁判的基础。

3. 本案中,公证员发现微信聊天记录涉及夫妻之间大量隐私内容,因而告知当事人应合理使用固定微信聊天记录证据后形成的公证文书,不得肆意公开公证文书内容侵犯他人合法权益。

4. 本案中,公证员在办理征婚交友网站的证据保全过程中,对当事人于网站中的实名注册身份进行了核验及审查,避免当事人冒用他人账号进行证据固定,侵犯他人隐私。

（二）案例意义

夫妻双方离婚时,无过错方可以围绕夫妻忠诚义务,即法律上规定的"忠实义务"之情形收集、固定证据,此类证据通常是在微博、微信、短信、QQ 空间、征婚交友网站中留下的相关电子数据证据。但是这些电子数据证据易于消失、难以取得,故建议无过错方办理证据保全公证,以期增强电子数据证据取得的证明力。

（三）相关法律和政策依据

1.《中华人民共和国公证法》第十一条;

2.《中华人民共和国婚姻法》第四条;

3. 最高人民法院《关于适用〈中华人民共和国婚姻法〉若干问题的解释（一）》第三条。

（四）专有名词解释

保全证据公证:公证机构根据自然人、法人或者其他组织的申请,依法对与申请人权益有关的、有法律意义的证据及行为过程加以提取、收存、固定、描述或对申请人取证行为的真实性予以证明的活动。

提存公证　保障离婚后的补偿款有效履行
（案例五）

关键词

离婚登记　补偿款　权益保障　协议　提存公证

案情概况

本市某居民张甲、王乙于 2011 年登记结婚,婚后育有 1 女,因感情破裂于 2016 年登记离婚,离婚协议约定:以男方张甲名义在婚内购置的一套 3 室 1 厅住房产权归男方张甲所有,但男方须在三年内分 5 期支付女方王乙房屋折价补偿款人民币合计 200 万元。离婚后,张甲一直催促王乙先将户口迁出该处住房,并多次发生激烈冲突。因已办理离婚登记,房产仅登记在张甲 1 人名下,王乙担心户口一旦先迁出,张甲随时可以变卖房产并转移资金,在未收到全部补偿款的情况下,自己的权益很可能得不到保障,故求助于公证处。公证处建议男女双方签订补偿协议,约定以公证提存方式完成资金给付,并将王乙户口迁移作为王乙领取提存款的条件。当事人均表示认可,并共同向公证处申办了提存公证。公证处根据当事人达成一致的意思表示,为当事人代书了协议文本,张甲在公证受理后第三天即将剩余 180 万元补偿款转入公证处提存专用账户,王乙也在公证处收到 180 万元提存款后的第二天将户口迁出该住房。因协议双方约定的领取提存款的条件已具备,故公证处将上述 180 万元补偿款转入王乙的银行账户。通过运用资金提存公证手段,化解了男女双方的激烈矛盾,充分保障了女方王乙的合法权益。

案例评析

(一)公证要点

1. 离婚双方当事人就离婚的财产分割涉及补偿款给付的,为保证资金安全,保障对方有效实现债权,当事人可向公证机构申请办理提存公证,由一方将资金提存于公证机构,待设定的提存款提取条件具备后,由公证机构通知另一方领取提存款;

2. 办理资金监管提存公证时,协议中需明确补偿款的支付方式、支付期限、领取或收回提存款的条件、双方账户信息等内容,公证机构可按照提存协议的约定,向提存协议指定的银行账户进行资金转账交付。

(二)案例意义

夫妻离婚后,涉及补偿款给付须满足一定条件且金额较大,或先行履行义务的一方担心自身权益难以确保的,可以运用提存公证制度,前往公证机构办理补偿款提存公证,由公证机构按照双方约定的条件进行资金转账交付,避免纠纷发生。

(三)相关法律和政策依据

1.《中华人民共和国公证法》第十一条、第十二条;

2.《提存公证规则》。

(四)专有名词解释

提存公证:公证处依照法定条件和程序,对债务人或担保人为债权人的利益而交付的债之标的物或担保物(含担保物的替代物)进行寄托、保管,并在条件成就时交付债权人的活动。为履行清偿义务或担保义务而向公证处申请提存的人为提存人。提存之债的债权人为提存受领人。以清偿为目的的提存公证具有债的消灭和债之标的物风险责任转移的法律效力。以担保为目的的提存公证具有保证债务履行和替代其他担保形式的法律效力。不符合法定条件的提存或提存人取回提存标的的,不具有提存公证的法律效力。

第四部分
公证领域理论研究

公证执业监管

王　琼　闫方全*

公证行业是国家法律服务行业的重要构成部分,对公民合法权益的维护和法治国家的建设具有十分重要的意义,而公证执业监管是公证制度的重要组成部分,为公证行业的健康发展保驾护航。强调对公证执业权利进行保障,注重发挥公证的积极作用的同时,必须认识到,公证法律服务市场具有特殊性,如若不加以有效的监管,会出现"市场失灵"的困境,进而危害到群众的利益。因此必须对公证进行有效的监管,对公证行业的有效监管既有利于维护公证行业的良好风气,提高公证行业的形象和社会地位,也有利于群众获得更加优质的服务,保护群众的合法权益,还有利于国家法律有效贯彻落实,推动法治国家建设的步伐。

一、公证执业监管综述

(一) 公证执业监管

公证执业监管是国家司法行政机关凭借法定权力,通过实施法律、行政法规,制定行政规章、规范性文件,采取行政审批(许可)、行政检查、行政处罚等多种举措,对公证协会、公证机构和公证员的执业行为所采取的一种有意识的和主动的干预和控制活动。根据我国《公证法》及相关法律规定,公证执业监管可以具体分为承担主要监管职责的国家司法行政机关的行政监管及承担辅助监管职责的公证协会的行业监管和公证机构的自我监管。

(二) 公证执业监管的主体

公证执业监管主体可以分为两类:一是政府机构;二是非政府机构。政府机构就是承担主要监管职责的国家各级司法行政机关,包括司法部、省(自治区、直辖市)司法厅(局)、地级市(区)司法局及县(区)司法局。在各级司法行政机关内设有具体公证工作部门,包括司法部律师公证工作指导司,各省、自治

---

* 王琼,上海市司法局公证工作管理处处长。闫方全,上海市司法局政治部党群处工作处副主任科员。

区、直辖市司法厅(局)公证工作指导处(或律师公证工作指导处)及各地级市(区)司法局律师公证管理科(处),各县(区)司法局律师公证管理科,具体承担对公证协会、公证机构、公证员的指导、监督工作。非政府机构如承担辅助监管职责的公证协会和公证机构,公证协会承担行业监管职责,公证机构承担自我监管职责。

(三)公证执业监管的对象

公证执业监管的对象,即被监管者,包括公证行业协会(公证协会)、公证执业机构(公证处)和公证从业人员(公证员),广义上的公证从业人员,除了包括持有公证员执业证书的公证员外,还包括在公证机构内承担公证辅助事务的公证员助理等辅助人员。

(四)公证执业监管的目标

监管部门对法律服务行业的监督是为了实现维护市场秩序、保护群众合法权益,公开、高效及防范执业风险三大目标。公证执业监管作为法律服务行业监管活动中一个专门领域的监管,其目标既有适合法律服务行业监管的总体目标,也有其鲜明的行业特点,即规范公证活动,规范公证机构、公证员的执业行为,保障公证机构和公证员依法履行职责,预防纠纷,保障自然人、法人或者其他组织的合法权益。

(五)公证执业监管的方式

1. 行政规制

拟定和落实公证行业发展的各项规划,强化对公证执业全过程的监督,建立健全涵盖执业准入、日常监管、考核评价、奖励处罚等方面的公证管理制度和规范性文件。

2. 行政指导

推动和引导公证机构及其公证员认真办理涉及经济活动的公证事项,认真办理涉及公民权利义务的公证事项,认真办理涉及社会和谐稳定的公证事项,认真办理涉外、涉港澳台公证事项。

3. 行政审批(许可)

依照法定程序审批公证机构设立、分立、合并、变更名称、变更办公场所、变更执业区域,颁发、换发、补发公证机构执业证书,核准公证机构的负责人。依照法定程序任命公证员,颁发、换发、补发、注销公证员执业证书、核准公证员变更执业机构。

4. 行政检查

对公证机构、公证员的执业活动、质量控制、内部管理等情况进行监督检查。重点监督检查被投诉或者举报的,执业中有不良记录的,为保持法定设立、任职和执业条件的,年度考核发现内部管理存在严重问题的。

5. 行政处罚

公证机构或者公证员有违法违纪行为的,主管司法行政机关应当依法依规依纪追究其相应的责任。

(1) 给予事业单位行政处分

公证机构有违法违纪行为,应当追究纪律责任的,主管司法行政机关应当依照《事业单位工作人员处分暂行规定》第十五条的规定,对负有责任的领导人员和直接责任人员给予处分。公证员有违法违纪行为,应当承担纪律责任的,建议公证机构依照《事业单位工作人员处分暂行规定》的规定,视其情节轻重,分别给予警告、记过、降低岗位等级或者撤职、开除等处分。

(2) 给予公证行业处分

公证机构或公证员有违反法律、行政法规、行政规章、执业纪律和职业道德的行为,应当给予行业处分的,主管司法行政机关应当建议公证协会依据《中国公证协会章程》《公证员惩戒规则(试行)》和《公证员职业道德基本准则》,对公证机构或公证员违反执业规范和执业纪律的行为,视其情节轻重,给予相应的行业处分。

(3) 依法实施行政处罚

公证机构或公证员有《公证法》第四十一条、第四十二条规定所列行为之一的,由省、自治区、直辖市司法行政机关或者设区的市司法行政机关依据《公证法》的规定,予以行政处罚。司法行政机关对公证机构或者公证员违法行为实施行政处罚,应当根据有关法律、法规和司法部有关行政处罚程序的规定进行。

此外,公证机构负责人、公证员是中共党员的,违反党章和其他党内法规,违反国家法律法规,违反党和国家政策,违反社会主义道德,危害党、国家和人民利益的行为,依照规定应当给予纪律处理或者处分的,由主管司法行政机关党组织依照《中国共产党纪律处分条例》给予纪律处分。公证机构或公证员有《公证法》第四十二条所列行为之一,涉嫌提供虚假证明文件罪,出具证明文件重大失实罪,隐匿、故意销毁会计凭证、会计账簿、财务会计报告罪等刑事犯罪的,主管司法行政机关应当将相关线索移送司法机关,依法追究其刑事责任。

二、对公证协会的监管

公证协会是依照《公证法》设立的,由公证机构、公证员,以及其他与公证事业有关的专业人员、机构组成的公证行业自律组织,是非营利性的社会团体法人。司法行政机关积极督促公证协会依照章程开展活动,实施行业自律管理,自觉履行制定行业规范、开展业务交流、表彰优秀会员、宣传行业形象、组织会员培训、提供会员福利、保障会员权利、调解职业纠纷、处理违纪投诉、作出行业惩戒等职责,是充分发挥其行业管理作用,保障公证行业健康发展的重要举措。

(一)监管公证协会积极履行其职责

司法行政机关监管公证协会依照章程积极履行职责,其职责如下:对公证机构和公证员的执业活动进行监督;制定公证行业规范;维护会员的合法权益,保障会员依法履行职责;开展对会员的年度检查和登记;提高会员执业水平和素质,开展职业道德和职业纪律教育,组织公证业务培训,加强公证理论研究、业务指导和工作经验交流,对公证质量进行监督、检查;调处会员在执业中的纷争,调解当事人、公证事项的利害关系人与公证机构因过错责任和赔偿数额发生的争议;组织会员开展对外交流,加强与国(境)内外公证行业及有关组织的合作与交往;宣传公证制度,弘扬先进,树立行业形象,开展文明行业创建活动;向司法行政机关提出公证制度建设的建议,反映公证工作中急需解决的问题;负责海峡两岸公证书的查证和公证书副本的寄送工作;负责本区域内公证专用水印纸的使用管理,负责公证文书表格统一印制和管理,负责本区域内公证赔偿基金的管理;为会员提供福利和其他保障;履行法律法规规定的其他职责,完成司法行政机关委托的事务。

(二)监管公证协会强化会员管理

公证协会的会员由团体会员和个人会员组成。取得公证机构执业证书的公证机构为公证协会团体会员,其他与公证业务有关的机构,经申请批准,可以成为协会团体会员。取得公证员执业证书的公证员为公证协会个人会员。公证管理人员、从事公证法学教学、科研以及对公证制度有研究的人员和中国委托(香港)公证人、中国委托(澳门)公证人,经申请批准,可以成为公证协会个人会员。中国委托(香港)公证人、中国委托(澳门)公证人成为会员,要报业务主管单位审核批准。经申请批准加入的会员,无正当理由,不履行义务或不缴纳会费的,视为自动退会。

公证协会要积极提供各种便利,保障会员的合法权利。公证协会个人会员享有以下权利:享有协会的选举权、被选举权和表决权;提出维护会员的合法权益的要求;享受本协会举办的福利;参加本协会举办的各种学习、研讨和交流活动;使用公证协会的图书资料;通过公证协会向有关部门提出建议;对公证协会工作提出批评和建议。公证协会团体会员享有个人会员除公证协会的选举权、被选举权和表决权之外的所有权利。公证协会会员在享受权利的时候也要履行相应的义务,其义务包括遵守公证协会章程、执行公证协会决议;遵守职业道德和执业纪律,遵守公证行业的规范和准则;自觉维护公证职业的荣誉,维护会员间的团结;完成公证协会委托的各项工作任务;接受年度检查和会员登记;向公证协会反映情况,提供有关资料;按规定缴纳会费。

　　会员在开拓公证业务,规范行业管理,促进经济发展,维护社会稳定,以及保障当事人合法权益等方面成绩显著的,由协会对会员实施奖励。奖励的实施办法由理事会制定,并经会员代表大会通过。会员有违反法律、法规、规章,违反执业规范和纪律,不履行会员义务,以及严重损害行业形象和声誉等行为的,由协会对会员作出处分。处分的实施办法由理事会制定,并经会员代表大会通过。

　　(三) 监管公证协会完善组织结构加强组织建设

　　公证协会的最高权力机构是会员代表大会。会员代表大会每届有固定任期。根据地方实际情况,每届任期可合理安排(比如四年或者五年)。因特殊情况需要提前或延期换届的,须由公证协会理事会表决通过,报省级司法行政机关审查同意并经省级社会团体管理机关批准,但延期换届最长不超过一年。代表大会一般每年召开一次。会员代表大会作出决议,须有三分之二以上的代表出席,经出席代表二分之一以上通过方能生效。但会员代表大会作出修改章程的决议,须经出席代表的三分之二以上通过。会员代表大会的代表从个人会员中产生。会员代表选举办法由公证协会理事会制定。会员代表大会享有以下职权:制定和修改章程,监督章程的实施;讨论决定公证协会的工作方针和任务;选举和罢免理事;听取和审议理事会工作报告;审议公证协会会费收支情况的报告;审议法律、法规和章程规定的由公证协会会员代表大会决定的其他事项。

　　理事会由会员代表大会选举组成,是会员代表大会闭会期间的执行机构,对会员代表大会负责。理事会会议每隔一段时间召开一次(比如每三个月召开一次),根据需要可以提前或推后。理事会的召开须有三分之二以上理事出席,其决议须经到会理事的三分之二以上通过方能生效。根据需要,还可以设立常务理事会。理事会要积极履行以下职权:执行会员代表大会决议;向会员代表大会报告工作和财务状况;讨论决定年度工作计划并组织实施;选举会长、副会长,决定聘用秘书长;制定公证行业执业和管理规范,制定会费管理办法;决定设置和撤销公证协会的专门委员会,组织开展业务交流、学术研究活动;组织开展对外交流合作;决定对会员的奖励和处分;决定和筹备召开会员代表大会;讨论决定公证协会其他重要事项。如果设置常务理事会,理事会还要增加"选举常务理事并从中选举会长、副会长和根据需要,增补或罢免个别常务理事"等职权。常务理事会由理事会选举产生,在理事会闭会期间行使理事会除"向会员代表大会报告工作,选举常务理事并从中选举会长、副会长,增补或罢免个别常务理事"以外的职权,并决定聘任或解聘协会秘书长,对理事会负责。常务理事人数原则上占理事人数的三分之一。常务理事会会议每年不得少于两次,听取并审议会长、副会长、秘书长、办事机构的工作报告,研究决定重要事宜。公证协会可以根据需要设立若干专门委员会,委员会成员由理事会决定。

　　公证协会会长是公证协会的法定代表人。公证协会法定代表人不得同时兼任其他社会团体的法定代表人。会长、副会长由理事会选举产生,会长、副会长任期固定(比如四年或五年),可连选连任,会长连续任职不超过两届。担任公证协会会长、副会长必须满足以下条件:坚持党的路线、方针、政策,政治素质好;在本区域公证行业内有较高威望;身体健康,能坚持正常工作;会长、副会长最高任职年龄不超过 70 周岁;未受过刑事处罚。会长、副会长如超过最高任职年龄的,须经理事会表决通过,报业务主管单位审查并经社团登记管理机关批准同意后,方可任职。会长行使下列职权:召集和主持会员代表大会、理事会(及常务理事会);检查会员代表大会、理事会(及常务理事会)决议的落实情况;代表协会签署有关重要文件;处理其他重大事务。副会长协助会长开展工作。

　　公证协会设立秘书处,作为协会的办事机构。秘书处具体负责落实会员代表大会、理事会(及常务理事会)的各项决议、决定,承担协会的日常工作。秘书处设秘书长一人,副秘书长若干人,工作人员若干人。秘书长对理事会(及常务理事会)负责,副秘书长协助秘书长工作。副秘书长和秘书处其他工作人员的聘用由秘书长提名,经理事会(及常务理事会)讨论通过。秘书长履行下列职责:主持秘书处日常工作;组织实施年度工作计划;组织实施代表大会、理事会的各项决议;决定专门办事机构专职工作人员聘用;处理其他日常事务。

　　(四) 监管公证协会资产管理和使用

　　公证协会的经费来源于:会费;捐赠;政府部门资助;在核准的业务范围内开展活动或服务的收入;其他合法收入。公证协会按照国家有关规定收取会员会费。经费主要用于开展协会工作,为会员提供公证信息、资料,开展学术交流、培训、疗养和其他公益福利活动,支付协会办事机构及其人员的各项开支。协会建立严格的财务管理制度,保证会计资料合法、真实、准确、完整。协会配备具有专业资格的会计人员。会计不得兼任出纳。会计人员必须进行会计核算,实行会计监督。会计人员调动工作或离职时,必须与接管人员办清交接手续。协会的资产管理必须执行国家规定的财务管理制度,接受会员代表大会和财政部门的监督。国家补贴拨款的,必须接受国家审计机关的监督;社会捐赠的,应当尊重捐赠人的意愿并向社会公布。协会换届或更换法定代表人之前必须接受社团登记管理机关和业务主管单位组织的财务审计。协会的资产,任何单位、个人不得侵占、私分和挪用。协会专职工作人员的工资和保险、福利待遇,参照国家有关规定执行。

　　(五) 接收公证协会动态备案

　　司法行政机关以备案的方式,接受公证协会提交的有关资料以便考查,既能够充分鼓励行业自治也能够更有效地达到加强对公证协会监督管理的效果。备案制是司法行政机关依照法律法规的规定,接受公证协会报送符合条件的资料和文件,并进行收集存档,以作为后续监管和执法的信息基础。公证协会是公证行业的行业管理组织,依据其章程及司法行政机关相关规定积极开展工作,作为司法行政机关,对公证协会进行监管,将备案的内容、方式、时间等条件予以规定,以文件的形式下发公证协会,要求公证协会积极履行备案职责接受监督管理:备案的内容具体包括公证协会章程,公证协会对公证机构、公证员监督管理采取的各项举措,行业协会规范,职业培训规定,职业道德准则,协会组织建设等各种行业规范、规定;备案方式以书面和电子版两种方式;备案的时间在规范正式颁布 6 天前。同时司法行政机关对公证协会制定的重要的行业规范加以转发,提高行业规范执行效力,诸如 2011 年 1 月 31 日司法部下发关于转发中国公证协会《公证员执业道德基本准则的通知》。

三、对公证机构的监管

公证机构是依照《公证法》和《公证机构执业管理办法》设立,不以营利为目的,依法独立行使公证职能,承担民事责任的证明机构。公证机构的设立,应当按照统筹规划、合理布局的原则,实行总量控制。公证机构应当加入地方和全国的公证协会。公证机构办理公证,应当遵守法律,坚持客观、公正的原则,遵守公证执业规范和执业纪律。公证机构办理公证,不以营利为目的,独立行使公证职能,独立承担民事责任,任何单位和个人不得非法干预,其合法权益不受侵犯。为加强对公证机构的审批管理和执业监督,规范公证机构的执业行为,司法行政机关应当依照《公证法》和有关法律、法规、规章,对公证机构进行监督、指导。

（一）对公证机构设立审批监管

设立公证机构,由省、自治区、直辖市司法行政机关审核批准。公证机构可以在县、不设区的市、设区的市、直辖市或者市辖区设立;在设区的市、直辖市可以设立一个或者若干个公证机构。公证机构不按行政区划层层设立。省、自治区、直辖市司法行政机关应当按照公证机构设立原则,综合考虑当地经济社会发展程度、人口数量、交通状况和对公证业务的实际需求等情况,拟定本行政区域公证机构设置方案。公证机构设置方案包括:设置方案拟定的依据,公证机构设置和布局的安排,公证执业区域划分的安排,公证机构设置总量及地区分布的安排。省、自治区、直辖市司法行政机关还可以根据当地情况和公证需求的变化对设置方案进行调整。但公证机构设置方案及其调整方案,应当报司法部核定。省、自治区、直辖市司法行政机关在办理公证机构设立或者变更审批时要核定公证机构的执业区域,公证执业区域可以下列区域为单位划分:县、不设区的市、市辖区的辖区;设区的市、直辖市的辖区或者所辖城区的全部市辖区。

省、自治区、直辖市司法行政机关设立公证机构,应当审查是否具备以下条件：有自己的名称；有固定的场所；有两名以上公证员；有开展公证业务所必需的资金。同时还应当符合经司法部核定的公证机构设置方案的要求。公证机构的负责人应当在有三年以上执业经历的公证员中推选产生，由所在地司法行政机关核准，并逐级报省、自治区、直辖市司法行政机关备案。公证机构的开办资金数额，由省、自治区、直辖市司法行政机关确定。

设立公证机构，由所在地司法行政机关组建，逐级报省、自治区、直辖市司法行政机关审批。申请设立公证机构，应当提交下列材料：设立公证机构的申请和组建报告；拟采用的公证机构名称；拟任公证员名单、简历、居民身份证复印件和符合担任公证员条件的证明材料；拟推选的公证机构负责人的情况说明；开办资金证明；办公场所证明；其他需要提交的材料。设立公证机构需要配备新的公证员的，应当依照《公证法》和司法部规定的条件和程序，报请审核、任命。

省、自治区、直辖市司法行政机关应当自收到申请材料之日起三十日内，完成审核，作出批准设立或者不予批准设立的决定。对准予设立的，颁发公证机构执业证书；对不准予设立的，应当在决定中告知不予批准的理由。批准设立公证机构的决定，应当报司法部备案。

公证机构变更名称、办公场所，根据当地公证机构设置调整方案予以分立、合并或者变更执业区域的，应当由所在地司法行政机关审核后，逐级报省、自治区、直辖市司法行政机关办理变更核准手续。核准变更的，应当报司法部备案。公证机构变更负责人的，经所在地司法行政机关核准后，逐级报省、自治区、直辖市司法行政机关备案。省、自治区、直辖市司法行政机关对经批准设立的公证机构以及公证机构重要的变更事项，应当在作出批准决定后二十日内，在省级报刊上予以公告。

（二）对公证机构名称设置和执业证书监管

公证机构统称公证处。根据公证机构设置的不同情况，分别采用下列方式冠名：在县、不设区的市设立公证机构的，冠名方式为：省（自治区、直辖市）名称+本县、市名称+公证处；在设区的市或其市辖区设立公证机构的，冠名方式为：省（自治区）名称+本市名称+字号+公证处；在直辖市或其市辖区设立公证机构的，冠名方式为：直辖市名称+字号+公证处。公证机构的名称，应当使用全国通用的文字。民族自治地方的公证机构的名称，可以同时使用当地通用的民族文字。公证机构名称中的字号，应当由两个以上文字组成，并不得与所在省、自治区、直辖市内设立的其他公证机构的名称中的字号相同或者近似。公证机构名称的内容和文字，应当符合国家有关规定。公证机构的名称，由省、自治区、直辖市司法行政机关在办理该公证机构设立或者变更审批时予以核定。公证机构对经核定的名称享有专用权。

公证机构执业证书是公证机构获准设立和执业的凭证。公证机构执业证书应当载明以下内容：公证机构名称、负责人、办公场所、执业区域、证书编号、颁证日期、审批机关等。公证机构执业证书分为正本和副本。正本用于在办公场所悬挂，副本用于接受查验。正本和副本具有同等法律效力。公证机构执业证书由司法部统一制作。证书编号办法由司法部制定。公证机构执业证书不得涂改、出借、抵押或者转让。公证机构执业证书损毁或者遗失的，由该公证机构报经所在地司法行政机关，逐级向省、自治区、直辖市司法行政机关申请换发或者补发。公证机构变更名称、办公场所、负责人、执业区域或者分立、合并的，应当在报请核准的同时，申请换发公证机构执业证书。公证机构受到停业整顿处罚的，停业整顿期间，应当将该公证机构执业证书缴存所在地司法行政机关。

（三）对公证机构执业监督检查

司法行政机关依法对公证机构的组织建设、队伍建设、执业活动、质量控制、内部管理等情况进行监督。省、自治区、直辖市司法行政机关对公证机构的下列事项实施监督：公证机构保持法定设立条件的情况；公证机构执行应当报批或者备案事项的情况；公证机构和公证员的执业情况；公证质量的监控情况；法律、法规和司法部规定的其他监督检查事项。设区的市和公证机构所在地司法行政机关对本地公证机构的下列事项实施监督：组织建设情况；执业活动情况；公证质量情况；公证员执业年度考核情况；档案管理情况；财务制度执行情况；内部管理制度建设情况；司法部和省、自治区、直辖市司法行政机关要求进行监督检查的其他事项。

公证机构应当建立健全业务、公证档案、财务、资产等管理制度，对公证员的执业行为进行监督，建立执业过错责任追究制度。公证机构应当严格执行国家制定的公证收费标准。公证机构应当按照规定参加公证执业责任保险。

公证机构应当依法开展公证执业活动，不得有下列行为：为不真实、不合法的事项出具公证书；毁损、篡改公证文书或者公证档案；以诋毁其他公证机构、公证员或者支付回扣、佣金等不正当手段争揽公证业务；泄露在执业活动中知悉的国家秘密、商业秘密或者个人隐私；违反规定的收费标准收取公证费；法律、法规和司法部规定禁止的其他行为。公证机构应当依照《公证法》第二十五条[1]的规定，在省、自治区、直辖市司法行政机关核定的执业区域内受理公证业务。

公证机构应当按照省、自治区、直辖市司法行政机关的规定，定期填报公证

---

〔1〕 自然人、法人或者其他组织申请办理公证，可以向住所地、经常居住地、行为地或者事实发生地的公证机构提出。申请办理涉及不动产的公证，应当向不动产所在地的公证机构提出；申请办理涉及不动产的委托、声明、赠与、遗嘱的公证，可以适用前款规定。

业务情况统计表,每年 2 月 1 日前向所在地司法行政机关提交本公证机构的年度工作报告。年度工作报告应当真实、全面地反映本公证机构上一年度开展公证业务、公证质量监控、公证员遵守职业道德和执业纪律、公证收费、财务管理、内部制度建设等方面的情况(公证业务情况统计表的统计项目及样式,由司法部制定)。

公证机构由所在地司法行政机关在每年的第一季度进行年度考核。年度考核,应当依照《公证法》的要求和《公证机构执业管理办法》第二十六条规定的监督事项,审查公证机构的年度工作报告,结合日常监督检查掌握的情况,由所在地司法行政机关对公证机构的年度执业和管理情况作出综合评估。考核等次及其标准,由司法部制定。年度考核结果,应当书面告知公证机构,并报上一级司法行政机关备案。公证机构应当对所属公证员的执业情况进行年度考核。公证机构的负责人由所在地司法行政机关进行年度考核。

公证机构存在下列情形之一的,所在地司法行政机关应当进行重点监督检查:被投诉或者举报的;执业中有不良记录的;未保持法定设立条件的;年度考核发现内部管理存在严重问题的。司法行政机关实施监督检查,可以对公证机构进行实地检查,要求公证机构和公证员说明有关情况,调阅公证机构相关材料和公证档案,向相关单位和人员调查、核实有关情况。公证机构和公证员应当接受司法行政机关依法实施的监督检查,如实说明有关情况、提供相关资料,不得谎报、隐匿、伪造、销毁相关证据材料。司法行政机关应当建立有关公证机构设立、变更、备案事项、年度考核,违法违纪行为处罚、奖励等方面情况的执业档案。

(四) 公证机构依法应当承担的法律责任

公证机构有《公证法》第四十一条、[1]第四十二条[2]规定所列行为之一

---

[1]　公证机构及其公证员有下列行为之一的,由省、自治区、直辖市或者设区的市人民政府司法行政部门给予警告;情节严重的,对公证机构处一万元以上五万元以下罚款,对公证员处一千元以上五千元以下罚款,并可以给予三个月以上六个月以下停止执业的处罚;有违法所得的,没收违法所得:以诋毁其他公证机构、公证员或者支付回扣、佣金等不正当手段争揽公证业务的;违反规定的收费标准收取公证费的;同时在二个以上公证机构执业的;从事有报酬的其他职业的;为本人及近亲属办理公证或者办理与本人及近亲属有利害关系的公证的;依照法律、行政法规的规定,应当给予处罚的其他行为。

[2]　公证机构及其公证员有下列行为之一的,由省、自治区、直辖市或者设区的市人民政府司法行政部门对公证机构给予警告,并处二万元以上十万元以下罚款,并可以给予一个月以上三个月以下停业整顿的处罚;对公证员给予警告,并处二千元以上一万元以下罚款,并可以给予三个月以上十二个月以下停止执业的处罚;有违法所得的,没收违法所得;情节严重的,由省、自治区、直辖市人民政府司法行政部门吊销公证员执业证书;构成犯罪的,依法追究刑事责任:私自出具公证书的;为不真实、不合法的事项出具公证书的;侵占、挪用公证费或者侵占、盗窃公证专用物品的;毁损、篡改公证文书或者公证档案的;泄露在执业活动中知悉的国家秘密、商业秘密或者个人隐私的;依照法律、行政法规的规定,应当给予处罚的其他行为。因故意犯罪或者职务过失犯罪受刑事处罚的,应当吊销公证员执业证书。

的,由省、自治区、直辖市司法行政机关或者设区的市司法行政机关依据《公证法》的规定,予以处罚。公证机构违反《公证法》第二十五条规定,跨执业区域受理公证业务的,由所在地或者设区的市司法行政机关予以制止,并责令改正。司法行政机关对公证机构违法行为实施行政处罚,应当根据有关法律、法规和司法部有关行政处罚程序的规定进行。司法行政机关在对公证机构作出行政处罚决定之前,应当告知其查明的违法行为事实、处罚的理由及依据,并告知其依法享有的权利。口头告知的,应当制作笔录。公证机构有权进行陈述和申辩,有权依法申请听证。公证机构对行政处罚不服的,可以依法申请行政复议或者提起行政诉讼。

司法行政机关在实施监督检查和年度考核过程中,发现公证机构存在违法行为或者收到相关投诉、举报的,应当及时立案调查,全面、客观、公正地查明事实,收集证据。被调查的公证机构应当向调查机关如实陈述事实,提供有关材料。司法行政机关查处公证机构的违法行为,可以委托公证协会对公证机构的违法行为进行调查、核实。接受委托的公证协会应当查明事实、核实证据,并向司法行政机关提出实施行政处罚的建议。

公证机构及其公证员因过错给当事人、公证事项的利害关系人造成损失的,由公证机构承担相应的赔偿责任;公证机构赔偿后,可以向有故意或者重大过失的公证员追偿。

四、对公证员的监管

公证员是符合《公证法》规定的条件,经法定任职程序,取得公证员执业证书,在公证机构从事公证业务的执业人员。公证员依法执业,受法律保护,任何单位和个人不得非法干预。公证员有权获得劳动报酬,享受保险和福利待遇;有权提出辞职、申诉或者控告;非因法定事由和非经法定程序,不被免职或者处罚。公证员应当遵纪守法,恪守职业道德和执业纪律,依法履行公证职责,保守执业秘密。公证员应当加入地方和全国的公证协会。公证员的配备数量,根据公证机构的设置情况和公证业务的需要确定。公证员配备方案,由省、自治区、直辖市司法行政机关编制和核定,报司法部备案。为加强对公证员的任职管理和执业监督,规范公证员的执业行为,司法行政机关应当依照《公证法》和有关法律、法规、规章,对公证员进行监督、指导。

(一)对公证员任职条件进行监管

担任公证员,应当具备以下条件:具有中华人民共和国国籍;年龄二十五周岁以上六十五周岁以下;公道正派,遵纪守法,品行良好;通过国家司法考试;在公证机构实习两年以上或者具有三年以上其他法律职业经历并在公证机构实习一年以上,经考核合格。

已经离开原工作岗位的,但在符合"具有中华人民共和国国籍;年龄二十五周岁以上六十五周岁以下;公道正派,遵纪守法,品行良好"条件前提下并具备以下条件之一,经考核合格的,可以担任公证员:从事法学教学、研究工作,具有高级职称的人员;具有本科以上学历,从事审判、检察、法制工作、法律服务满十年的公务员、律师。

有"无民事行为能力或者限制民事行为能力的;因故意犯罪或者职务过失犯罪受过刑事处罚的;被开除公职的;被吊销执业证书的"情形之一的,不得担任公证员。

（二）对公证员任职程序进行监管

符合《公证员执业管理办法》第七条[1]规定条件的人员,由本人提出申请,经需要选配公证员的公证机构推荐,由所在地司法行政机关出具审查意见,逐级报请省、自治区、直辖市司法行政机关审核。报请审核,应当提交下列材料:担任公证员申请书;公证机构推荐书;申请人的居民身份证复印件和个人简历,具有三年以上其他法律职业经历的,应当同时提交相应的经历证明;申请人的法律职业资格证书复印件;公证机构出具的申请人实习鉴定和所在地司法行政机关出具的实习考核合格意见;所在地司法行政机关对申请人的审查意见;其他需要提交的材料。

符合《公证员执业管理办法》第八条[2]规定条件的人员,由本人提出申请,经需要选配公证员的公证机构推荐,由所在地司法行政机关出具考核意见,逐级报请省、自治区、直辖市司法行政机关审核。报请审核,应当提交下列材料:担任公证员申请书;公证机构推荐书;申请人的居民身份证复印件和个人简历;从事法学教学、研究工作并具有高级职称的证明,或者具有本科以上学历的证明和从事审判、检察、法制工作、法律服务满十年的经历及职务证明;申请人已经离开原工作岗位的证明;所在地司法行政机关对申请人的考核意见;其他需要提交的材料。

省、自治区、直辖市司法行政机关应当自收到报审材料之日起二十日内完成审核。对符合规定条件和公证员配备方案的,作出同意申请人担任公证员的审

---

〔1〕 担任公证员,应当具备下列条件:具有中华人民共和国国籍;年龄二十五周岁以上六十五周岁以下;公道正派,遵纪守法,品行良好;通过国家司法考试;在公证机构实习两年以上或者具有三年以上其他法律职业经历并在公证机构实习一年以上,经考核合格。

〔2〕 符合本办法第七条第（一）项、第（二）项、第（三）项规定,并具备下列条件之一,已经离开原工作岗位的,经考核合格,可以担任公证员:从事法学教学、研究工作,具有高级职称的人员;具有本科以上学历,从事审判、检察、法制工作、法律服务满十年的公务员、律师。

核意见,填制公证员任职报审表,报请司法部任命;对不符合规定条件或者公证员配备方案的,作出不同意申请人担任公证员的决定,并书面通知申请人和所在地司法行政机关。司法部应当自收到省、自治区、直辖市司法行政机关报请任命公证员的材料之日起二十日内,制作并下达公证员任命决定。司法部认为报请任命材料有疑义或者收到相关投诉、举报的,可以要求报请任命机关重新审核。省、自治区、直辖市司法行政机关应当自收到司法部下达的公证员任命决定之日起十日内,向申请人颁发公证员执业证书,并书面通知其所在地司法行政机关。

公证员变更执业机构,应当经所在公证机构同意和拟任用该公证员的公证机构推荐,报所在地司法行政机关同意后,报省、自治区、直辖市司法行政机关办理变更核准手续。公证员跨省、自治区、直辖市变更执业机构的,经所在的省、自治区、直辖市司法行政机关核准后,由拟任用该公证员的公证机构所在的省、自治区、直辖市司法行政机关办理变更核准手续。

公证员有以下情形之一的,由所在地司法行政机关自确定该情形发生之日起三十日内,报告省、自治区、直辖市司法行政机关,由其提请司法部予以免职:丧失中华人民共和国国籍的;年满六十五周岁或者因健康原因不能继续履行职务的;自愿辞去公证员职务的。被吊销公证员执业证书的,由省、自治区、直辖市司法行政机关直接提请司法部予以免职。提请免职,应当提交公证员免职报审表和符合法定免职事由的相关证明材料。司法部应当自收到提请免职材料之日起二十日内,制作并下达公证员免职决定。省、自治区、直辖市司法行政机关对报请司法部予以任命、免职或者经核准变更执业机构的公证员,应当在收到任免决定或者作出准予变更决定后二十日内,在省级报刊上予以公告。司法部对决定予以任命或者免职的公证员,应当定期在全国性报刊上予以公告,并定期编制全国公证员名录。

(三)对公证员执业证书进行监管

公证员执业证书是公证员履行法定任职程序后在公证机构从事公证执业活动的有效证件。公证员执业证书由司法部统一制作。证书编号办法由司法部制定。

公证员执业证书由公证员本人持有和使用,不得涂改、抵押、出借或者转让。公证员执业证书损毁或者遗失的,由本人提出申请,所在公证机构予以证明,提请所在地司法行政机关报省、自治区、直辖市司法行政机关申请换发或者补发。执业证书遗失的,由所在公证机构在省级报刊上声明作废。

公证员变更执业机构的,经省、自治区、直辖市司法行政机关核准,予以换发公证员执业证书。公证员受到停止执业处罚的,停止执业期间,应当将其公证员执业证书缴存所在地司法行政机关。公证员受到吊销公证员执业证书处罚或者因其他法定事由予以免职的,应当收缴其公证员执业证书,由省、自治区、直辖市司法行政机关予以注销。

(四)对公证员执业监督检查

司法行政机关依法建立健全行政监督管理制度,加强对公证员执业活动的监督,依法维护公证员的执业权利。公证机构应当按照规定建立、完善各项内部管理制度,对公证员的执业行为进行监督,建立公证员执业过错责任追究制度,建立公证员执业年度考核制度。公证机构应当为公证员依法执业提供便利和条件,保障其在任职期间依法享有的合法权益。

公证员应当依法履行公证职责,不得有以下行为:同时在两个以上公证机构执业;从事有报酬的其他职业;为本人及近亲属办理公证或者办理与本人及近亲属有利害关系的公证;私自出具公证书;为不真实、不合法的事项出具公证书;侵占、挪用公证费或者侵占、盗窃公证专用物品;毁损、篡改公证文书或者公证档案;泄露在执业活动中知悉的国家秘密、商业秘密或者个人隐私;法律、法规和司法部规定禁止的其他行为。

公证机构应当在每年的第一个月对所属公证员上一年度办理公证业务的情况和遵守职业道德、执业纪律的情况进行年度考核。考核结果,应当书面告知公证员,并报所在地司法行政机关备案。公证机构的负责人履行管理职责的情况,由所在地司法行政机关进行考核。考核结果,应当书面告知公证机构的负责人,并报上一级司法行政机关备案。经年度考核,对公证员在执业中存在的突出问题,公证机构应当责令其改正;对公证机构的负责人在管理中存在的突出问题,所在地司法行政机关应当责令其改正。公证员和公证机构的负责人被投诉和举报、执业中有不良记录或者经年度考核发现有突出问题的,所在地司法行政机关应当对其进行重点监督、指导。对年度考核发现有突出问题的公证员和公证机构的负责人,由所在地或者设区的市司法行政机关组织专门的学习培训。

司法行政机关实施监督检查,可以对公证员办理公证业务的情况进行检查,要求公证员及其所在公证机构说明有关情况,调阅相关材料和公证档案,向相关单位和人员调查、核实有关情况。公证员及其所在公证机构不得拒绝司法行政机关依法实施的监督检查,不得谎报、隐匿、伪造、销毁相关证据材料。

公证员应当接受司法行政机关和公证协会组织开展的职业培训。公证员每年参加职业培训的时间不得少于四十学时。司法行政机关制定开展公证员职业培训的规划和方案,公证协会按年度制定具体实施计划,负责组织实施。公证机构应当为公证员参加职业培训提供必要的条件和保障。

公证员执业所在地司法行政机关应当建立公证员执业档案,将公证员任职审核任命情况、年度考核结果、监督检查掌握的情况以及受奖惩的情况记入执业档案。公证员跨地区或者跨省、自治区、直辖市变更执业机构的,原执业所在地司法行政机关应当向变更后的执业所在地司法行政机关移交该公证员的执业档案。

（五）公证员依法应当承担的法律责任

公证员有《公证法》第四十一条、第四十二条所列行为之一的,由省、自治区、直辖市或者设区的市司法行政机关依据《公证法》的规定,予以处罚。公证员有依法应予吊销公证员执业证书情形的,由所在地司法行政机关逐级报请省、自治区、直辖市司法行政机关决定。司法行政机关对公证员实施行政处罚,应当根据有关法律、法规和司法部有关行政处罚程序的规定进行。司法行政机关查处公证员的违法行为,可以委托公证协会对公证员的违法行为进行调查、核实。司法行政机关在对公证员作出行政处罚决定之前,应当告知查明的违法行为事实、处罚的理由及依据,并告知其依法享有的权利。口头告知的,应当制作笔录。公证员有权进行陈述和申辩,有权依法申请听证。公证员对行政处罚决定不服的,可以依法申请行政复议或者提起行政诉讼。

公证员因过错给当事人、公证事项的利害关系人造成损失的,公证机构依法赔偿后,可以向有故意或者重大过失的公证员追偿。以欺骗、贿赂等不正当手段取得公证员任命和公证员执业证书的,经查证属实,由省、自治区、直辖市司法行政机关提请司法部撤销原任命决定,并收缴、注销其公证员执业证书。

五、对公证程序的监管

公证机构应当根据《公证法》的规定,受理公证申请,办理公证业务,以本公证机构的名义出具公证书。公证员受公证机构指派,依照《公证法》和《公证程序规则》规定的程序办理公证业务,并在出具的公证书上署名。依照《公证法》和《公证程序规则》的规定,在办理公证过程中须公证员亲自办理的事务,不得指派公证机构的其他工作人员办理。公证机构和公证员办理公证,不得有《公证法》第十三条、[1]第二十三条[2]禁止的行为。公证机构的其他工作人员以及

---

〔1〕 公证机构不得有下列行为:为不真实、不合法的事项出具公证书;毁损、篡改公证文书或者公证档案;以诋毁其他公证机构、公证员或者支付回扣、佣金等不正当手段争揽公证业务;泄露在执业活动中知悉的国家秘密、商业秘密或者个人隐私;违反规定的收费标准收取公证费;法律、法规、国务院司法行政部门规定禁止的其他行为。

〔2〕 公证员不得有下列行为:同时在二个以上公证机构执业;从事有报酬的其他职业;为本人及近亲属办理公证或者办理与本人及近亲属有利害关系的公证;私自出具公证书;为不真实、不合法的事项出具公证书;侵占、挪用公证费或者侵占、盗窃公证专用物品;毁损、篡改公证文书或者公证档案;泄露在执业活动中知悉的国家秘密、商业秘密或者个人隐私;法律、法规、国务院司法行政部门规定禁止的其他行为。

依据本规则接触到公证业务的相关人员,不得泄露在参与公证业务活动中知悉的国家秘密、商业秘密或者个人隐私。为了规范公证程序,保证公证质量,司法行政机关应当依照《公证法》和《公证程序规则》规定,对公证机构和公证员的执业活动和遵守程序规则的情况进行监督、指导。

(一) 对公证当事人的监管

公证当事人是指与公证事项有利害关系并以自己的名义向公证机构提出公证申请,在公证活动中享有权利和承担义务的自然人、法人或者其他组织。

无民事行为能力人或者限制民事行为能力人申办公证,应当由其监护人代理。法人申办公证,应当由其法定代表人代表。其他组织申办公证,应当由其负责人代表。

当事人可以委托他人代理申办公证,但申办遗嘱、遗赠扶养协议、赠与、认领亲子、收养关系、解除收养关系、生存状况、委托、声明、保证及其他与自然人人身有密切关系的公证事项,应当由其本人亲自申办。公证员、公证机构的其他工作人员不得代理当事人在本公证机构申办公证。

居住在香港、澳门、台湾地区的当事人,委托他人代理申办涉及继承、财产权益处分、人身关系变更等重要公证事项的,其授权委托书应当经其居住地的公证人(机构)公证,或者经司法部指定的机构、人员证明。居住在国外的当事人,委托他人代理申办前款规定的重要公证事项的,其授权委托书应当经其居住地的公证人(机构)、我国驻外使(领)馆公证。

(二) 对公证执业区域的监管

公证执业区域是指由省、自治区、直辖市司法行政机关,根据《公证法》第二十五条[1]和《公证机构执业管理办法》第十条[2]的规定以及当地公证机构设置方案,划定的公证机构受理公证业务的地域范围。公证机构的执业区域,由省、自治区、直辖市司法行政机关在办理该公证机构设立或者变更审批时予以核定。公证机构应当在核定的执业区域内受理公证业务。

公证事项由当事人住所地、经常居住地、行为地或者事实发生地的公证机构受理。涉及不动产的公证事项,由不动产所在地的公证机构受理;涉及不动产的委托、声明、赠与、遗嘱的公证事项,可以适用前款规定。

---

　[1]　自然人、法人或者其他组织申请办理公证,可以向住所地、经常居住地、行为地或者事实发生地的公证机构提出。申请办理涉及不动产的公证,应当向不动产所在地的公证机构提出;申请办理涉及不动产的委托、声明、赠与、遗嘱的公证,可以适用前款规定。

　[2]　公证执业区域可以下列区域为单位划分:县、不设区的市、市辖区的辖区;设区的市、直辖市的辖区或者所辖城区的全部市辖区。公证机构的执业区域,由省、自治区、直辖市司法行政机关在办理该公证机构设立或者变更审批时予以核定。

　　二个以上当事人共同申办同一公证事项的,可以共同到行为地、事实发生地或者其中一名当事人住所地、经常居住地的公证机构申办。当事人向二个以上可以受理该公证事项的公证机构提出申请的,由最先受理申请的公证机构办理。

　　(三) 对申请人提出申请与公证机构受理的监管

　　自然人、法人或者其他组织向公证机构申请办理公证,应当填写公证申请表。公证申请表应当载明下列内容:申请人及其代理人的基本情况;申请公证的事项及公证书的用途;申请公证的文书的名称;提交证明材料的名称、份数及有关证人的姓名、住址、联系方式;申请的日期;其他需要说明的情况。申请人应当在申请表上签名或者盖章,不能签名、盖章的由本人捺指印。

　　自然人、法人或者其他组织申请办理公证,应当提交下列材料:自然人的身份证明,法人的资格证明及其法定代表人的身份证明,其他组织的资格证明及其负责人的身份证明;委托他人代为申请的,代理人须提交当事人的授权委托书,法定代理人或者其他代理人须提交有代理权的证明;申请公证的文书;申请公证的事项的证明材料,涉及财产关系的须提交有关财产权利证明;与申请公证的事项有关的其他材料。

　　符合下列条件的申请,公证机构可以受理:申请人与申请公证的事项有利害关系;申请人之间对申请公证的事项无争议;申请公证的事项符合《公证法》第十一条[1]规定的范围;申请公证的事项符合《公证法》第二十五条的规定和该公证机构在其执业区域内可以受理公证业务的范围。法律、行政法规规定应当公证的事项,符合"申请人与申请公证的事项有利害关系;申请人之间对申请公证的事项无争议;申请公证的事项符合《公证法》第二十五条的规定和该公证机构在其执业区域内可以受理公证业务的范围"等条件的,公证机构应当受理。对不符合上述条件的申请,公证机构不予受理,并通知申请人。对因不符合"申请公证的事项符合《公证法》第二十五条的规定和该公证机构在其执业区域内可以受理公证业务的范围"条件不予受理的,应当告知申请人向可以受理该公证事项的公证机构申请。

　　公证机构受理公证申请后,应当向申请人发送受理通知单。申请人或其代理人应当在回执上签收。公证机构受理公证申请后,应当告知当事人申请公证事项的法律意义和可能产生的法律后果,告知其在办理公证过程中享有的权利、

　　[1] 根据自然人、法人或者其他组织的申请,公证机构办理下列公证事项:合同;继承;委托、声明、赠与、遗嘱;财产分割;招标投标、拍卖;婚姻状况、亲属关系、收养关系;出生、生存、死亡、身份、经历、学历、学位、职务、职称、有无违法犯罪记录;公司章程;保全证据;文书上的签名、印鉴、日期,文书的副本、影印本与原本相符;自然人、法人或者其他组织自愿申请办理的其他公证事项。法律、行政法规规定应当公证的事项,有关自然人、法人或者其他组织应当向公证机构申请办理公证。

承担的义务。告知内容、告知方式和时间,应当记录归档。公证机构受理公证申请后,应当按照规定向当事人收取公证费。公证办结后,经核定的公证费与预收数额不一致的,应当办理退还或者补收手续。对符合法律援助条件的当事人,公证机构应当按照规定减收或者免收公证费。公证机构受理公证申请后,应当指派承办公证员,并通知当事人。当事人要求该公证员回避,经查属于《公证法》第二十三条第三项规定应当回避情形的,公证机构应当改派其他公证员承办。

（四）对公证机构审查的监管

公证机构受理公证申请后,应当根据不同公证事项的办证规则,分别审查下列事项:当事人的人数、身份、申请办理该项公证的资格及相应的权利;当事人的意思表示是否真实;申请公证的文书的内容是否完备,含义是否清晰,签名、印鉴是否齐全;提供的证明材料是否真实、合法、充分;申请公证的事项是否真实、合法。

当事人应当向公证机构如实说明申请公证的事项的有关情况,提交的证明材料应当真实、合法、充分。公证机构在审查中,对申请公证的事项的真实性、合法性有疑义的,认为当事人的情况说明或者提供的证明材料不充分、不完备或者有疑义的,可以要求当事人作出说明或者补充证明材料。当事人拒绝说明有关情况或者补充证明材料的,依照《公证程序规则》第四十八条[1]的规定处理。

公证机构在审查中,对申请公证的事项以及当事人提供的证明材料,按照有关办证规则需要核实或者对其有疑义的,应当进行核实,或者委托异地公证机构代为核实。有关单位或者个人应当依法予以协助。公证机构可以采用下列方式,核实公证事项的有关情况以及证明材料:通过询问当事人、公证事项的利害关系人核实;通过询问证人核实;向有关单位或者个人了解相关情况或者核实、收集相关书证、物证、视听资料等证明材料;通过现场勘验核实;委托专业机构或者专业人员鉴定、检验检测、翻译。

公证机构进行核实,应当遵守有关法律、法规和有关办证规则的规定。公证机构派员外出核实的,应当由二人进行,但核实、收集书证的除外。特殊情况下只有一人外出核实的,应当有一名见证人在场。采用询问方式向当事人、公证事项的利害关系人或者有关证人了解、核实公证事项的有关情况以及证明材料的,应当告知被询问人享有的权利、承担的义务及其法律责任。询问的内容应当制

———————

[1] 公证事项有下列情形之一的,公证机构应当不予办理公证:无民事行为能力人或者限制民事行为能力人没有监护人代理申请办理公证的;当事人与申请公证的事项没有利害关系的;申请公证的事项属专业技术鉴定、评估事项的;当事人之间对申请公证的事项有争议的;当事人虚构、隐瞒事实,或者提供虚假证明材料的;当事人提供的证明材料不充分又无法补充,或者拒绝补充证明材料的;申请公证的事项不真实、不合法的;申请公证的事项违背社会公德的;当事人拒绝按照规定支付公证费的。

作笔录。询问笔录应当载明：询问日期、地点、询问人、记录人，询问事由，被询问人的基本情况，告知内容、询问谈话内容等。询问笔录应当交由被询问人核对后签名或者盖章、捺指印。笔录中修改处应当由被询问人盖章或者捺指印认可。

在向当事人、公证事项的利害关系人、证人或者有关单位、个人核实或者收集有关公证事项的证明材料时，需要摘抄、复印（复制）有关资料、证明原件、档案材料或者对实物证据照相并作文字描述记载的，摘抄、复印（复制）的材料或者物证照片及文字描述记载应当与原件或者物证相符，并由资料、原件、物证所有人或者档案保管人对摘抄、复印（复制）的材料或者物证照片及文字描述记载核对后签名或者盖章。采用现场勘验方式核实公证事项及其有关证明材料的，应当制作勘验笔录，由核实人员及见证人签名或者盖章。根据需要，可以采用绘图、照相、录像或者录音等方式对勘验情况或者实物证据予以记载。需要委托专业机构或者专业人员对申请公证的文书或者公证事项的证明材料进行鉴定、检验检测、翻译的，应当告知当事人由其委托办理，或者征得当事人的同意代为办理。鉴定意见、检验检测结论、翻译材料，应当由相关专业机构及承办鉴定、检验检测、翻译的人员盖章和签名。委托鉴定、检验检测、翻译所需的费用，由当事人支付。

公证机构委托异地公证机构核实公证事项及其有关证明材料的，应当出具委托核实函，对需要核实的事项及内容提出明确的要求。受委托的公证机构收到委托函后，应当在一个月内完成核实。因故不能完成或者无法核实的，应当在上述期限内函告委托核实的公证机构。

公证机构在审查中，认为申请公证的文书内容不完备、表达不准确的，应当指导当事人补正或者修改。当事人拒绝补正、修改的，应当在工作记录中注明。应当事人的请求，公证机构可以代为起草、修改申请公证的文书。

（五）对出具公证书环节的监管

公证机构经审查，认为申请公证的事项符合《公证法》《公证程序规则》及有关办证规则规定的，应当自受理之日起十五个工作日内向当事人出具公证书。因不可抗力、补充证明材料或者需要核实有关情况的，所需时间不计算在前款规定的期限内，并应当及时告知当事人。

民事法律行为的公证，应当符合下列条件：当事人具有从事该行为的资格和相应的民事行为能力；当事人的意思表示真实；该行为的内容和形式合法，不违背社会公德；《公证法》规定的其他条件。不同的民事法律行为公证的办证规则有特殊要求的，从其规定。

有法律意义的事实或者文书的公证，应当符合下列条件：该事实或者文书与当事人有利害关系；事实或者文书真实无误；事实或者文书的内容和形式合法,不违背社会公德;《公证法》规定的其他条件。不同的有法律意义的事实或者文书公证的办证规则有特殊要求的,从其规定。

文书上的签名、印鉴、日期的公证,其签名、印鉴、日期应当准确、属实;文书的副本、影印本等文本的公证,其文本内容应当与原本相符。

具有强制执行效力的债权文书的公证,应当符合下列条件:债权文书以给付货币、物品或者有价证券为内容;债权债务关系明确,债权人和债务人对债权文书有关给付内容无疑义;债权文书中载明当债务人不履行或者不适当履行义务时,债务人愿意接受强制执行的承诺;《公证法》规定的其他条件。

符合《公证法》《公证程序规则》及有关办证规则规定条件的公证事项,由承办公证员拟制公证书,连同被证明的文书、当事人提供的证明材料及核实情况的材料、公证审查意见,报公证机构的负责人或其指定的公证员审批。但按规定不需要审批的公证事项除外。公证机构的负责人或者被指定负责审批的公证员不得审批自己承办的公证事项。

审批公证事项及拟出具的公证书,应当审核以下内容:申请公证的事项及其文书是否真实、合法;公证事项的证明材料是否真实、合法、充分;办证程序是否符合《公证法》《公证程序规则》及有关办证规则的规定;拟出具的公证书的内容、表述和格式是否符合相关规定。审批重大、复杂的公证事项,应当在审批前提交公证机构集体讨论。讨论的情况和形成的意见,应当记录归档。

公证书应当按照司法部规定的格式制作。公证书包括以下主要内容:公证书编号;当事人及其代理人的基本情况;公证证词;承办公证员的签名(签名章)、公证机构印章;出具日期。公证证词证明的文书是公证书的组成部分。有关办证规则对公证书的格式有特殊要求的,从其规定。

制作公证书应当使用全国通用的文字。在民族自治地方,根据当事人的要求,可以同时制作当地通用的民族文字文本。两种文字的文本,具有同等效力。发往香港、澳门、台湾地区使用的公证书应当使用全国通用的文字。发往国外使用的公证书应当使用全国通用的文字。根据需要和当事人的要求,公证书可以附外文译文。

公证书自出具之日起生效。需要审批的公证事项,审批人的批准日期为公证书的出具日期;不需要审批的公证事项,承办公证员的签发日期为公证书的出具日期;现场监督类公证需要现场宣读公证证词的,宣读日期为公证书的出具日期。

公证机构制作的公证书正本,由当事人各方各收执一份,并可以根据当事人的需要制作若干份副本。公证机构留存公证书原本(审批稿、签发稿)和一份正本归档。公证书出具后,可以由当事人或其代理人到公证机构领取,也可以应当事人的要求由公证机构发送。当事人或其代理人收到公证书应当在回执上签收。

公证书需要办理领事认证的,根据有关规定或者当事人的委托,公证机构可以代为办理公证书认证,所需费用由当事人支付。

（六）对不予办理公证和终止公证的监管

公证事项有下列情形之一的,公证机构应当不予办理公证:无民事行为能力人或者限制民事行为能力人没有监护人代理申请办理公证的;当事人与申请公证的事项没有利害关系的;申请公证的事项属专业技术鉴定、评估事项的;当事人之间对申请公证的事项有争议的;当事人虚构、隐瞒事实,或者提供虚假证明材料的;当事人提供的证明材料不充分又无法补充,或者拒绝补充证明材料的;申请公证的事项不真实、不合法的;申请公证的事项违背社会公德的;当事人拒绝按照规定支付公证费的。不予办理公证的,由承办公证员写出书面报告,报公证机构负责人审批。不予办理公证的决定应当书面通知当事人或其代理人。不予办理公证的,公证机构应当根据不予办理的原因及责任,酌情退还部分或者全部收取的公证费。

公证事项有下列情形之一的,公证机构应当终止公证:因当事人的原因致使该公证事项在六个月内不能办结的;公证书出具前当事人撤回公证申请的;因申请公证的自然人死亡、法人或者其他组织终止,不能继续办理公证或者继续办理公证已无意义的;当事人阻挠、妨碍公证机构及承办公证员按规定的程序、期限办理公证的;其他应当终止的情形。终止公证的,由承办公证员写出书面报告,报公证机构负责人审批。终止公证的决定应当书面通知当事人或其代理人。终止公证的,公证机构应当根据终止的原因及责任,酌情退还部分收取的公证费。

（七）对特别公证程序的监管

公证机构办理招标投标、拍卖、开奖等现场监督类公证,应当由二人共同办理。承办公证员应当依照有关规定,通过事前审查、现场监督,对其真实性、合法性予以证明,现场宣读公证证词,并在宣读后七日内将公证书发送当事人。该公证书自宣读公证证词之日起生效。办理现场监督类公证,承办公证员发现当事人有弄虚作假、徇私舞弊、违反活动规则、违反国家法律和有关规定行为的,应当即时要求当事人改正;当事人拒不改正的,应当不予办理公证。

公证机构办理遗嘱公证,应当由二人共同办理。承办公证员应当全程亲自办理。特殊情况下只能由一名公证员办理时,应当请一名见证人在场,见证人应当在询问笔录上签名或者盖章。

公证机构派员外出办理保全证据公证的,由二人共同办理,承办公证员应当亲自外出办理。办理保全证据公证,承办公证员发现当事人是采用法律、法规禁止的方式取得证据的,应当不予办理公证。

债务人不履行或者不适当履行经公证的具有强制执行效力的债权文书的,公证机构可以根据债权人的申请,依照有关规定出具执行证书。执行证书应当在法律规定的执行期限内出具。执行证书应当载明申请人、被申请执行人、申请执行标的和申请执行的期限。债务人已经履行的部分,应当在申请执行标的中予以扣除。因债务人不履行或者不适当履行而发生的违约金、滞纳金、利息等,可以应债权人的要求列入申请执行标的。

经公证的事项在履行过程中发生争议的,出具公证书的公证机构可以应当事人的请求进行调解。经调解后当事人达成新的协议并申请公证的,公证机构可以办理公证;调解不成的,公证机构应当告知当事人就该争议依法向人民法院提起民事诉讼或者向仲裁机构申请仲裁。

(八) 对公证登记和立卷归档的监管

公证机构办理公证,应当填写公证登记簿,建立分类登记制度。登记事项包括: 公证事项类别、当事人姓名(名称)、代理人(代表人)姓名、受理日期、承办人、审批人(签发人)、结案方式、办结日期、公证书编号等。公证登记簿按年度建档,应当永久保存。

公证机构在出具公证书后或者作出不予办理公证、终止公证的决定后,应当依照司法部、国家档案局制定的有关公证文书立卷归档和公证档案管理的规定,由承办公证员将公证文书和相关材料,在三个月内完成汇总整理、分类立卷、移交归档。

公证机构受理公证申请后,承办公证员即应当着手立卷的准备工作,开始收集有关的证明材料,整理询问笔录和核实情况的有关材料等。对不能附卷的证明原件或者实物证据,应当按照规定将其原件复印件(复制件)、物证照片及文字描述记载留存附卷。

公证案卷应当根据公证事项的类别、内容,划分为普通卷、密卷,分类归档保存。公证案卷应当根据公证事项的类别、用途及其证据价值确定保管期限。保管期限分短期、长期、永久三种。涉及国家秘密、遗嘱的公证事项,列为密卷。立遗嘱人死亡后,遗嘱公证案卷转为普通卷保存。公证机构内部对公证事项的讨论意见和有关请示、批复等材料,应当装订成副卷,与正卷一起保存。

(九) 对公证争议处理程序的监管

当事人认为公证书有错误的,可以在收到公证书之日起一年内,向出具该公证书的公证机构提出复查公证事项的利害关系人认为公证书有错误的,可以自知道或者应当知道该项公证之日起一年内向出具该公证书的公证机构提出复查,但能证明自己不知道的除外。提出复查的期限自公证书出具之日起最长不得超过二十年。复查申请应当以书面形式提出,载明申请人认为公证书存在的错误及其理由,提出撤销或者更正公证书的具体要求,并提供相关证明材料。

公证机构收到复查申请后,应当指派原承办公证员之外的公证员进行复查。复查结论及处理意见,应当报公证机构的负责人审批。公证机构进行复查,应当对申请人提出的公证书的错误及其理由进行审查、核实,区别不同情况,按照以下规定予以处理:公证书的内容合法、正确、办理程序无误的,作出维持公证书的处理决定;公证书的内容合法、正确,仅证词表述或者格式不当的,应当收回公证书,更正后重新发给当事人;不能收回的,另行出具补正公证书;公证书的基本内容违法或者与事实不符的,应当作出撤销公证书的处理决定;公证书的部分内容违法或者与事实不符的,可以出具补正公证书,撤销对违法或者与事实不符部分的证明内容;也可以收回公证书,对违法或者与事实不符的部分进行删除、更正后,重新发给当事人;公证书的内容合法、正确,但在办理过程中有违反程序规定、缺乏必要手续的情形,应当补办缺漏的程序和手续;无法补办或者严重违反公证程序的,应当撤销公证书。被撤销的公证书应当收回,并予以公告,该公证书自始无效。公证机构撤销公证书的,应当报地方公证协会备案。

公证机构应当自收到复查申请之日起三十日内完成复查,作出复查处理决定,发给申请人。需要对公证书作撤销或者更正、补正处理的,应当在作出复查处理决定后十日内完成。复查处理决定及处理后的公证书,应当存入原公证案卷。公证机构办理复查,因不可抗力、补充证明材料或者需要核实有关情况的,所需时间不计算在前款规定的期限内,但补充证明材料或者需要核实有关情况的,最长不得超过六个月。

公证机构发现出具的公证书的内容及办理程序有《公证程序规则》第六十三条[1]第二项至第五项规定情形的,应当通知当事人,按照《公证程序规则》第六十三条的规定予以处理。

公证书被撤销的,所收的公证费按以下规定处理:因公证机构的过错撤销

---

[1] 公证机构进行复查,应当对申请人提出的公证书的错误及其理由进行审查、核实,区别不同情况,按照以下规定予以处理:(一)公证书的内容合法、正确、办理程序无误的,作出维持公证书的处理决定;(二)公证书的内容合法、正确,仅证词表述或者格式不当的,应当收回公证书,更正后重新发给当事人;不能收回的,另行出具补正公证书;(三)公证书的基本内容违法或者与事实不符的,应当作出撤销公证书的处理决定;(四)公证书的部分内容违法或者与事实不符的,可以出具补正公证书,撤销对违法或者与事实不符部分的证明内容;也可以收回公证书,对违法或者与事实不符的部分进行删除、更正后,重新发给当事人;(五)公证书的内容合法、正确,但在办理过程中有违反程序规定、缺乏必要手续的情形,应当补办缺漏的程序和手续;无法补办或者严重违反公证程序的,应当撤销公证书。被撤销的公证书应当收回,并予以公告,该公证书自始无效。公证机构撤销公证书的,应当报地方公证协会备案。

公证书的,收取的公证费应当全部退还当事人;因当事人的过错撤销公证书的,收取的公证费不予退还;因公证机构和当事人双方的过错撤销公证书的,收取的公证费酌情退还。

当事人、公证事项的利害关系人对公证机构作出的撤销或者不予撤销公证书的决定有异议的,可以向地方公证协会投诉。投诉的处理办法,由中国公证协会制定。当事人、公证事项的利害关系人对公证书涉及当事人之间或者当事人与公证事项的利害关系人之间实体权利义务的内容有争议的,公证机构应当告知其可以就该争议向人民法院提起民事诉讼。

公证机构及其公证员因过错给当事人、公证事项的利害关系人造成损失的,由公证机构承担相应的赔偿责任;公证机构赔偿后,可以向有故意或者重大过失的公证员追偿。当事人、公证事项的利害关系人与公证机构因过错责任和赔偿数额发生争议,协商不成的,可以向人民法院提起民事诉讼,也可以申请地方公证协会调解。

六、对公证质量的监管

近一段时期来,北京、内蒙古、上海、湖北等地接连发生办理民间借贷、涉及房产处分的委托书、遗嘱、继承等公证业务中出具错误公证书的情况,导致当事人房产在不知情的情况下被买卖或抵押,严重损害了人民群众的切身利益,严重损害了公证队伍的形象和声誉,社会影响极坏,甚至影响社会稳定,教训十分深刻。要深刻理解公证质量问题的极端重要性,把规范公证质量监管,加强公证执业风险防控,严防错证假证问题作为当前公证工作的重中之重。司法行政机关、公证协会和公证机构要深刻吸取教训,举一反三,把提高公证质量放到当前工作的突出位置,坚持标本兼治,压紧压实主体责任,切实提高公证工作水平。

(一) 明确检查重点

1. 重点案件。主要是近几年来发生多次投诉的涉及民间借贷、房产处分的委托书、遗嘱、继承等公证投诉案件;申请人众多或单个申请人申请批量公证等执业风险较大、极易引发突出公证信访矛盾、可能涉及刑事犯罪的公证案件等。

2. 重点事项。主要是遗嘱、继承、委托、民间借贷和具有强制执行效力的债权文书、签名(印鉴)属实、原本与副本(影印本)相符等公证事项;涉及非法集资、金融诈骗、"套路贷"的公证事项;涉众、涉老、涉残的公证事项等。

3. 重点情形。主要是司法部明确的公证执业"五不准"要求,即不准为未查核真实身份的公证申请人办理公证、不准办理非金融机构融资合同公证、不准办理涉及不动产处分的全项委托公证、不准办理具有担保性质的委托公证、不准未经实质审查出具公证书,以及公证机构未经市司法局批准设立办证点、公证机构负责人疏于履行审批责任,公证员未亲自接待当事人并制作询问笔录、擅自篡改公证书、伪造询问笔录、违法变更公证书规定格式,公证员助理独立办证,违规收费等。

4. 重点对象。发生严重质量问题或多次被投诉的公证机构和公证员;年度考核连续不合格仍未淘汰退出的公证员;办理受托人相对集中的高风险公证事项的公证机构和公证员等。

(二)全面开展检查

1. 自查。主管司法行政机关会同各公证机构对照治理检查重点,开展全面自查。自查要真查,不留死角,形成台账,全程留痕,列出问题清单。要如实形成书面自查报告,及时报上级司法行政机关、公证协会。不得瞒报、漏报,一经发现,严肃追责。各主管司法行政机关、各公证机构是自查责任主体,要强化责任担当,充分发挥主观能动性,确保查全、查实、查清。自查的数量不少于人均十本公证卷宗。

2. 互查。公证协会统筹安排各公证机构进行相互检查。互查要坚持实事求是,不搞一团和气,不做老好人。互查的数量不少于人均十本公证卷宗。互查情况由公证协会汇总后报司法行政机关。

3. 排查。主管司法行政机关组织专门力量,重点对有多次信访投诉或信访投诉问题突出的公证机构及公证员进行全面排查,切实查清情况,提出处理意见。排查情况报省级司法行政机关、公证协会。

4. 核查。省级司法行政机关信访办会同公证协会仔细梳理、汇总近几年来上级机关交办、群众反复举报、社会反响强烈的信访投诉案件,确定并下发一批案件线索,责成主管司法行政机关在规定时限内开展专项核查。

5. 抽查。省级司法行政机关指导公证协会,抽调政治素质硬、业务能力强的公证员会同省级司法行政机关抽调的干部组成专门检查小组,对自查、互查、排查、核查的情况和可能存在风险的公证事项进行集中抽查,不放过任何疑点和蛛丝马迹。对自查、互查、核查、排查中未发现而在抽查中发现的问题,要对相关责任人予以问责。

(三)及时整改纠正

主管司法行政机关、公证协会督促各公证机构边查边改,对检查中发现的错证、假证等问题,即知即改;对不能立刻解决的问题,要进行深入分析,找准薄弱环节,抓紧研究制定有针对性的整改方案,细化分解措施,明确责任人和时间节点,确保整改落实到位。整改情况报省级司法行政机关、公证协会。

七、对公证责任的追究

严格公证责任追究制是深化司法体制改革,促进司法公正,保障公民、法人和其他组织的合法权益,加强对公证机构和公证员的管理和执业监督,强化公证机构和公证员的责任意识,规范公证执业行为,提高公证质量的重要举措。公证机构或者公证员在违法、违规办理公证业务的,应当依照规定追究相关刑事、民事、行政、行业和纪律责任。

严格公证责任追究,应当遵循以下原则:第一,公证机构或公证员在执业活动中违反法律、法规、规章和相关政策、行业规范规定的,应当严格依法依规追究相关刑事、民事、行政、行业和纪律责任,不得以承担一种责任为由免予追究依法依规应当追究的其他责任。对具有中共党员身份的公证员违反党纪的,司法行政机关或公证员所在的党组织还应当依法依规追究相应党纪责任或提出追责建议。对公证机构或公证员的违法违规行为,人民法院、公安机关、司法行政机关在各自法定职责范围内,分别追究其相应责任。第二,依法保障执业权利。依法保障公证机构和公证员开展公证活动,非因法定事由、非经法定程序,公证机构和公证员依法执业的行为不受追究。

(一)追究民事责任的情形

公证员因过错给当事人、公证事项的利害关系人造成损失的,由公证机构承担相应的赔偿责任;公证机构赔偿后,可以向有故意或者重大过失的公证员追偿。当事人、公证事项的利害关系人与公证机构因赔偿发生争议的,可以向人民法院提起民事诉讼。当事人、公证事项的利害关系人提供证据证明公证机构及其公证员在公证活动中具有下列情形之一的,人民法院应当认定公证机构有过错:为不真实、不合法的事项出具公证书的;毁损、篡改公证书或者公证档案的;泄露在执业活动中知悉的商业秘密或者个人隐私的;违反公证程序、办证规则以及国务院司法行政部门制定的行业规范出具公证书的;公证机构在公证过程中未尽到充分的审查、核实义务,致使公证书错误或者不真实的;对存在错误的公证书,经当事人、公证事项的利害关系人申请仍不予纠正或者补正的;其他违反法律、法规、国务院司法行政部门强制性规定的情形。

(二)追究刑事责任的情形

公证机构或公证员实施下列行为,构成犯罪的,应当依法追究其刑事责任:故意出具虚假公证书,情节严重的;严重不负责任,出具的公证书重大失实,造成严重后果的;侵占、挪用公证费或者侵占、盗窃公证专用物品的;毁损、篡改公证文书或者公证档案的;泄露在执业活动中知悉的国家秘密、商业秘密或者个人隐私的;利用职务便利谋取和收受不正当利益的;其他违反法律构成犯罪的行为。

(三)追究行政责任的情形

公证机构或公证员有下列情形之一的,司法行政机关应当追究其行政责任:以诋毁其他公证机构、公证员或者支付回扣、佣金等不正当手段争揽公证业务的;违反规定的收费标准收取公证费的;同时在二个以上公证机构执业的;从事有报酬的其他职业的;为本人及近亲属办理公证或者办理与本人及近亲属有利害关系的公证的;私自出具公证书的;为不真实、不合法的事项出具公证书的;侵占、挪用公证费或者侵占、盗窃公证专用物品的;毁损、篡改公证文书或者公证档案的;泄露在执业活动中知悉的国家秘密、商业秘密或者个人隐私的;依照法律、行政法规的规定,应当给予处罚的其他情形。司法行政机关在公证执业监督检查中或在公证执业投诉调查处理中发现公证机构或公证员存在上述情形的,应予行政处罚立案并进行调查,作出是否给予行政处罚的决定。

（四）追究行业责任的情形

公证员有下列情形之一的,应当追究公证员的行业责任:无正当理由,不接受指定的公益性公证事项的;无正当理由,不按期出具公证书的;在媒体上或者利用其他手段提供虚假信息,对本公证机构或者本公证机构的公证员进行夸大、虚假宣传,误导当事人、公众或者社会舆论的;违反规定减免公证收费的;在公证员名片上印有曾担任过的行政职务、荣誉职务、专业技术职务或者其他头衔的;采用不正当方式垄断公证业务的;公证书经常出现质量问题的;刁难当事人,服务态度恶劣,造成不良影响的;对应当受理的公证事项,无故推诿不予受理的;故意诋毁、贬损其他公证机构或公证人员声誉的;利用非法手段诱使公证当事人,干扰其他公证机构或者公证人员正常的公证业务的;给付公证当事人回扣或者其他利益的;违反回避规定的;违反公证程序,降低受理、出证标准的;违反职业道德和执业纪律的;违反公证管辖办理公证的;利用职务之便牟取或收受不当利益的;违反其他公证员职业道德和执业纪律的。公证协会发现公证员存在上述情形的,应予立案调查,并作出是否给予行业惩戒的决定。

（五）追究党纪政纪责任的情形

司法行政机关或公证协会在调查中发现涉及公证机构负责人、公证员违反党纪问题线索的,应当按干部管理权限及时移送相关纪检监察部门处理;发现公证机构、公证员违反事业单位纪律的,应当建议有权部门或单位给予相应纪律处分。已经退休的公证员被查证在执业过程中存在违法违纪行为应当受到处分的,不再作出处分决定。但是,应当给予降低岗位等级或者撤职以上处分的,相应降低或者取消其享受的待遇。

（六）建立追究问责衔接的机制

人民法院、公安机关、司法行政机关、公证协会应当建立公证机构、公证员追责衔接机制。

人民法院在案件审理中发现公证机构、公证员涉嫌存在应当追究刑事责任的情形的,应当向公安机关提供犯罪线索,同时通报司法行政机关,公安机关应当立案侦查。人民法院在审理案件中发现公证机构、公证员涉嫌存在应当追究行政责任、行业责任的情形的,应当向司法行政机关制发司法建议书,司法行政机关应当立案调查,作出是否给予行政处罚的决定,或转交公证协会调查处理,并将处理结果反馈人民法院。人民法院对公证机构、公证员作出刑事判决的,应当及时向市司法局提供判决文书,市司法局应当根据法院判决决定是否进行行政处罚立案。

公安机关在对公证机构、公证员进行刑事调查过程中,发现公证机构、公证员涉嫌存在应当追究行政责任、行业责任的情形的,应当向司法行政机关提供相关情况,司法行政机关应当立案调查,作出是否给予行政处罚的决定,或转交公证协会调查处理。

司法行政机关在工作中发现公证机构、公证员涉嫌存在应当追究刑事责任的情形的,应当向公安机关提供犯罪线索,公安机关应当立案侦查,并将侦查处理结果反馈司法行政机关。司法行政机关在工作中发现公证机构、公证员存在应当追究行业责任的情形的,应及时将相关材料移送公证协会调查处理。

公证协会在工作中发现公证机构、公证员存在应当追究刑事责任、行政责任的情形的,应及时将相关材料移送司法行政机关调查处理。

拓展创新知识产权保护领域公证服务

潘 浩 吴 莹*

在当今经济全球化背景下,知识产权成为国家竞争的战略资源,知识产权在国家经济社会生活中具有高度的价值内涵,是市场竞争的焦点。全社会日益深刻认识到,知识产权不只是创新驱动的基本保障,还是维护国家核心竞争力的战略资源。"加快建设知识产权强国"正式写入党中央、国务院印发的《国家创新驱动发展战略纲要》《中华人民共和国国民经济和社会发展第十三个五年规划纲要》和2016年政府工作报告等重要文件,《国务院关于新形势下加快知识产权强国建设的若干意见》正式印发,开启了知识产权强国建设新征程。

知识产权与国家经济社会发展的关系日益密切。党的十九大报告要求"倡导创新文化,强化知识产权创造、保护、运用",体现了党中央对知识产权工作的高度重视,实际上,知识产权工作正深刻融入经济建设、政治建设、文化建设、社会建设、生态文明建设之中,对经济社会发展的支撑能力日益增强。加快知识产权强国建设,不仅是创新型国家建设的需要,更是实现经济社会发展目标、构建富强民主文明和谐美丽的社会主义现代化强国的需要。社会主义现代化国家必然是知识产权强国,知识产权强国彰显新时代中国特色社会主义的物质文明建设、精神文明建设、生态文明建设和制度文明建设的现代化特性。知识产权与人类的生活息息相关,与人民日益增长的美好生活需要息息相关,知识产权在保护权利人的合法权益的同时,也是强化运用的有效机制,几乎无时无刻不在鼓励创新,也在拉动消费,让全体人民在共建共享中有更多获得感。[1]

公证制度是一项预防性司法证明制度,具有服务、沟通、证明、监督功能。作为国际通行的服务知识产权发展和保护的重要法律手段,公证对于知识产权权利认定、流转保障和侵权维权等具有独特作用。发挥公证职能作用,拓展公证在

---

* 潘浩,上海市徐汇公证处主任、公证员。吴莹,上海市徐汇公证处公证员助理。
〔1〕 谢小勇:《新时代 新高度 新贡献》,国家知识产权局知识产权发展研究中心,http://www.sipo.gov.cn/mtsd/201711/t20171115_1320157.html,2017年11月19日访问。

知识产权保护领域的作用,不仅能保护知识产权,而且也能为创建良好的知识产权创新法律环境发挥更为重要的作用。

一、知识产权公证服务概述

知识产权公证主要涉及知识产权合同公证和证据保全公证两个方面的法律问题。

知识产权合同的范围相当广,涵盖了专利合同、著作权合同、技术合同、知识产权担保合同等。知识产权合同公证是公证机构对上述知识产权合同的真实性、合法性做出的一种证明。该合同公证所起的作用和采用的方式与普通合同公证基本一致,只是技术性要求更高。

证据保全公证作为一种制度创于寺院法,后继德国普通法并沿传至今,为许多国家立法所采用,其含义是指公证机构根据当事人的申请,对与申请人权益有关的、日后可能灭失或者日后难以取得的证据,依法进行事先的收存和固定,以保证证据的真实性和证明力的活动。[1] 证据保全公证的要件有实质要件和程序要件之分,其实质要件是有发生证据灭失的可能或者妨碍使用之隐患,或者经对方当事人同意。其程序要件一般应在诉讼前提出申请。

在知识产权侵权诉讼的司法实践中,绝大部分的案件审理中都涉及公证取证。公证取证主要用以确定被控侵权人和被控侵权物,对原告以普通消费者身份购买被控侵权产品的过程进行公证,同时所购产品进行证据保全。在网络侵权案件中则一般是对进入涉嫌侵权页面的路径、过程以及该页面涉及侵权的全部内容进行的证据保全公证。上述取证方式能直接反应被控侵权物的全面状况以及与被控侵权人(包括生产者和销售者)之间的联系。我国《民事诉讼法》第六十七条规定:"经过法定程序公证证明的法律行为、法律事实和文书,人民法院应当作为认定事实的根据。但有相反证据足以推翻公证证明的除外。"根据这一规定,除在对方当事人向法院提供了相反证据并足以推翻公证证明的情况外,公证书具有决定证明力,是人民法院可以直接采信的证据。故公证书是当事人证明自己主张的最有效证据。

(一)知识产权公证服务的历史发展[2]

1982 年 4 月 13 日,国务院颁布《公证暂行条例》,明确将证明合同(契约)、保全证据、保管文件等纳入公证业务范围,可以说,这些公证类型到目前为止还

---

〔1〕　张云柱、郭凯峰、韩桂珍、王增奎:《现代公证法学》,新华出版社 2001 年版,第 292 页。

〔2〕　参见中国公证协会课题组、王公义:《中国公证服务知识产权发展情况报告》,《中国公证》2015年第 7 期。

是公证服务知识产权保护的主要方式,为公证服务知识产权奠定了坚实的制度基础。1984 年 1 月 25 日,司法部公证律师司在给中国贸促会法律事务部《关于出具专利有关证明事的复函》中指出:"经与有关部门研究认为,我国企业或个人向外国申请专利时,所需要提供的有关文件的证明事项属于公证业务范围,根据我国公证机关统一行使公证职能的原则,应由公证处办理为宜",为依据国际条约提出知识产权申请以及要求优先权确保材料的真实性提供了法律保障。

20 世纪 90 年代末至 21 世纪初,上海、天津、浙江等 21 个省(自治区、直辖市)先后制定了地方公证法规,大部分都规定证明商标、专利、专有技术等知识产权的归属、转让和许可使用以及知识产权证据保全为公证的业务范围。1994 年 8 月 2 日,司法部、国家版权局联合发布《关于查处著作权侵权案件中发挥公证作用的联合通知》,1995 年 7 月 13 日,原对外贸易经济合作部、国家工商行政管理局发布《关于对外贸易中商标管理的规定》,2002 年 10 月,最高人民法院发布《关于审理著作权民事纠纷案件适用法院若干问题的解释》。2004 年 8 月,中国公证协会制定了《办理保全证据公证的指导意见》,第一次从行业角度提出了保全证据公证的规范性概念,有针对性地对包括知识产权在内的保全证据公证业务活动提出了基本的程序性要求。

2005 年 8 月 28 日,《公证法》颁布,第一次以法律形式明确了公证职责范围,确认了公证证据效力、强制执行效力和法律行为要件效力,逐步形成了以公证法为核心的中国特色社会主义公证制度。2012 年修订的《民事诉讼法》明确了电子数据作为单独的证据类型,随即中国公证协会制定《办理保全互联网电子证据公证的指导意见》,为涉及互联网的知识产权电子证据保全证据公证的开展提出了行业指导性意见。

2014 年,《国家知识产权战略实施推进计划(2014 年)》颁布,将公证制度明确纳入国家知识产权战略,《深入实施国家知识产权战略行动计划(2014—2020年)》进一步提出,探索以公证的方式保管知识产权证据及相关证明材料,加强对证明知识产权在先使用、侵权等行为的保全证据公证工作。2014 年中国公证协会课题组编写了《中国公证服务知识产权发展情况报告》,从中国公证服务知识产权发展历程、知识产权公证配套基础建设、知识产权公证业务情况、知识产权公证创新与发展等角度,对过去中国公证知识产权服务领域进行了一定的归纳总结,对将来的发展趋势进行了展望。

2017 年 7 月 4 日,司法部办公厅印发了《司法部国家工商行政管理总局国家版权局国家知识产权局关于充分发挥公证职能作用加强公证服务知识产权保护工作的通知》(以下简称《通知》),《通知》从立意高度、服务内容、发展方向、体系构建等多方面对构建知识产权公证法律服务体系,在知识产权保护领域发挥公证职能做了明确的规定,可以说是在"互联网+"、"大数据"等时代背景下,公证在知识产权保护领域的宣言书和白皮书。

（二）知识产权公证服务的公证类型

从公证事项来看,知识产权公证业务主要包括以下公证事项:主体资格公证,如营业执照公证等;声明书、授权书(委托书)公证,如商标转让声明,授权办理相关申请手续、登记手续等;合同、协议公证,如商标权转让协议;保全证据公证,如侵权证据的固定;保管业务,如文学作品保管;以及与知识产权保护相关的涉外涉港澳台公证。[1] 其中,最为重要的两种形式是涉及知识产权保护的保全证据公证以及电子证据保管业务。

保全证据公证是指公证机构根据自然人、法人或者其他组织的申请,依法对与申请人权益有关的、有法律意义的证据、行为过程加以提取、收存、固定、描述或者对申请人的取证行为的真实性予以证明的活动。[2] 目前保全证据公证的种类有:（一）对书证的保全;（二）对物证的保全;（三）对视听资料的保全;（四）对证人证言、当事人陈述的保全;（五）对行为过程和事实的保全。[3] 上述保全证据公证的种类是从所保全的对象的性质而言,涉及知识产权公证服务的保全证据在这五种公证种类中都有所涉及,如果从知识产权分类的角度,可以从涉及著作权、专利、商标等内容来划分。

电子证据保管业务又称为电子数据保管业务。基于公证是证明民事法律行为、有法律意义的事实和文书的真实性的活动,将公证机构办理的电子数据保管业务称为电子证据保管业务,更符合有法律意义的事实和文书的概念。《最高人民法院关于适用〈中华人民共和国民事诉讼法〉的解释》第一百一十六条第一次在法律规范层面界定了电子证据的内涵和类型,明确规定电子证据是指通过电子邮件、电子数据交换、网上聊天记录、博客、微博、手机短信、电子签名、域名等形成或存储在电子介质中的信息,同时规定了存储在电子介质中的录音资料和影像资料也同样适用电子证据的规定。电子证据保管业务整体上是一种预防性的公证业务,并不直接导致电子数据的保全证据公证,2012 年中国公证协会印发的《保全互联网电子数据公证的意见》第二条就指出:"本指导意见所称保全互联网电子证据,是指公证机构利用计算机设备和技术,通过接入广域网固定、提取电子证据的活动。保全网上招标和网上拍卖电子证据以及保管电子数据业务不属于本指导意见规范的范围。"也就是保全证据公证更加注重的是证

---

〔1〕 中国公证协会课题组、王公义:《中国公证服务知识产权发展情况报告》,《中国公证》2015 年第 7 期。

〔2〕 中国公证协会《办理保全证据公证的指导意见(修订)》第 2 条。

〔3〕 中国公证协会《办理保全证据公证的指导意见(修订)》第 3 条。

据的提取和固定的过程,而电子证据存储更加注重的是数据存储的安全性和即时性。

（三）公证在知识产权法律保护体系中的优势

在目前由公证、行政、仲裁等非诉制度和诉讼制度共同构成的知识产权法律保护体系中,其他诸多法律保护机制欲发挥作用,越来越离不开公证的"推波助澜"和"保驾护航"。[1]

1. 时空优势

上述关于知识产权的众多法律保护手段中,唯有公证,集事前预防、事中监控和事后解纷于一身,具有随着公证事项发展进程而同步跟进的特点,也就是说,其他法律手段均为事前或者事后的阶段性介入,只有公证可以进行"事前—事中—事后"的全程式介入——从知识产权的申请取得、转让取得到侵权损害纠纷的解决,公证均可同步跟进、全程保护。事实上,经过公证"事前预防"和"事后监控"两道程序过滤后,公证事项再发生纠纷的概率本身就已经很低了,而且,即便该公证事项在履行过程依然发生纠纷,公证仍可应申请介入调解,所达成的调解协议还可再次付诸公证,并可依法对满足条件的债权文书赋予强制执行效力,由此强化和固定调解结果。这就是公证在时空上独有的优势体现。

2. 效力优势

公证的效力优势体现在公证书独具法定的三大效力：法定证据效力、法律要件效力、强制执行效力。

（1）法定证据效力

公证书的证据效力是法定的,故谓之"法定证据效力",其效力优势表现在证明力不仅优于一般的私文书证、视听资料和证人证言,而且优于其他国家机关文件、团体、企事业单位出具的公文书证。在民事诉讼中,包括一般书证在内的八种证据"必须查证属实,才能作为认定事实的根据";对于有关单位和个人提出的证明文书,人民法院"应当辨别真伪,审查其效力"。而经由公证所证明的事实则被作为无需举证证明的事实,当然地拥有确定的证明效力,除非有相反证据足以推翻,人民法院应当直接作为认定事实的根据。立法对于公证书证据的特殊关照,体现了更多的强制性和义务性,在一定程度上意味着对人民法院采证随意性的约束和限制。

公证是对公证事项的真实性和合法性予以确认,并出具公证书的活动。公

---

[1] 随着网络与信息技术的快速发展,随之而来的网络侵权案件也呈现井喷式增长。而网络侵权案件主要涉及互联网背景下的知识产权领域,中国公证协会副会长黄群曾说过："近年来公证行业的现状发生了一些显著的变化,从整个公证行业来说,以前的案件主要是涉及遗嘱、财产的继承和强制执行,但是最近几年,涉及互联网证据保全大幅度增加。"

证证明不同于一般单位和个人的证明,它是国家的证明,其证明的真实性、合法性得到国家法律的认可。公证还可产生境外法律效力,其证明的法律效力得到国际社会的普遍认可。知识产权方面的法律行为,有法律意义的文书和事实经国家公证机关公证所产生的法律上的证明力,对知识产权权利人的合法权益可起到法律保护作用。公证的法律证明力,有利于确认知识产权的主体资格,排除第三人的异议,有利于确认知识产权转让及许可使用合同当事人的权利与义务,有利于确认知识产权的继承人,有利于处理知识产权纠纷。我国《民事诉讼法》第六十七条规定:"经过法定程序公证证明的法律行为、法律事实和文书,人民法院应当作为认定事实的根据。"《最高人民法院关于民事诉讼证据的若干规定》第九条第六款规定:"已为有效公证书所证明的事实,当事人无需举证。"公证证明在诉讼活动中与一般证据比较有着明显的区别,一般证据在法庭上需要经过当事人的举证、质证,经审判人员审查才能决定是否采证;公证证据在审判人员认为无异议的情况下无需当事人举证,审判人员一般无需进行法律上的审查可直接采证。公证的证据效力亦得到世界各国的普遍认可。因此,知识产权经过公证,发生纠纷进入诉讼,公证所具有的独特的证据效力,有利于维护知识产权权利人的合法权益。

(2)作为法律要件的效力

即公证作为法律行为成立或者生效或者对抗第三人的要件的效力,该效力源于法律、法规规定或者国际惯例或者当事人约定,以公证作为某项法律行为成立或者生效或者具备对抗第三人效力的形式要求,如若不履行公证程序,则该项法律行为就可能因公证要件的欠缺,而不发生预期的法律效力。在知识产权法律保护方面,主要体现在对涉外知识产权纠纷中所使用证据资料方面的要求,三大诉讼法对此均有体现,如根据《民事诉讼法》及有关民事证据的司法解释,在我国领域内没有住所的外国当事人委托代为诉讼的授权委托书,应当办理公证、认证手续,或者按照我国与该国签订的有关条约履行相应的证明手续,方具有效力。同样,在诉讼中法院提交的证据系在境外形成,那么,该证据也应当履行相应的公证、认证手续,否则其效力不被认可。

(3)强制执行效力

根据《公证法》第三十七条和《民事诉讼法》第二百三十八条规定,公证机构可依法对符合一定条件的债权文书赋予强制执行效力。在知识产权合同违约或者侵权纠纷中,双方当事人可就违约金或赔偿金进行协商、达成协议,协议就赔偿数额、支付期限、逾期履约愿意接受强制执行的内容进行约定,协议经由公证赋予强制执行效力后,一旦在履行中发生一方违反协议不履行或者不适当履行债务的情形,另一方即有权径直向有管辖权的人民法院申请强制执行,而省去诉讼审判程序,由此既可快速高效解决问题,又可节省成本避免"讼累"。

我国《民事诉讼法》第二百一十八条规定:"对公证机关依法赋予强制执行的债权文书,一方当事人不履行的,对方当事人可以向有管辖权的人民法院申请执行,受申请的人民法院应当执行。"公证的强制执行效力在于,债权人无需通过诉讼可直接申请人民法院强制执行,使其权利得到实现。由于免去了诉讼程序,直接进入执行程序,可迅速、及时地维护知识产权被侵权人的合法权益。

3. 取证优势

公证的优势还突出地体现在取证手段方面,取证手段的特殊性使之能够取得普通人依通常方式无法取得的证据。比如,保全证据公证涉及对著作权侵权事实进行取证时,公证员被特许以不公开身份的方式为之,并且通过该种方式所保全的证据效力为法律所认可,应当作为证据使用,如《最高人民法院关于审理著作权民事纠纷案件适用法律若干问题的解释》第八条对此有明确规定。其实,公证取证的这一特殊优势不仅表现在民事诉讼中,而且在民事诉讼之外的其他非讼程序如行政处罚中,也有同样的体现。如根据《司法部、国家版权局关于在查处著作权侵权案件中发挥公证作用的联合通知》即规定,著作权行政管理部门在查处涉及著作权的侵权案件时,对于证据保全公证书,除有相反证据足以推翻外,应当认可并作为认定侵权事实的根据。

4. 效力范围优势

其他文书,一般只能在公文出具机构所在辖区范围内或本国法域内发生效力。而公证书则独具"国际性""跨域性""无界性"之特质,其效力范围方面并无边际限制——不仅在一国领域内普遍有效,而且可以超越国界通用于国际社会。实践中,其他公证文书欲在境外被接受和使用,则需借助公证,办理相应的公证、认证手续,方才发生效力。公证在效力范围方面的这一先天优势正好与网络知识产权的"无界性"相契合,使得公证理所当然成为网络知识产权法律保护的最佳手段。

5. 其他优势

一方面,在行政救济或仲裁裁决程序中,可以事先采取公证作为辅助手段,将双方当事人现时的法律事实及证据状态固定下来,为推进上述非诉程序进程和顺利化解争议问题提供依据;另一方面,在运用其他非诉调解方式达成调解协议时,可以就调解协议申请公证或者经公证赋予强制执行效力,使得公证成为巩固调解成果、强化调解效力、衔接其他调解制度、落实调解协议内容的有效手段。

(四) 知识产权公证服务的拓展创新

1. 从业务领域看知识产权公证服务的拓展创新

知识产权包括了著作权、商标、专利、外观设计、动植物新品种等内容。从涉知识产权公证的数据统计来看,过去基本上集中在著作权、商标和专利三个领域,特别是著作权和商标,往往是知识产权公证的重点领域。目前知识产权公证呈现多样化地发展趋势,外观设计和动植物新品种的保全需求逐渐增多,商标在先使用等预防性保全需求也逐渐增多。过去知识产权公证法律服务的申请主体以企业以及作为企业代表的律所和知识产权专业服务机构为多,现在个人来申请保全知识产权领域的公证越来越多,特别是对于微信、微博等自媒体上的 IP 保护越来越重视。所以目前从业务领域来看,知识产权公证服务的范围正在逐步扩大,上到行政部门的精细化管理,下到人民群众的日常生活。

2. 从保护方式看知识产权公证服务的拓展创新

一是从线下到线上线下并举。过去说起保全证据公证,较多的是前往现场进行取样,采取的方式为现场的购买、清点或拍摄等,现在随着电子商务以及互联网技术的发展,包括办公自动化的普及,涉及网络取证或者线上取证的类型越来越多样,特别是通过大型互联网销售平台上的购物,以及侵权企业网站上涉嫌商标或产品介绍的截取。此外,对于公证介入数据的即时截取的要求也越来越高,特别是对于互联网企业的播放版权的保护等类似的线上知识产权保护的需求越来越大。

二是从单点到系统保护转变。从个案上来说,过去常见的就是一个单一取证的公证事项,比如前往展览会现场进行拍照取证、对于网上侵权网页进行截屏保全等,现在对于知识产权的保护更为体系化,如除了网上购物的保全,还有一个拆封取样送检的保全等,对于个案的保全涉及越来越严密和成体系化。此外,在与专业律师、公司法务的合作过程中,整个知识产权保护的方式也是越来越体系化,如对于某品牌大型超市的侵权保全,公证员随同律师事务所律师赶赴多地进行取证,如和中国音乐家协会的合作中,公证员跑遍了上海地区各大型歌城进行侵权歌曲的取样保全等。

三是从单点到平台建设发展。近几年来,公证机构通过建设相应的平台,参与公证信息化建设中,如上海市东方公证处推出的“公证证据宝”电子数据存管平台,厦门市鹭江公证处推出了公证云在线公证平台、设立了厦门法信公证云科技有限公司,北京市方圆公证处和北京国际版权交易中心合作推出“智慧保险箱”,探索电子公证在版权登记、流转领域中的新模式;上海市卢湾公证处与上海数字认证中心有限责任公司合作,成为国内首家收到数字证书授权发放资格的公证处,并推出了“智慧公证 2.0 暨藏宝湾计划”等。2017 年 9 月 18 日上线的中国知识产权公证服务平台,以公证法律服务为核心,对知识产权实现从权利产生、权利确认到权利交易、纠纷解决的服务与保护全流程覆盖。同时,针对当前知识产权侵权行为呈现地域屏蔽、多点发生及突发性的特点,平台整合全国公证机构力量,开展多地多点协同服务,为当事人提供随时随地的公证法律服务。

3. 从组织建设看知识产权公证服务的拓展创新

一是专业的知识产权公证部门或中心相继成立,有力地增强了知识产权公证服务的力量。2016 年 9 月,上海市东方公证处成立保全证据(知识产权)部,集中专业优势打造知识产权专业服务团队。2017 年 1 月 6 日,深圳公证处知识产权服务中心正式揭牌成立,专门为深圳企业和个人办理知识产权公证案件,这也是广东省内首家专注于知识产权的公证服务中心。2017 年 6 月 15 日,上海市徐汇公证处知识产权公证法律服务中心成立,中心集合公证员,形成团队优势,重点研发和办理以知识产权为主的保全证据以及电子数据存储等业务。

二是司法部等多部门遴选知识产权公证服务示范机构,有利于进一步深入发展知识产权保护公证服务。司法部于 2017 年 9 月 18 日在京举行全国知识产权公证服务示范机构授牌暨中国知识产权公证服务平台开通仪式。司法部会同国家工商行政管理总局、国家版权局、国家知识产权局在全国范围内遴选了北京市方圆公证处、北京市长安公证处、北京市国信公证处、黑龙江省哈尔滨国信公证处、上海市东方公证处、上海市徐汇公证处、江苏省南京市南京公证处、江苏省无锡市锡城公证处、浙江省杭州市钱塘公证处、浙江省义乌市公证处、福建省厦门市鹭江公证处、江西省南昌市赣江公证处、山东省青岛市市中公证处、湖北省武汉市楚信公证处、湖南省长沙市长沙公证处、广东省广州市南方公证处、广东省深圳市深圳公证处、四川省成都市律政公证处、四川省成都市成都公证处、云南省昆明市明信公证处 20 家知识产权公证服务示范机构。

二、知识产权公证服务的宣言书

(一)目前知识产权公证保护领域公证服务遇到的外部挑战

1. 信息化浪潮依旧是潮起潮涌。信息化、大数据、互联共享、人工智能等,这些新鲜的词汇在不断冲击我们的生活和工作,给我们带来很多潜移默化的深刻影响,这些浪潮的冲击还在不断延续,包括公证行业在内的很多法律服务行业,即便不是踏浪而行,也应该随波逐流,千万不能逆流而动。信息化已然不再是一种工具,而是一种态度和环境。

2. 多种知识产权保护平台层出不穷。比如厦门市美亚柏科信息股份有限公司推出的"存证云",上海人科数据科技有限公司推出的"实时保",杭州安存网络科技有限公司联合电信运营商、阿里云计算、公证机构共同推出的一站式语音数据保全公证解决方案"安存语录",风语者科技(北京)有限公司投资开发的"移动公证"等项目,这些项目与公证机构自己的平台项目相比,在资本支持下的商业平台,其推广的力度、改进的精度都更为显著,而且大部分的平台所提供的证据已经获得法院判决上的个案支持。

3. 知识产权保护的环境更加恶劣。这种环境的恶劣主要是指保全的外部环境，制约与反制约之间的连动。一是知识产权的外在形态在不断地改变，有些技术或者商标等外在趋同，难以辨识；二是知识产权保护行动逐渐从北上广等一线城市向二三线城市延展，并且取证环境、熟人社会等都增加了取证的难度，有些甚至对于现场取证人员的安全性带来了一定的危害；三是侵权人的警惕性越来越高，由于保全证据必须要有两个公证人员在现场，加上申请人本人，至少有三名以上的人员需要在现场，这对于侵权人而言具备一定的可辨识性，而且微信等社交媒体的发达，相互之间的信息传递也很快捷，所以就同一个专业市场，现在取证人员很难像过去那样一天同时在多家商铺购买侵权产品；四是公证流程难以满足侵权取证的即时性，网络侵权行为上传、删除速度很快、公证流程无法即时响应，部分侵权（如球类赛事直播）只发生在非正常上班时间，导致这类侵权行为难以即时公证；五是公证人员难以对同时发生的网络侵权行为作出公证，公证流程要求两个公证人员同时公证一个行为，而网络侵权行为往往是多个侵权主体或者多个侵权行为同时发生的。这种人员安排会导致公证到的侵权行为数量远远小于实际侵权行为数量；六是因为地域屏蔽问题，需在多个地区同时进行验证和公证。网络侵权行为人可以通过 IP 分段控制的方式，在特定地区实施或者不实施侵权行为，导致网络取证难度加大，需要同时在多个地区进行验证和取证。

（二）目前知识产权公证保护领域公证服务遇到的内部挑战

1. 观念认知有差距。一是"当前，尚存在部分公证机构和公证员不能认同和接受运用互联网技术进行公证的服务理念，甚至对于互联网时代下公证服务理念的创新持排斥、怀疑、否定的态度"；二是认为采取信息化手段办理公证，会削弱公证的公信力，让公证智能混同于其他企业的存证形式，特别是其他企业的存证形式获得法院的支持越多，这种焦虑就越明显。

2. 法律规定存不足。一是对于证据保全公证而言，所涉及的"客观、公正"，取证程序上的客观与实质上的客观总是一个永久趋向的关系；二是公证区域管辖上，一个是现实中跨行政区域的保全公证是否能够受理，对于网上的保全公证的受理的界限到底在哪里；三是申请当事人与公证事项之间的利害关系如何把握，律师事务所、专利事务所能否受客户的委托，成为独立的公证申请人，甚至在一些"公益诉讼"中，没有直接的利害关系是否能够申请保全；四是对于数据存储的性质以及提取的方式认定尚需要进一步明确，特别是存储后的提取等采取的是证据保全形式还是常规的保管证书的形式。

3. 人才培育现断档。人才断档目前是很多公证机构普遍存在的现象，主要体现在一是年龄结构不合理,部分公证机构中公证人员老龄化倾向比较严重,另外一些大型的公证机构中人才储备成"哑铃型",两头大、中间层比较薄弱;二是知识结构不合理,大部分公证员均基本上以法学专业为主,对于计算机信息工程等专业的或者双背景的专业公证人才较少;三是对于自身信息化的管理人才匮乏,特别是一些网络管理方面的人才,基本上仅仅能从事日常计算机及其相关电子设备的更新和维护,无法从事更高的软件设计和维护工作,而且公证机构本身的薪资结构也很难吸引优秀的软件工程师来公证机构工作。

4. 平台建设较迟缓。早在 2000 年,司法部已经认识到信息化对于公证行业的重要性,2000 年 9 月 15 日正式成立了"网络公证"课题研究组,[1] 2000 年和2002 年公证行业在南京连续召开两届"网络公证研讨会",但是之后缺乏后劲,除了中国公证协会所开发的遗嘱公证信息查询平台目前在全国有所普及之外,全国性普及的平台建设乏善可陈。尽管一些公证机构有自己的信息化办证平台,但是基本上局限于自身的小打小闹上,对于平台建成后后期的推广以及效益产生缺少后劲。

5. 收费保障不稳固。目前对于以保全证据公证为主的知识产权公证服务的收费普遍不高,而一部分的保全证据公证需要外出保全,而且需要两个公证人员其中至少一名是公证员进行,所耗费在路途上、保全过程中以及制作公证文书的时间和精力等很难统计。按照 2017 年最新实施的《上海市实行政府定价的公证服务项目目录和收费标准》规定,对侵权行为和事实的保全是每小时收费 500 元(不足 1 小时按 1 小时计,8 小时以上时段减半收费),对证人、证言、书证保全、不动产及其物证的证据保全是每小时收费 400 元(不足 1 小时按 1 小时计,8 小时以上时段减半收费)。

(三)知识产权公证服务的宣言书和白皮书

2017 年 7 月 4 日,司法部办公厅印发了《司法部国家工商行政管理总局国家版权局国家知识产权局关于充分发挥公证职能作用加强公证服务知识产权保护工作的通知》(以下简称《通知》),《通知》从立意高度、服务内容、发展方向、体系构建等多方面对构建知识产权公证法律服务体系,在知识产权保护领域发挥公证职能做了明确的规定。《通知》对于整个公证行业是个极大的鼓舞和激励,对知识产权公证法律服务体系的构建和发展是有利的推进和保障。

1. 从社会治理、法治建设的高度,推进公证服务知识产权保护工作。《通知》指出,知识产权日益成为国家发展的战略性资源和国际竞争力的核心要素,各相关职能部门要从全面依法治国和推进社会主义法治建设的高度,从实施创

---

〔1〕 刘晓东:《浅谈网络与公证》,《天津法学》2000 年第 S1 期。

新驱动发展战略,加快知识产权强国建设的高度,充分认识加强公证服务知识产权保护工作的重要意义,公证有其自身特有的职能作用,在服务知识产权保护,促进实施创新驱动发展战略和国家知识产权战略,加快知识产权强国建设中大有可为。

2. 从知识产权从研发到传承的全过程,推进公证服务知识产权保护工作。《通知》从"(一)发挥公证在知识产权创造中的作用"、"(二)促进知识产权合理运用和有效流转"、"(三)加强知识产权纠纷预防和调解工作"、"(四)充分运用公证手段维护保障合法权益"、"(五)加强知识产权境外保护工作"五个方面,全面对公证在知识产权领域发挥职能作用上予以了引领,主要特点在于:

(1)延展公证在知识产权创新中的作用。将公证对于知识产权的保护延展至知识产权的"出生期",倡导发挥公证对于知识产权保护的普法作用。

(2)注重公证在知识产权传承中的作用。结合遗嘱、协议、赠与、提存、保管等公证传统手段,对知识产权从交易流转到遗产传承等全方面予以保护。

(3)发挥公证在知识产权预防调解中的作用。特别是将公证在知识产权中的保护作用发挥至知识产权的在先使用、涉知识产权的金融、赋予债权文书强制执行效力等,发挥公证的"预防性功能"和"调解功能"。

(4)强调以公证的手段保障合法权益。以公证的手段,对知识产权的发明人、所有人、使用人等的合法权益予以保护。并结合最新的"互联网+"的发展,支持推进公证机构提供远程公证服务。

(5)加强公证对于知识产权的境外保护工作。将公证对于知识产权的保护,从境内的保护,扩大至境内和境外协同保护,顺应企业"走出去"战略。

3. 从知识产权公证法律体系构建的角度,推进公证服务知识产权保护工作。通过知识产权公证专业人才、团队、机构的培养和建设,吸纳并采用"互联网+"、"大数据"等新技术、新理念,各部门协同发展和支持,丰富公证在知识产权保护中的方式方法,构建知识产权公证法律体系。

三、知识产权公证服务示范机构

(一)贯彻《通知》精神,发挥公证服务知识产权保护的职能作用

《通知》从立意高度、服务内容、发展方向、体系构建等多方面对构建知识产权公证法律服务体系,在知识产权保护领域发挥公证职能做了明确的规定。公证制度作为一项预防性的司法证明制度,具有服务、沟通、证明、监督的功能,知识产权公证服务示范机构要认真贯彻落实《通知》精神和内容,一是从社会治理、法治建设的高度,认识推进公证服务知识产权保护工作的重要意义;二是知识产权从研发到传承的全过程,落实公证服务知识产权保护工作;三是从知识产

权公证法律体系构建的角度,搭建公证服务知识产权保护机制。

（二）创新服务手段,丰富公证服务知识产权保护的方式方法

知识产权公证示范机构要认真总结目前自身及所在区域在公证服务知识产权保护方面的方式和方法、经验和教训等的同时,要在符合公证法、公证程序规则的前提下,以市场需求和社会民生为导向,利用好信息化手段,用"互联网+"理念、大数据理念、共享经济理念等,积极使用和创新知识产权公证法律服务手段。一是要善于利用新科技、黑科技设备,为公证服务知识产权保护工作提供有力的设备支持;二是要依托电子签名和数据加密等方式,改进创新公证证明方式和存储方式;三是要搭建知识产权公证服务平台,优化服务知识产权保护的公证流程;四是要依托区域知识产权发展现状,不断探索拓展公证服务知识产权保护新业务。

（三）强化普法释法,体现公证服务知识产权保护的社会效应

目前,我国的知识产权保护知识的灌输和落实工作还比较薄弱,公证机构本身就承担着"谁执法、谁普法"的重要责任,知识产权公证服务示范机构要将知识产权的普法释法工作作为自己的重要工作内容。一是要弘扬以"以创新为荣、剽窃为耻,以诚实守信为荣、假冒欺骗为耻"的道德观念,形成尊重知识、崇尚创新、诚信守法的知识产权文化;二是要及时梳理知识产权公证知识,公布知识产权公证法律服务重大案件、典型案例;三是要密切与其他职能部门合作,如参与大型展会现场法律咨询和提供公证法律服务。

（四）培养专业人才,储备公证服务知识产权保护的公证力量

目前知识产权公证法律服务能力还不能满足社会的需求,其中最为明显的是从事知识产权公证法律服务的公证人员短缺,知识产权公证服务示范机构要将自身发展和人才培养相结合。一是要挖掘和稳固现有的知识产权公证法律服务队伍,规范和激励相结合,重视队伍思想建设,形成队伍有效管理,促进队伍有序发展;二是要吸纳优秀的人才加入公证服务知识产权保护工作中,特别是有倾向性地招聘和培养一部分具有计算机背景、高学历的复合型公证人员;三是要注重研究和交流,发挥队伍作用,特别是加强知识产权方面的理论研究和实践总结,创造行业内外的合作交流机会;四是要借助外部力量,特别是吸收在知识产权保护领域有专长的法官、律师、学者等,作为示范机构的顾问,指导业务发展;五是要加强宣传,采取一定的激励机制,吸引更多的公证机构投入公证服务知识产权保护工作上去;六是要培养一批在知识产权公证法律保护方面有研究、愿意付出、愿意交流的优秀公证员。

（五）做好经验总结,指引公证服务知识产权保护的发展壮大

知识产权公证示范机构的设立目的,是通过优先发展,带动后进,探索可复

制可借鉴的公证服务知识产权保护的经验，真正发挥示范作用。一是示范机构自身要做好知识产权公证法律服务方面的经验总结，既要总结普适性的经验，也要介绍区域性的成果；二是要做好示范机构间的信息和经验交流，要成立知识产权公证示范机构联盟，建立联席会议机制，定期商讨和交流示范过程中的经验和教训，及时沟通新型案件和办证方式；三是要定期考核，实行示范机构的增补和淘汰制度，对从事知识产权公证法律服务积极性高、成效显著的公证机构，经该公证机构申请考核通过后，授牌示范机构，对于授牌之后发展缓慢，成效不显著的示范机构，经考核批准，予以撤牌处理；四是要大力宣传示范机构的成果以及优秀公证人员，鼓励公证机构、公证人员创新开发。

四、创新是发展知识产权保护领域公证服务的恒久动力

信息化时代产生的各类社会矛盾，已经无法通过单一的传统证据形式来证明和解决，越来越多地需要依赖电子数据证据来定纷止争。通过录音、电子合同、电子病历、网络订单、即时聊天记录、电子邮件等都可能会成为各类社会纠纷的证据材料。公证行业也面临前所未有的挑战，在互联网背景下，公证服务必须克服诸多"不适应"，解决互联网时代带来的诸多"冲突"。就像中国公证协会信息化建设委员会副主任吴凤友所言："我们处在互联网时代，这个网是多维的网，无论是从时间还是空间上来讲，把我们都网住了，公证人和公证行业都逃不开这个网。"这是一个挑战的"网"，更是一个机遇的"网"，公证行业唯有以新的理念、新的模式、新的技术、新的手段紧随时代发展需求，拓展创新知识产权保护领域公证服务，才能为社会提供更加便捷、更加高效的公证服务，才能牢牢把握时代的发展机遇。[1]

诚如知识产权的核心是"创新"，与之相配的知识产权公证服务方式的发展动力也必须是"创新"。法国公证人高等理事会前会长 ALAIN LAMBERT 曾说过"吾等公证人，身为法律秩序与交易安全数百年以来之守卫者，必须在掌握网络科技之后，于网络世界之中执行业务"。[2]

（一）思想上——要厘清认识，坚持创新理念

信息化浪潮下的知识产权公证服务，不仅仅体现为"涉网"。北京市公证协会会长、北京市长安公证处主任周志扬在 2016 年 4 月 16 日上海"纪念公证法实施十周年暨互联网时代下公证发展的传承与创新"论坛上的发言即指出：当前

〔1〕 朱一芳：《创新公证业务模式把握时代发汗机遇——公证行业参与第二届钱塘论潮纪实》，《中国公证》2014 年第 1 期。
〔2〕 李淮薇：《"法与时转则治，治于世宜则有功"：法国公证业务之网络工具，与其对于网络科技所为之调适》，《公证法学》2012 年第 8 期。

公证行业对公证信息化有两个错误认识：一是认为公证信息化的核心在于公证流程的网络化（电子化）；二是认为公证信息化的本质在于公证证明方式的网络化（电子化）。目前行业在信息化建设方面的主要工作多集中在公证的"网络化"，也就是将公证的某个环节或者流程移植到互联网，即涉网公证。[1]

公证也和司法一样存在积极主义和消极主义两种理念和倾向。在这个时代更需要积极主义的公证。[2] 公证机构应牢牢谨记，在互联网时代与大数据时代，公证行业若想保持活力与竞争力，消除陈旧理念的禁锢乃关键环节。

（二）技术上——要有效甄别，采取创新方式

目前只是产权的创新形式主要还是集中在云计算和区块链两个技术上。对于云计算和区块链的技术角度而言并没有太大的区别，其中核心问题就是谁来主导。

中国公证在知识产权保护方面有过一段尝试，就是借助他人力量做好公证服务知识产权工作，比如厦门市美亚柏科信息股份有限公司推出的"存证云"，上海人科数据科技有限公司推出的"实时保"，杭州安存网络科技有限公司联合电信运营商、阿里云计算、公证机构共同推出的一站式语音数据保全公证解决方案"安存语录"，风语者科技（北京）有限公司投资开发的"移动公证"等项目等，都或多或少结合了公证机构的力量，尽管行业内有替他人"背书"或"站台"的忧虑，但是从某种角度而言，利用资本的力量，推进了公证服务知识产权保护的信息化进程，也在不断地尝试中让公证机构积累了大量的经验，当然有些可能是"试错"的经验。

近年来，越来越多的公证机构参与公证信息化的探索，在各公证机构努力下，公证信息化建设的硬件基础和软件系统等基础设施建设已初步形成，很多公证处坚持业务创新和服务创新，希望通过自己的投入和努力，在电子数据保管为代表的信息化领域重新掌握自己的主动权，如厦门市鹭江公证处的"公证云"，上海市东方公证处的"公证证据宝"、上海市徐汇公证处的"电子邮件即时保管箱"等。

（三）形式上——要去繁择重，体现公证证据价值

公证程序中的某个步骤或者环节通过互联网来实现，或者公证的对象与网络相关，它既没有突破传统公证的业务框架，也没有改变传统公证的流程，仍属于传统公证的形式。[3]

---

〔1〕 周志扬、吕宏庆：《法国、意大利公证信息化发展对我国的启示》，《中国公证》2016 年第 11 期。

〔2〕 孙笑侠：《公证行业未来发展之路的思考》，选录于《公证研讨（第一辑）》，上海人民出版社2017 年版，第 308 页。

〔3〕 刘品新：《揭开网络公证的面纱》，《人民法院报》2003 年 3 月 3 日。

此外,"中国公证在网页保全公证上依然延续 20 世纪 90 年代就在使用的截屏做法,依然延续纸质卷宗保管的传统,甚至有些公证机构立案基本的办公自动化产品都没有"。[1] 公证应该说是从程序到结果均有自我要求的法律形式,知识产权公证保护最终以证据的形式出现,由此,对于结果的取得及展示的方式的适格尤为重要,即便是取得程序的合法性和合适性,也终将是为了证明最终的结果的适格性。所以对于目前的采用步步截屏的方式以及在公证文书中详细记录每个取证步骤(特别是在网页的保全中)的书写方式尤其认为不妥,因为这样的公证文书写作方式,占据了公证员大量的时间和精力,而公证员最大的精力,应该是放在取证的过程中,而现实恰恰相反,公证员更多地成了书记员,这更加重了公证在知识产权法律服务上的缺位现象。而且,因为附加了步步截屏和打印文件的厚重的公证文书,不仅造成了纸张、油墨、耗材上的巨大负担甚至是浪费,而且也给法官的重点梳理带来了不便,从某种角度而言,体现了公证员所见即为所书写的即时感,但是并不能体现出一名知识产权公证服务专家在证据判断上更深刻的造诣。

五、网络环境下知识产权公证有待拓展的领域

我国目前对知识产权的公证保护主要集中在知识产权纠纷案件中对于侵权事实进行证据保全,这是一种侵权行为发生之后的事后救济措施,然而这种措施并不足以为权利人的知识产权提供全面的保护,在知识产权的保护中,仍有许多领域是公证尚未涉及的,而这些领域也将成为公证保护进一步拓展的方向。

(一) 网络环境下著作权公证保护的空白

网络环境下著作权保护的空白地带主要体现在先发表人无法举证的困惑。鉴于互联网传播、复制信息的便捷性、跨地域性、无间断性以及互联网本身具有的虚拟性和匿名性,小说、音乐、动画、视频等作品的创作者在网上发表不久,便被其他人非法复制传播的情形经常发生,加之我国对著作权的保护采取自动保护制度,登记并不是取得著作权的必备要件,因此,现实中并非所有著作权人都会在完成创作后进行登记,也并非所有著作权人都会想到通过公证保护自己的劳动成果。在这种权利未予登记的情形下,一旦发生侵权纠纷,先发表人一般缺少强有力的证据证明自己就是著作权人,从而极易导致自身利益受损。另外,即使先发表人有足够证据证明自己就是著作权人,但由于网络证据的易删改性,很可能在取证时网页上的侵权内容早已被删除,从而难以证明侵权事实的存在,造

―――――――――――

〔1〕 周志扬、吕宏庆:《法国、意大利公证信息化发展对我国的启示》,《中国公证》2016 年第 1 期。

成先发表人陷入明知自己被侵权却无法取证的境地。[1]

（二）网络环境下专利权公证保护的空白

根据《专利法》第 22 条、第 23 条的规定，授予专利权的发明和实用新型，必须具有新颖性、创造性和实用性，而现有技术是影响发明和实用新型是否具有新颖性、创造性的关键因素之一；现有设计是影响外观设计能否得到授权或不被宣告无效的关键。现有技术和现有设计，是指申请日以前在国内外为公众所知的技术和设计。因此，在专利无效程序中，只要专利宣告无效申请人能够证明该专利的技术信息早在申请前已被公众获知或者是不经创造性劳动就可以从现有技术中得到技术方案，那么，该专利就会因为丧失新颖性或创造性而被专利复审委员会宣告无效。实务中，越来越多的申请人通过网络证据保全公证的方式，使用网络证据来证明涉案专利权要求保护的技术方案或者外观设计在申请日之前已通过网络公开，或者对比文件的公开日期早于专利申请日，借以证明权利要求不符合专利授权条件，应予宣告无效。但是，由于网络证据具有修改不留痕迹的特点，其真实性和证明力的认定往往成为此类程序中的焦点和难点，尽管公证机构已与一些官方网站和知名度比较高的网站展开合作，但仍然难以满足现实的需求，这是因为公证机构在取证时很难确保所保全内容的原始性和真实性，虽然在技术理论上可以做到，但在实际操作中依然存在诸多困难，例如，某项现有技术和现有设计在网上公开的时间及其具体内容，通过网络后台都可以进行修改或删除，有时仅凭公证机构出具公证文书并不足以确定本专利申请之前网络信息资源的状态，这便给知识产权保护实务部门审查证据带来了极大难度。

（三）网络环境下知识产权公证的完善

公证作为一项旨在固定证据、预防和解决纠纷的制度，是国家司法制度的重要组成部分。随着国际、国内对知识产权的日益重视，公证对知识产权的保护也与时俱进、不断创新，取得了一定的成绩。由于经公证机构收集、固定和保存的证据，更加真实、准确、全面，有利于当事人维护自身合法权益，因此，实务中越来越多的当事人选择通过申请公证来维护自身合法权益。但是，由于知识产权专业性强、公民知识产权保护意识薄弱等原因，若要实现对知识产权的全面保护，则有赖于对现有的知识产权公证保护制度予以进一步的完善和创新。根据权利类型的不同，相应的知识产权公证保护制度的完善与创新也有着不同的要求和侧重。

1. 著作权公证的深化

近年来，随着网络技术的高速发展，一方面为网络用户带来极大的便利，另

---

〔1〕　马维克：《电子证据与网络保全证据公证》，《情报杂志》2006 年第 3 期。

一方面又不可避免地发生利用网络侵犯著作权的情形,而受主客观因素影响,许多网络证据经过一段时间后可能会灭失、失真或难以取得,导致先发表人无法举证证明自己享有著作权,或者难以证明侵权状况的存在。针对这些举证难的状况,公证能够发挥自身独特的作用,公证机构的一大职能就是对与申请人权益有关的、日后可能灭失或难以取得的证据加以验证提取,并以各种具体形式固定下来,以保持其客观性、真实性。对于先发表人,证据保全公证不仅可以证明其享有著作权,也可以帮助先发表人在发表后维权时正确履行举证义务;对于知识产权保护实务部门和人民法院而言,证据保全公证为他们及时解决纠纷提供可靠的事实依据。因此,先发表人应在创作完成后而未必是权利事实发生后尽早申请证据保全公证,从而更好地维护自身的合法权益,公证员更应就此加强"普法"宣传。

2. 专利权公证的深化

据统计,2011 年,我国已成为世界最大的专利受理国。其中,在涉及需要提交网络证据的专利无效宣告案件中,绝大多数申请人提交的都是经过公证的网络证据。虽然经公证时网络证据在形式上表现为以经过公证机构清洁性检查的计算机终端访问网络下载打印的纸质书面文件,并且公证书中记载了该书面文件的形成过程和内容,但就实质上而言,它是用于证明案件事实的、被打印为纸质文件的数字性网页。在技术层面上,由于公证人员无法通过其使用的终端(如公证机构连接在互联网上的计算机)探究虚拟网络空间的实际情况以及存储网页的服务器的物理情况,因此,即使通过保全的网页也仅仅只能证明公证保全时网络终端的情况,网页内容的真实性依然无法得到保证。

在这种情况下,为了进一步发掘公证在保护专利权领域内的潜力,公证机构需要进一步着眼于提升保全证据公证的公信力。对于官方网站或公知度和信誉比较高的网站,公证机构可与其展开合作关系,并在出具公证文书之前,不仅仅满足于对网页内容进行保全公证,还要从网站与当事人之间的利害关系、网站的资质等方面进行综合考察,力求提升公证文书的可信度,以便更好地发挥公证对于专利的保护作用。

网络信息化虽然使得网络经济取得了繁荣发展,而知识产权在很大程度上因此获利,知识产权的繁荣发展已成为当下的大势所趋,但与之相伴而生的是新类型的知识产权侵权案件不断涌现。究其原因,关键在于网络是一个虚拟的空间,给知识产权的发展带来了许多不确定因素。在网络环境下,如何将虚拟的网络环境下的民事活动与现实世界里的民事活动充分地联系起来,以保证虚拟网络中民事活动的真实性与可靠性是一个摆在我们面前急迫而重要的客体。在网络环境下知识产权的保护中证据保全是关键,而网络证据保全公证则可以通过不断发展和完善,充分地发挥其作用,进而为网络环境下知识产权的繁荣发展提供包含保全证据公证在内的全方位的法律服务。

六、知识产权资本化下的知识产权公证服务

（一）知识产权出资

1. 知识产权出资概念

知识产权出资是指知识产权所有人将能够依法转让的知识产权专有权或者使用权作价,投入标的公司以获得股东资格的一种出资方式。其实质就是知识产权资本化,是知识作为一种生产要素参与企业利润分配的一种诉求。在知识经济形态下,知识在生产要素中的作用超过了土地、劳动和货币等传统生产要素,占据主导地位。知识在企业生产和服务中发挥越来越重要的作用,已经成为一种稀缺的经济资源,日益成为一种重要的价值增值手段,进而形成知识资本参与到企业的利润生成和分配过程之中。知识之所以能够成为资本,是因为其具有资本的双重属性,即产生价值的自然属性和实现增值的社会属性。

（1）知识产权出资的要件

从登记角度看,对于知识产权出资的审查与核准一般侧重于四个方面,即用于出资的知识产权要具备确定、现存、可评估、可转让的特点。因此,申请人在以知识产权出资时,要确定用于出资的知识产权是否符合四个要件的要求,即确定性、现存性、可评估性、可转让性。[1]

确定性是指用于知识产权出资的标的物必须是特定的现实对象。也就是说,标的物应当明确、具体,不能仅仅是一种抽象的概念。现存性是指用于出资的知识产权必须是事实上已经依法获得的知识产权,而且出资者对该知识产权依法享有处分权。可评估性是指用于出资的知识产权必须具有能够通过客观评价予以确认的具体价值,即可以用货币进行具体估价。如果无法通过客观评价确认具体价值,无法用货币进行具体估价,则该知识产权不能用于出资。可转让性是指为了使公司股东能够履行出资义务,用于出资的知识产权应适合独立转让,即权利可以发生独立、完整的转移。

（2）知识产权出资的范围

《公司法》、《中外合资经营企业法》都明确规定知识产权的出资范围为工业产权和非专利技术（也称专有技术）。在我国,工业产权包括专利权和商标权这两类权利。因而,应注意到知识产权出资标的中不包括著作权。另外,外商投资企

---

〔1〕 https：//baike.baidu.com/item/%E7%9F%A5%E8%AF%86%E4%BA%A7%E6%9D%83%E5%87%BA%E8%B5%84/12743144? fr=aladdin,2017 年 10 月 28 日访问。

业法律中还要求,作为外国合营者出资的工业产权或专有技术必须符合下列条件之一: 第一,能生产中国急需的新产品或出口适销产品的;第二,能显著改进现有产品的性能、质量,提高生产效率的;第三,能显著节约原材料、燃料、动力的。

2. 知识产权出资的主要形式

按照知识产权法的规定,知识产权出资主要存在两种形式,一是将自己的知识产权转让他人实施,利用形成对价出资;二是将自己的知识产权许可他人使用,利用形成对价出资。

(1)知识产权所有人以转让方式出资

知识产权以转让的方式出资应当符合法律关于知识产权转让的规定。我国《商标法》和《专利法》都有出资方用商标或专利技术转让方式出资,均应将特定商标或专利权整体完全转让出资的规定。知识产权出资人如果以转让方式出资,必须承诺其作为出资的知识产权权利不足以产生误认、混淆或者其他不良影响,如出资方如果已将该知识产权许可他人使用,办理投资转让以前,须征得被许可人的同意,按照使用许可合同的规定,处理好善后事宜,不得因用知识产权投资而损害被许可人的利益。选择知识产权转让方式向公司出资,无论从理论架构还是实际情况出发,其都符合公司享有由股东投资形成的法人财产权的基本原理,因为"转让"就意味着永久性转移,公司对该知识产权便享有最终所有权,因而也就拥有最终处分权,可以作为公司承担亏损和风险的资本担保。可以说用知识产权转让方式出资符合我国公司法出于资本信用考量的各种规定。

(2)知识产权所有人以使用许可方式出资

知识产权主体若选择"使用许可"的方式进行出资,是否在理论上会与公司法律制度关于注册资本的规定发生冲突,这种冲突是否可以通过相应的制度建设来予以解决,是否在实务操作中面临巨大的风险更甚至难以操作。拟成立的公司必须以一种外在的表现形式,证明其拥有知识产权使用权的合法性以及排除其他人的不当使用权利。这种外在的表现方式,只能是出资登记或备案。通过工商局对商标权进行登记转让相较而言是比较简单的,目前在我国没有专利或商标用益出资的具体登记制度,投资者可以其个人的名义向相应的行政管理机关提出申请,且这种申请也往往会因没有先例可循面临失败的风险。

除此之外,知识产权权利人若采用使用许可的方式向公司出资,则用作出资的知识产权不发生全部权利的转移,公司对该知识产权仅享有一定期限和一定范围的使用权。那么,这将会与公司法发生两个方面的冲突:

首先,与公司资本维持原则相冲突。所谓资本维持原则又称资本充实原则,是指公司在其存续过程中应经常保持与资本额相当的财产。如我国《公司法》第25条规定,"股东应当足额缴纳公司章程中规定的各自所认缴的出资额"。

第34条规定,"股东在公司登记后,不得抽回出资"。资本维持原则的立法目的是防止资本的实质减少,保护债权人的利益,同时也防止股东对盈利的不当分配,确保公司本身业务活动的正常开展。知识产权的使用许可权出资与公司资本维持原则的冲突主要表现在以下两点:第一,知识产权中的部分权利是有有效期的,诸如商标权、专利权、计算机软件,一旦失效便落入公共领域,任何个人和企业都可以无偿使用。如果这个有效期短于公司的经营期限,实质上相当于出资人变相抽回了其出资;第二,知识产权的价值具有不稳定性,商标权的价值与对该商标的使用情况以及使用该商标的商品质量状况息息相关,专利技术、专有技术和计算机软件等的价值与新技术的开发运用情况以及市场变化关系密切,一旦用作出资的知识产权价值波动致使低于其出资入股时的评估价值,则亦与公司资本维持原则相悖。

其次,与公司承担责任的要求相冲突。公司享有由股东投资形成的全部法人财产权,依法享有民事权利,承担民事义务。公司以其全部法人财产依法经营,自负盈亏。出资人用知识产权以使用许可的方式出资,则接受出资的公司对该知识产权不能享有最终处分权。

出资方以知识产权使用许可方式出资所涉法律后果较为复杂。公司对于该项财产事实上不拥有完全的处分权,这与法人财产权是相悖的,如何来衡平这两者之间的关系还是直接舍弃这种出资方式呢?在现实情况下,知识产权许可使用的形式作为出资方式并非没有,并且这种利用形式还是比较普遍的,以知识产权许可使用的方式向公司出资,但前提条件是这种出资的许可使用必须是独占性的。也可以说知识产权用益出资比完全知识产权出资,承担一些额外的信息成本、契约成本和排他成本。高额用益出资交易成本,源于我国法律规定的模糊性和不定性。这些额外的交易成本,往往会使当事人在颇费周折后不得不以其他变通方法来降低交易成本,甚至选择放弃。虽然实践中存在着知识产权用益出资的需求,但因其极大的模糊性及风险性使得其发展十分有限。且在满足有关许可使用的具体法律规定的基础上,权利人还要受公司其他股东利益的制约,故在考虑这个问题的解决之道时笔者认为可以通过确立股东利益稳定和债权人利益的考量因素,在公司内部对权利人再利用该部分知识产权的行为进行限制。事实上,资本化了的知识产权是动态资本,具有明显的不稳定性,这不仅是接受投资的企业必须考虑的,而且也是知识产权出资方在选择出资方式时需要慎重考虑的重要因素。

(二)知识产权证券化

1. 知识产权证券化概念

知识产权证券化(IP-Backed Securitization)是资产证券化的一种,是以知识产权的未来收益为支撑,通过一定的证券化架构安排发行证券的一种融资方式。知识产权证券化实质是一种基于知识产权的结构性融资,是随着金融对社会经济的不断渗透,现代技术创新已经发展到技术金融一体化阶段的重要表现,是世界经济发展到知识经济阶段资产证券化的一种创新探索。知识产权证券化的目的在于通过金融安排最大限度地开发知识产权,充分利用其担保价值。知识产权证券化作为知识产权开发运营模式的创新,对知识产权发展及其制度完善具有重要意义。

知识产权证券化的参与主体包括发起人(原始权益人)、特设载体(SPV)、投资者、受托管理人、服务机构、信用评级机构、信用增强机构、流动性提供机构等。其中原始知识产权权利人将自己拥有的知识产权资产以"真实出售"方式过户给特设机构,特设机构获取了知识产权的唯一转让权,以知识产权将会产生的现金收入为基础发行证券。唯一转让权可以保证将来产生的收入会被用于还付投资者的本息,多余的收入为增值收益。此外,倘若技术尚未申请专利等知识产权的,特设机构可以为其代理知识产权申请,并承担申请费用以及知识产权年度维持费用,而所获得的收益由特设机构和知识产权权利人按一定比例分成。

2. 知识产权证券化的特点

知识产权证券化与传统资产证券化如应收账款证券化、住房抵押贷款证券化等相比较,具有其特殊性。

首先,相对于传统基础资产单一、简单的权利人而言,知识产权证券化基础资产上的权利人及其法律关系相对复杂。如专利可能存在共同发明人,可能含有得到合法授权的在先专利;商标可能已授权给其他主体从而导致商标权利人多元化;版权存在个人作品、职务作品问题乃至继承人继承问题;电影放映权则涉及剧本作者、主题音乐作者等相关权利人授权问题。

其次,转移至特设载体的资产与传统资产项目不同。由于知识产权的特殊性,通常其本身不会独立带来未来收益,而必须与其他有形资产甚至无形资产相结合,才能实现商业运营,产生收益。在知识产权证券化中,基础资产以知识产权为主,但通常并不局限于知识产权本身,往往延伸到相关必要无形或者有形资产。

再次,就其过程而言,由于知识产权自身特点,导致知识产权证券化难度增大。知识产权固有的依附性、时间性、地域性、可复制性、不稳定性、无形性等特点,导致其收益现金稳定性降低,不确定性增大。

3. 常见知识产权证券化类型

(1)电影行业证券化

电影行业是知识产权证券化最大的市场。在国外,早在 1997 年,梦工厂就用 14 部电影作为基础资产,发行证券进行筹资;2000 年,又在资产池中加入了 24 部制作中的电影,发行了总额约 5.56 亿美元的证券;2002 年,继 1997 年和 2000 年之后进行了第 3 次证券发行,共募集资金 10 亿美元,用于卡通片和电影制作。

（2）音乐行业证券化

版权作为音乐产业的"灵魂"、"货币",它的财富属性、产品属性和高附加值属性使之成为音乐产业的重要生产要素和财富资源。音乐版权所有者包括歌曲创作者、表演者、唱片公司或唱片发行商,资产种类包括出版权、版权、声音唱片权、制作者版权、艺术家版权、所有者和其他支付的版权。音乐版权的证券化可以以一定数量的制作出来的唱片、音乐母版等为支持资产,也可以以整个公司制作出来的全部音乐为支持资产。

（3）商标及专利证券化

与专利和商标相关的证券化业务比较少。因为这类知识产权的证券化也必须以存在资产为基础,但是它们的价值转化成复杂的产品,并与其他知识产权"合成"才能发挥作用,因此很难进行定量分析。从法律上说,专利和商标法定的保护期限为 14—20 年,尽管可能延长,但到期时专利技术可能已不具领先性,而契约性的商标保护则经常会根据政府的资产价值期限的条款而改变。

从专利持有者来说,最适合进行证券化的是药品公司、大学和学院、高新技术公司。从商标持有者来说,最适合进行证券化的主要是体育俱乐部和大学、服装设计者和消费品生产商、主流的娱乐公司。

七、涉外领域的知识产权公证保护

（一）公证的境外性是涉外知识产权公证保护的认同基础

公证是现在国际上通行的知识产权保护的方式之一,同时公证证明的效力具有境外性。在经济全球化的今天,对于企业保护知识产权具有独特的作用,重要性也日益显现。

一般来说,知识产权只有在权利取得国才有效,不具有境外效力,但是,随着科学技术的迅速发展和国际经济、文化交流的日益广泛,对知识产权的地域性限制逐渐被突破,有关知识产权保护的双边或多边国际条约逐渐增多,从而使得一国确认或者授予的知识产权在其他国家产生境外效力,或者为外国国民提供取得权利并获得保护的主体资格。我国已经加入的知识产权国际条约不下三十个,从实际情况来看,向他国提出保护自己知识产权要求的我国公民和企业越来越多。[1]

（二）涉外知识产权公证保护持续发展

公证为我国公民、企业申请知识产权的国际保护提供服务由来已久。司法

---

[1] 高雪蕾:《公证与知识产权的保护》,《法制与社会》2011 年第 22 期。

部公律司 1984 年 1 月 25 日给中国贸促会法律事务部的《关于出具专利有关证明事宜的复函》中明确指出,"经与有关部门研究后认为,我国企业或个人向外国申请专利时,所需提供的有关文件的证明事项属于公证业务范围。根据我国公证机关统一行使工作职能的原则,应由公证处办理为宜"。这既为公证处办理专利等事务的公证提供了保障,又说明该项业务是传统业务。实践中,公证处可以提供以下两种服务方式:一是证明知识产权证书证明事实。有些国家对我国授予的知识产权予以自动保护,但必须履行登记手续。当我国公民、企业要求在这些国家保护自己的知识产权时,它们一般要求我国公民、企业办理专利证书、计算机软件登记文件、注册商标等知识产权凭证的公证。对于著作权,有的国家以出版或首次出版时加注"著作权标记"为取得保护的前提条件。对于作品的出版或首次出版时加注"著作权标记"的状况,一般也要经过公证。二是为向国外申请专利、商标注册的我国公民、企业提供有法律意义文书的公证证明。例如,根据《保护工业产权巴黎公约》的规定,我国公民、企业向他国提出专利和商标注册申请时,可以要求优先权。但是我国公民、企业必须提供要求优先权的声明,同时必须提供在第一国(我国)的第一次申请的证明。按照国际惯例,这类声明和证明都应当办理公证。《专利合作条约》和《国际商标注册马德里协定》还要求跨国申请人提供一系列的材料,如申请人的住址及守法情况、书面申请书、专利或商标图样等,也应当办理公证。[1]

2014 年 8 月 6 日,《司法部关于进一步加强公证工作的意见》就指出"认真办理涉外涉港澳台公证事项,促进对外开放与交流合作。积极适应经济全球化新形势下,国际国内要素有序自由流动、资源高效配置、市场深度融合的发展态势,努力为我国参与国际经济合作提供公证服务。认真办理合同协议、公司章程、营业执照、知识产权、法人资格、股权证书、票据拒绝、不可抗力、海损事故等公证业务,为我国企业及个人对外投资、招标投标、对外贸易、诉讼仲裁、承揽工程、劳务合作等提供服务"。[2] 该意见中就将涉外涉港澳台的知识产权公证服

〔1〕 曾远涛:《在保护知识产权领域的作用》,《中国司法》2002 年第 2 期。

〔2〕《司法部关于进一步加强公证工作的意见》:9. 认真办理涉外涉港澳台公证事项,促进对外开放与交流合作。积极适应经济全球化新形势下,国际国内要素有序自由流动、资源高效配置、市场深度融合的发展态势,努力为我国参与国际经济合作提供公证服务。认真办理合同协议、公司章程、营业执照、知识产权、法人资格、股权证书、票据拒绝、不可抗力、海损事故等公证业务,为我国企业及个人对外投资、招标投标、对外贸易、诉讼仲裁、承揽工程、劳务合作等提供服务。认真办理自由贸易区建设、密切内地(大陆)与港澳台经贸关系、内陆沿边开放涉及的各类公证业务,为促进自由贸易区建设、构建全方位开放新格局提供优质高效的公证法律服务。积极为人员往来提供公证服务,认真办理学历学位、职务职称、亲属关系、有无违法犯罪记录等公证业务,为公民个人出国出境考察学习、就业谋职、旅游探亲、继承财产提供服务。

务提上了重要的位置。近年来,中国知识产权的价值正在加速实现,不断推动中国制造向中国创造、中国产品向中国品牌转变。中国科技部统计数据显示,2016年,中国技术合同成交额达到 11 407 亿元,首次突破万亿元大关,电子信息、先进制造、新能源、节能环保、生物医药等高新技术领域占总成交额的 80% 左右。[1] 2017 年 5 月,在"一带一路"国际合作高峰论坛期间,国家知识产权局代表中国政府与世界知识产权组织签署了《中华人民共和国政府和世界知识产权组织加强"一带一路"知识产权合作协议》,这是中国政府与国际组织签署的首个有关"一带一路"知识产权合作的文件,双方将围绕"一带一路"建设,开展全方位深入合作。

(三)"一带一路"建设是涉外知识产权公证保护的实践路线

"一带一路"(英文: The Belt and Road,缩写 B&R)是"丝绸之路经济带"和"21 世纪海上丝绸之路"的简称。它将充分依靠中国与有关国家既有的双多边机制,借助既有的、行之有效的区域合作平台,"一带一路"旨在借用古代丝绸之路的历史符号,高举和平发展的旗帜,积极发展与沿线国家的经济合作伙伴关系,共同打造政治互信、经济融合、文化包容的利益共同体、命运共同体和责任共同体。

自 2015 年正式提出"一带一路"的倡议以来,[2]有"走出去"需求的企业越来越多,而在"走出去"过程中必然要面对海外企业的市场竞争,而市场的竞争也包括了专利能力和水平的竞争。海外大型企业通常专利保护意识较强、经验丰富,他们往往选择在我国产品出口尚未形成规模时提起专利诉讼,或者刻意选择实力较弱的中小型企业作为被告,企图以高昂的应诉代价迫使我国成长中的企业或者自有品牌放弃或退出海外市场,这将对我国企业进一步走向国际市场形成较大的阻碍。统计数据显示,虽然越来越多的中国申请人开始选择在"一带一路"沿线国家进行专利布局,如某共享单车企业,在产品进入新加坡前,已经先行进行了专利布局。但总体来说,相对于美国、日本而言,目前我国在"一带一路"沿线国家的专利布局还略显薄弱。同时调查问卷显示,在"一带一路"沿线国家有技术输出需求的企业普遍认为缺乏技术输出的对接平台。针对以上状况,随着"一带一路"倡议的深入实施,国内许多的知识产权中介服务机构也在创新服务方式,积极构建"一带一路"知识产权服务体系。这不仅有利于交流思想,凝结智慧,而且有利于助推企业"走出去",共同开创知识产权工作新局

---

〔1〕《一流知识产权是中国企业走向全球的"标配"》,http://www.sipo.gov.cn/mtsd/201709/t20170912_1318555.html,2017 年 10 月 7 日访问。

〔2〕 2015 年 3 月 28 日,国家发展改革委、外交部、商务部联合发布了《推动共建丝绸之路经济带和21 世纪海上丝绸之路的愿景与行动》。

面。而在这其中,公证在"一带一路"知识产权公证保护中能发挥自己的作用,在知识产权的证明、证据固定上,以及知识产权转让及资本化过程中,均可以引入公证机制。

八、从民事领域到行政和刑事领域的知识产权服务

总体上而言,公证机构受理公证主要是以涉及民事法律关系比较多,对于涉及行政或者是涉及刑事的,往往避而远之[1],涉及行政的公证类型主要集中在动拆迁的保全等个别带有社会公益性的公证项目。而知识产权保护领域的公证服务,因知识产权作为财产性的权利的特殊性,即便是在行政甚或是刑事领域,其冲突形式较之其他更为温和,并且往往混杂着民事、行政甚至刑事的各项内容。

2016 年 7 月 5 日,最高人民法院下发《关于在全国法院推进知识产权民事、行政和刑事案件审判"三合一"工作的意见》,指出知识产权民事、行政和刑事案件审判"三合一"是指由知识产权审判庭统一审理知识产权民事、行政和刑事案件。推进"三合一"工作,有利于增强司法机关和行政机关执法合力,实现知识产权的全方位救济和司法公正;有利于统一司法标准,提高审判质量,完善知识产权司法保护制度;有利于合理调配审判力量,优化审判资源配置,提高知识产权司法保护的效益和效率;有利于知识产权专门审判队伍建设,提高知识产权审判队伍素质。

以保全证据公证为主的知识产权公证服务的宗旨是固定或存储有法律意义的证据。这里的有法律意义,既可以指民事法律上的意义,也可以指行政法律、刑事法律上的意义。《公证法》第二条规定:"公证是公证机构根据自然人、法人或者其他组织的申请,依照法定程序对民事法律行为、有法律意义的事实和文书的真实性、合法性予以证明的活动。"这里有法律意义的事实和文书中的"法律意义",并没有限定于民事法律行为。依据《公证法》第三条的规定:"公证机构办理公证,应当遵守法律,坚持客观、公正的原则",在办理公证的过程中,保证证据的真实、客观、合法,也保障执法过程中提取证据过程的规范性和合法性,有效查处嫌疑人对认定证据的质疑。[2]

---

〔1〕 对于行政行为进行公证,国内有学者认为,不可以办理公证,因为公证法之所以不授权公证机构对行政行为办理公证,一是担心公证的效力与行政行为的效力冲突;二是行政行为的审查不仅涉及"行政裁量"、"行政判断余地"、"比例原则"等敏感的司法审查温蒂,还涉及先发范围内的国家权力机关之间的分权制衡问题,公证机构在整个法律体系中不应当承担此类使命,马宏俊主编:《公证实务》,北京大学出版社 2012 年版,第 297 页。

〔2〕 参考马宏俊主编:《公证实务》,北京大学出版社 2012 年版,第 297 页。

九、人工智能与知识产权公证服务

（一）人工智能是知识产权公证保护的蓝海

根据百度百科，[1]人工智能（Artificial Intelligence，英文缩写为 AI），它是研究、开发用于模拟、延伸和扩展人的智能的理论、方法、技术及应用系统的一门新的技术科学。人工智能是计算机科学的一个分支，它企图了解智能的实质，并生产出一种新的能以人类智能相似的方式做出反应的智能机器，该领域的研究包括机器人、语言识别、图像识别、自然语言处理和专家系统等。它是研究、开发用于模拟、延伸和扩展人的智能的理论、方法、技术及应用系统的一门新的技术科学。人工智能从诞生以来，理论和技术日益成熟，应用领域也不断扩大，可以设想，未来人工智能带来的科技产品，将会是人类智慧的"容器"。

知识产权界有一个观点认为，人工智能可能是知识产权保护的终点，因为发达的人工智能设计，能够自动的搜索和比对知识产权侵权行为并予以预警，其比对的速度将远远高于专业人士。也有人说人工智能或许是公证的终结，因为借助大数据，人脸识别、指纹识别等，将极大地冲击公证目前发挥职能作用的领域。在很长一段时间内，前述这些或许是一种忧虑，因为人工智能是"对人的意识、思维的信息过程的模拟。人工智能不是人的智能，但能像人那样思考、也可能超过人的智能"。

人工智能的发展对法律制度提出了挑战，首当其冲的就是知识产权法。"人工智能的发展必然会导致知识产权法律主体关系的变化，甚至可以说我们必须站在人的立场为新的物种立法。"同济大学法学院副教授袁秀挺认为，关注人工智能创作成果的归属，也是为包括民事主体制度在内的法律的变革作出探索。

目前，世界各国已开始积极修订法律，尝试在人工智能突飞猛进的时代寻求平衡。我国对人工智能的创作的原创性及享有的著作权利还存在一定争议，但随着人工智能创作的逐渐增加，人工智能的知识产权保护制度也会相继完善。人工智能，绝不会成为知识产权的桎梏和终结。

（二）人工智能与知识产权公证保护相互交融

人工智能的发展，与知识产权公证服务息息相关。

首先，人工智能的研究，本身就是一个知识产权成果的凝结。人工智能将涉及计算机科学、心理学、哲学和语言学等学科。可以说几乎是自然科学和社会科学的所有学科，其范围已远远超出了计算机科学的范畴，人工智能与思维科学的

---

〔1〕 https://baike.baidu.com/item/%E4%BA%BA%E5%B7%A5%E6%99%BA%E8%83%BD/9180?fr=aladdin，2017 年 10 月 7 日访问。

关系是实践和理论的关系,人工智能处于思维科学的技术应用层次,是它的一个应用分支。机器视觉,指纹识别,人脸识别,视网膜识别,虹膜识别,掌纹识别,专家系统,自动规划,智能搜索,定理证明,博弈,自动程序设计,智能控制,机器人学,语言和图像理解,遗传编程等。甚至包括 AI 机器人的外观设计等,这些知识产权的保护需要公证机构的适当参与。

其次,人工智能的设备,为公证服务知识产权保护提供了先进的设备。目前我们常用到的语音识别、人脸识别技术为维护公证的公信力提供了有力的支持,同样,对于自动规划和智能搜索的应用,也为知识产权公证服务提供了更为先进和丰富的保全手段和手法。

再次,人工智能所创作的产品,包括文字图像作品、编程作品等均具有类知识产权保护性,也应该成为公证服务或保护的重要内容之一。

拓展创新产权保护公证业务

薛　凡　汪国标等*

一、产权保护的法律制度综述

　　产权是以财产所有权为主体建立起来的一系列行为性权利的总和,现代意义的产权是市场经济的产物,产权制度是一个现代社会非常重要的制度,是社会经济发展的基础,在国家发展和社会进步中有着十分重要的作用,而在现代产权制度中十分关键的内容就是产权保护。现代企业是多边契约关系的联结,是利益相关者交易产权的结果,良好的产权保护,能够增强企业、经营者和劳动者创业、创新的积极性,促进产权的增值和扩展;良好的产权保护,确保产权清晰界定,能够促进市场经济秩序的稳定;良好的产权保护,能够促进资本的优化配置,促进产权的最大化增值。在我国,伴随着社会主义市场经济的发展,一套符合我国且具有中国特色社会主义基本国情的产权制度逐步建立起来,各类经济主体的产权保护成为新时代我国经济发展"新常态"的重要任务。与此同时,创新发展已经逐步成为我国社会经济发展的新动力,我国已经将科技创新摆在国家发展全局的核心位置,而推进科技创新的重要基础就是产权的明确和依法保护,这其中物权、股权、债权是最为基础的,而知识产权的保护是重点,其他无形的产权的保护同样也不能忽视。

　　党和国家越来越重视产权制度的构建和产权保护,这是新时代我国经济建设发展的重要内容,直接关系到社会主义现代化建设的基础。党的第十五届中央委员会第四次全体会议讨论了国有企业改革和发展的若干重大问题,并作出了《中共中央关于国有企业改革和发展若干重大问题的决定》,其中明确指出,要建立现代企业制度:实现产权清晰、权责明确、政企分开、管理科学,健全决策、执行和监督体系,使企业成为自主经营、自负盈亏的法人实体和市场主体。现代化产权制度在企业制度的建立过程中是密切不可分的,可以说,我国真正意义上的现代化企业的建立基础之一就是明确的产权制度。在党的十五大报告

* 薛凡,上海市东方公证处公证研究中心主任、公证员。汪国标,上海市东方公证处公证员。本文其余作者为张宇衡、王祉浩、谢磊、叶戈、董皓若、董永进。

中,提出要"实施保护知识产权制度";在党的十六大报告中,提出要"健全现代市场体系,加强和完善宏观调控,发展产权、土地、劳动力和技术等市场";党的十七大报告中,提出要"以现代产权制度为基础,发展混合所有制经济";党的十八大报告中,再次提出"实施知识产权战略,加强知识产权保护。促进创新资源高效配置和综合集成,把全社会智慧和力量凝聚到创新发展上来"。而在党的十九大报告中,更是在多个层面提出了产权制度改革和保护,尤其是在"加快建设创新型国家"、"实施乡村振兴战略"、"加快完善社会主义市场经济体制"、"推动形成全面开放新格局"等方面,都将产权的重点保护、平等保护、全面保护作为的重要内容之一。因此可以看出,产权制度的建立以及产权保护在我国现代化建设的过程中,始终作为国家和党的重要历史任务之一。

加强产权保护,根本之策是全面推进依法治国,进一步完善现代产权制度,推进产权保护法治化。[1] 我国的《宪法》对国家的基本经济制度进行了明确的规定,也明确了产权保护的基本制度,是其他产权保护法律制定的依据。具体在不同的产权保护领域,我国的各项法律制度基本都进行了明确。首先,在物权领域方面,我国《民法总则》明确了民事主体依法享有物权,明确了物权包括所有权、用益物权和担保物权,为物权保护奠定了基础,而2007年开始实施的《物权法》,更是开启了我国物权保护的新篇章,对物权的保护进行了十分全面的规定。其次,在债权领域,《民法总则》同样明确了民事主体依法享有债权,而《合同法》《公司法》《担保法》等法律也进一步明确规定了债权的保护制度。再次,在股权领域,《民法总则》明确了民事主体依法享有股权和其他投资性权利,而《公司法》《中小企业促进法》《中外合作经营企业法》等进一步规范了股权等投资性权利的保护制度。另外,在知识产权等无形产权的保护领域,《民法总则》明确了民事主体依法享有知识产权,《商标法》《专利法》《著作权法》《反不正当竞争法》等对知识产权等无形产权的保护建立了基本内容。最后,我国的《刑法》《民事诉讼法》《侵权责任法》等法律以及相关的司法解释、实施条例等都从不同层面、不同角度对物权、债权、股权、知识产权等保护进行了规定,可以说,我国已经基本形成了权责明确、保护严格的产权保护法律框架。但同时我们也看到,产权保护的法律制度还存在很多的问题,例如对民营企业财产的保护公平性不足、对知识产权的保护力度不足、对其他无形财产的保护立法不够齐备完善。

在产权保护的众多方式方法中,公证参与产权保护是重要的内容之一,本文的重点就是在于拓展创新产权保护公证业务,而在具体展开讨论之前,我们首先对相关法律法规以及政策通知等进行梳理。我国《公证法》制定的目的之一就

[1] 参见《中共中央、国务院关于完善产权保护制度依法保护产权的意见》,2016年11月4日。

是"保障自然人、法人或其他组织的合法权益",依法对民事法律行为、有法律意义的事实和文书的真实性、合法性予以证明,并且从公证机构办理的公证事项以及事务中来看,无论是对合同、遗嘱、继承、赠与、财产分割等的公证,还是到提存、保管、登记等法律事务,可以发现保护产权是作为公证机构的一项基本工作存在的。在《民事诉讼法》中,第六十九条规定:"经过法定程序公证证明的法律事实和文书,人民法院应当作为认定事实的根据,但有相反证据足以推翻公证证明的除外。"为各种产权保护提供了有力的证据保障,而第二百三十八条规定:"对公证机关依法赋予强制执行效力的债权文书,一方当事人不履行的,对方当事人可以向有管辖权的人民法院申请执行,受申请的人民法院应当执行。"则为债权的保护提供了更加高效、便捷的法律途径。

虽然公证依法参与保护产权没有写入很多法律法规之中,但是在司法实践中,司法行政部门已经认识到了公证参与产权保护的重要意义。司法行政部门一直将公证作为保护知识产权的重要利器,与全国公证协会一同致力于拓展创新公证服务知识产权保护领域,而在 2017 年 6 月,司法部与国家工商行政管理总局、国家版权局、国家知识产权局共同发布了《关于充分发挥公证职能作用加强公证服务知识产权保护工作的通知》,围绕知识产权创造设立、运用流转、权利救济、纠纷解决、境外保护等环节提出了公证服务知识产权保护的要点,提出要实现对知识产权事前、事中、事后的全程保护,同年 7 月,司法部又发布了《关于进一步拓展创新公证业务领域更好地服务经济社会发展的意见》,其中明确指出要拓展创新产权保护公证业务:"贯彻落实《中共中央、国务院关于完善产权保护制度依法保护产权的意见》,积极服务各种所有制经济组织和公民财产权保护,做好产权保护领域公证工作。围绕健全企业内部监督制度和内控机制,在资产评估、清点登记、权益转让、清算退出等环节办理现场监督、保全证据、咨询代理等业务,为国有企业股权多元化和公司治理现代化提供法律服务和保障。拓宽传统婚姻家庭公证业务,开展家庭理财、资产管理、财富传承等公证法律业务,创新开展家庭财产分割、绿色继承、意定监护、遗嘱信托、养老保险反向抵押公证等公证业务。实现涉及不动产的公证遗嘱、公证继承等业务信息与不动产登记机构不动产登记信息互查互享。研究探索婚姻法与公司法、信托法交叉业务,离婚与股权分割业务等新型业务,从传统业务中研发新的业务增长点。"这些明确的通知和意见,更加直接的将公证服务产权保护的方式方法和重点领域进行了说明,为公证机构进一步拓展创新产权保护公证业务指明了方向。

二、公证在产权保护中的独特作用

中共中央、国务院于 2016 年 11 月 4 日发布的《中共中央、国务院关于完善产权保护制度依法保护产权的意见》中指出:"必须加快完善产权保护制度,依法有效保护各种所有制经济组织和公民财产权,增强人民群众财产财富安全感,增强社会信心,形成良好预期,增强各类经济主体创业创新动力,维护社会公平正义,保持经济社会持续健康发展和国家长治久安。"产权作为一种法律上的权利,其形成与流转均依赖于法律的确认和保护,以完善、合法的程序实现产权的形成与变动是保护产权的重要形式。公证作为一种强化民事法律行为效力、维护法律安全的有效制度,在产权保护中应当能够发挥更重要的作用。公证在产权保护中所具有的独特作用,很大程度上来源于公证本身所具有的特殊法律效力。概而言之,公证在民事法律关系中具有三个方面的效力:确认效力、证明效力以及对抗效力。

公证的确认效力,即是指经公证的民事法律行为中各方所享有的权利及负有的义务,在公证之时即予以确认和固定。换言之,某一民事法律行为经公证后其权利义务关系即予以确定,非经各方协商一致且以公证形式予以变更,任何一方的反言均不能影响该公证证明所确认的法律关系的效力。在实践中,公证的这一确认效力在合同、继承、声明等领域均有着广泛的运用,通过在法律层面对公证当事人意思表示的确认与固定,公证已成为目前民商事领域经济活动的重要基础之一。基于公证的确认效力,各项经济交往活动得以顺畅进行,各项权利也得以安全流转。在产权保护领域,公证在保障产权的取得方面已经有了相当广泛的实践,以不动产产权取得为例,经公证的房屋买卖合同或继承权公证书在房地产交易中心能够直接作为物权登记和变动的依据,这在很大程度上是基于公证证明所直接具有的确认效力,确保不动产产权的设立与流转的安全性和有效性。

公证的证明效力,即是指经公证的法律事实或法律行为,在证据法上推定为真实,如无相反证据,可以直接作为人民法院或相关仲裁机构认定案件事实的依据。公证的证明效力同样是确保交易安全、促进民事法律纠纷高效解决的有力保障。一旦公证证明在民事法律纠纷中被作为证据提交给法院或仲裁机构,往往能够作为对某一事实的有效证明,从而维护当事人的合法权益,推动民事司法活动的高效进行。在产权保护领域,经公证的各项产权权利凭证具有和权利原始凭证同等的法律效力,而取得某一产权的原因法律行为经公证后,足以证明产权取得的合法性,公证的证明效力在产权保护领域具有非常突出的作用。

公证的对抗效力,即是指经公证证明的法律事实或法律行为,除非经公证形式予以变更,否则即产生对抗效力,不能仅凭一方当事人的意思予以变更。具体到产权保护领域而言,公证所具有的对抗效力在两个方面具有作用。一是在民事法律活动当事人之间所具有的对抗效力,即在产权变动关系中,各方经公证确认某一产权的归属或变动方式,则在参与该法律关系的各方之间即产生对抗效力,任何一方不得以其单独的意思对抗这一公证证明所确认的法律关系。如在房地产买卖法律关系中,各方在签署《房地产买卖合同》并经公证后,任何一方均不得再以其单独的意思对抗该房地产买卖合同公证书所确立的权利义务关系。又如某一当事人如以公证遗嘱的方式确定其所有的某一不动产在其去世后的归属,则除非该当事人以公证遗嘱的方式对前一公证遗嘱的内容予以变更,否则该当事人不得以自身的意思变更该公证遗嘱的内容。二是对民事法律活动以外的当事人产生对抗效力。如对于某一处不动产同时签订了经公证的房地产交易合同,以及未经公证的房地产交易合同,则未经公证的合同不得对抗公证合同的效力。公证所具有的对抗效力,是保证产权安定性的重要保障。

从产权的形成与流转全过程来看,公证参与产权保护应当在以下方面予以关注:产权的形成与取得、产权的多元保护以及产权的处置。

从产权保护的角度着眼,产权的形成与取得是产权的基础,也是产权保护的重中之重。经由合法来源、合法程序所取得的产权,由于其权利瑕疵通常更少,因此其权利的风险性也随之更小,更有助于维护产权的安定性。基于公证的确认效力,公证在产权的形成与取得过程中能够发挥非常显著的作用。《公证法》第二条规定:"公证是公证机构根据自然人、法人或者其他组织的申请,依照法定程序对民事法律行为、有法律意义的事实和文书的真实性、合法性予以证明的活动。"因此,公证员在开展公证时,有义务对民事法律行为的真实性、合法性予以充分审查,而这也同样意味着经公证的民事法律行为在法律上通常被推定为真实、合法。以公证证明作为产权取得的基础,在确认产权的真实性、合法性以及有效性等方面具有突出的积极作用。因此,对产权的保护应当从源头做起,而公证参与产权的形成与取得,无疑是从源头开始保护产权的重要手段。

除此之外,产权保护有赖于司法力量与多元社会力量共同参与保护。在产权保护领域中,司法保护作为一种终局性的保护,在一定程度上存在保护相对滞后的特点,进入司法程序意味着相关产权已经陷入了不可调和的纠纷与矛盾中。公证作为一项预防性的司法制度,通过公证等方式在涉及产权的矛盾纠纷激化之前即予以介入、调处,有助于在纠纷萌发之前或纠纷发生之初即予以纾解,从而更有效地维护产权、保障产权。

同样,产权的处置也是产权保护中不可忽视的一个环节。《中共中央、国务院关于完善产权保护制度依法保护产权的意见》中提出:"严格规范涉案财产处置的法律程序。进一步细化涉嫌违法的企业和人员财产处置规则,依法慎重决定是否采取相关强制措施。确需采取查封、扣押、冻结等措施的,要严格按照法定程序进行,除依法需责令关闭企业的情形外,在条件允许情况下可以为企业预留必要的流动资金和往来账户,最大限度降低对企业正常生产经营活动的不利影响。采取查封、扣押、冻结措施和处置涉案财物时,要依法严格区分个人财产和企业法人财产……完善涉案财物保管、鉴定、估价、拍卖、变卖制度,做到公开公正和规范高效,充分尊重和依法保护当事人及其近亲属、股东、债权人等相关方的合法权益。""完善土地、房屋等财产征收征用法律制度,合理界定征收征用适用的公共利益范围,不将公共利益扩大化,细化规范征收征用法定权限和程序。遵循及时合理补偿原则,完善国家补偿制度,进一步明确补偿的范围、形式和标准,给予被征收征用者公平合理补偿。"产权的处置往往是目前政府行政管理活动以及司法活动中的难点和纠纷易发点,一旦在产权的处置过程中出现错误、疏漏,不仅有损于社会安定与政府公信,对于公民、企业的产权保护也存在着很大的损害。为进一步减少产权处置中可能发生的纠纷与错误,在产权处置过程中引入公证或是一种行之有效的方案。事实上,从目前的实践来看,公证在司法执行、征地补偿等领域均已经有所涉足。公证作为独立的第三方主体,一方面能够以独立的视角审查发现产权处置活动中可能存在的法律瑕疵及程序瑕疵,另一方面公证能够以中立主体的身份形成对于产权处置活动的监督,有助于形成公证公信,从而确保产权处置活动更为顺畅地进行。

三、拓展创新产权保护公证业务的原则要点概述

完善产权保护制度依法保护产权是党中央、国务院高度重视并部署的一项重大战略任务。2016年11月4日,中共中央、国务院出台的《关于完善产权保护制度依法保护产权的意见》,从顶层设计层面推进我国产权保护制度体系的完善。然而,产权保护的强度和力度与市场预期之差距依然明显,诸多法律制度的建设和执行机制仍然有待完善。这就需要各方不断完善社会主义市场经济法律制度,强化法律实施,确保有法可依、有法必依。同时,还要坚持关于产权全面保护的方针不动摇。从某种意义上来说,产权保护方面存在的问题已然愈发成为中国当下经济发展的瓶颈。产权保护的不力,正在成为社会发展的制约因素与短板。如果这一问题不能很好地得到解决,在全球化背景的当下,甚至会导致人才与资本的大量外流。产权人若是长期对我国的产权保护缺乏信心,那么其在中国所进行的各类经营活动都会不可避免地趋于短期化与不负责任,这是我们不愿意见到的局面。

社会主义市场经济体制的确立和随着工业化、城市化进程的不断加快,我国的社会构架也开始由一元的共同社会向多元的集团社会转变,人们生活的自由度相对增大,人口的流动性不断增强。我们慢慢远离传统的建立在血缘、亲缘、地缘基础之上的熟人社会,而逐渐进入了一个相对"陌生"的时代。在这个时

代,人们的活动范围越来越广,陌生人之间的交往越来越多,非人情化的交易也越来越频繁。根据吉登斯的观点,现代社会具有时空分离基础上的脱域特质,现代成员的交往方式发生了从"在场"到"缺场"的重大变化。换句话说,市场经济的交往大多在陌生人间,甚至在当事人不在场的"虚化时空"中进行,因而交易安全则成为人们日益关注的问题。当前形势下关于无形财产权的保护问题成为产权人关注的重中之重。而公证制度作为一项预防性的司法证明制度,具有服务、沟通、证明、监督等功能,尤其是在市场经济时代,公证在维护市场经济秩序、保障和实现公民权益、促进对外开放、加强社会诚信建设等方面具有独特优势和重要作用。经过公证证明的事项具有法定的证据效力、强制执行效力和法律行为成立要件效力。加强公证服务产权保护工作,充分发挥公证制度在产权保护中的功能和优势,是加强产权保护运用、创新完善产权管理机制的重要内容,也是深入实施产权依法保护战略方针的重要举措。产权人在交易中需要消除交易中的不确定性因素,从而保证交易的顺利进行,也就是降低"督促并保证交易得以履行的费用",因而即便产权人需要额外地为公证行为支付一定的费用,但这也是值得的。对产权人的交易的成本与收益进行分析后,我们往往会发现其结果是:公证行为可以为其降低交易成本,因而公证成为他们当然的选择。通过公证人高质量的法律服务,过滤掉不合法与不公平的因素,使契约双方顺利抵达"法律安全的林荫大道"。公证活动的非诉性、预防性决定了它与诉讼活动的不同。它们之间是"防"与"治"的关系。"防"与"治"紧密相连,"防"既可减少"治",又为"治"创造了条件,而"治"既支持"防",又监督"防",提高了"防"的质量。所以,公证作为一项非诉性司法证明制度与其他司法制度一样,具有同等重要的地位和作用。它们相互衔接、防治并举,共同发挥着社会秩序调节器的功能。

　　产权要真正地发挥其功能,实现其价值,重点则在于对产权的保护。这些年,我们在讨论与探索如何保护产权的模式等过程中,将重点放在了如何加重对侵犯产权行为的惩罚方式与力度上,即将保护产权的重心放在了提高知识产权侵权成本上,也包括强化产权的司法保护和行政保护等方面,却忽视了公证制度在产权保护中的重要地位和作用。以知识产权相关的法律为例,在对《专利法》《商标法》《著作权法》等有关知识产权法律的制定和修改中,并没有给予公证保护知识产权以应有的重视。我国的《公证法》《民事诉讼法》等有关法律赋予公证以证据效力、强执执行效力以及合同要件效力。公证的运用可以起到定纷止争的作用。公证制度可以成为也应当成为全面保护产权的重要法律武器和法律手段。

　　当前形势下的产权保护主要集中在以下几个方面:不仅包括保护物权、债权、股权,也包括保护知识产权以及其他各种无形财产权,这也体现了对于产权的全面保护原则。在实践中,通过运用公证制度参与案件的各个流程,不仅可以通过公证起到预防纠纷的作用,也能与司法保护相结合,从而更好地保护产权人的利益。

无论是从法律的角度还是财产的角度来看,人们对于产权所关注的焦点主要集中在其归属、运用、管理和保护等方面。产权人和相关利益人会充分利用现有的法律制度和手段,努力实现产权权属明确、充分利用、有效管理、避免侵权以及维护权益等目的。而公证是有效地实现这些目的的法律武器和法律手段之一。

以知识产权的保护为例,公证可以对知识产权的创造行为、在先权利、申请人资格、权利归属、授权委托、许可转让等的真实性和合法性进行证明,也可以进行证据的保全和证明。产权人对于公证需求的快速增长,真实地反映了人们对产权本质价值的认识过程和对产权功能的利用过程,也反映了我国产权保护方面的不断进步。

当下对于知识产权的保护主要是对侵权行为的行政处理与司法处理,抑或称为知识产权侵权的行政责任与民事责任。与知识产权的司法保护相比较,知识产权的行政保护最大的特点就是可以主动对知识产权的违法案件进行查处,而不必等权利人提出保护要求,从而能够解决侵权人与被侵权人由于信息不对称而产生的矛盾。知识产权的行政保护不以被侵权人的请求为必要,一旦发现有违法侵权之现象就主动出击,以维护正常的知识产权使用秩序;而知识产权的司法保护则以权利人的申请为必要条件,遵循“不告不理”的原则。然而,在实践中,行政保护由于缺乏程序的保障、相关法律的滞后等原因,很难做到维护每一位产权人的利益。因此,每年依然会有大量的被侵权人通过寻求司法保护的途径来维护自身利益。于是便会有大量产权人向公证机关申请保全证据公证,即在诉讼开始前,将与其权益有关的、日后可能灭失或难以取得的证据由公证机关采取一定的措施,先行予以收集、固定以保持其真实性和证明力的活动。

由于司法审判均为事后审查,法官对事实认定无一不依赖于当事人举证及对证据之效力判断。通常,诉讼程序的启动难免要耗费相当的精力、时间、费用,当事人举证支撑的事实往往又难以取得法律上的承认,由此一来必然加重当事人以诉讼解决纷争的成本。保全证据是公证的主要功能之一,其目的在于确定证据效力,辅助法官认定案件事实,促进纠纷之解决。将公证与司法审判相结合,完全符合当下探索多元化纠纷解决机制的法治土壤,对于产权人的利益保护也能起到良好的效果。

创新是知识产权的源泉,知识产权的现实价值是创新的源动力。我国公证机构从事的与知识产权相关的公证业务最主要的是有关知识产权保护的证据固定和保全业务。这些保全和固定的证据被各级法院认定的采信力极高,对于案件的审判结果也起到了举足轻重的作用。这足以证明公证在产权保护中所发挥的重要作用。我国的公证机构在当下"互联网+"的浪潮下,对以电子数据为表现形态的知识产权的创造、运用、管理和保护模式的变化,都表现出了令人可喜的结果。创造出了如上海的"电子数据指纹公证系统"、北京的"智慧保险箱"、厦门的"公证云"等公证服务模式,说明我国的公证机构在科技发展不断向前的当下,是能够适应并从自身突破,取得一定成果以便更好地维护产权人利益的。虽然我国的公证服务知识产权有了长足的发展,但与知识产权的飞速发展相比,从公证所能提供的业务的数量与质量来看,都还有不少提高的空间。从业务的类型看,依然还有不少未曾涉足的类型等待我们去探索。

目前,我国公证服务的一大趋势,是由办理传统民事类公证为主向民事和经济类公证并重转变为经济类公证总量超过民事类公证。这些经济类公证在微观上,可以为市场主体提供预防性法律服务手段,它主要通过向政府、企业和公民提供"双向"服务,成为市场体系运作中联结、沟通、协调市场主体之间,市场主体与市场之间的"桥梁",它们可以通过合同公证、提存公证和证据保全公证等途径,避免或降低各种交易风险,促进交易安全。宏观上,国家可以通过公证对经济活动进行适度干预,规范和引导市场主体坚持诚信,确保各种经济活动的真实合法、公平公正。比如,公证可以服务于国家和地方重点工程建设和项目建设,介入国有企业改革,金融和房地产等领域,并参与政府民主决策、政府采购等过程,以此来加强和改善宏观调控,保持经济平稳、较快发展。

公证机构若想要切实地担当起产权保护中的重要职责,这就要求公证机构必须不断从自身寻求突破创新,力求在产权保护的各个方面都能体现自身价值。只有时刻站在产权保护领域的最前沿,公证保护的创新方能落到实处,公证制度才能随时应对新出现的挑战,切实担负起产权保护"守护者"的职责,为我国走进全面推进产权保护法治化的新时代出一份力。

四、拓展创新物权保护公证业务

(一) 物权的基本原理

1. 物权的概念

物权是指对物的权利,即某物归于某特定主体,由其直接支配,享受其利益。例如,所有权为最典型的物权,所有权人依法令限制范围内,得自由使用、收益、处分其所有物,并排除他人干涉。[1] 我国《物权法》第二条第三款规定:"本法

---

〔1〕　参见王泽鉴:《民法物权》,北京大学出版社 2016 年版,第 1 页。

所称物权,是指权利人依法对特定的物享有直接支配和排他的权利。"物权的内容由两个部分组成:一为对物的直接支配,并享受其利益;二为排他的保护绝对性。这两部分也是物权的本质所在。

所谓产权,从法学角度讲,主要有三层含义:一是产权等同于所有权,即完备的产权。目前,产权概念等同于所有权概念的看法,在国内处于主流地位,如"产权置换"、"产权模糊"、"产权界定"等;二是产权等同于经营权或他物权("自物权"的对称,指对他人所有的物享有的权利),即不完备产权或残缺的产权;三是产权等同于财产权,认为产权不仅包括所有权,而且包括经营权等他物权,即广义的产权。[1]

就产权与物权的关系而言,从权利的属性看,物权与产权同为财产权利,同为对财产的支配权;从权利的客体看,物权与产权的客体都是一定的财产;从权利的范围看,完备的产权与不完备的产权的范围大致相类于物权中的对应概念。但是,产权毕竟不能等同于物权,其差异在于:其一,相对于传统确定的物权概念,产权的概念一直较为模糊,难以明晰准确的外延;其二,相对于物权的体系化,产权则较为散乱,更贴近现实关系,而缺少逻辑抽象;其三,物权的范畴较产权为小,如"污染权"作为产权,却不属于物权范畴。

尽管物权概念发迹于大陆法系,产权、财产权概念在英美法系得到了广泛的认同和使用,但是二者在实体权益的保护上却不可避免地存在重叠之处。就产权保护的范围而言,物权保护是其应有之义,缺失了对于物权加以保护的产权保护,其实是一种不完整的产权保护。我国现代法律体系在很大程度上师从于大陆法系,2007 年《物权法》颁布实施后,物权概念深入人心,所有权、抵押权、质押权等概念在民众的日常生活中被普遍运用。因而,在我国探讨产权保护问题,需要建构在物权保护的基础之上。

2. 物权的分类

"物权,有极强之效力,得对抗一般之人,若许其以契约或习惯创设之,有害公益实甚,故不许创设。"[2]因而物权的种类和内容必须公示,方可确保交易安全与便捷,减少对他人权利的损害。物权法定原则得以确定。

我国《物权法》第二条第三款规定:"本法所称物权,是指权利人依法对特定的物享有直接支配和排他的权利,包括所有权、用益物权和担保物权。"其中用益物权包括土地承包经营权、建设用地使用权、宅基地使用权、地役权;担保物权包括一般抵押权、最高额抵押权、动产质权、权利质权、留置权。

---

〔1〕　参见胡志刚:《物权与产权、财产权的概念及其区分》,《房地产法律》2008 年第 7 期。
〔2〕　参见王泽鉴:《民法物权》,北京大学出版社 2016 年版,第 35 页。

3. 物权保护的阶段性

如古罗马法谚"无救济则无权利",权利的保护对于权利的享有至关重要。对于具体物权的保护,可划分为私法上的保护和公法上的保护。

我国物权法在立法时,未采取物权行为的无因性理论,而是采取了物权行为的有因性及物权行为的独立性。所谓物权行为的有因性是指,物权行为的效力为其原因行为(债权行为)所左右,债权行为不成立、不生效、被撤销、或无效者,物权行为也不产生法律效力。我国《物权法》上的善意取得制度[1]即是物权行为有因性的体现。所谓物权行为的独立性是指物权的变动须有一个独立于买卖、赠与、互易等债权行为以外,以物权变动为其内容的法律行为。我国《物权法》第十五条[2]即为物权行为的独立性体现。由于我国物权行为的有因性,使得私法上的保护分为物权法上的保护和债权法上的保护,前者是指基于物而产生的物上请求权,包括原物返还请求权、妨害排除请求权和妨害防止请求权;后者包括侵权行为损害赔偿请求权和不当得利请求权。

公法上的保护以宪法为基础,《宪法》第十三条规定:"公民的合法的私有财产不受侵犯。国家依照法律规定保护公民的私有财产权和继承权。国家为了公共利益的需要,可以依照法律规定对公民的私有财产实行征收或者征用并给予补偿。"

通过以上可以看出,在实体法层面对物权加以保护其时间点主要集中于物权受到具体侵害之后,其保护阶段属于事后救济,而仅仅在妨害防止请求权上体现出对于物权的预防性保护,其保护阶段属于事前预防。

物权作为一种法权形态,担负着明确物质财富的归属与利用关系、维护社会安全、促进社会发展的重要职能。因此,物权的保护在不同时代、不同国家的私法制度乃至整个法律体系中,都居于十分重要的地位。问题在于,法律的规制视野中只有行为,任何仅仅停留在主观层面的想法与意识都是无法落入法律规制的领域,因而也就决定了法律对于权利保护的滞后性。所谓权利保护,应该是全方位、各阶段的,并不仅仅局限于事后的权利救济。如果说实体法囿于其本身的

---

[1] 《物权法》第一百零六条规定:"无处分权人将不动产或者动产转让给受让人的,所有权人有权追回;除法律另有规定外,符合下列情形的,受让人取得该不动产或者动产的所有权:(一)受让人受让该不动产或者动产时是善意的;(二)以合理的价格转让;(三)转让的不动产或者动产依照法律规定应当登记的已经登记,不需要登记的已经交付给受让人。受让人依照前款规定取得不动产或者动产的所有权的,原所有权人有权向无处分权人请求赔偿损失。当事人善意取得其他物权的,参照前两款规定。"单纯的物权行为仅仅使标的物的物权变更,不可能包括"以合理的价格"的条件,而"以合理价格"仅能包括在作为物权行为原因行为的债权债务关系中(如买卖合同关系)。因此使善意受让人取得物权所有权的,是基于有偿原因行为(且需要对价"合理")的物权行为。

[2] 《物权法》第十五条规定:"当事人之间订立有关设立、变更、转让和消灭不动产物权的合同,除法律另有规定或者合同另有约定外,自合同成立时生效,未办理物权登记的,不影响合同效力。"

法律属性而局限于事后救济,那么通过更多的程序来前置保障权利、保障物权则是构建现代国家权利保护体系不可或缺的一环。

(二)物权保护之公证业务

公证作为预防性、基础性司法资源,是国家司法制度的重要组成部分。其在民事活动中对法律行为和事实经过公证程序,加以监督和规范,以抑制和防御矛盾,从而保护当事人的合法权益。

由于我国不承认物权变动的无因性,在很大程度上影响了公证介入物权保护的阶段。所有基于法律行为发生的物权变动,若其法律行为无效、不成立或者被撤销,即使动产已经交付、不动产已经办理过户登记,依然不能发生物权变动的效果。于是我国公证在保护物权过程中更多侧重对于引发物权变动的基础法律行为的公证证明。

1. 传统阶段:公证对于物权保护的业务形态

就物权的取得方式而言,物权的取得分为原始取得和继受取得,原始取得是指非依据他人既存的权利而取得物权;继受取得是指就他人的权利而取得物权,又可分为移转取得和创设取得,所谓移转取得是指他人的物权依其原状而取得,如基于买卖、赠与而受让所有权(特定继受取得),基于继承而取得被继承人的一切物权(概括继受取得)。所谓创设取得是指于他人的权利上设定用益物权和担保物权。

基于《物权法》第五章对于国家所有权和集体所有权、私人所有权的规定,[1]物权的原始取得在现实生活出现的频次远不如物权的继受取得,在整个物权发生领域中占极小比重。且无论是物权的原始取得中的无主物之先占或是时效取得,其物权的权利状态都较为稳定,缺少主张物权的争议主体,发生的法律争议也较少。在物权纠纷的实务中,出现纷争最多的领域是因物权的继受取得而发生的物权变动,是需要加以重点保护的物权领域。

我国公证对于因继受取得而发生的物权变动,其保护的阶段主要在于引起物权变动的基础法律行为——债权行为的公证保护上。例如,公证对于诸如买卖合同、赠与合同、遗嘱等直接指向物权变动的债权行为加以公证证明。公证通

---

[1]《物权法》第四十五条规定:"法律规定属于国家所有的财产,属于国家所有即全民所有。国有财产由国务院代表国家行使所有权;法律另有规定的,依照其规定。"第四十六条规定:"矿藏、水流、海域属于国家所有。"第四十七条规定:"城市的土地,属于国家所有。法律规定属于国家所有的农村和城市郊区的土地,属于国家所有。"第四十八条规定:"森林、山岭、草原、荒地、滩涂等自然资源,属于国家所有,但法律规定属于集体所有的除外。"第四十九条规定:"法律规定属于国家所有的野生动植物资源,属于国家所有。"第五十条规定:"无线电频谱资源属于国家所有。"第五十一条规定:"法律规定属于国家所有的文物,属于国家所有。"第五十二条规定:"国防资产属于国家所有。"铁路、公路、电力设施、电信设施和油气管道等基础设施,依照法律规定属于国家所有的,属于国家所有。

过审查合同,来确认合同的法律效力,以保证合同的顺利履行以及物权的平稳变动。以商品房买卖合同为例,具体而言,公证员会对合同进行实体和程序的合法性审查,实体的合法性审查包括:

第一,主体资格审查。审查签订合同的当事人双方主体是否合法。自然人合法的身份证明应当是身份证。法人的主体证明应当是其营业执照原件、副本,以及营业执照的年检时间、法定代表人、营业执照正本、经营地点、住所、委托书的真实性,经营范围与合同内容是否一致,是否具备相当的资质,签订合同的人是否有代理权限,代理权限是否在有效期内等。

第二,意思表示审查。审查双方当事人订立合同的意思表示是否真实、自愿,是否达成合意,有无欺诈、胁迫、乘人之危、显失公平或重大误解的情形。公证员会介入合同订立的全部过程,询问合同订立的经过,包括订立合同的起因,订立合同的目的,签字与盖章的确认,当事人进行公证的缘由,商品房的价格,履行合同的方式以及期限,签订合同的时间与地点等。

第三,合同内容审查。审查合同条款中有无违反法律、法规禁止性规定,有无违反社会公共利益和善良风俗。

程序的合法性审查包括:

第一,审查合同形式的合法性。法律、行政法规规定采用书面形式的,应当采用书面形式。当事人约定采用书面形式的,应当采用书面形式。

第二,审查双方当事人是否在合同文本上签名、盖章,以及签名、印章是否均真实有效。

通过办理合同公证,能够规范、引导、监督当事人依法签订合同,有效防止合同诈骗等违法行为,促使合同双方积极履行合同,减少和避免合同纠纷,从而保护双方当事人的债权以及基于债权而发生的物权。

经过实体和程序的合法性审查后,公证机构出具公证文书,将合同的合法性公示于世,为合同的合法有效、物权的发生提供依据。对当事人双方以及司法活动来说,经过公证的合同文本具有很高的证据效力,也为生效合同大大增加了效力保障度。

在发生物权纠纷时,可以通过公证来对证据加以保全。《公证法》第三十六条规定:"经公证的民事法律行为、有法律意义的事实和文书,应当作为认定事实的根据,但有相反证据足以推翻该项公证的除外。"在"谁主张,谁举证"这一主要的民事举证责任方式下,通过对具有优势证据效力的公证证据的运用,可以在司法活动中有效维护自身物权。

2. 超前置阶段:公证对于物权保护的新型业务形态

随着现代科技的发展,生产效率的提高,财富分配和不平等问题得到了有效改善,但是人类面临着新出现的各种风险。身处在这样一个风险社会〔1〕之中,如何有效降低风险、分配风险、减缓损害是现代社会运行必须加以考虑的问题。而对于物权的保护,不应也不能仅仅局限于传统的公证在引起物权发生的债权行为阶段的保护。《物权法》《侵权责任法》在物权受侵害后的权利救济,需要在更为前置的阶段对物权加以更为前瞻性的保护,需要更加灵活地对程序加以运用以提前分配风险、转化风险。

2017 年 5 月 3 日,上海市住房和城乡建设管理委员会(以下简称上海市住建委)印发《关于进一步加强本市房地产市场监管规范商品住房预销售行为的通知》〔2〕(以下简称《通知》),《通知》要求:"客户积累大于可供房源的项目,应当采取由公证机构主持的摇号等方式公开销售商品住房,摇号排序,按序购房,摇号排序名单现场公示。"2017 年 6 月 29 日,上海市住建委印发《关于贯彻商品住房项目销售采取公证摇号排序有关问题的实施意见》(以下简称《意见》),进一步细化商品住房销售公证摇号的实施工作,"通过公证的证明监督职能来有效引导'摇号购房'在公平、公开、公正的轨道上合理运行,维护广大购房者的平等购房权"。〔3〕

在城市土地资源、住房资源的有限性和居民对于住房的高涨需求之间的矛盾关系下,如何最大程度保障民众的购房权、房屋产权,对于城市的可持续发展、社会的平稳有序运行具有重要意义。问题的核心在于解决居民对于房屋产权(所有权)的享有,其本质上依然是对于居民不动产物权的保护。但是有关居民不动产物权的保护在当今较为成熟的民事法律关系(债权—物权)基础上,其保护的切入点已经转移至更为前沿的领域——公证介入商品住房摇号排序销售过程即是一个鲜明的体现。而在此之前,上海市私车牌照拍卖制度引入公证程序,对拍卖过程加以监督证明,亦是对物权的前置性保护。

(三)以典型案例为视角看物权保护公证业务拓展与创新

1. 基本案情

2017 年 8 月 26 日,上海市嘉定区安亭新镇的"安勇嘉苑"楼盘在上海汽车会展中心正式开盘销售。值得关注的是,"安勇嘉苑"是上海市第一家采用公证摇号排序方式进行销售的楼盘。

上海市东方公证处根据上海市住建委、上海市司法局以及上海市公证协会

---

〔1〕 参见[德]乌尔里希·贝克:《风险社会》,何博闻译,译林出版社 2004 年版。

〔2〕 上海市住房和城乡建设管理委员会《关于进一步加强本市房地产市场监管规范商品住房预销售行为的通知》(沪建房管〔2017〕375 号)。

〔3〕 谢磊:《公证监督摇号购房行为　彰显公平公正价值追求》,载《公证研讨》第 3 辑,上海人民出版社 2017 年版。

的要求,制定了统一、详细的摇号购房公证办理程序。首先由房地产开发企业向公证机构提交公证申请,并按照公证机构的要求提交材料;材料准备妥当之后,承办公证员会正式受理开发商的公证申请;随后由开发商对外正式发布《销售公告》《摇号排序规则》和《准售房源公告》,自此,开发商可以正式接受意向购房者的认筹;认筹期限截止后,承办公证员会前往售楼处,将开发商与意向认购客户签订的《购房意向书》和身份证件复印件与开发商登记的客户名单进行仔细核对,确定摇号所需的基础数据;在摇号当天,承办公证员按照事先制定好的规则,操作经过清洁的电脑设备,启动摇号排序软件,导入客户名单数据,启动摇号排序程序;最后,承办公证员宣读公证词,安排现场监督人员、工作人员在工作记录上签字,现场打印摇号排序结果。

在"安勇嘉苑"楼盘摇号现场,有购房者吐露心声:"以往买房就是排上1个小时也拿不到号码,现在采用摇号方式,并且有公证机构加以监督,感到很公平,心理上的焦虑少了。"[1]

2. 基于案件的法理思考

关于摇号购房的法律属性,笔者认为其系一种嵌入物权变更的射幸合同。

就摇号购房的法律属性而言,其属于发生在参与摇号购房者与房地产开发企业之间的,嵌入物权变动的射幸合同关系。射幸合同是在民事交往过程中发展出来的以不确定性为首要标志的合同类型。我国目前缺少对射幸合同基本内涵的明确规范。陈传法教授认为,"射幸合同是当事人之间签订的、包含不确定给付内容的风险性协议,该不确定给付内容仅取决于合同约定的偶然事件是否发生"。[2] 最典型的射幸合同即是保险合同和彩票合同。射幸合同的特点为:其一,侥幸性,即当事人抱着侥幸的心理订立旨在获得期待利益的射幸合同,但是当事人是否真的能够实现期待利益,存在不确定性,也即当事人期待的利益具有极大的落空风险,但是这种不确定性是建立在客观的概率基础之上,而不是毫无实现可能;其二,等价性,尽管射幸合同对于实现当事人的期待利益具有极大的不确定性,但是这绝不意味着射幸合同是单务合同,相反,当事人在射幸合同过程中因其自身的给付行为而获得实现预期利益的机会,这种机会便是当事人给付的对价,正如购买彩票一般,不买彩票,一定不会中奖,但是购买彩票,就有机会中奖,很显然少量的花费与巨额奖金之间无对等可言,构成给付对价的只能是中奖的机会、可能性;其三,期待的限制性,射幸合同其本质为法律行为的附

---

〔1〕 参见戚颖璞:《上海首个采取公证摇号排序购房的楼盘在嘉定安亭开盘》,《解放日报》2017年8月27日。

〔2〕 参见陈传法、冯晓光:《射幸合同合法性问题研究》,《中国社会科学院研究生学报》2010年第3期。

款。"法律行为皆可依当事人意志自由设立条件或期限,以控制法律行为的生
效。"[1]只是在射幸合同范围下,这样的条件必须是"机会得以实现"。因而,射
幸合同所指向的预期利益实现与否直接取决于"机会是否实现",例如"是否号
码匹配"、"是否被抽中"。

　　在摇号购房过程中,由于购房者人数众多,而房源数量有限,欲购买商品住
房的购房者在楼盘开盘销售前的一定期限内向开发商申请购房,开发商逐一进
行登记。至此,射幸合同成立并生效,申请购房者获得参与摇号资格,开发商表
示将与被摇中者签订商品房买卖合同,申请购房者对此表示同意。接着开发商
统一整合所有购房者信息,编排顺序,在开盘销售日通过摇号的方式,抽取幸运
的购房者。被摇中的购房者即可获得购房权——与开发商订立商品房买卖合
同。在一般情况下,被摇中的购房者通过与开发商订立商品房买卖合同,并在规
定期限内办理不动产登记,即可享有不动产物权。

　　对于申请摇号购房的购房者而言,摇中购房权即意味着在一定期限内获得
房屋产权,事实上,购房者被摇中,与开发商签订商品房买卖合同,交付房款,办
理房屋产权过户,即享有房屋的所有权,可以行使占有、使用、收益、处分等权能。
所以在此案中,保障摇号购房的公开公平公正即是对物权的前置保护。

　　3. 公证介入商品住房摇号排序的必要性

　　第一,属性指引:摇号购房公证回应社会关切。"公证法律服务是公证机构
面向社会公众所提供的一种法律服务,公证所维护的价值是社会法律生活中的
安全价值和秩序价值,公证人履行着社会公共法律生活中的调节职能。因此,公
证权是一种公共性的权力。"[2]而公证权的社会公共属性,决定了公证人必须
始终将保障和维护群众合法权益,促进社会公平正义作为最根本的要求,正视隐
含在个人合法权利背后的社会公共利益,不断回应社会关切。

　　住房是民生之要,关乎社会的稳定与和谐。公证参与摇号购房,监督摇号购
房程序,确保摇号购房的公开、公正和平等,是对"买房难"这一国计民生问题的
具体回应,是公证预防纠纷、服务为民的职责所在,是公证权作为社会公共权力
有别于公权力和私权利维护社会公共利益,彰显社会公正的切实体现。

　　第二,以公证程序、公证公信力保障摇号程序的公正性,保护物权。正如贝勒斯
所言,程序价值不取决于结果,而是"来自程序本身的令人感到满意的东西",[3]诸

---

〔1〕　参见朱庆育:《民法总论》,北京大学出版社 2016 年版,第 125 页。

〔2〕　参见张宇衡:《社会结构演变对于公证权性质的影响——孙笑侠教授谈公证权应如何定位》,
载《东方公证法学》第 2 卷,上海人民出版社 2017 年版。

〔3〕　参见[美]贝勒斯(Bayles, M.D.):《法律的原则:一个规范的分析》,张文显等译,中国大百科
全书出版社 1996 年版,第 178 页。

如,程序中的公平对待、尊重人的尊严、平等参与、被当事人知晓、及时处理等利益或价值。[1]

摇号作为一种程序,其本身就带有客观公正属性。这也是近年来摇号程序被越来越多地运用到城市资源配置中的原因。尽管其设立初衷是为了在供不应求的情况下保证购房者购房机会的平等性,但是基于对利益的追求,"房地产开发商、房屋销售代理、房产中介机构等工作人员以及炒房者利用摇号购房形式,进行暗箱操作,通过各种手段,销控房源,制造出房源紧张、销售火爆紧张氛围,达到房价上涨以使利润最大化的目的"。[2] 为了进一步发挥出"摇号购房"的公平性,最大化地保护广大购房者的平等购房权,保证物权变动的平稳有序进行,规范房地产销售市场秩序,维护社会公正,政府将作为准司法活动的公证引入房地产销售市场,力图通过公证程序来补强摇号程序的公正性,通过公证所具有的社会公信力来弥合房产销售市场的信任危机,通过公证的证明监督职能来有效引导"摇号购房"在公平、公开、公正的轨道上合理运行,通过公证证明监督的如实性、客观性、中立性在最大程度上保障民事行为的意思自由度从而避免因公权力的介入监督导致原本平等自由的交易行为出现权力倾斜现象。

第三,公证作为预防性、基础性的司法资源,在多元化纠纷解决机制中的重要作用。2016年6月29日,最高人民法院印发《关于人民法院进一步深化多元化纠纷解决机制改革的意见》,[3]明确:要建设功能完备、形式多样、运行规范的诉调对接平台,畅通纠纷解决渠道,引导当事人选择适当的纠纷解决方式;合理配置纠纷解决的社会资源,完善和解、调解、仲裁、公证、行政裁决、行政复议与诉讼有机衔接、相互协调的多元化纠纷解决机制。2017年6月29日,最高人民法院、司法部印发《关于开展公证参与人民法院司法辅助事务试点工作的通知》[4]指出,公证制度是我国社会主义法律制度的重要组成部分,是预防性司法证明制度。公证活动可以为人民法院审判和执行工作提供裁判依据,促进审判活动依法高效进行;经公证的债权文书具有强制执行效力,可以不经诉讼直接成为人民法院的执行依据,减少司法成本,提高司法效率;公证制度具有服务、沟通、证明、监督等功能,是社会纠纷多元化解决的基础性司法资源,可以成为人民

---

〔1〕 参见孙笑侠:《法的现象与观念》,山东人民出版社2001年版,第308页。

〔2〕 参见程春雨、种卿:《全国楼市调控路径图:限购限售后 公证摇号买新房来袭?》,来源于中国新闻网,http://www.chinanews.com/cj/2017/05-05/8216028.shtml,2017年11月18日访问。

〔3〕 最高人民法院《关于人民法院进一步深化多元化纠纷解决机制改革的意见》(法发〔2016〕14号)。

〔4〕 最高人民法院、司法部《关于开展公证参与人民法院司法辅助事务试点工作的通知》(司发通〔2017〕68号)。

法院司法辅助事务的重要承接力量。

西谚有云:"多一家公证处,就少一家法院。"公证作为预防和解决纠纷的准司法活动,相较于审判、检察而言,其贯穿预防纠纷和解决纠纷两个阶段,在时间上先于审判活动、检察活动接触到新的具体的案件纠纷,在权利保护上也是处在前沿阵地。时间上的最先性、权利保护上的最外层性,使得公证在现代权利保护体系中占据了重要地位。公证在其中发挥着两种作用:其一,通过公证程序审查监督,可以有效甄别行为的法律风险,将纠纷矛盾扼杀于萌芽期,避免纠纷矛盾的愈演愈烈,极大降低侵权行为对当事人合法权利的损害;其二,公证程序能够有效引导法律行为规范前行,从而使后续的法律行为、法律关系平稳有序进行,公证在摇号购房中即是保证从摇号权—购房权—房屋所有权的顺利进行。

(四) 小结

摇号购房从公证业务层面来看,仅仅是公证机构实施证明监督的一项公证业务,但是从产权保护的层面来看,公证监督摇号购房全过程其实是对产权的前置性保护。无论是已经发展较为成熟的私车牌照拍卖公证,还是方兴未艾的商品房销售摇号排序公证,其都是指向物权保护的前置性公证保护程序,对于物权的平稳有序变动具有重要的推动作用。

在预防和解决纠纷方针的指引下,未来公证将承担起更多社会责任,更加注重对于社会公共权益的维护,更加努力促进社会公平公正,充分释放公证服务社会、保障产权的法律职能。摇号购房公证仅仅是一个阶段性的开始,公证保护产权必将驶向更为开阔的远方。

五、拓展创新债权保护公证业务

(一) 债权的基本原理

1. 法的债权概念

作为产权概念的重要组成部分,债权是民法上的概念,是民事权利的一种表现形态。《民法总则》将债权定义为"因合同、侵权行为、无因管理、不当得利以及法律的其他规定,权利人请求特定义务人为或者不为一定行为的权利"。[1] 债权反映债之法律关系,在民法上,债之法律关系的概念也常常以"债权"来表述。[2] 因此,债权的概念与债之法律关系密切联系。

在民法学理上,债之法律关系具有如下特征:其一,主体的特定性,即债之

---

〔1〕 《民法总则》第一百一十八条:"民事主体依法享有债权。债权是因合同、侵权行为、无因管理、不当得利以及法律的其他规定,权利人请求特定义务人为或者不为一定行为的权利。"

〔2〕 参见王利明:《债法总则研究》,中国人民大学出版社 2015 年版,第 15 页。

法律关系的权利主体与义务主体特定,债权人仅能向特定债务人请求给付,债务人也仅能向特定债权人为给付;其二,债的发生原因具有多样性,传统民法中,债之法律关系可因合同、侵权行为、不当得利、无因管理、缔约过失等发生,但随着社会经济生活与交易实践的发展,债之法律关系的类型也在不断地丰富与发展;其三,债的内容是债务人的特定行为,即债务人按债的要求向债权人为一定给付,给付包括积极的作为与消极的不作为;其四,债的效力具有平等性,即在同一债务人负担多项债务的情况下,各项债权的效力是平等的;其五,债具有期限性,即债之法律关系具有一定的存续期限;其六,债具有动态性,即债之法律关系成立之后其内容会因履行或不履行等原因而发生变化。[1]

正是因为债之法律关系具有如上特征,债权相应地也具有一些不同于其他民事权利形态的特点。首先,债权是一种财产权。"债权是以一定实有利益为基础的财产,债权作为债权人所期待的利益可以作为一种重要的交易对象,而债权的转让也逐渐成为投资流动所不可缺少的要件,所以债权也是一种重要的财产权,具有经济利益。"[2]其次,民法上的债权是一种请求权,即债权人只能请求债务人为一定行为或不为一定行为,而不能直接实力取得标的物。[3]当然,债权还具有其他一些特点,比如相对性、非公示性、平等性与期限性。[4]

随着社会与经济的发展,民法学理中的债权的类型与内涵也出现了新的变化。传统观点认为,"债权只是取得物权的手段","债权主要发挥一种媒介的作用",但是,当下,债权的功能日益扩展,逐渐具有信用杠杆的作用,在许多情形下,取得债权本身就是当事人从事经济活动的目的。[5]新的债权类型也日益显现。债权作为具有财产性利益的民事权利,日益成为产权的重要组成部分。

2. "公证债权文书"的债权概念

公证保护债权的主要方式是赋予债权文书强制执行效力。《民事诉讼法》第二百三十八条第一款规定:"对公证机关依法赋予强制执行效力的债权文书,一方当事人不履行的,对方当事人可以向有管辖权的人民法院申请执行,受申请的人民法院应当执行。"公证通过赋予债权文书强制执行效力,缩短了一方违约后债权的实现时间,减少了债权实现的成本。

民事诉讼法领域中,"公证债权文书"所指向的"债权"概念以民法债权为理论渊源与制度基础,然而,并非所有民法债权均可通过公证赋予强制执行效力而

---

〔1〕 参见王利明:《债法总则研究》,中国人民大学出版社 2015 年版,第 10—13 页。

〔2〕 参见王利明:《债法总则研究》,中国人民大学出版社 2015 年版,第 15 页。

〔3〕 参见王利明:《债法总则研究》,中国人民大学出版社 2015 年版,第 15 页。

〔4〕 参见王利明:《债法总则研究》,中国人民大学出版社 2015 年版,第 15—16 页。

〔5〕 参见王利明:《债法总则研究》,中国人民大学出版社 2015 年版,第 16 页。

予以保护。公证所保护的债权范围较民法债权更为限缩。

2000 年《最高人民法院、司法部关于公证机关赋予强制执行效力的债权文书执行有关问题的联合通知》(以下简称《联合通知》)规定了可赋予强制执行效力的债权文书的范围,具体包括如下三个条件:其一,债权文书具有给付货币、物品、有价证券的内容;其二,债权债务关系明确,债权人和债务人对债权文书有关给付内容无疑义;其三,债权文书中载明债务人不履行义务或不完全履行义务时,债务人愿意接受依法强制执行的承诺。[1] 联合通知进一步列举赋予强制执行效力的债权文书的范围,具体包括:借款合同、借用合同、无财产担保的租赁合同;赊欠货物的债权文书;各种借据、欠单;还款(物)协议;以给付赡养费、扶养费、抚育费、学费、赔(补)偿金为内容的协议;符合赋予强制执行效力条件的其他债权文书。

民法债权的内容为给付,其给付可以为作为或不作为,对于作为性给付,其内容无限定,可以是单纯的行为,也可以是给付一定标的物。但是,在民事诉讼法"公证债权文书"的概念中,债权被限于作为性给付,且给付之标的物需为货币、物品或有价证券。有观点认为,这类给付具有单务性,即仅债务人对债权人负担义务,双方债权债务关系明确。[2] 在债权文书的类型上,民事诉讼法上的可赋予强制执行效力的"公证债权文书"的范围仅限于债权债务关系明确且简单的若干类债权文书,但民法上的债权具有更加丰富的类型。故探讨公证对债权的保护时,需明确民事诉讼法"公证债权文书"的债权概念与民法债权概念的异同。

(二) 债权保护公证业务概览

1. 债权公证保护之传统场域

根据《联合通知》的规定,公证债权文书之债权应为权利义务关系明确,双方当事人无异议,并且该《联合通知》也以列举的方式划定了公证债权文书的范围。

在长期实践中,公证行业形成了一些比较成熟的债权保护公证业务。例如,银行就贷款合同与抵押合同申请办理赋予执行效力的公证,公证机构通过办理贷款合同与抵押合同的赋予强制执行效力的公证,保护了银行债权。在赋予自然人之间的借款合同、借用合同、抵押合同强制执行效力的业务中,公证机构保护了公民依法享有的债权权利。

---

〔1〕 《最高人民法院、司法部关于公证机关赋予强制执行效力的债权文书执行有关问题的联合通知》,司发通〔2000〕107 号。

〔2〕 参见王胜明、段正坤主编:《中华人民共和国公证法释义》,法律出版社 2005 年版,第 140 页。

2. 债权公证保护之晚近发展

随着社会经济的发展,市场主体之间的商业交易日益呈现出复杂化趋势,金融市场也日益活跃,债权保护公证业务领域也随之出现一些新的发展趋势。

第一,公证债权文书之债权的类型呈现新动态。股权收益权、信托贷款债权、保理债权等新型债权样态逐渐进入公证的业务领域。

第二,债权人的主体更加广泛。传统债权保护公证业务的申请人大多为商业银行或者自然人,而当下,非银行金融机构与大型公司也越来越青睐于申办公证债权文书。

第三,公证债权文书之债权法律关系逐渐复杂化,对公证人法律思维的广度与深度提供了更高的要求。例如,股权收益权业务与保理业务涉及金融行业,需要对该行业基本交易流程有所认知,而信托类业务往往与大量信托投资者的利益息息相关,都需要公证人员理性运用法律思维,作出合理的判断与处理。

（三）以典型案例为视角看债权保护公证业务拓展与创新

1. 基本案情

上市公司 A 公司通过股东大会决议,并经证监会核准,非公开发行股票。B公司作为发行对象之一,获配售 1 200 万股。其后,C 公司与 B 公司签订《A 公司 A 股非公开发行股票股权收益权买卖合同》(以下简称《买卖合同》)。《买卖合同》约定,B 公司将 A 公司所配售的 1 200 万股股票的股权收益权以该合同约定的价款出售予 C 公司。该价款需于《买卖合同》签署后三个工作日内全部支付给 B 公司。

关于股权收益权的主要内容,《买卖合同》定义如下:其一,标的股票在任何情形下的卖出收入;其二,自标的股票在中国证券登记结算有限公司办理登记之日起,标的股票因送股、公积金转增、配股、拆分股权等形成的派生股票在任何情况下的卖出收入;其三,自标的股票在中国证券登记结算有限公司办理登记之日起,B公司因持有标的股票和派生股票而取得的股票红利等;其四,自标的股票在中国证券登记结算有限公司办理登记之日起,标的股票和派生股票产生的其他收入。

为此,C 公司与 B 公司又签订了《A 公司 A 股非公开发行股票收益权股权质押合同》(以下简称《质押合同》),约定 B 公司将《买卖合同》项下的股票及其派生权益作为质押标的质押予 C 公司,并在中国证券登记结算有限公司办理质押登记。

此后,C 公司与 B 公司就《买卖合同》与《质押合同》向公证机构申办具有强制执行效力的债权文书公证。

2. 法理分析与公证业务拓展创新

根据《联合通知》,公证债权文书应符合"债权债务关系明确,债权人和债务人对债权文书有关给付内容无疑义"。本案的核心问题在于,股权收益权是否符合这一规定。由于股票的价值存在极大波动性,且《买卖合同》签订时,该股票尚处于法律规定的禁售期内,故股票的市场交易价值在《买卖合同》订立时很难确定。

关于股权收益权的性质,有学者认为,股票收益权也可以是一种合同权利,是由当事人依据契约自由原则所创设的意定权益,其权益内容完全依据合同的规定,具有高度灵活性。[1]

针对股权收益权所具有的上述问题。在公证业务办理过程中,公证员在公证笔录提请双方当事人明确,《买卖合同》公证强制执行的对象为该 1 200 万股股票及其派生的一切权益,并且 C 公司向公证机构申办执行证书的条件是:其一,C 公司已支付完毕《买卖合同》约定价款;其二,该笔股票限售期满,依法可以交易;其三,经 C 公司催告之日起十日内,B 公司仍未履行相关转让义务。经过双方当事人的如上确认之后,《买卖合同》的给付对象具体化为标的股票及其一切收益,且公证书中载明,"强制执行效力自债权债务关系形成之日起产生"。如此一来,《买卖合同》所规定的股权收益权便符合了《联合通知》所规定的构成要件,相应地,《买卖合同》便可赋予强制执行效力。

（四）小结

公证对债权的保护主要表现为公证机构赋予符合一些条件的债权文书以强制执行效力。应当注意,公证债权文书之债权与民法债权具有一定区别,即并非所有债权文书均可通过公证赋予强制执行效力,公证债权文书之债权要求以给付货币、物品或有价证券为内容,债权债务关系明确,双方当事人无异议,且债务人明确作出放弃诉权的承诺。传统业务中,公证保护债权主要体现为保护银行贷款债权、自然人借款债权等,但当下,金融领域的一些新型债权形态也渐渐进入公证的视野,债权保护公证业务仍然具有很大的发展空间。

六、拓展创新股权保护公证业务

（一）股权的基本原理

股权是当前社会经济构成的重要元素之一,在社会经济运行中发挥着重大的作用。随着社会经济的发展,社会公众的产权构成呈现多元化的趋势,股权已成为社会公众产权的重要组成部分。在《民法总则》第一百二十五条规定,民事主体依法享有股权和其他投资性权利。为拓展创新产权保护,加强对股权的保护显得尤为重要。

---

[1] 参见许可:《"股票收益权"的迷思与破解》,《上海金融》2013 年第 6 期。

1. 股权的概念、性质

讨论对股权的保护,首先需要明确股权的概念。《公司法》第四条规定,公司股东依法享有资产收益、参与重大决策和选择管理者等权利。当前,学界对于股权的概念的界定有所不同。有的学者认为,股权即股东权利的简称,它是投资者因投资于公司成为公司股东而拥有的权利和承担的义务的总和。[1] 或者,股权的概念有广义和狭义之分。所谓广义的股权是指,公司股东向公司主张的权利和承担的义务的总和,而狭义的股权是指股东基于股东的名分,根据公司法的规定和公司章程的约定,参与公司经营管理、获得股利收益等其他利益的权利。[2] 以及有的学者认为,股权是股东因出资而取得的,依法定或公司章程规定的规则和程序参与公司事务,并在公司中享有财产利益的,具有转让性质的权利。[3] 还有学者将股权定义为,股东基于其股东身份和地位而享有从公司获取经济利益并参与公司经营管理的权利。[4]

在此,不能将股权仅理解为有限责任公司资本单位的股权或者出资,而应当从广义上进行解释,将其认定为公司股东基于股东身份和地位而享有的股东权利,是财产权与身份权的统一,包含自益权和共益权两个方面。从性质上看,股权的性质有所有权说、[5]债权说、[6]社员权说、[7]独立民事权利[8]说等观点。所有权说、债权说、社员权说等理论从各自的立场出发,都在一定程度上对股权的性质进行阐述,但在法理上都存在一定的缺陷,应将股权界定为一种兼具财产

〔1〕 参见周友苏编著:《公司法通论》,四川人民出版社 2002 年版,第 131 页。

〔2〕 参见刘俊海编著:《公司法学》,北京大学出版社 2008 年版,第 121 页。

〔3〕 参见江平、孔祥俊:《论股权》,《中国法学》1994 年第 1 期。

〔4〕 参见施天涛编著:《公司法论(第三版)》,法律出版社 2014 年版,第 254 页。

〔5〕 该学说认为,股东向公司出资的同时对其所投入的资产还保有权益,所有权并没有转移,公司的资产也是股东的资产。参见周友苏编著:《公司法通论》,四川人民出版社 2002 年版,第 131 页。

〔6〕 该学说认为,从股东出资后,所投资财产的所有权事实上已经转移归公司。而股东持有股权的最终目的是为了获取利润分配,股权是一种请求权,其实质为民法中的债权。参见赵旭东编著:《新公司法讲义》,人民法院出版社 2005 年版,第 162 页。

〔7〕 该学说认为,股东的权利来源是其在一定的社会团体中享有的成员利益,也就是所谓的社员身份,这种社员权包括财产权和经营管理权。股东投资设立公司或者购买公司股份,公司是社团法人,因此股东成为该法人的成员并在社团范围内享有权利并承担义务。参见赵旭东编著:《公司法学》,高等教育出版社 2006 年版,第 318 页。

〔8〕 持该观点的学者认为,股权是一种区别于物权、债权、身份权而自成一体的独立民事权利类型。股东出资后,财产性质发生了改变,股东只能通过要求公司完成某种行为,继而公司以自己的行为作用于公司财产,在此过程中股东因为公司行为而享有股权。股权作为股东出让财产权所获得的对价,其不但包括自益权和共益权,还包括对公司的管理权,是集目的权利和手段权利于一体,兼有请求权和支配权属性,具有资本性和流转性的新型独立权利。它构成了公司法人所有权的内部基础,形成了股东权利与公司法人所有权的契合关系。参见江平编著:《法人制度论》,中国政法大学出版社 1998 年版,第 235 页。

属性和人身属性的独立民事权利。

2. 股权的表现形式

作为产权的重要组成部分,股权涉及企业(公司)设立,股权产生、股权的转让、变更等各个方面。股权的取得方式,除了向公司出资而享有股权的原始取得方式之外,还包括继承、遗赠、受赠与、转让、夫妻共同财产分割、法院判决等继受取得方式。股权已成为与社会公众生活息息相关的一项权利。股权表现形式的多样,也给股权保护,尤其是公证保护股权带来了机遇和挑战。

(二)股权保护公证业务概况

股权作为商事交易中的重要因素,为社会资源配置、经济创新发展所必需。正如前文所述,股权涉及公司出资设立、继承、转让等各个方面。股权形式和交易模式的复杂多变,使得各类新问题相继出现,由于立法的滞后性,新问题的出现导致股权交易存在一些障碍,当事人权益无法得到保障。对于股权保护,公证充分发挥了预防和解决纠纷,保障当事人合法权益的作用。例如,在股权转让实务中,出现股权转让中前期尽职调查阶段彼此缺乏互信、股权转让合同签订后出让方迟迟不配合工商变更登记、公司管理团队拒不办理公司公章及重要证件移交手续以及公司核心人员主动离职后违反竞业禁止义务等问题,公证的介入有效增强了双方互信并促成股权转让合同的签订,或以保全证据的方式固定了相关证据,[1]便于当事人维护自身权益并且公证机构作为法律中介机构,在股权转让案件中,为当事人提供法律咨询服务,避免一些履约过程中出现的障碍,降低交易风险、规范交易行为、预防交易风险;[2]办理股权质押公证,起到了强制执行的作用,满足当事人对股权质押的安全性需求;[3]办理股东资格继承公证,保障当事人的合法权益,起到了公证确权的作用。

综上所述,在股权保护公证业务中,股权案件往往会涉及申请人、公证机构、公司及公司登记机构四方的权利义务关系。在现实中,股权案件一般分为签订股权协议、履行相关工商变更登记手续、办理公司实际控制权交接手续这三个步骤。[4]股权案件涉及多方主体,在履行股权协议中,往往会发生一些障碍,如股权转让双方主体不适格、协议内容存在瑕疵、工商变更登记是否影响合同效力等

---

〔1〕 参见林奇:《从公证人视角看股权转让实务中若干问题及应对》,载《东方公证法学》第1卷,上海人民出版社2016年版。

〔2〕 参见王晓良:《一起股权转让协议咨询案件的法理分析》,载《东方公证法学》第1卷,上海人民出版社2016年版。

〔3〕 参见陈加友、张云伟:《有限责任公司股权质押公证个案分析》,载《东方公证法学》第1卷,上海人民出版社2016年版。

〔4〕 参见林奇:《从公证人视角看股权转让实务中若干问题及应对》,载《东方公证法学》第1卷,上海人民出版社2016年版。

问题,这给股权案件带来很大的交易风险。由于当前《公司法》对于股权保护所作出的规定较为原则性,在面对交易模式复杂多变的情形下无法直接适用,这就给公证介入股权保护案件留有空间。公证在办理股权案件业务中,面对纷繁复杂的各种股权案件,应当综合运用法律法规,通过对整个股权案件的分析,设计股权法律关系,为当事人指明合法方向,拓展创新公证业务,预防和解决纠纷。

（三）以典型案例为视角看股权保护公证业务拓展与创新

股权保护对于企业的稳定和发展至关重要。在股权保护中,公证起到了全面、依法保护的作用。下面通过两则股权继承公证案件进行评析。

1. 案情概要

案例一: 本案是一起自然人股东股东资格继承案件。在本案中,徐××于2012年因病在国内某地去世。过世时,韩××的法定继承人有且仅有两人,即韩××的配偶翁××和韩××的女儿韩×(以下简称韩女)。另外,韩××的父母亲均先于其死亡。韩××生前对嘉兴A股份有限公司拥有1.672 9%的股权,对浙江B股份有限公司拥有3.997%的股权,对广州C有限公司拥有59.631%的股权。广州C有限公司的股东除韩××外,另有且仅有一人,即翁××,翁××对广州C有限公司持有40.369%的股权。上述A、B、C三家公司的章程,其中均无限制股东资格继承的规定。2012年11月,翁××、韩女二人共同向上海市东方公证处(以下简称本处)申办由翁××继承被继承人韩××遗留的对嘉兴A股份有限公司、浙江B股份有限公司的股东资格,由韩女继承韩××遗留的对广州C公司股东资格的继承公证,并提供了有关当事人的身份证明、被继承人韩××的死亡证明、亲属关系证明、财产或财产性权利凭证、翁××放弃继承广州C有限公司股权(股东资格)以及韩女放弃继承嘉兴A股份有限公司和浙江B有限责任公司股权(股东资格)的《放弃继承权声明书》。

本案承办公证员在向申请人告知了继承权公证的法律意义和法律后果、法定继承人的范围和继承人申办公证的权利义务,核查相关事实后,作出了由翁××继承被继承人韩××遗留的对嘉兴A股份有限公司、浙江B股份有限公司的股东资格,由韩女继承韩××遗留的对广州C公司股东资格的继承公证,并且申请人就上述股东资格继承应向原公司登记机关申请办理改变相关股东资格的变更登记。

案例二: 本案是一起法人股东股东资格继承案件。A有限公司是由B厂、C股份有限公司和D厂三家企业法人于2000年通过签订《B厂改制为A有限公司协议书》(以下简称《改制协议》)成立的。A有限公司三家股东中,D厂为C股份公司的全资子公司,后于2002年2月变更为C股份公司的分公司,所持有的A有限公司的股权由C股份公司持有。C股份公司出具两份《承诺书》表示,

D厂的债权债务由其承担。另一股东B厂于1997年由E厂与甲、乙、丙、丁、戊、己、庚等七位自然人股东出资设立。后B厂歇业清算,E厂所持有B厂股权由F厂取得。因A有限公司股东发生上述情况股东会无法构成,生产经营困难。尽管A有限公司、D厂、C股份有限公司以及B厂原有的股东都同意相关的股权分别由C股份公司和B厂原有的七位自然人股东"继承",但是公司登记机关却以无法律依据为由,不予办理股东变更登记。由于各方并无纠纷,当事人无法提起给付之诉;至于确权之诉,法院也以无法律依据为由拒绝受理。发生这些状况的原因在于,时至今日我国《公司法》尚无已注销法人的股东资格继承的法律规定。

2008年4月,A有限公司向本处申请办理该公司已注销法人股东的股东资格继承公证。本处在查清事实后,认为根据《公司法》第十四条规定,"分公司不具有法人资格,其民事责任由公司承担",D厂已被改制为C股份公司分公司,其股东资格应有C股份公司继承,而根据申请人的申请和各方明确约定,以及各方的出资事实,原B厂在A有限公司的股东资格由F有限公司及甲、乙、丙、丁、戊、己、庚继承。公司登记机关依据公证文书办理了股东变更登记,A有限公司实现了正常运转。

2. 案件涉及的若干法律问题

在办理股东资格继承案件中,需要注意核查以下事实:

第一,公司章程是公司的宪章,决定了公司运营的基本框架和结构。在社会经济的发展过程中,《公司法》由原先的强制性规范为主、任意性规范为辅,向任意性规范为主、强制性规范为辅进行转变。在公证案件办理中,公证人除了审查当事人的基本法律关系,还需注意公司章程的规定。在章程"另有规定"的情况下,从其规定,强化了公司自治原则。而社会经济的发展,我国《公司法》赋予有限责任公司以更多的自治空间。公司章程作为公司的自治基础,不再是一纸空文,而具有相应的自治法效力。随着市场的竞争日益激烈,一些公司早已开始重视公司章程的作用,原来单调呆板、难以引起别人注意的一纸"标准合同",成了兵家必争之地。[1]

第二,在办理股权公证案件中,公证人需要查明股东资格继受主体、出资比例的证据、股东会决议等证据材料,在查清事实的基础上作出公证。

第三,继承人为公务员或军人,能否取得股东资格?公司股东死亡后,继承人中如果出现公务员或军人身份者,当然不能继承完整意义上的公司股东资格。《公务员法》明确规定,公务员不得参与营利性活动,《中国人民

---

〔1〕 参见罗培新编著:《公司法的合同解释》,北京大学出版社2004年版,第132页。

解放军内务条令》也规定了军人不得经商。在此情形下,公证机构可以为其办理公司出资份额或公司股份继承权公证书,以确认该公务员或军人继承股权的财产性权利或者建议其放弃股东资格仅取得公司出资份额或者股份的对价。

第四,继承人为无民事行为能力人或限制民事行为能力人能否继承股东资格?非完全民事行为能力人以法定继承方式成为公司股东,基础条件即是自然人死亡后导致法人股份所有权关系发生巨大改变,不具备完全民事行为能力人依法继承了相应的股权,并成为企业股东。从中我们不难看出,我国法律并没有剥夺无完全民事行为能力人依法继承股权的权益,一旦股权被继承,则法律关系势必产生有效变革。虽然遗嘱继承不属于事件事实,但其应当纳入行为事实管理范畴,非完全民事行为能力人基于遗嘱继承基础上,使被继承人享受相应法律义务。因此,只要公司不通过管理制度进行制止,不具备完全民事行为能力人则可以依法继承死亡股东的股权,成为企业的真正股东。[1]

第五,胎儿股东资格继承。2018 年 10 月 1 日,《民法总则》正式施行。其中尤为引人注意的是,民法总则对胎儿遗产继承及接受赠与的权益进行了调整,赋予了未出世的胎儿一定的民事权利能力。胎儿的应继份额由胎儿母亲继承,胎儿母亲拿出该应继份额的等值人民币作公证提存,同时胎儿母亲作保证公证,如胎儿娩出是活体,再变更回股东;如娩出是死体的,按规定办理。据此,工商部门办理了股东变更。[2]

3. 公证业务的拓展与创新之处

在上述两则股东资格继承案件中,公证人不同于以往。在以往,公证人出具的相当多的公证文书都非常保守地将继承人可继承的标的物表述为股权或股份份额,而很少表述为股东资格。而在本案中,公证人查清事实、查询公司章程,办理了股东资格继承公证。

在办理法人股东资格继承公证过程中,依据相关法条、司法解释。法人股东资格继承公证案件中,公证人明确法律问题并确立处理方向,在法无明文规定的情况下,选择与案情最为接近的法律规定作为参考,收集证据并进行审查。在法人股东资格继承一案中,司法权、行政权皆因法无明文规定而拒绝介入。公证权在本案处理中,发挥了无可替代的作用。在一定程度上,公证权是有可能为填补

---

〔1〕 参见张京京:《有限责任公司股权继承法律问题研究》,中国社会科学院研究生院硕士学位论文,2016 年。

〔2〕 参见浙江公证:《丈夫猝死 妻子腹中的宝宝能继承股份吗?》,微信公众号"达比伦制度",2017 年 10 月 23 日。

公权力的某些空白创造条件的。[1]

（四）初步小结

股东资格继承公证是股权保护公证中的一个部分。通过股东资格继承公证，一方面，解决了现有股权难以实现的难题，让当事人走出了困境，保障了当事人的权利，起到了公证确权的作用，另一方面，通过公证的介入，股权法律关系的构建，协调当事人、公司、公司登记机关之间的法律关系，使得股权保护的概念得到了延伸，拓展了股权保护公证的范畴，以更好地发挥公证预防和解决纠纷，保障当事人合法权益，实现社会公正的作用，拓展创新产权保护。

伴随着社会经济的发展和进步，股权案件的表现形式和交易模式也变得复杂多变。当前，我国《公司法》等法律制度对于许多类型的股权案件并没有作出明确的规定，这是由成文法先天的滞后性导致的。而公证人所开展的公证活动本质上是社会组织而非公权力机关提供的法律服务。[2] 这就给公证介入股权保护留下了较大的空间。在未来，随着社会经济发展，社会民众对于股权保护的法律服务需求日益增长，公证将更好地发挥其维护社会公正、规避交易风险、保障交易安全的作用。

七、拓展创新无形财产权保护公证业务

（一）无形财产权的基本原理

"财产"一词在我国法学和经济学等领域中经常在不同情境、不同意义上使用，它有时指财产所有权本身，有时也指所有权客体。[3] 作为权利客体意义上的财产，按照不同的标准存在不同的分类，一种典型的分类，即有形财产与无形财产。

随着知识经济时代的发展，无形财产日益转变为一种重要的财富形式。在20世纪60年代以前，知识产权尚未成为国际上广泛使用的法律概念，人们一般将基于创造性智力成果所获取的民事权利称为无形财产权。[4] 但随着社会的发展变化，无形财产权的范围也发生着变迁，我们今天所说的无形财产权，一般指基于非物质形态所产生的权利，同时，无形财产权是一个开放的权利体系，除了包括传统的知识产权（本书上一节有专门论述），还包括网络新型知识产权和

---

〔1〕 参见吴泓衍：《通过证据确认权利——一起已注销企业法人股东资格继承公证案例评析》，载《司法》第6辑，厦门大学出版社2011年版。

〔2〕 参见张宇衡：《社会结构演变对于公证权性质的影响——孙笑侠教授谈公证权应如何定位》，载《东方公证法学》第2卷，上海人民出版社2017年版。

〔3〕 参见吴汉东：《无形财产权的若干理论问题》，《法学研究》1997年第4期。

〔4〕 参见吴汉东：《无形财产权的若干理论问题》，《法学研究》1997年第4期。

网络虚拟财产权等变化和形成中的无形财产权利。

1. 网络新型知识产权

作为知识产权客体的知识产品是一种无形财产,因而知识产权是一种典型的无形财产权。特别是近年来随着网络游戏和直播行业的迅速发展,出现了游戏直播侵犯知识产权等新问题,拓展了网络知识产权保护的边界。如 2016 年 5 月,上海知识产权法院审结首起电竞网络直播纠纷案,[1]虽未直接认定未获授权的游戏比赛画面转播属于侵犯著作权,但通过不正当竞争行为保护了游戏公司的权益;2017 年 11 月 13 日,广州知识产权法院对网易诉华多公司侵害著作权案作出一审判决,认定华多公司在其网络平台上开设直播窗口、组织主播人员进行涉案电子游戏直播,侵害了网易公司对其游戏画面作为类电影作品之著作权,依法判决被告停止侵权、赔偿损失等。[2]

2. 网络虚拟财产权

网络虚拟财产是指存在于与现实具有隔离性的网络空间中、能够用现有的度量标准度量其价值的数字化的新型财产。可以从以下三个方面理解:第一,网络虚拟财产是虚拟的网络本身以及存在于网络上的具有财产性的电磁记录;第二,网络虚拟财产是现实世界中人类劳动和财富的异化,这种异化主要特征是数字化;第三,网络虚拟财产在价值上能够用现有的度量标准来衡量。[3] 基于网络虚拟财产所生的网络虚拟财产权,已经越来越成为与人们生活息息相关的重要权利。

(二) 无形财产权保护公证业务概貌

本书上一节对知识产权保护公证业务有专门论述,因此,本部分着重论述无形财产权中的网络虚拟财产权问题。

网络游戏中的账号(ID)及积累的"货币"、"装备"、"宠物"等"财产",淘宝账号,淘宝网店以及微信公众号等各类账户,都属于网络虚拟财产的范畴。并且随着信息时代的不断发展,网络虚拟财产权利等新型无形财产权将不断涌现。现实中,已经出现不少涉及网络虚拟财产权保护的案例,如曹某诉盛大公司主张游戏装备善意取得案、[4]妻子向腾讯公司要求继承已故丈夫的 QQ

---

〔1〕　参见记者陈伊萍、通讯员陈颖颖:《首起电竞网络直播纠纷结案:潜规则不能证明合理性,斗鱼败诉》,来源于澎湃新闻网,http://www.thepaper.cn/newsDetail_forward_1469687,2017 年 11 月 19 日访问。

〔2〕　参见《"梦幻西游 2"网游直播侵权案一审宣判　侵权公司被判赔偿原告经济损失 2 000 万元》,《人民法院报》2017 年 11 月 14 日。

〔3〕　参见杨立新、王中合:《论网络虚拟财产的物权属性及其基本规则》,《国家检察官学院学报》2004 年第 6 期。

〔4〕　参见重庆市九龙坡区人民法院(2013)九法民初字第 09906 号民事判决书。

号码案、[1]夫妻离婚要求分割网络店铺案、[2]微信公众号权利义务转让案、[3]等等。此类案例往往涉及多方法律关系,且涉及法律规范的空白领域,但已有公证成功介入,为相关网络虚拟财产权的变动提供法律服务,避免纠纷的案例,如2015年无锡梁溪公证处为网店过户公证、[4]2017年上海市东方公证处为微信公众号权利义务转让公证。[5]

如上所述,此类网络虚拟财产权案例往往涉及权利人、网络服务提供商等多方的权利义务关系,《民法总则》第一百二十七条虽然规定:"法律对数据、网络虚拟财产的保护有规定的,依照其规定。"但《民法总则》对网络虚拟财产的保护作出的规定是原则性的,为后续具体立法留下了空间,也为公证业务创新介入网络虚拟财产权保护留下了巨大的空间,公证应通过创新法律服务方式,为相关当事人权利保护提供全面周到的保障,充分发挥保全证据公证、合同/协议类公证、继承公证等多方面公证业务的功能,为网络虚拟财产的确权、流转过程提供完备的法律保障。

（三）以典型案例为视角看无形财产权保护公证业务拓展与创新

1. 案情概要

本案是一起涉及微信公众号权利义务转让的案件。A公司和B公司共同向本处申请办理微信公众号迁移申请函公证,因为公司业务需要,A公司拟将其运营的微信公众号a迁移至B公司运营的微信公众号b。根据腾讯公司规定,允许微信公众号迁移操作,但须迁移涉及的微信公众号双方主体共同签署《申请函》,并需要办理《公证函》上双方印章属实公证,A公司和B公司遂向上海市东方公证处申请办理相关公证。本案承办公证员远不止于办理《申请函》印章属实公证,而是为双方当事人基于微信公众号所生的新型权利与义务转让问题进行了完善的法律设计,提供了一系列完整的公证法律服务,包括提供法律咨询意见并出具《法律意见书》、代为当事人设计起草《微信公众号及所涉权利与义务转让协议书》(以下简称《协议书》),并出具了详尽的要素式公证书。此外,也一

---

〔1〕 参见《老公去世沈阳女子想找回QQ腾讯:QQ不能继承》,来源于人民网,http://politics. people.com.cn/GB/70731/15887575.html,2017年11月19日访问。

〔2〕 参见王某诉吴某离婚后财产纠纷案,来源于北大法宝网,http://www.pkulaw.cn/case/pfnl_1970324841318014.html? match=Exact,2017年11月19日访问。

〔3〕 参见董永进:《公证人面向新兴领域办案思维与法律服务的拓展——首起微信公众号权利义务转让公证案实务分析》,载《东方公证法学》第2卷,上海人民出版社2017年版。

〔4〕 参见《无锡梁溪公证处为网店过户公证入选江苏十大公证案例》,来源于无锡司法行政网,http://wxsfj.wuxi.gov.cn/doc/2015/11/02/612294.shtml,2017年11月15日访问。

〔5〕 参见董永进:《公证人面向新兴领域办案思维与法律服务的拓展——首起微信公众号权利义务转让公证案实务分析》,载《东方公证法学》第2卷,上海人民出版社2017年版。

并作了《微信公众号迁移申请函》印章属实公证。

2. 本案特色与创新之处

第一，提供专业的法律意见。在充分问明双方当事人的意思表示，审核了双方当事人提交的《申请函》等相关材料之后，承办公证员向当事人出具了《关于微信公众号及所涉权利与义务转让的法律意见书》（以下简称《法律意见书》），就《申请函》未予明确的相关法律问题如公众号迁移前后的责任分配问题、争议解决条款等，提出法律意见，供当事人参考。

第二，指导当事人设计法律关系。作为民事法律关系的主要内容，民事权利与民事义务需要在民事交易中进行清晰、明确的界定。本案承办公证员居中、公正地为双方当事人平衡权利与义务，出具的法律意见书在得到双方的确认之后，部分内容转化为由公证员代为起草的《微信公众号及所涉权利与义务转让协议书》（以下简称《协议书》），双方在《协议书》中对《申请函》所涉微信公众号迁移前后的责任分配问题作出了明确约定，明晰了双方的法律责任分担。

第三，明确法律关系并核实相关事实。微信公众号权利义务的转让必然依附于一个基础的法律关系，例如双方成为商业合作伙伴订立《合作协议》，又如双方明确系有偿或无偿转让。本案中，双方确认微信公众号所涉权利与义务为无偿转让，可视为民法上的赠与。本案公证过程中，公证员用工作手机打开微信，对 A 公司与 B 公司共同申请办理公证所涉的微信公众号进行事实核实：点击微信界面右上角的"搜索"符号，分别搜索微信公众号"a"和微信公众号"b"，点击"账号主体"进入微信公众号"注册详情"界面，核实上述微信公众号的主体是否属实，确认属实后截屏打印，打印件共六页，经承办公证员、在场见证人签字并加盖公证申请人双方的公章后存公证案卷。

（四）初步小结

无形财产权的种类和范围随着网络新事物的层出不穷而不断涌现，对无形财产权的保护是产权保护战略的重要内容，公证行业应积极介入，创新无形财产权保护公证业务，这也对公证人提出了更高的要求。

第一，以专业法律人的标准要求自己。无形财产权的保护往往涉及诸多创新领域的前沿，可能会存在立法空白或模糊地带，这就要求公证人发挥自己专业法律人的水准，对相关文件进行认真审核，针对可能存在的法律风险明确提示当事人，可以出具《法律意见书》等，将自己视为一个真正的法律人而不是单一的证明人，[1] 为当事人提供货真价实的、全面的、专业的法律服务。

---

〔1〕 参见包文捷、谭志鹏：《"如果你停下来，世界不会等你"——全国优秀公证员薛凡访谈录》，《中国公证》2007 年第 10 期。

　　第二,确保公证质量、提高办案效率。虽然整体而言,公证行业便民利民服务不断改进,但是让当事人来回跑数次的情况还是存在,这样既浪费了当事人的时间,也暴露出某些公证人所提供的法律服务不够专业。公证人应在当事人来现场办理公证之前,事先与当事人进行充分的联络沟通,将申办公证所需的证据材料清单提前告知当事人,预约好现场办理公证的具体时间,在办理公证的过程中,审慎办理,严守法律,确保公证质量的同时,实现一步到位、一次解决所有问题。当然,这种办理公证时一步到位的效果有赖于公证人前期积极而有效的投入和为客户思考的法律服务思维。

　　第三,信息化背景下法律思维的坚守。在信息化背景下,值得思考的另外一点是,在信息时代的大潮中,法律人应始终坚持专业操守、专业判断。技术变革日新月异,但公证人、法官、律师等法律专业人士不能被技术公司、科技产品牵着走。别人发包,公证员简单盖章收费,这样就失去了公证员的成长性。公证员要时刻保持自己独立的判断力。无论是对于淘宝、微信等各类账号的使用,还是网络游戏的"装备"、画面等相关权利,服务提供商规定的条款往往并非完美无缺,是否有不尽合理之处甚至有违法律规定、有哪些漏洞需要增补,这些问题都需要法律人运用法律思维,给出法律人专业的鉴别和判断,进而提示当事人通过签订相关协议防范潜在的法律风险,将可能引发纠纷的概率降到最低,从而实现公证对于纠纷的有效预防。

　　保护以网络虚拟财产为代表的无形财产权,公证有着广阔的参与空间,在拓展创新此类公证业务的过程中,公证人要充分发挥法律人的才智,在坚守法律底线的基础上,确保公证质量和办案效率,提高创新公证法律服务的意识,用专业的知识、负责的态度,遵守法定程序,为当事人无形财产权的保护提供法律安全保障。

中国公证制度历史沿革述略

蔡 煜*

第一节 清末民国时期公证制度发展概况

一、公证立法

中国现代公证制度,源自清末俄国、德国、日本占领我国哈尔滨、青岛、台湾地区等地后推行的公证工作。1903 年 2 月 18 日德国侵略者在青岛设立的青岛德国总督府发布《帝国首相关于胶州湾地区公证人职权范围的法令》,同年 5 月德国侵略者在青岛设立的青岛德国胶州帝国法院发布《关于公证人员职权的规定》。[1] 1903 年 12 月 18 日"台湾总督府"以律令第 12 号公布《公证规则》。[2]

我国法律中正式出现"公证"字样,依据现有史料,系 1911 年 1 月清廷颁布的《钦定大清刑律》。《钦定大清刑律》第三百六十三条规定:"僧道、医师、药剂师、药材商、产婆、律师、公证人或曾居此等地位之人,因其职业得知他人之秘密,无故漏泄者,处五等有期徒刑、拘役或一百圆以下罚金。无故公表者,处四等以下有期徒刑、拘役或三百圆以下罚金。"[3]

1926 年北洋政府曾起草《公证人法草案》,嗣因政府瓦解,未能正式颁订。1927 年 3 月 25 日,《汉口民国日报》刊登武汉国民政府司法部《司法行政计划及政策》一文,提出"物权法公证法各案,于一年内草定",[4]但因时局变化,不久

---

* 蔡煜,上海市杨浦公证处副主任、公证员。
〔1〕 山东司法厅编:《山东司法行政大事记 1840—1985》,1989 年 12 月,第 4 页。是书末页作山东司法大事记,本文据封面所题书名。
〔2〕 《府报》,第 4448 号。
〔3〕 怀效锋主编:《清末法制变革史料》下册,中国政法大学出版社 2010 年版,第 495 页。
〔4〕 《司法行政计划及政策》,《汉口民国日报》1927 年 3 月 25 日,系武汉国民政府时文献。国民政府于 1926 年 12 月由广州迁至武汉,到 1927 年 9 月 20 日宁汉正式合流止,武汉国民政府存在约九个月的时间,史称武汉国民政府时期,湖北政法史志编纂委员会选编:《武汉国共联合政府法制文献选编》,农村读物出版社 1987 年版,序言、第 528—530 页。

宁汉合流,武汉国民政府有关部门的公证立法计划也成空文。1930年南京国民政府司法院参事处曾就原稿签注意见,略加修正,迄未采用。1933年南京国民政府司法行政部复拟定公证法草案,大致取法于法日等国立法例。司法院以为公证制度若采用自由职业制,由公证人自设事务所,向嘱托办理公证事务之人收取定额费用,办理公证事务,仅受法院之监督,则因我国国民智识程度尚浅,难免不发生流弊,乃以暂时不设公证人,概由法院推事办理公证事务为宜,后又拟具《公证制度原则草案》和《公证暂行规则》,经国民党"中央政治会议"议决准予备案,并定试办期间为两年,司法院于1935年7月30日公布《公证暂行规则》,司法行政部于1936年2月14日公布《公证暂行规则实行细则》和《公证费用规则》。[1]

因试办期间一再延长,"为增进人民对公证的信仰起见,司法行政部特呈请将公证暂行规则制为法律",[2]1942年11月司法院咨请立法院依照立法程序制定法律,经立法院议决,国民政府于1943年3月1日公布《公证法》,于1944年1月1日施行。同年,国民政府于1943年7月1日公布《公证费用法》,也于1944年1月1日施行。司法行政部又于1943年12月25日公布《公证法施行细则》,也于1944年1月1日施行。[3]

二、公证组织

根据司法院于1935年7月30日公布《公证暂行规则》第一条规定:地方法院为办理公证事务设公证处,有必要时,得于管辖区域内适宜处设公证分处。第二条规定:公证事务,由司法行政部指定地方法院推事专办或兼办。前项推事有事故时,地方法院院长得派其他推事代理。因此在《公证暂行规则》实施后,在南京国民政府统治区域内办理的公证事务均由推事专办或兼办。1936年2月14日司法行政部公布施行《公证暂行规则实施细则》,并先指定首都南京为施行区域,逐渐推广于其他城市。[4] 1936年4月1日首都地方法院成立公证处,[5]当年还在上海第一特区、上海第二特区、上海以及吴县、南昌、九江、袁宜、福州、厦门、武昌、汉口十二处地方法院设立公证处。[6] 一些兼办公证的推事具有较高的法律素养,但因战争等原因,人员流动性较大。

---

[1] 本段内容参考陈盛清编著:《公证法要论》,大东书局1947年版,第10页。
[2] 行政院新闻局印行:《公证制度》,1937年10月,第12页。
[3] 司法院编纂处编纂:《国民政府司法例规补编》,司法院秘书处1946年版,第459—467页。
[4] 南京市地方志编纂委员会编:《南京司法行政志》,方志出版社2000年版,第306页。
[5] 南京市地方志编纂委员会编:《南京司法行政志》,方志出版社2000年版,第306页。
[6] 行政院新闻局印行:《公证制度》,1937年10月,第15页。

1943 年 3 月 31 日国民政府公布的《公证法》第二条规定：公证处置公证人委任或荐任办理公证事务由司法行政部就具有左列各款资格之一者遴充之：

一经公证人考试及格者；
二曾任推事检察官或县司法处审判官；
三曾执行律师职务者；
四曾任法院书记官三年以上成绩优良者；
五在教育部认可之国内外专科以上学校休习法律学科得有毕业证书者。
前项公证人得由地方法院推事兼充之。

《公证法》第三条规定：公证处得设佐理员委任辅助公证人办理公证事务。前项佐理员得由地方法院书记官兼充之。[1]

1943 年 12 月 25 日司法行政部公布的《公证法施行细则》第三条规定：地方法院公证处或分处有设置专任公证人或佐理员之必要应声叙理由呈由高等法院转呈司法行政部核准任用之。[2]

为解决公证事务多有推事及书记官兼办难以兼顾的问题，司法行政部从 1945 年起先选择在公证事务已发达的广东梅县、钦县、曲江等十处地方法院中设置专任公证人十名、专任佐理员十名、专任录事十名、公役十名，到 1947 年春季共设置专任公证人一百零四名、专任佐理员一百零四名、专任录事一百零一名、公役一百零四名。

三、公证业务

根据司法院于 1935 年 7 月 30 日公布《公证暂行规则》第四条规定：推事因当事人或其他利害关系人之请求，得救法律行为或其他关于私权之事实，作成公证书或认证私证书。"凡是有关民事上权利义务的情事，如动产及不动产的买卖、借贷、租赁、赠与、典当、抵押、雇佣、承揽、委托、和解、担保、合伙、经理、代办、寄托、结婚、离婚、收养子女、终止收养、委托监护、指定监护、召集亲属会议指定继承、分析家财、分割遗产、限制分割、书立遗嘱等等，以及其他情事，不问大小，都可以请求公证。"[3]1943 年 3 月 31 日国民政府公布的《公证法》对公证业务沿袭了《公证暂行规则》的规定。在公证实践中，认证业务多于公证业务，各地

---

〔1〕 司法院编纂处编纂：《国民政府司法例规补编》，司法院秘书处 1946 年版，第 459—460 页。
〔2〕 司法院编纂处编纂：《国民政府司法例规补编》，司法院秘书处 1946 年版，第 461 页。
〔3〕 1940 年 11 月 20 日甘肃酒泉地方法院公证处编印《公证须知》（一），甘肃省地方志编纂委员会编纂：《甘肃省志·司法行政志》，甘肃人民出版社 2009 年版，第 219—220 页。

公证业务结构存在一定差异,业务数量更是相差很大。据司法行政部 1947 年春季报表记载,当季在国民政府统治区域,共办理了 21 334 件公证,其中上海市办了 21 件公证,首都南京市办了 19 件公证,而广东省办了 8 540 件公证,甘肃省办了 2 112 件公证。[1]

有些公证业务如公证结婚,因带有移风易俗,节约办婚礼的意义,在民国末期一度成为社会舆论关注焦点。如 1947 年 8 月 22 日《申报》第 4 版刊登消息:

沈福祥与曹明珊结婚,声请地院派法官出席公证,按结婚由法官公证在本市尚系第一次,沈系广东人,年二十九,曹江苏人,定本月二十三日于康乐酒家结婚。闻法院将予裁准,于沈曹举行结婚典礼时,派推事书记官前往公证。结婚礼创举,请法官公证。[2]

之后在南京、镇江、西安等不少城市均有类似新闻报道,公证结婚业务在上海解放后,一度成为上海市人民法院的主要公证业务之一。

四、公证收费

1936 年 2 月 14 日南京国民政府司法行政部公布了《公证收费规则》。依照该规则第一条规定:公证费用依本规则购贴司法印纸缴纳之。这部规则共三十条。

其第二条规定:当事人声请就法律行为作成公证书者,除本规则有特别规定外,依其标的之价额,按下列规定,征收费用:

二百元未满者	一元五角
二百元以上五百元未满者	三元
五百元以上千元未满者	五元
千元以上三千元未满者	九元
三千元以上六千元未满者	十四元
六千元以上万元以下	十九元

逾万元者,每千元加收一元,不满千元者,亦按千元计算。

第十四条规定:当事人声请就关于私权之事实作成公证书者,除本规则有特别规定外,依其事实之体验及证书之作成,所需时间,按一小时征收公证费一

---

[1]　行政院新闻局印行:《公证制度》,1937 年 10 月,第 48—50 页。
[2]　《申报》1947 年 8 月 22 日。

元,不满一小时者,亦按一小时计算。[1]

《公证收费规则》司法行政部于 1936 年 3 月 4 日修正公布,因《公证收费规则》与《公证法》互相关系,而其内容又与民事诉讼费用法不尽适合,经立法程序,1943 年 7 月 1 日国民政府公布《公证费用法》,共二十八条,内容与《公证收费规则》相比变化很小。因国民政府发行纸币贬值,通货膨胀,又于 1946 年 6 月 20 日修正公布了《公证费用法》。其中第二条修正为:

当事人声请就法律行为作成公证书者,除本法有特别规定外,依其标的之价额,按下列规定,征收费用:

五百元未满者	五十元
五百元以上千元未满者	一百元
一千元以上二千元未满者	二百元
三千元以上六千元未满者	三百元
六千元以上万元以下	四百元

逾万元者,每千元加收十元,不满千元者,亦按一千元计算。[2]

因考虑不周,按件收取公证费的,已经远低于成本。据 1948 年 8 月 16 日宁都地方法院的呈文说:"查修正公证费用法所定征收费最高者为一百元,低者五十元,而一百元法币,市面早已不能用,即五百元、一千元、二千元者,市面事实上亦早不流通,行将等于废物,即以邮票、印花代之,亦无此项小额邮票与印花票面。"[3]而按比例征收公证费的,则又有些项目定得太高,一些地方的贷款公证,银行等金融机构不愿办理公证。[4]

第二节　1980 年前新中国公证制度发展概况

一、公证立法

新中国成立伊始,百废待兴。1950 年 11 月 3 日中央人民政府政务院发出《关于加强人民司法工作的指示》,提出:"为了正确地从事人民司法工作的建

设,首先必须划清新旧法律的原则界限。"〔1〕因此前国民政府颁布的《公证法》、《公证费用法》〔2〕以及相关的规范性文件在法理上必须彻底否定。时任司法部部长史良在1950年7月11日至8月11日召开的第一届全国司法会议上发言认为"关于公证制度,这是一个可以减少讼争,有益于人民的制度。今后在国营私营经济更加发达和经济相互关系更加频繁之下,如对带有法律性重要文件(契约、委任书、保证、遗嘱等)之形成,加以确认,很可预防流弊,减少讼争,这是很有好处的。哈尔滨、沈阳、上海等市已作了一些工作,这一经验希望能好好总结,以便逐步推行"。〔3〕据此,在一些中央人民政府相关部门制定的法规性文件中开始对公证工作加以规定。如1951年3月30日中央人民政府政务院财政经济委员会公布施行《私营企业暂行条例施行办法》,其中第二十七条中规定:"独资企业的转让,应于转让后十五日内由让受双方检送转让契约联名申请登记。前项契约应经所在地的区一级以上人民政府公证或登报公告。"〔4〕1951年4月10日最高人民法院、司法部发出的《关于保护国家银行债权问题的通报》中提出:"又为了简化手续,减少纠纷,正确地保护国家和人民的权益,各地人民法院应迅速建立公证制度,在认证契约时载明强制执行条款(上海市人民法院公证处已依此办理),嗣后如有一造当事人违约,对造当事人即可请求法院依照契约执行。"〔5〕1951年9月3日中央人民政府委员会第十二次会议通过《中华人民共和国人民法院暂行组织条例》。其中第十二条规定:"县级人民法院管辖下列事件:……四、公证及其他法令所定非讼事件。五、指导所

〔1〕　中央政法公报编辑委员会编印:《中央政法公报》第18期,1950年10月31日,第1页。编辑日期未必是实际编印日期。早在1949年3月31日,董必武和薄一波、蓝公武、杨秀峰以华北人民政府主席和副主席名义发布的训令中明确提出:"兹决定:废除国民党的六法全书及其一切反动法律,各级人民政府的司法审判,不得再援引其条文。"见《废除国民党的六法全书及其一切反动法律》,载《董必武法学文集》编辑组:《董必武法学文集》,法律出版社2001年版,第14页。

〔2〕　1943年7月1日公布。见湖北省司法行政史志编纂委员会:《清末民国司法行政史料辑要》,1988年编印,第305、318页。

〔3〕　史良:《关于目前司法行政工作报告——司法部史良部长在全国司法会议上的报告》,载中央政法公报编辑委员会编印:《中央政法公报》第18期,1950年10月31日,第39页。具体发言时间不详,会议系1950年7、8月间召开。

〔4〕　中央人民政府政务院财政经济委员会《私营企业暂行条例施行办法》,南京市人民法院编印:《人民司法工作手册》,1952年10月,第567页,该书未记载《私营企业暂行条例施行办法》发文字号。又见《人民日报》1951年4月1日。

〔5〕　最高人民法院、司法部《关于保护国家银行债权问题的通报》(司三通字第16号),中华人民共和国司法部编:《中华人民共和国司法行政历史文件汇编(1950—1985)》,法律出版社1987年版,第750—754页。该书所录文本无最高人民法院发文字号。

辖区域内的调解工作。"〔1〕北京、天津、东北、中南等地相关部门也先后出台了地方性公证规范性文件。〔2〕

中央人民政府政务院和政务院政治法律委员会非常重视公证立法工作。中央人民政府政务院于1954年1月14日第二百零二次政务会议批准了政务院政治法律委员会提出的《一九五四年政法工作的主要任务》,其中规定"(一)配合有关部门有计划地着手起草或研究下列法规……关于公私关系的公证条例……"〔3〕1954年2月24日在彭真主持的政务院政法委员会党组干事会第四十一次会议上,彭真说:"中共中央和政务院会议已讨论通过《一九五四年政法工作的主要任务》,各部门应制定本部门计划。"〔4〕会议确定以司法部为主起草水运、铁路沿线专门法院组织条例和公证条例。〔5〕司法部先后在1955年、1956年两次起草《中华人民共和国公证暂行条例(草稿)》,分别提交两次公证工作座谈会讨论修改,也曾下发一些公证机构讨论。〔6〕

1956年1月10日司法部向周恩来总理提交了《司法部关于开展公证工作的请示报告》。在《司法部关于司法行政工作方面几个问题的请示报告》中,司法部向周恩来总理报告:"公证工作是一项专门工作,必须有专门机构来承担,

---

〔1〕 中央人民政府委员会第十二次会议通过《中华人民共和国人民法院暂行组织条例》,最高人民法院东北分院编印:《司法工作手册》(第一辑),1953年10月,第22页。据《中华人民共和国人民法院暂行组织条例》第三十九条规定:本条例自中央人民政府委员会批准公布之日施行,最高人民法院东北分院编印:《司法工作手册》(第一辑),1953年10月,第28页。

〔2〕 1951年5月经中央司法部暨北京市人民政府核准试行《北京市人民法院公证暂行办法》,见东北人民大学民法、刑法教研组编:《中华人民共和国法院组织、诉讼程序参考资料》(第一辑),东北人民大学研究部教材出版科1954年版,第251—252页。原书未写编或编印,该书未录《北京市人民法院公证暂行办法》发文字号。1951年9月天津市人民法院制定《天津市人民法院公证问答》,见北京政法学院编:《中华人民共和国审判法参考资料汇编》第四辑民事诉讼,1956年版,第251—252页。该书未记载《天津市人民法院公证问答》文件编号与具体制定单位。1951年11月9日东北人民政府司法部下发《关于建立公证制度的指示》,东北人民大学民法、刑法教研组编:《中华人民共和国法院组织、诉讼程序参考资料》(第一辑),东北人民大学研究部教材出版科1954年版,第240—241页。原书未写编或编印,未记载发文单位与发文字号,落款为兼部长高崇民、副部长宋广常,发文单位东北人民政府司法部系据文中内容确定。

〔3〕 河南省人民政府政治法律委员会编印:《政法工作》第一辑,1954年5月编印,第10—29页。

〔4〕 《彭真传》编写组:《彭真年谱》第二卷,中央文献出版社2012年版,第443页。

〔5〕 《彭真传》编写组:《彭真年谱》第二卷,中央文献出版社2012年版,第443页。

〔6〕 《昆明市明信公证处》记载,1955年司法部发函至昆明市中级人民法院,了解当年第一季度在昆明市人民法院经公证签订合同的数字和金额情况,以便作为制定公证条例的资料。见昆明市明信公证处编:《昆明市明信公证处志》,云南人民出版社2011年版,第5页。《哈尔滨公证处处志1946.8—2013.12》记载,1956年2月,司法部下发《中华人民共和国公证暂行条例》(草稿),征求哈尔滨市公证处的意见。见黑龙江省哈尔滨市哈尔滨公证处:《哈尔滨公证处处志1946.8—2013.12》,2015年1月印,第15页,内部资料。

过去暂由人民法院兼办是临时的办法。现行的中华人民共和国人民法院组织法规定法院的任务中没有公证业务,各级人民法院及司法行政机关的编制均不包括公证人员的编制。因此,公证人员的编制和经费必须另行筹划。我们的意见,在当地司法行政机关直接领导下,各大中城市及在三十万以上人口的市设立公证处,不满三十万人口的市暂在人民法院附设公证室,县的公证工作采取逐步建立的方针,可根据需要陆续设置公证室,授权法院院长领导。其次,办理公证应征收公证费,作为公证机关的开支。为了减轻群众的负担,征费采取轻费原则,因而公证机关的开支如有不敷,可以由政府补助。"[1]上述报告国务院于 1956年 7 月 10 日批复同意。[2]　1956 年 9 月 19 日中共中央政治局委员、最高人民法院院长在中国共产党第八次全国代表大会上发言,其中提出:"律师制度是审判工作中保护当事人诉讼权利不可缺少的制度。公证制度是认证机关团体和公民法律行为的一种良好制度。这两种制度都应该予以加速推行。"[3]但由于社会经济、政治形势急剧变化等原因,公证条例最终也未出台,公证立法工作在 1957年后事实上处于停滞状态,一直到 1982 年 4 月 13 日才由国务院颁布《中华人民共和国公证暂行条例》。[4]

二、公证组织

　　新中国成立后,从哈尔滨、沈阳、上海、北京等地开展公证的实践来看,公证机关仍然设在法院。1951 年 9 月 3 日中央人民政府委员会第十二次会议通过《中华人民共和国人民法院暂行组织条例》。其中第十二条规定:"县级人民法院管辖下列事件:……四、公证及其他法令所定非讼事件。五、指导所辖区域内的调解工作。"[5]

---

　　〔1〕　见《司法部关于司法行政工作方面几个问题的请示报告》,中华人民共和国司法部编:《中华人民共和国司法行政历史文件汇编(1950—1985)》,法律出版社 1987 年版,第 34、35 页。
　　〔2〕　国务院(56)国议毅字第 55 号批复,见中华人民共和国司法部法令编纂司编印:《司法工作参考文件》,无编印时间,据是书例言说明,时间为 1957 年 3 月 31 日,第 163 页。该书未注明国务院(56)国议毅字第 55 号批复文件名。
　　〔3〕　《董必武同志的发言》,中共中央办公厅编:《中国共产党第八次全国代表大会文献》,人民出版社 1958 年版,第 263 页。
　　〔4〕　关于《中华人民共和国公证条例》征求意见稿的说明,1980 年 1 月 10 日,说明单位不详,似为司法部或司法部公证律师司。见中国社会科学院法学研究所民法研究室民诉组、北京政法学院民事诉讼法教研室:《民事诉讼法参考资料》第二辑·第三分册,法律出版社 1982 年版,第 8 页。
　　〔5〕　中央人民政府委员会第十二次会议通过《中华人民共和国人民法院暂行组织条例》,最高人民法院东北分院编印:《司法工作手册》(第一辑),1953 年 10 月,第 22 页。据《中华人民共和国人民法院暂行组织条例》第三十九条规定:本条例自中央人民政府委员会批准公布之日施行,最高人民法院东北分院编印:《司法工作手册》(第一辑),1953 年 10 月,第 28 页。

在办理公证的一些地方法院中,各地机构设置不统一,公证人员调动频繁。如吉林省长春市人民法院 1951 年由执行室兼办公证业务,[1]到 1954 年广西全省仅桂林市人民法院设有 2 名专职公证员,其余地方均为审判人员兼职。[2] 上海市人民法院则设公证处,但只有一名公证人与一名书记员、一名办事员,公证人更换频繁。从现有公证档案推断,最多只有 15 天,首位公证人冯尔泰就不再担任公证人,改由莫宗友担任。[3] 1950 年上海市人民法院公证处从审判委员会领导改为辩护室领导,由辩护士兼公证人,1952 年改由民庭领导,由审判员充任公证人,有工作人员十二人,1953 年 2 月公证处又改为公证组受第三庭领导,工作人员只有六人,之后又属第二庭领导,到 1953 年 9 月又划归司法行政处领导。[4]

根据 1955 年 4 月 5 日中共中央政治局委员、最高人民法院院长董必武在中国共产党全国代表会议上的发言,大、中城市和县设立的公证机构已达二百九十四处,[5]他强调:我希望逐渐增设公证处,公证工作的范围也应逐渐推广。增设公证处、推广公证工作范围,自然要牵涉到扩大编制的问题。公证处是有经常收入的机关,工作推广了,收入一定会增加。[6]

1956 年 1 月 10 日司法部向周恩来总理提交《司法部关于司法行政工作方面几个问题的请示报告》《司法部关于开展公证工作的请示报告》。在《司法部关于司法行政工作方面几个问题的请示报告》中,司法部向周恩来总理报告:"公证工作是一项专门工作,必须有专门机构来承担,过去暂由人民法院兼办是临时的办法。现行的中华人民共和国人民法院组织法规定法院的任务中没有公证业务,各级人民法院及司法行政机关的编制均不包括公证人员的编制。因此,

〔1〕 田景春编:《吉林省志卷十二·司法公安志·司法行政》,吉林人民出版社 2000 年版,第 230 页。

〔2〕 广西壮族自治区地方志编纂委员会编:《广西通志·司法行政志》,广西人民出版社 2002 年版,第 242 页。

〔3〕 上海市人民法院三十八年度证字第暂壹号档案,此公证书复印件得自原上海市东方公证处公证员顾云卿先生提供。

〔4〕 上海市人民法院公证工作总结报告,见上海市档案馆 H6-2-143 号档案。

〔5〕 董必武:司法工作必须为经济建设服务,载《董必武法学文集》编辑组:《董必武法学文集》,法律出版社 2001 年版,第 247 页。

〔6〕 董必武:司法工作必须为经济建设服务,载《董必武法学文集》编辑组:《董必武法学文集》,法律出版社 2001 年版,第 249 页。以天津、上海为例,1954 年的办证数较 1950 年都提高 20 倍以上。其中以证明公私间加工、订货合同所占比重最大,各占全部公证量的 90%。公私合同通过公证,违约情况显著减少,违约率一般从未经公证的 10% 至 15%,下降到 1% 至 5%,这就有利于国家对资本主义工商业的社会主义改造和社会主义经济建设。参见《当代中国》丛书编辑部:《当代中国的司法行政工作》,当代中国出版社 1995 年版,第 371—372 页。

公证人员的编制和经费必须另行筹划。我们的意见,在当地司法行政机关直接领导下,各大中城市及在三十万以上人口的市设立公证处,不满三十万人口的市暂在人民法院附设公证室,县的公证工作采取逐步建立的方针,可根据需要陆续设置公证室,授权法院院长领导。"[1]1956 年 5 月 25 日周恩来总理主持国务院第二十九次全体会议,[2]原则上同意司法部关于司法行政工作方面几个问题的请示报告,并且决议如下:"……同意司法部关于开展公证工作的请示报告,由司法部发给各省、自治区、直辖市人民委员会,根据各地不同情况和条件,有重点地逐步推行。"[3]国务院批复于 1956 年 7 月 10 日下发,[4]1956 年 7 月 19 日司法部下发各省、自治区、直辖市人民委员会并发各省、自治区、直辖市司法厅、局《关于印发开展公证工作的请示报告并请督促各司法厅局认真执行函》。在该函附件《司法部关于开展公证工作的请示报告》中,司法部提出:"在关于公证和公证费暂行办法发布以前,拟采取以下几项措施:(一)在直辖市和三十万以上人口的市设立公证机关,名为'某某市公证处',受当地司法行政机关直接领导。这类市全国共有三十七个,现已全部开办了公证工作,上海、天津、沈阳、哈尔滨、广州等二十九个市已经成立公证处。在不满三十万人口的市和侨眷较多的某些县,如果不具备设公证处的条件,应在市中级人民法院或者市、县人民法院附设公证室,由各省、自治区司法厅受权该法院院长负责领导。[5](二)……关于公证机关的设置和人员编制以及公证费征收标准由各省、自治区、直辖市司法厅、局拟定方案,报请同级人民委员会批准施行,并报司法部备查。在拟订人员编制时,应根据实际需要,注意精简原则。"[6]据此,各地成立了一批公证机关,到1957 年年底,全国已有 52 个市设立了公证处;有 553 个市、县人民法院附设公证

〔1〕　见《司法部关于司法行政工作方面几个问题的请示报告》,中华人民共和国司法部编:《中华人民共和国司法行政历史文件汇编(1950—1985)》,法律出版社 1987 年版,第 34、35 页。

〔2〕　中共中央文献研究室编:《周恩来年谱(1949—1976)》(上),中央文献出版社 2007 年版,第579 页。

〔3〕　国务院决议有关内容见司法部:《关于印发开展公证工作的请示报告并请督促各司法厅局认真执行函》[(56)司公字第 1040 号],中华人民共和国司法部法令编纂司编印:《司法工作参考文件》,无编印时间,据是书例言说明,时间为 1957 年 3 月 31 日,第 163 页。

〔4〕　国务院(56)国议毅字第 55 号批复有关内容见中华人民共和国司法部法令编纂司编印:《司法工作参考文件》,无编印时间,据是书例言说明,时间为 1957 年 3 月 31 日,第 163 页。该书未注明国务院(56)国议毅字第 55 号批复文件名。

〔5〕　"由各省、自治区司法厅受权该法院院长负责领导"中"受"字又有印为"授"。参见司法部:《关于开展公证工作的请示报告》,中华人民共和国司法部:《中华人民共和国司法行政历史文件汇编(1950—1985)》,法律出版社 1987 年版,第 47 页。该书未录《关于开展公证工作的请示报告》的文号。

〔6〕　司法部:《关于印发开展公证工作的请示报告并请督促各司法厅局认真执行函》[(56)司公字第 1040 号],中华人民共和国司法部法令编纂司编印:《司法工作参考文件》,无编印时间,据是书例言说明,时间为 1957 年 3 月 31 日,第 163—166 页。

室,公证组织机构比上年增加一倍;还有 652 个县人民法院由审判员兼办公证。[1] 自 1957 年整风运动、反右斗争以来,政法工作中存在的"左"的倾向开始严重起来了。[2] 在一些地方公证员被作为斗争对象,并被精简下放。如北京市公证处下放处理 60% 的干部——12 人去农村参加农业生产劳动。[3]

1959 年 1 月 21 日辽宁省委正式向中央请示撤销公证机构,[4] 中共中央于 1959 年 3 月 22 日批复:"辽宁省委:一月二十一日关于撤销公证机构的请示阅悉。中央同意你省撤销公证机构的意见,但在公证机构撤销的时候,不要公开宣布。至于涉外公证证明工作,在公证机构撤销以后,可由各地人民法院指定审判员兼任公证员办理。在某些大城市和华侨侨眷或外侨聚居的地方,如果确实需要,也可以保留公证机构,设少数专职或兼职公证员办理公证事件。"[5]

自 1958 年到 1960 年,各地公证处相继下马,最后只剩下少数大中城市与侨乡的人民法院尚勉强办理公证业务。[6] 在 20 世纪 60 年代初中央高层调整工作思路的历史背景下,时任最高人民法院院长的谢觉哉及时抓住机遇,调整了包括公证工作政策在内的各项法院工作政策。1963 年 6 月 1 日最高人民法院党组向中共中央正式提出《关于恢复、健全司法行政机构的请示报告》,在该文件

〔1〕《当代中国》丛书编辑部:《当代中国的司法行政工作》,当代中国出版社 1995 年版,第 374 页。

〔2〕 参见《当代中国》丛书编辑部:《当代中国的司法行政工作》,当代中国出版社 1995 年版,第 374 页。

〔3〕 参见北京市司法行政志编纂委员会编:《北京司法行政志》(征求意见稿),2001 年 6 月,第 14、第 249 页。

〔4〕 辽宁省委认为:"但随着我国社会主义革命的飞跃发展,和社会主义改造事业的基本完成,我国原有的多种的经济关系,已起了根本变化,生产资料私有制已基本消灭,作为公证工作主要内容的公私经济合同已不存在,国营经济部门之间的原料、产品的分配和交换,虽然仍以合同形式进行调剂,但这主要是依靠国家加强计划管理和监督,特别是在生产建设大跃进的形势出现后,加强了党的领导,实行了产矿企业间的共产主义大协作,对于在履行合同中间所发生的问题,双方都能从整体利益出发,加强协商解决,重大问题则根据党委决定执行,这样,就不再需要履行公证手续了。而且公证机关实际上也无力胜任这项任务。至于公民间的一些公证事件,已随着公社化运动和生产资料私有制的基本消灭而不存在了。即或偶尔发生一些问题,完全可按群众习惯自行协商解决。鉴于上述情况,我们认为公证工作已没有继续保留的必要。故拟撤销全省各市、县的公证处(室)和专职公证干部,但依国家惯例,华侨在国外凡个人委托代管的财产或财产继承而发往国外的文件,都必须由司法机关公证和外事部门认证,为了保护华侨的权益,华侨公证事件仍须办理。同时,依国际惯例,外侨公证事件亦应办理。为此,拟暂保留沈阳、旅大两市公证处的名义,由各该市法院兼办全省华侨和外侨的公证事件。"见中央档案馆、中共中央文献研究室编:《中共中央文件选集(一九四九年十月——一九六六年五月)》,第三十册,人民出版社 2013 年版,第 413—415 页。

〔5〕 中央档案馆、中共中央文献研究室编:《中共中央文件选集(一九四九年十月——一九六六年五月)》,第三十册,人民出版社 2013 年版,第 413 页。

〔6〕 参见:《当代中国》丛书编辑部:《当代中国的司法行政工作》,当代中国出版社 1995 年版,第 375 页。

中认为：为了加强司法行政工作,适应阶级斗争形势和审判工作任务的需要,全国各级人民法院的司法行政机构,有立即恢复与健全的必要。我们认为：本院应设立司法行政厅;高级人民法院和大城市(天津、沈阳、旅大、长春、哈尔滨、西安、武汉、重庆、广州、南京)的中级人民法院,均应设立司法行政处,一般城市和地区中级人民法院设立司法行政科。因此,凡已撤销的,立即恢复起来;未撤销而不够健全的,应当充实干部,使能担起工作任务。而编制问题,由各法院在现有编制中自行调整,不另增加。司法行政工作的任务,我们研究了本院司法行政厅的工作范围,以管理干部和管理政法教育和干部训练工作为主,同时管理人民调解委员会、人民法庭、人民陪审员,以及政策法律宣传、公证、法院的设置和编制等项工作。各地可以参考这个意见,自行规定。中央于 1963 年 6 月 23 日表示同意并转发各中央局、各省、市、自治区党委,望照此执行。[1] 一些地方的公证工作据此得到了加强。江苏省南京市中级人民法院在 1963 年 8 月又增加 1名公证员。[2] 1963 年 11 月 5 日至 12 日,在安徽省高级人民法院召开的司法行政会议上,"认为各市可以恢复和开展公证工作,淮南、合肥、芜湖、蚌埠等市的公证机构应加以整顿"。[3] 辽宁省沈阳市则于 1964 年 12 月 20 日,恢复了沈阳市公证处组织机构,定编 2 人,列为国家机关事业编制,与沈阳市中级人民法院司法行政处合署办公。[4]

1966 年"文化大革命"爆发后,公证机关组织除北京、上海、广州、哈尔滨等少数大城市和侨乡较多的县外,绝大多数不复存在。剩下的公证机关的组织形式在所属人民法院被军事管制后,也有不同。如广州市,在 1972 年 11 月前,由广州市公安机关军事管制委员会办公室接办,盖广州市公证处印章。[5] 而北京市则是由市法院军管会民事组内一名干部兼管。[6] 哈尔滨则 1967 年 1 月市中级人民法院并入哈尔滨市革命委员会保卫委员会法制组,公证室随之并入。1969 年 8 月公证室隶属于哈尔滨市革命委员会人民保卫部政法大队,1972 年又归"市审判大队"领导。[7]

---

〔1〕 中央档案馆、中共中央文献研究室编:《中共中央文件选集(一九四九年十月——一九六六年五月)》,第四十三册,人民出版社 2013 年版,第 365—366 页。

〔2〕 南京市地方志编纂委员会编:《南京司法行政志》,方志出版社 2000 年版,第 103 页。

〔3〕 安徽省司法厅司法志编纂室编:《安徽省司法行政志》,内部资料 1990 年版,第 127 页。

〔4〕 沈阳市司法局:《沈阳司法行政志(1664—1986)》,内部资料 1990 年编,第 70 页。

〔5〕 广州市地方志编纂委员会编:《广州市志(卷十二)》,广州出版社 1998 年版,第 302 页。

〔6〕 北京司法行政志编纂委员会编:《北京司法行政志》(征求意见稿),北京市司法局 2001 年,第249 页。

〔7〕 黑龙江省哈尔滨市哈尔滨公证处编:《哈尔滨公证处处志 1946.8—2013.12)》,第 36—37 页,本书未写编写日期,未公开出版。黑龙江省地方志编纂委员会编:《黑龙江省志·司法行政志》,黑龙江人民出版社 1998 年版,第 266 页。

1973 年后,随着各地人民法院逐步被撤销军事管制后,一些地方的公证机关也逐步恢复了。1973 年 3 月吉林省在全省 6 个市(地、州、盟)中级人民法院设立公证处,[1] 1973 年 10 月,南京市中级人民法院在民事审判庭设一至二名干部兼办公证事务。[2] 1974 年 1 月 11 日经南昌市革命委员会批准,恢复南昌市公证处,受南昌市中级人民法院领导,专门办理全省涉外公证业务,江西省其他市、县仍无公证机构。[3] 1974 年 11 月 18 日安徽省法院给蚌埠、合肥、芜湖三市中级人民法院发出院办(74)29 号《关于办理公证的地区范围的通知》,通知指出:根据最高人民法院通知,我省已经恢复办理有关涉外公证文件。考虑到我省公证业务不多的情况,经省法院党的核心小组研究,暂委托蚌埠、合肥、芜湖三市中级人民法院分别代管各地公证工作,并指定专职或兼职公证员,对外名称统一为"××市公证处"。[4]

1976 年 10 月党中央粉碎"四人帮"后,在最高人民法院的领导下,公证机关的组织建设得到了显著加强,1978 年 4 月 25 日时任最高人民法院院长江华在第八次全国人民司法工作会议上作报告,其中他在报告第三部分新时期人民司法工作的任务中指出:"要健全人民法院的组织机构,除设置刑庭、民庭、办公室外,高级、中级人民法院应设置司法行政机构,涉外公证业务多的人民法院应设置公证机构或专职公证人员,少的也要有专人兼管。"[5]

三、公证业务

新中国成立初期包括东北等地解放区,各地公证机关(包括办理公证事务的人民法院)办理的公证业务差别也较大。1946 年哈尔滨市人民法院成立后,其在 1948 年至 1949 年所办理的公证业务主要是证明不动产所有权及委托代管。[6] 上海解放后,自 1950 年 4 月至 12 月,契约公证均急速增加,共为 593 件,较 3 月以前增加达 8 倍以上,其中华东后勤部、中南军区军需部、上海市贸易信托公司等七机关企业的加工订货契约经公证的有 204 件。另外因青年男女婚

〔1〕　田景春主编:《吉林省志卷十二·司法公安志·司法行政》,吉林人民出版社 2000 年版,第 242 页。

〔2〕　参见南京市地方志编纂委员会编:《南京司法行政志》,方志出版社 2000 年版,第 133、147 页。

〔3〕　江西省地方志编纂委员会编纂:《江西省志　卷十二·司法公安志·司法行政》,江西人民出版社 1995 年版,第 66 页。

〔4〕　安徽省司法厅司法志编辑室编:《安徽省司法行政志》,1990 年版,无出版机构,第 127 页。

〔5〕　江华:《江华司法文集》,人民法院出版社 1989 年版,第 23 页。

〔6〕　黑龙江省地方志编纂委员会编纂:《黑龙江省志·司法行政志》,黑龙江人民出版社 1998 年版,第 277 页。

姻不得自由、该市区人民政府婚姻登记尚未举办原因,1950 年还办理了结婚公证共达 2 378 件。[1]

1950 年下半年,南昌市人民法院和上海市人民法院率先开办的公私合同公证业务,对加强合同签订和执行的严肃性,防止国家财产的损失,曾经起到相当好的作用。[2] 1951 年 3 月 30 日江西省人民法院发出《关于建立公证制度的通报》,通报指出:"根据南昌、九江、吉安、丰城等市(县)报告中反映,先后发生不法商人危害国家财产案件愈来愈多,其中据南昌市法院统计,一年多来,受理此类案件共八十三起,以私营米厂加工公粮,营造厂包揽公家建筑工程及私商与公家订约代购物资等为最多,损失较大者竟达大米二十余万斤,这是值得我们严重注意和警惕的,南昌、九江两市院为了积极预防此类案件的发展,先后建立公证制度,实行以来,在保护国家财产上获得了一定的成绩,尤以南昌市院配备专职干部负责办理以来,凡经过公证之各种契约,三个多月中从未出过岔子,这说明了公证制度是起了重大作用的。"[3] 1951 年 4 月 10 日,最高人民法院、司法部发出《关于保护国家银行债权问题的通报》,提出:"又为了简化手续,减少纠纷,正确地保护国家和人民的权益,各地人民法院应迅速建立公证制度,在认证契约时载明强制执行条款(上海市人民法院公证处已依此办理),嗣后如有一造当事人违约,对造当事人即可请求法院依照契约执行。"[4] 1951 年 4 月 19 日,《人民日报》第 2 版报道《南昌市人民法院通过公证工作保护国家财产》,并配发短评《建立公证工作保护国家财产》指出:"……目前北京、天津、上海、青岛、哈尔滨、沈阳等城市也实行了公证制度或公证业务,但有些城市的法院还不善于通过公证制度,保护国家利益。南昌市人民法院所采用的公证制度,在这方面提供了一个比较好的作法。比如对保证商进行严格审查,禁止同业作保等,都是值得各地参考的。"[5]

1953 年 4 月 11 日至 25 日,第二届全国司法会议在北京召开。会上讨论了

　　〔1〕《上海市人民法院一九五〇年工作总结》,无版权与印制信息,也无文件编号,第 1、2 页。

　　〔2〕 参见《当代中国》丛书编辑部编辑:《当代中国的司法行政工作》,当代中国出版社 1996 年版,第 370 页。

　　〔3〕《江西省人民法院关于建立公证制度的通报》,中南司法编审委员会编:《中南司法》第四期,1951 年版,第 34—35 页。该杂志未录《江西省人民法院关于建立公证制度的通报》发文字号。

　　〔4〕 最高人民法院、司法部《关于保护国家银行债权问题的通报》(司三通字第 16 号),中华人民共和国司法部编:《中华人民共和国司法行政历史文件汇编(1950—1985)》,法律出版社 1987 年版,第 750—754 页。该《中华人民共和国司法行政历史文件汇编(1950—1985)》所录文本无最高人民法院发文字号。

　　〔5〕《南昌市人民法院通过公证工作保护国家财产》、《建立公证工作保护国家财产》,均见《人民日报》1951 年 4 月 19 日。

司法部提出的《关于建立与加强公证工作的意见》。该文件总结了公证工作的经验,提出了当前的任务,指出:"当国家进入大规模经济建设时期,公私关系日趋频繁,对国家与私营工商业者订立加工、订货、运输、修建、贷款等合同,务使通过公证,得到法律的保护。公证机关应监督双方严守合同,保护国家财产,而与欺诈盗骗、违反法令的一切不法行为进行斗争。"[1]虽然在这次会议上,上述司法部文件没有被通过,[2]但会议后,公私合同公证业务在一些大中城市得到了迅速发展,以天津、上海为例,1954年的办证数较1950年都提高20倍以上。其中以证明公私间加工、订货合同所占比重最大,各占全部公证量的90%以上。公私合同通过公证,违约情况显著减少,违约率一般从未经公证的10%至15%,下降为1%到5%,这就有利于国家对资本主义工商业的社会主义改造和社会主义经济建设。[3]

1956年1月10日司法部向周恩来总理提交《司法部关于司法行政工作方面几个问题的请示报告》《司法部关于开展公证工作的请示报告》。在《司法部关于开展公证工作的请示报告》中,司法部向周恩来总理报告:"公证工作是国家公证机关负责证明合同(契约)、委托书等各种法律行为,证明有法律意义的文件和事实,确认它的真实性和合法性。"[4]

1956年1月31日司法部下发《关于公证业务范围问题的通知》。司法部提出:"……今后公证机关的任务应该是:证明公民间的法律行为及其他有法律意义的文件和事实,确认它的真实性和合法性,保护公民在财产上和身份上的权利及其合法利益,从而预防纠纷,减少诉讼,巩固国家法制秩序。"

公民间权利义务关系方面的公证业务范围是很广泛的,参考苏联经验,结合我国具体情况,从社会主义建设利益出发,首先着重开展有关财产关系方面的公证业务,如证明处分财产的委托书、遗嘱、继承、赠与、分析共有财产以及房产转移和租赁等几种。其次,根据公民的申请,还可以办理以下几项业务:

---

〔1〕《当代中国》丛书编辑部编辑:《当代中国的司法行政工作》,当代中国出版社1995年版,第371页。会议时间据《董必武年谱》记载确定。《董必武年谱》编纂组编:《董必武年谱》,中央文献出版社2007年版,第419页。

〔2〕1953年4月25日,中央政治局委员、中央人民政府政务院政治法律委员会副主任、中央人民政府政务院政法委员会分党组干事会副书记彭真在第二届全国司法会议闭幕会上作总结报告时指出:"……(六)决议草案只写了客观条件成熟、意见一致的内容,公证制、辩护制等还不成熟的内容,留待将来研究解决。"《彭真传》编写组编:《彭真年谱》第二卷,中央文献出版社2012年版,第354页。

〔3〕《当代中国》丛书编辑部编辑:《当代中国的司法行政工作》,当代中国出版社1995年版,第371—372页。

〔4〕见《司法部关于开展公证工作的请示报告》,中华人民共和国司法部编:《中华人民共和国司法行政历史文件汇编(1950—1985)》,法律出版社1987年版,第44页。

"一、证明合同(契约)、委托书;

二、对于没有疑义的债权文书,证明有强制执行的效力,并发交债务人所在地的基层人民法院执行;

三、证明公民亲属关系、身份关系和财产状况的文件;

四、证明文件上的签名盖章属实;

五、证明文件的副本、节本与原本相符;

六、证明文件的译文与原文相符;

七、证明遗产无人继承,并发给无人继承证明书;

八、保管遗产;

九、保管文件。"[1]

随着社会主义改造基本完成,公私合同等经济合同公证业务急剧下降,一些地方司法行政机关积极探索了合营企业股权继承等新公证业务,得到了司法部肯定。1957年6月12日司法部发出《关于上海市司法局对于公证证明公私合营企业股权继承的意见的通报》。其中提到:"上海市司法局最近向市人民委员会关于推行公证制度的请示报告中着重研究了公证证明合营企业股权的继承问题……报告中提出,凡股票实值在500元以上的,合营企业可向申请人要求提出公证机关的继承权证明书,然后才能给予继承过户……我们认为,上海市司法局的意见是可以试行的。各城市的公证机关,可根据具体情况,参照试行。"[2]呼和浩特市中级人民法院附设公证室则开展了公证调解业务,"只要与公证有关的问题和轻微纠纷,协助当事人进行调解,不仅有利于生产,也能增强人民团结",取得了一定成效。[3]

1959年4月司法部被撤销后,公证业务主要限于涉外、涉港等业务,境内公证业务所剩无几。1961年后一些地方又恢复了一些国内公证业务。如1961年,根据中共青海省委《关于加强经济合同管理工作的通知》精神,青海省恢复了经济合同公证业务,主要承办加工、修建、承揽、购销等方面的合同的

---

〔1〕 (56)司公字第132号,中华人民共和国司法部编:《中华人民共和国司法行政历史文件汇编(1950—1985)》,法律出版社1987年版,第389—390页。

〔2〕 司法部《关于上海市司法局对于公证证明公私合营企业股权继承的意见的通报》[(57)司公字第968号],江西省司法厅编印:《司法工作手册》,1958年7月,第130—131页。

〔3〕 赵德:《公证工作也能敢想敢做敢说》法学编辑委员会编辑:《法学》1958年第9期,1958年9月16日出版,第57页。该刊物登载时,把赵德工作单位写为"呼和浩特市中级法院公证室"。据《呼和浩特市中级人民法院大事记(1950—2006年)》记载,1956年6月9日呼和浩特市中级人民法院撤销公证处,附设公证室,编制四人,从七月起实行经费自给。呼和浩特市中级人民法院大事记编纂委员会编:《呼和浩特市中级人民法院大事记(1950—2006年)》,2007年,无出版机构,第13页。

公证工作。[1] 1962年第4季度南京市手工业管理部门召开产品购销会,本市和外地商业部门当场选购并签订购销合同,为保证合同的严肃性,南京市中级人民法院应市手工业局的要求派员前往会场公证,恢复了经济合同公证。当年南京市中级人民法院办理公证1 595件,其中收养470件,经济合同公证1 104件,其他21件。[2] 1962年,黑龙江省哈尔滨市、齐齐哈尔市、牡丹江市开始恢复办理国内公证业务。一年内共办理公证事件2 758件,其中国内公证业务2 724件,占办理总数的98.8%。其中房产买卖公证2 056件,继承公证321件,收养子女公证165件,委托公证102件,赠与公证22件,更名改姓公证18件,订货合同公证14件,名义变更公证10件,买卖契约、分析共有财产、证明亲属关系、事实证明等公证16件。[3]

1966年"文化大革命"爆发后,特别是1967年至1972年,公证业务仅限于办理数量极少的涉外、涉港公证业务。1973年后,北京、广东等地公证业务均有了一定恢复,其中1973年北京出具公证书1 456件,比1972年出具公证书191件大幅度增加;广东则全省办证数达5 791件,比上年度1 406件增加了3倍多。[4] 1973年10月起,南京市中级人民法院恢复办理市民申请的收养公证和涉外公证。[5]

1976年10月党中央粉碎"四人帮"后特别是在1978年12月中共十一届三中全会后,全国公证业务有了迅速发展。据1979年年底北京等22个省、自治区、直辖市的统计,全年办理涉外公证文书14.91万多件。[6]

四、公证收费

新中国成立初期,各地人民公证机关(包括办理公证事务的人民法院)在公

---

〔1〕 当年青海全省共办理国内公证文书13件。青海省地方志编纂委员会编:《青海省志·司法行政志》,青海人民出版社2000年版,第108—109页。中共青海省委《关于加强经济合同管理工作的通知》具体发文日期与文件编号暂不详,前书未记载。

〔2〕 南京市地方志编纂委员会编:《南京司法行政志》,方志出版社2000年版,第147页。

〔3〕 黑龙江省地方志编纂委员会编纂:《黑龙江省志·司法行政志》,黑龙江人民出版社1998年版,第282页。据该书同页介绍,齐齐哈尔市和牡丹江市主要办理公民请求的房产买卖、收养子女公证事项;并与所在地的房产管理部门和公安部门协商,规定公民买卖房产、收养子女时必须公证,有关部门才能契约、换发执照和给落户口。

〔4〕 参见北京市司法行政志编纂委员会编:《北京司法行政志》(征求意见稿),2001年6月,第1384页。广东省地方史志编纂委员会编:《广东省志·司法行政志》,广东人民出版社2003年版,第110—111页。

〔5〕 南京市地方志编纂委员会编:《南京司法行政志》,方志出版社2000年版,第147页。

〔6〕 见《当代中国》丛书编辑部编辑:《当代中国的司法行政工作》,当代中国出版社1996年版,第376页。

证收费上并不统一,中央司法部、最高人民法院亦未作统一规定。有的地方如上海,早在1949年8月11日在上海市人民法院秘布字第二号布告中就有规定:"……六、公证费用按权利标的千分之五征收法律行为标的不能核定者每件征收五百元。"〔1〕1950年4月1日上海市人民法院公布的《民事裁判费用及其他费用之征收办法》又规定:"七、公证费用按权利标的千分之一以本市折实单位计算征收,其不满本市折实单位一份或不能核定其价格者,均征本市折实单位一份。"〔2〕到1954年11月20日,经上海市人民政府批准后公布施行的《上海市市、区两级人民法院受理民事诉讼及非讼案件征收费用暂行办法》第十条规定:"公证案件不能以依金钱计算及价额不满五百万元者,征收公证费一万元;五百万元以上者征收其价额千分之二。公证费除当事人间另有协定外,由当事人平均负担。但国家机关、国营企业(包括地方国营企业)、合作社及确无缴纳能力者,得酌予免征。"第十一条规定:"声请公证继承遗产,遗产总额不满五千万元者,按遗产总额征收千分之十的费用,五千万元以上不满一亿元者征收千分之二十,一亿元以上者,按千分之二十五征收。"〔3〕但也有许多地方免费办理公证,如南京市人民法院1951年至1955年办理公证业务,一律免收公证费。〔4〕

1955年6月1日司法部公证律师司就公证收费问题答复浙江省司法厅,认为:"公证费的征收,因公证事件的不同,采取按件征收或比率计征两种方法。公证事件如系证明身份或亲属关系之类的,即按件收费;公证事件为证明经济合同,则按合同的金额或收益比率征费。"〔5〕1956年2月22日,司法部

〔1〕《上海市人民法院办理民刑诉讼费用征收办法布告》(上海市人民法院布告秘布字第二号),西南服务团办公室:《上海市军管会人民政府政策法令汇编》,1949年9月,第3、127—128页。是书未注明编或编辑等语与出版机构信息。据《上海解放一年》一书记载,布告文号为上海市人民法院布告法秘布字第二号。解放日报出版社:《上海解放一年》,出版时间不详,据此书编后记落款时间为1950年7月10日,第17页。此书编辑时由多种资料汇集,页码没有统一编。

〔2〕上海市人民法院《民事裁判费用及其他费用之征收办法》(上海市人民法院布告法秘布字第二十六号),解放日报出版社:《上海解放一年》,出版时间不详,据此书编后记落款时间为1950年7月10日,第17页。此书编辑时由多种资料汇集,页码没有统一编。据上海市人民法院《民事裁判费用及其他费用之征收办法》,原该院布告秘布字第二号第四号第七号关于民事诉讼费用及其他费用之征收办法,均废止之。上海市人民法院布告秘布字第四号第七号,余尚未查找到。

〔3〕上海市人民政府批准后公布施行《上海市市、区两级人民法院受理民事诉讼及非讼案件征收费用暂行办法》,东北人民大学民法、刑法教研室编:《中华人民共和国法院组织、诉讼程序参考资料》(第二辑)下册,东北人民大学教务处教材出版科1956年版,第270—272页。该书未记载《上海市市、区两级人民法院受理民事诉讼及非讼案件征收费用暂行办法》公布施行机关。

〔4〕南京市地方志编纂委员会编:《南京司法行政志》,方志出版社2000年版,第156页。

〔5〕《司法部公证律师司关于公证收费问题的答复》[(55)司公字第1234号],中华人民共和国司法部编:《中华人民共和国司法行政历史文件汇编(1950—1985)》,法律出版社1987年版,第377页。

公证律师司发出"公证费征收标准暂行规定（稿）",[1]同年 7 月 19 日司法部下发各省、自治区、直辖市人民委员会并发各省、自治区、直辖市司法厅、局《关于印发开展公证工作的请示报告并请督促各司法厅局认真执行函》。在该函附件《司法部关于开展公证工作的请示报告》中，司法部提出："在关于公证和公证费暂行办法发布以前,拟采取以下几项措施：……（二）公证机关办理所有公证行为应该征收公证费（全国有大半数地方已经收费）。公证费是司法规费之一种,由请求公证的受益人负担,公证机关的一切开支由公证费项下解决。但为避免群众负担过重,应采取轻费原则,如收费不敷开支,应报请同级人民委员会补助。公证费的具体管理办法和公证机关开支的补助办法由司法部和财政部共同商定。关于公证机关的设置和人员编制以及公证费征收标准由各省、自治区、直辖市司法厅、局拟定方案,报请同级人民委员会批准施行,并报司法部备查。在拟订人员编制时,应根据实际需要,注意精简原则。"[2]

1956 年 9 月 18 日财政部、司法部下发《关于制定公证费管理办法和公证机关开支补助办法的规定的通知》,提出："经我两部研究,为了适合各地具体情况,并便于和各司法厅、局所拟订的公证机关的设置,人员编制及公证费征收标准等方案互助配合,得以顺利执行起见,决定不由中央作统一规定。特授权各省、自治区、直辖市司法厅、局和财政厅、局共同拟定各地区的公证费管理办法和公证机关开支补助办法,报请同级人民委员会批准施行,并分报我两部备查。"[3]各地据此相继出台了本地区的公证收费标准。

1959 年 4 月,司法部被撤销后,公证工作由最高人民法院管理,对于涉外公证收费最高人民法院等部门作了一些规定。如 1963 年 8 月 13 日最高人民法院、公安部、外交部规定为外侨出具的工作、学历、出生、死亡、结婚、离婚等项证明一律征收公证费（连工本费和手续费共十元）,为苏侨出具的上述各项证明,根据 1956 年中苏互免公证认证的协议不收公证费,但是仍可照章征收工本费和

〔1〕《司法部关于公证工作几个问题报告的批复》[（56）司公字第 1055 号]中提及,中华人民共和国司法部编：《中华人民共和国司法行政历史文件汇编（1950—1985）》,法律出版社 1987 年版,第 393 页。

〔2〕司法部：《关于印发开展公证工作的请示报告并请督促各司法厅局认真执行函》[（56）司公字第 1040 号],中华人民共和国司法部法令编纂司编印：《司法工作参考文件》,无编印时间,据是书例言说明,时间为 1957 年 3 月 31 日,第 163—166 页。

〔3〕宋兆兰、侯建中、王军、王秋华汇编：《公证手册》,西北政法学院科研处 1983 年 4 月,第 239 页。最后一句中"批准施行",该书误录为"批施准行",另文中个别标点符号也似有误。

手续费(此项费用统一规定为人民币五元)。〔1〕 1963 年 12 月 15 日,最高人民法院、外交部、公安部又规定,证明签字属实和委托书、副本与原本相符、外文译本与中文本相符、离婚、亲属关系证明等按件征收公证费的文件,过去各地收费标准不一,今后无论苏联公民或其他外国公民,一律按件征收公证费十元。另外,对遗嘱、赠与以及其他公证文件,过去各地收费办法不一,如是按件征收,即征收公证费十元,如是按比例征收,仍按过去办法办理,待以后,另行研究决定。给我国公民办理的上述证明,过去各地收费标准不一,有几个高级法院提出,凡是按件征收公证费的,以每件征收公证费五元为宜。我们同意这个意见。但对有困难的,或符合其他减免条件的(如将财产赠与我社会团体)可根据具体情况减收或免收。公证书上亦不写征收公证费的数额,以便与给外国公民办理的公证文件相一致。至于给我国公民办理的按比例征收公证费的证明,仍按过去办法征收,暂不变动。〔2〕

对于继承权证明书的收费,在 1964 年 1 月 27 日最高人民法院司法行政厅就关于公证托收华侨遗产的有关事项复函福建省高级人民法院时提出:"继承权证明书,一般应根据遗产金额,按比例征收。在不知道遗产价值的情况下,可以按件征收。"〔3〕对于收养子女公证收费问题,在 1965 年 4 月 2 日最高人民法院司法行政厅就关于收养子女公证问题复函新疆维吾尔自治区高级人民法院中提出:"报请党委决定。"〔4〕1975 年 11 月 7 日最高人民法院下发了《关于统一涉外公证费征收标准的通知》。通知说:

目前,全国各地征收涉外公证费的标准不一致,现提出如下统一意见,望各

---

〔1〕 最高人民法院、公安部、外交部《复关于今后办理外侨各种证明问题》[(63)法司字第 171 号、(63)公发(政)字第 562 号、(63)部领二字第 8/8 号],最高人民法院办公厅编印:《司法手册》第二辑,1964 年 10 月,第 434—435 页。上述文件标题另有资料记载不同,为"最高人民法院、公安部、外交部关于今后办理外侨各种证明问题的批复",文件编号同。中华人民共和国司法部编:《中华人民共和国司法行政历史文件汇编(1950—1985)》,法律出版社 1987 年版,第 413 页。

〔2〕 最高人民法院、外交部、公安部《关于办理外侨各种证明的公证费问题的联合批复》[(63)法司字第 282 号、(63)部领会字第 310 号、(63)公发(政)914 号],最高人民法院办公厅编印:《司法手册》第二辑,1964 年 10 月,第 437—438 页。上述文件标题另有资料记载不同,为"最高人民法院、公安部、外交部关于公证工作的几个问题的联合批复",文件编号同。中华人民共和国司法部编:《中华人民共和国司法行政历史文件汇编(1950—1985)》,法律出版社 1987 年版,第 415—416 页。

〔3〕 最高人民法院司法行政厅《关于公证托收华侨遗产的有关事项问题的复函》[(64)法司字 11 号],中华人民共和国司法部编:《中华人民共和国司法行政历史文件汇编(1950—1985)》,法律出版社 1987 年版,第 418—419 页。

〔4〕 最高人民法院司法行政厅《关于收养子女公证问题的函》[(65)法司字第 47 号],中华人民共和国司法部编:《中华人民共和国司法行政历史文件汇编(1950—1985)》,法律出版社 1987 年版,第 421 页。

地试行:

一是关于按件收费。仍按最高人民法院、外交部、公安部 1963 年 8 月 13 日《关于今后办理外侨各种证明问题的批复》、1963 年 12 月 15 日《关于办理外侨各种证明的公证费问题的联合批复》和最高人民法院司法行政厅、外交部领事司 1967 年 7 月 27 日《关于改进办理外侨各种证明问题的意见》中的有关规定执行。即:(一)对我国公民每件征收公证费 5 元。(二)对外国公民(包括中国血统外籍人):为苏联公民出具的出生、死亡、结婚、学历、工作(经历)证明,根据 1956 年中苏互免公证认证的协议,不收公证费,而征收工本费和手续费,每件二元;为苏联公民出具上述以外的按件收费的各项证明,以及为其他国家公民出具的按件收费的各项证明,每件一律征收公证费(包括工本费和手续费)十元。

按件收费标准适用于除下述按比例收费以外的各项证明。

二是关于按比例收费。前司法部公证律师司 1956 年 2 月 22 日拟发的《公证费征收标准暂行规定(稿)》中有关规定,计算复杂,执行标准也不一致,现参照各地现行标准,提出统一标准如下:"(一)此项标准适用于有关继承、赠予、转让、委托处理财产的证明。一宗公证申请需要办理几件证明的,只能有一件按比例收费,其余的均按件收费。(二)收费标准:继承、委托处理财产按实际应得金额,赠予、转让按财产金额计算:一千元以下的收百分之一,但不得低于按件征收标准;超过一千元至五千元的收百分之二;超过五千元至一万元的收百分之三;超过一万元至三万元的收百分之四;超过三万元至五万元的收百分之五;超过五万元至八万元的收百分之六;超过八万元至十万元的收百分之七;超过十万元的收百分之十。"

三是对有困难的,或符合其他减免条件的(如将财产赠与我社会团体等),可根据具体情况减收或免收。

四是通过外交部领事司办理的公证书,其公证费和工本费、手续费仍由领事司或我驻外使领馆代收后上交国库,不再汇寄有关法院或公证处。[1]

第三节 1980 年以来公证制度发展概况

一、公证立法

为使公证工作实现制度化、法律化,司法部重建不久即组织力量着手起草

〔1〕 最高人民法院《关于统一涉外公证费征收标准的通知》〔(75)法办司字第 47 号〕,中华人民共和国司法部编:《中华人民共和国司法行政历史文件汇编(1950—1985)》,法律出版社 1987 年版,第 435—436 页。

《中华人民共和国公证暂行条例》(初稿),先后经过全国司法行政工作座谈会和全国公证工作座谈会进行讨论、修改,并广泛征求法学研究人员、法学教育人员、司法人员以及公证人员的意见,〔1〕经过反复调研论证,国务院于 1982 年 4 月 13 日公布了《中华人民共和国公证暂行条例》,这是新中国第一部全国性规范公证工作的法规。

随着公证工作的开展与社会经济形势的变化,司法部着手组织力量起草公证法,先后于 1990 年、1995 年、2002 年三次向国务院报送公证法送审稿。2003 年 9 月司法部向国务院报送了《中华人民共和国公证法(送审稿)》。法制办收到此件后,征求了全国人大内司委、全国人大常委会法工委、最高人民法院、最高人民检察院和中央编办、人事部、财政部等 33 个有关部门、单位和29 个省级地方人民政府的意见,并邀请有关专家学者进行了论证。在此基础上,法制办会同司法部反复研究、修改,形成了《中华人民共和国公证法(送审稿)》,并经 2004 年 10 月 26 日国务院第 68 次常务会议讨论通过,2005 年 8 月 28 日十届全国人大第十七次常委会审议通过。〔2〕2015 年 4 月 24 日第十二届全国人民代表大会常务委员会第十四次会议通过将《中华人民共和国公证法》第四十六条修改为:"公证费的收费标准由省、自治区、直辖市人民政府价格主管部门会同同级司法行政部门制定。"2017 年 9 月 1 日第十二届全国人民代表大会常务委员会第二十九次会议通过对《中华人民共和国公证法》作出修改:

(一) 将第十八条第四项修改为:"(四) 通过国家统一法律职业资格考试取得法律职业资格。"

(二) 将第二十条第四项修改为:"(四) 被吊销公证员、律师执业证书的。"

(三) 在第四十二条中增加一款,作为第三款:"被吊销公证员执业证书的,不得担任辩护人、诉讼代理人,但系刑事诉讼、民事诉讼、行政诉讼当事人的监护人、近亲属的除外。"

近年来一些全国人大代表多次提出修改公证法的议案,在全国人民代表大会内务司法委员会 2017 年 10 月 31 日向全国人大常委会《关于第十二届全国人民代表大会第五次会议主席团交付审议的代表提出的议案审议结果的报告》中提出,"有关部门正在抓紧推进司法鉴定管理体制、户籍和公证制度改革工作。建议根据改革实践总结经验后再开展执法检查,并研究制定或者修改法律"。

---

〔1〕《当代中国》丛书编辑部:《当代中国的司法行政工作》,当代中国出版社 1995 年版,第 384 页。
〔2〕 王胜明、段正坤主编:《中华人民共和国公证法释义》,法律出版社 2005 年版,第 5、192—193 页。

可以预计,随着公证体制改革的进一步深化,公证事业的不断创新发展,公证法将进一步修改完善。

另外我国在《继承法》、《担保法》、《合同法》、《收养法》、《民事诉讼法》等法律中均规定了相关公证条款,涉及公证遗嘱优先效力、经公证的赠与合同效力、公证证据效力、公证债权文书执行等内容。这些实体法、程序法对公证条款的规定,为我国公证制度发挥"预防纠纷、减少诉讼"的功能提供了法律保障。

二、公证组织

司法部恢复后,针对当时各地公证机构设置、体制、名称很不一致,于1980年3月5日下发了《司法部关于公证处的设置和管理体制问题的通知》,依据该通知规定,在直辖市、省辖市、县设公证处,暂不设公证处的市、县,由所在地的基层人民法院设公证员(或由审判员兼)办理公证业务。所有公证处(包括办理公证业务的基层人民法院)都是代表国家办理公证行为的国家机关,他们所出具的公证书的效用都是相等的。公证机关之间不存在上下级关系。公证处归司法行政机关领导,司法部通过各省、自治区、直辖市司法厅(局)对全国公证工作实行领导。[1] 1982年4月13日国务院发布了《公证暂行条例》,依据该法规,公证处是国家公证机关,公证处受司法行政机关领导。公证处之间没有隶属关系。同时还规定直辖市、县(自治县,下同)、市设立公证处。经省、自治区、直辖市司法行政机关批准,市辖区也可设立公证处。之后,随着各地公证机关相继成立,人民法院不再兼办公证业务。

对于公证人员的任职条件,《公证暂行条例》也作了规定。其中对于公证员的任命条件,《公证暂行条例》第八条规定:有选举权和被选举权的公民,符合下列条件之一的,可以被任命为公证员:(一)经见习合格的高等院校法律专业毕业生,并从事司法工作、法律教学工作或者法学研究工作一年以上的;(二)在人民法院、人民检察院曾任审判员、检察员职务的;(三)在司法行政机关从事司法业务工作两年以上,或者在其他国家机关、团体、企业事业单位工作五年以上,并具有相当中等法律学校毕业生的法律知识的;(四)曾任助理公证员职务二年以上的。

在20世纪八九十年代,各地公证机构均作为当地司法行政机关领导下的一个行政或事业单位,或者作为所属司法行政机关的内设机构。1993年司法部批准设立了中华人民共和国国家公证处,各省、自治区、直辖市也先后设立了省、自

---

〔1〕 司法部:《司法部关于公证处的设置和管理体制问题的通知》,司法部编:《中华人民共和国司法行政历史文件汇编(1950—1985)》,法律出版社1987年版,第453页。

治区、直辖市公证处。

在 1993 年 11 月 14 日通过的《中共中央关于建立社会主义市场经济体制若干问题的决定》中提出："发展市场中介组织，发挥其服务、沟通、公证、监督作用。当前要着重发展会计师、审计师和律师事务所，公证和仲裁机构，计量和质量检验认证机构，信息咨询机构，资产和资信评估机构等。"一些地方的公证机构在当地司法行政机关的领导下，据此开展了自收自支等形式的改革。根据党的十五届四中全会精神和部党组的要求，司法部律师公证工作指导司于 2000 年 1 月 19 日下发了《关于开展合作制公证处试点工作的通知》，一些地方先后成立了合作制公证处。此外，司法部 2000 年还在深圳进行了合伙制公证处的试点。在 2000 年 7 月 31 日国务院办公厅批准的《关于深化公证工作改革的方案》中明确规定"现有行政体制的公证处要尽快改为事业体制。改制的公证处应成为执行国家公证职能、自主开展业务、独立承担责任、按市场规律和自律机制运行的公益性、非营利的事业法人"。北京、上海等地的公证机构先后完成了从行政体制改为事业体制的任务。

2005 年 8 月 28 日通过的《公证法》对公证机构的性质作了新的规定，规定：公证机构是依法设立，不以营利为目的，依法独立行使公证职能、承担民事责任的证明机构。该法同时提出：公证机构不按行政区划层层设立。据此，原司法部所属的长安公证处（原名：中华人民共和国国家公证处）等一批部、省级司法行政机关直属的公证处被所属司法行政机关先后下放到所属城市司法行政机关管理。

由于认识等方面的原因，公证机构改为事业体制的改革任务一直没有得到完全落实。截至 2016 年年底，全国 3 001 家公证机构中行政体制的公证机构占近三成。公证机构体制不顺问题是影响公证事业发展的突出因素。2017 年 7 月，司法部在哈尔滨召开的全国公证工作会议提出，全国行政体制公证机构 2017 年年底前要全部转为事业体制。截至 11 月 14 日，全国 889 家行政体制公证机构已提前全部完成改制任务。其中，改为公益一类的 195 家，占 21.9%，改为公益二类的 624 家，占 70.2%，未明确公益一类或公益二类的 28 家，改为公益三类的 10 家，改为性质不明中介机构的 7 家，关闭或合并 25 家。

下一步，司法部将认真贯彻落实党的十九大精神，坚持以习近平新时代中国特色社会主义思想为指导，按照既定改革方案，采取有力措施抓好落实，重点是优化事业体制公证机构体制机制，推动公益二类公证机构实行备案制编制管理，完善绩效工资分配激励机制，具备条件的公证机构实行企业化财务管理制度，推进合作制公证机构试点。

另外,对于公证员的任命条件,除符合考核任职规定的以外,[1]按照现行《公证法》第十八条规定,应当具备下列条件:(一)具有中华人民共和国国籍;(二)年龄二十五周岁以上六十五周岁以下;(三)公道正派,遵纪守法,品行良好;(四)通过国家统一法律职业资格考试取得法律职业资格;(五)在公证机构实习二年以上或者具有三年以上其他法律职业经历并在公证机构实习一年以上,经考核合格。

三、公证业务

自 1959 年撤销司法行政机关后,各公证机构大多只办理涉外及涉港公证业务,境内公证业务除极少数公证机构外基本不办。1980 年 2 月 15 日司法部下发《关于逐步恢复国内公证业务的通知》,提出:"希各公证处自接到本通知之日起,即可受理有关收养子女、继承财产、遗嘱、委托、赠与、转让以及房屋买卖等方面的公证业务。"各公证机构据此先后恢复了国内公证业务。1982 年 4 月 13 日国务院颁布的《公证暂行条例》第四条规定公证处的业务如下:(一)证明合同(契约)、委托、遗嘱;(二)证明继承权;(三)证明财产赠与、分割;(四)证明收养关系;(五)证明亲属关系;(六)证明身份、学历、经历;(七)证明出生、婚姻状况、生存、死亡;(八)证明文件上的签名、印鉴属实;(九)证明文件的副本、节本、译本、影印本与原本相符;(十)对于追偿债款、物品的文书,认为无疑义的,在该文书上证明有强制执行的效力;(十一)保全证据;(十二)保管遗嘱或其它文件;(十三)代当事人起草申请公证的文书;(十四)根据当事人的申请和国际惯例办理其它公证事务。

时任 1985 年 1 月中共中央书记处书记陈丕显在全国政法会议上指出:"公证制度要广泛宣传,以办理经济合同公证为重点的各项公证业务要广泛开展。"[2]在 20 世纪八九十年代全国公证机构办理了大量的经济合同公证业务,涉及农村承包经营、城市企业租赁、承包经营、房地产买卖、抵押借款、购销合同等经济生活诸领域。

2006 年 3 月 1 日实施的《公证法》第十一条规定:根据自然人、法人或者其他组织的申请,公证机构办理下列公证事项:(一)合同;(二)继承;(三)委托、声明、赠与、遗嘱;(四)财产分割;(五)招标投标、拍卖;(六)婚姻状况、亲属关系、收养关系;(七)出生、生存、死亡、身份、经历、学历、学位、职务、职称、有

---

〔1〕《公证法》第十九条,从事法学教学、研究工作,具有高级职称的人员,或者具有本科以上学历,从事审判、检察、法制工作、法律服务满十年的公务员、律师,已经离开原工作岗位,经考核合格的,可以担任公证员。

〔2〕《当代中国》丛书编辑部:《当代中国的司法行政工作》,当代中国出版社 1995 年版,第 384 页。

无违法犯罪记录;(八)公司章程;(九)保全证据;(十)文书上的签名、印鉴、日期,文书的副本、影印本与原本相符;(十一)自然人、法人或者其他组织自愿申请办理的其他公证事项。法律、行政法规规定应当公证的事项,有关自然人、法人或者其他组织应当向公证机构申请办理公证。

第十二条规定:根据自然人、法人或者其他组织的申请,公证机构可以办理下列事务:(一)法律、行政法规规定由公证机构登记的事务;(二)提存;(三)保管遗嘱、遗产或者其他与公证事项有关的财产、物品、文书;(四)代写与公证事项有关的法律事务文书;(五)提供公证法律咨询。

近年来,在司法部及有关司法行政机关的指导下,全国公证行业坚持围绕中心、服务大局、充分发挥职能作用,全面介入国家经济社会活动、民生领域和涉外民商事交往各个方面,全国公证机构年办证量近 1 400 万件,公证文书发往 180 多个国家和地区使用。一些地方公证机构在拓展服务领域方面进行了有益的探索,在融资保障、资产清收、电子证据、司法辅助等领域取得了不少的进展。

为进一步推动各公证机构在创新金融领域公证服务、拓展创新知识产权保护公证服务、拓展创新司法辅助公证服务、拓展创新产权保护业务积极探索,司法部于 2017 年先后会同最高人民法院、原中国银行业监督管理委员会等部门下发联合通知,为公证机构提供相关服务提供政策保障。

在服务知识产权方面,截至 2017 年 11 月 30 日,全国设立专门知识产权服务部门的公证机构 96 家,提供远程知识产权保护公证服务的公证机构 200 家,拥有自主产权知识产权保护系统或软件的公证机构 131 家。2017 年 7 月 31 日至 11 月 30 日全国共办理知识产权保护公证业务数量 6.4 万件。在服务银行金融债权风险防控方面,全国新建立固定业务联系的各类银行业金融机构 4 184 家。2017 年 7 月 31 日至 11 月 30 日,全国共办理银行业债权文书赋予强制执行效力公证业务数量 36.7 万件;出具执行证书数量 9 405 件,被人民法院受理的数量 7 469 件,受理率为 79.4%。在公证参与人民法院司法辅助事务试点方面,12 个试点省(区、市)有 132 家公证机构参与试点,办理调解、取证、送达、保全、执行案件分别为 14 582、10 718、42 277、9 284、1 724 件(次)。在办理公证"最多跑一次"试点方面,10 个试点省(市)有 189 家公证机构参与试点,办理"最多跑一次"公证数量 17 万件。

"公证质量是公证工作的生命线,关系到申请人切身利益和公证事业形象,必须严管",[1]在积极推动各公证机构开拓创新业务的同时,司法部自 2017 年以来,出台一系列严管公证质量和公证队伍的措施,先后下发了《关于公证执业

---

[1] 张军:《在全国公证工作会议上的讲话》,2017 年 7 月 17 日。

"五不准"的通知》等重要文件,督促各地司法行政机关加大了对违纪违规公证机构、公证员的问责力度,有关公证员、公证机构的行政处罚和行业处分情况均在司法部网站公布,全国公证质量状况有了明显提高,全国公证行业的质量意识有了明显提高。

2018 年 6 月 26 日,司法部召开全国公证工作电视电话会议,部署当前和今后一个时期公证行业"放管服"改革工作,全面深化公证减证便民工作。司法部部长傅政华出席会议并讲话。傅政华强调,要按照中央领导重要批示精神,认真贯彻落实党中央和国务院关于"放管服"改革工作的部署,主动做好公证行业"放管服"改革工作,切实做到公证减证便民。会后,北京、上海、安徽、四川、重庆、山西等全国各地司法机关、公证机构积极贯彻落实电视电话会议精神,分别结合实际,主动作为,认真推进公证"放管服"改革,开展形式多样的减证便民服务活动。

四、公证收费

1981 年 2 月 13 日司法部、财政部下发了新的《公证费收费暂行规定》,其中规定公证费收入可提留一部分用于补充公证业务方面的开支,其余部分上缴财政。具体办法由各省、市、自治区财政和司法部门商定。对于办理抚恤金(或劳工赔偿金)、劳动保险金的证明,办理养老金、子女助学金的证明,申请人所在工作单位、城市街道办事处或人民公社证明申请人确实经济困难无力负担者,有其他特殊情况需要减、免者四类情况者可减、免收费。对于证明财产继承、遗赠、赠与申请人收入金额不满一万元收百分之二,最低五元,一万元以上收百分之三。另外继承、遗赠、赠与域外财产按调入外汇时的金额总数的比例收费。疑难复杂的证明,可酌情增收,最高不超过百分之五。[1] 同年 11 月 5 日,司法部对上述收费规定又作了补充说明,其中指出:经济合同是双方(或多方)法律行为,应向双方(或多方)分别平均收取公证费,但双方(或多方)协商一致由一方或按不同比例金额交纳公证费的,按协商一致意见收费。[2]

1983 年 7 月 4 日司法部、财政部对《公证费收费暂行规定》又做了较大修改,其中增加规定证明债权文书有强制执行效力,按债务总金额的千分之一收

---

〔1〕 司法部、财政部:《司法部、财政部关于检发〈公证费收费暂行规定〉的联合通知》,司法部编:《中华人民共和国司法行政历史文件汇编(1950—1985)》,法律出版社 1988 年版,第 856—857 页。

〔2〕 司法部:《司法部关于〈公证费收费暂行规定〉的补充说明》,司法部编:《中华人民共和国司法行政历史文件汇编(1950—1985)》,法律出版社 1988 年版,第 863 页。

费,不足五元的收五元。[1] 之后,司法部、财政部、国家物价局对公证收费又先后作出一些规定。

1997 年 3 月 3 日国家计委、司法部制定了《公证服务收费管理办法》,并于 1998 年 5 月 6 日出台了《关于调整公证服务收费标准的通知》。这两个文件对原有的公证收费标准作了较大调整,对促进公证行业的发展起了较大作用。

2005 年 8 月 28 日第十届全国人民代表大会常务委员会第十七次会议通过的《公证法》第四十六条规定,公证费的收费标准由国务院财政部门、价格主管部门会同国务院司法行政部门制定。

为进一步体现公证的公益属性,减轻群众负担,国家发展改革委、财政部决定自 2013 年 10 月 1 日下调公证收费中的财产继承、赠与、接受遗赠收费标准,由原来按固定比例收取,改为分段递减累计收取,并大幅度降低。

2015 年 4 月 24 日第十二届全国人民代表大会常务委员会第十四次会议通过了《关于修改〈中华人民共和国义务教育法〉等五部法律的决定》,依据修改后的《公证法》第四十六条规定,公证费的收费标准由省、自治区、直辖市人民政府价格主管部门会同同级司法行政部门制定。自此,我国公证收费不再由国务院相关部门制定,改由各省、自治区、直辖市人民政府价格主管部门会同同级司法行政部门制定。截至 2017 年 11 月 30 日,上海、山东、江苏等 13 个省、直辖市、自治区已经出台了新的公证收费标准与公证服务收费管理办法。

---

[1] 司法部、财政部:《司法部、财政部关于修改、补充〈公证费收费暂行规定〉的联合通知》,司法部编:《中华人民共和国司法行政历史文件汇编(1950—1985)》,法律出版社 1988 年版,第 873—874 页。

第五部分
附　　则

（一）

公证法与司法部规范性文件

中华人民共和国公证法

（2005 年 8 月 28 日第十届全国人民代表大会常务委员会第十七次会议通过。根据 2015 年 4 月 24 日第十二届全国人民代表大会常务委员会第十四次会议《关于修改〈中华人民共和国义务教育法〉等五部法律的决定》第一次修正。根据 2017 年 9 月 1 日第十二届全国人民代表大会常务委员会第二十九次会议《关于修改〈中华人民共和国法官法〉等八部法律的决定》第二次修正。）

目　　录

第一章　总　　则

第一条　为规范公证活动，保障公证机构和公证员依法履行职责，预防纠纷，保障自然人、法人或者其他组织的合法权益，制定本法。

第二条　公证是公证机构根据自然人、法人或者其他组织的申请，依照法定程序对民事法律行为、有法律意义的事实和文书的真实性、合法性予以证明的活动。

第三条　公证机构办理公证，应当遵守法律，坚持客观、公正的原则。

第四条　全国设立中国公证协会，省、自治区、直辖市设立地方公证协会。中国公证协会和地方公证协会是社会团体法人。中国公证协会章程由会员代表大会制定，报国务院司法行政部门备案。

公证协会是公证业的自律性组织，依据章程开展活动，对公证机构、公证员的执业活动进行监督。

第五条　司法行政部门依照本法规定对公证机构、公证员和公证协会进行监督、指导。

第二章　公 证 机 构

第六条　公证机构是依法设立,不以营利为目的,依法独立行使公证职能、承担民事责任的证明机构。

第七条　公证机构按照统筹规划、合理布局的原则,可以在县、不设区的市、设区的市、直辖市或者市辖区设立;在设区的市、直辖市可以设立一个或者若干个公证机构。公证机构不按行政区划层层设立。

第八条　设立公证机构,应当具备下列条件:

(一) 有自己的名称;

(二) 有固定的场所;

(三) 有二名以上公证员;

(四) 有开展公证业务所必需的资金。

第九条　设立公证机构,由所在地的司法行政部门报省、自治区、直辖市人民政府司法行政部门按照规定程序批准后,颁发公证机构执业证书。

第十条　公证机构的负责人应当在有三年以上执业经历的公证员中推选产生,由所在地的司法行政部门核准,报省、自治区、直辖市人民政府司法行政部门备案。

第十一条　根据自然人、法人或者其他组织的申请,公证机构办理下列公证事项:

(一) 合同;

(二) 继承;

(三) 委托、声明、赠与、遗嘱;

(四) 财产分割;

(五) 招标投标、拍卖;

(六) 婚姻状况、亲属关系、收养关系;

(七) 出生、生存、死亡、身份、经历、学历、学位、职务、职称、有无违法犯罪记录;

(八) 公司章程;

(九) 保全证据;

(十) 文书上的签名、印鉴、日期,文书的副本、影印本与原本相符;

(十一) 自然人、法人或者其他组织自愿申请办理的其他公证事项。

法律、行政法规规定应当公证的事项,有关自然人、法人或者其他组织应当向公证机构申请办理公证。

第十二条　根据自然人、法人或者其他组织的申请,公证机构可以办理下列事务:

(一)法律、行政法规规定由公证机构登记的事务;

(二)提存;

(三)保管遗嘱、遗产或者其他与公证事项有关的财产、物品、文书;

(四)代写与公证事项有关的法律事务文书;

(五)提供公证法律咨询。

第十三条　公证机构不得有下列行为:

(一)为不真实、不合法的事项出具公证书;

(二)毁损、篡改公证文书或者公证档案;

(三)以诋毁其他公证机构、公证员或者支付回扣、佣金等不正当手段争揽公证业务;

(四)泄露在执业活动中知悉的国家秘密、商业秘密或者个人隐私;

(五)违反规定的收费标准收取公证费;

(六)法律、法规、国务院司法行政部门规定禁止的其他行为。

第十四条　公证机构应当建立业务、财务、资产等管理制度,对公证员的执业行为进行监督,建立执业过错责任追究制度。

第十五条　公证机构应当参加公证执业责任保险。

第三章　公　证　员

第十六条　公证员是符合本法规定的条件,在公证机构从事公证业务的执业人员。

第十七条　公证员的数量根据公证业务需要确定。省、自治区、直辖市人民政府司法行政部门应当根据公证机构的设置情况和公证业务的需要核定公证员配备方案,报国务院司法行政部门备案。

第十八条　担任公证员,应具备下列条件:

(一)具有中华人民共和国国籍;

(二)年龄二十五周岁以上六十五周岁以下;

(三)公道正派,遵纪守法,品行良好;

(四)通过国家统一法律职业资格考试取得法律职业资格;

(五)在公证机构实习二年以上或者具有三年以上其他法律职业经历并在公证机构实习一年以上,经考核合格。

第十九条　从事法学教学、研究工作,具有高级职称的人员,或者具有本科以上学历,从事审判、检察、法制工作、法律服务满十年的公务员、律师,已经离开原工作岗位,经考核合格的,可以担任公证员。

第二十条 有下列情形之一的,不得担任公证员:

(一)无民事行为能力或者限制民事行为能力的;

(二)因故意犯罪或者职务过失犯罪受过刑事处罚的;

(三)被开除公职的;

(四)被吊销公证员、律师执业证书的。

第二十一条 担任公证员,应当由符合公证员条件的人员提出申请,经公证机构推荐,由所在地的司法行政部门报省、自治区、直辖市人民政府司法行政部门审核同意后,报请国务院司法行政部门任命,并由省、自治区、直辖市人民政府司法行政部门颁发公证员执业证书。

第二十二条 公证员应当遵纪守法,恪守职业道德,依法履行公证职责,保守执业秘密。

公证员有权获得劳动报酬,享受保险和福利待遇;有权提出辞职、申诉或者控告;非因法定事由和非经法定程序,不被免职或者处罚。

第二十三条 公证员不得有下列行为:

(一)同时在二个以上公证机构执业;

(二)从事有报酬的其他职业;

(三)为本人及近亲属办理公证或者办理与本人及近亲属有利害关系的公证;

(四)私自出具公证书;

(五)为不真实、不合法的事项出具公证书;

(六)侵占、挪用公证费或者侵占、盗窃公证专用物品;

(七)毁损、篡改公证文书或者公证档案;

(八)泄露在执业活动中知悉的国家秘密、商业秘密或者个人隐私;

(九)法律、法规、国务院司法行政部门规定禁止的其他行为。

第二十四条 公证员有下列情形之一的,由所在地的司法行政部门报省、自治区、直辖市人民政府司法行政部门提请国务院司法行政部门予以免职:

(一)丧失中华人民共和国国籍的;

(二)年满六十五周岁或者因健康原因不能继续履行职务的;

(三)自愿辞去公证员职务的;

(四)被吊销公证员执业证书的。

第四章 公 证 程 序

第二十五条 自然人、法人或者其他组织申请办理公证,可以向住所地、经常居住地、行为地或者事实发生地的公证机构提出。

申请办理涉及不动产的公证,应当向不动产所在地的公证机构提出;申请办理涉及不动产的委托、声明、赠与、遗嘱的公证,可以适用前款规定。

第二十六条 自然人、法人或者其他组织可以委托他人办理公证,但遗嘱、生存、收养关系等应当由本人办理公证的除外。

第二十七条 申请办理公证的当事人应当向公证机构如实说明申请公证的事项的有关情况,提供真实、合法、充分的证明材料;提供的证明材料不充分的,公证机构可以要求补充。

公证机构受理公证申请后,应当告知当事人申请公证事项的法律意义和可能产生的法律后果,并将告知内容记录存档。

第二十八条 公证机构办理公证,应当根据不同公证事项的办证规则,分别审查下列事项:

(一)当事人的身份、申请办理该项公证的资格以及相应的权利;

(二)提供的文书内容是否完备,含义是否清晰,签名、印鉴是否齐全;

(三)提供的证明材料是否真实、合法、充分;

(四)申请公证的事项是否真实、合法。

第二十九条 公证机构对申请公证的事项以及当事人提供的证明材料,按照有关办证规则需要核实或者对其有疑义的,应当进行核实,或者委托异地公证机构代为核实,有关单位或者个人应当依法予以协助。

第三十条 公证机构经审查,认为申请提供的证明材料真实、合法、充分,申请公证的事项真实、合法的,应当自受理公证申请之日起十五个工作日内向当事人出具公证书。但是,因不可抗力、补充证明材料或者需要核实有关情况的,所需时间不计算在期限内。

第三十一条 有下列情形之一的,公证机构不予办理公证:

(一)无民事行为能力人或者限制民事行为能力人没有监护人代理申请办理公证的;

(二)当事人与申请公证的事项没有利害关系的;

(三)申请公证的事项属专业技术鉴定、评估事项的;

(四)当事人之间对申请公证的事项有争议的;

(五)当事人虚构、隐瞒事实,或者提供虚假证明材料的;

(六)当事人提供的证明材料不充分或者拒绝补充证明材料的;

(七)申请公证的事项不真实、不合法的;

(八)申请公证的事项违背社会公德的;

(九)当事人拒绝按照规定支付公证费的。

第三十二条 公证书应当按照国务院司法行政部门规定的格式制作,由公证员签名或者加盖签名章并加盖公证机构印章。公证书自出具之日起生效。

公证书应当使用全国通用的文字;在民族自治地方,根据当事人的要求,可以制作当地通用的民族文字文本。

第三十三条 公证书需要在国外使用,使用国要求先认证的,应当经中华人民共和国外交部或者外交部授权的机构和有关国家驻中华人民共和国使(领)馆认证。

第三十四条 当事人应当按照规定支付公证费。

对符合法律援助条件的当事人,公证机构应当按照规定减免公证费。

第三十五条 公证机构应当将公证文书分类立卷,归档保存。法律、行政法规规定应当公证的事项等重要的公证档案在公证机构保存期满,应当按照规定移交地方档案馆保管。

第五章 公 证 效 力

第三十六条 经公证的民事法律行为、有法律意义的事实和文书,应当作为认定事实的根据,但有相反证据足以推翻该项公证的除外。

第三十七条 对经公证的以给付为内容并载明债务人愿意接受强制执行承诺的债权文书,债务人不履行或者履行不适当的,债权人可以依法向有管辖权的人民法院申请执行。

前款规定的债权文书确有错误的,人民法院裁定不予执行,并将裁定书送达双方当事人和公证机构。

第三十八条 法律、行政法规规定未经公证的事项不具有法律效力的,依照其规定。

第三十九条 当事人、公证事项的利害关系人认为公证书有错误的,可以向出具该公证书的公证机构提出复查。公证书的内容违法或者与事实不符的,公证机构应当撤销该公证书并予以公告,该公证书自始无效;公证书有其他错误的,公证机构应当予以更正。

第四十条 当事人、公证事项的利害关系人对公证书的内容有争议的,可以就该争议向人民法院提起民事诉讼。

第六章 法 律 责 任

第四十一条 公证机构及其公证员有下列行为之一的,由省、自治区、直辖市或者设区的市人民政府司法行政部门给予警告;情节严重的,对公证机构处一万元以上五万元以下罚款,对公证员处一千元以上五千元以下罚款,并可以给予

三个月以上六个月以下停止执业的处罚;有违法所得的,没收违法所得:

（一）以诋毁其他公证机构、公证员或者支付回扣、佣金等不正当手段争揽公证业务的;

（二）违反规定的收费标准收取公证费的;

（三）同时在二个以上公证机构执业的;

（四）从事有报酬的其他职业的;

（五）为本人及近亲属办理公证或者办理与本人及近亲属有利害关系的公证的;

（六）依照法律、行政法规的规定,应当给予处罚的其他行为。

第四十二条　公证机构及其公证员有下列行为之一的,由省、自治区、直辖市或者设区的市人民政府司法行政部门对公证机构给予警告,并处二万元以上十万元以下罚款,并可以给予一个月以上三个月以下停业整顿的处罚;对公证员给予警告,并处二千元以上一万元以下罚款,并可以给予三个月以上十二个月以下停止执业的处罚;有违法所得的,没收违法所得;情节严重的,由省、自治区、直辖市人民政府司法行政部门吊销公证员执业证书;构成犯罪的,依法追究刑事责任:

（一）私自出具公证书的;

（二）为不真实、不合法的事项出具公证书的;

（三）侵占、挪用公证费或者侵占、盗窃公证专用物品的;

（四）毁损、篡改公证文书或者公证档案的;

（五）泄露在执业活动中知悉的国家秘密、商业秘密或者个人隐私的;

（六）依照法律、行政法规的规定,应当给予处罚的其他行为。

因故意犯罪或者职务过失犯罪受刑事处罚的,应当吊销公证员执业证书。

被吊销公证员执业证书的,不得担任辩护人、诉讼代理人,但系刑事诉讼、民事诉讼、行政诉讼当事人的监护人、近亲属的除外。

第四十三条　公证机构及其公证员因过错给当事人、公证事项的利害关系人造成损失的,由公证机构承担相应的赔偿责任;公证机构赔偿后,可以向有故意或者重大过失的公证员追偿。

当事人、公证事项的利害关系人与公证机构因赔偿发生争议的,可以向人民法院提起民事诉讼。

第四十四条　当事人以及其他个人或者组织有下列行为之一,给他人造成损失的,依法承担民事责任;违反治安管理的,依法给予治安管理处罚;构成犯罪的,依法追究刑事责任:

（一）提供虚假证明材料,骗取公证书的;

（二）利用虚假公证书从事欺诈活动的；

（三）伪造、变造或者买卖伪造、变造的公证书、公证机构印章的。

第七章　附　　则

第四十五条　中华人民共和国驻外使（领）馆可以依照本法的规定或者中华人民共和国缔结或者参加的国际条约的规定，办理公证。

第四十六条　公证费的收费标准由省、自治区、直辖市人民政府价格主管部门会同同级司法行政部门制定。

第四十七条　本法自 2006 年 3 月 1 日起施行。

公证机构执业管理办法

（2006 年 2 月 23 日印发　2006 年 3 月 1 日施行　司法部令第 101 号）

第一章　总　则

第一条　为了加强对公证机构的审批管理和执业监督，规范公证机构的执业行为，根据《中华人民共和国公证法》（以下简称《公证法》）和有关法律、法规的规定，制定本办法。

第二条　公证机构依照《公证法》和本办法设立。

设立公证机构，应当按照统筹规划、合理布局的原则，实行总量控制。

第三条　公证机构办理公证，应当遵守法律，坚持客观、公正的原则，遵守公证执业规范和执业纪律。

公证机构应当加入地方和全国的公证协会。

第四条　公证机构办理公证，不以营利为目的，独立行使公证职能，独立承担民事责任，任何单位和个人不得非法干预，其合法权益不受侵犯。

第五条　司法行政机关依照《公证法》和有关法律、法规、规章，对公证机构进行监督、指导。

第六条　公证协会是公证业的自律性组织。公证协会依照《公证法》和章程，对公证机构的执业活动进行监督。

第二章　公证机构设立审批

第七条　设立公证机构，由省、自治区、直辖市司法行政机关审核批准。

第八条　公证机构可以在县、不设区的市、设区的市、直辖市或者市辖区设立；在设区的市、直辖市可以设立一个或者若干个公证机构。公证机构不按行政区划层层设立。

第九条　省、自治区、直辖市司法行政机关应当按照公证机构设立原则，综合考虑当地经济社会发展程度、人口数量、交通状况和对公证业务的实际需求等情况，拟定本行政区域公证机构设置方案，并可以根据当地情况和公证需求的变化对设置方案进行调整。

公证机构设置方案包括：设置方案拟定的依据，公证机构设置和布局的安排,公证执业区域划分的安排,公证机构设置总量及地区分布的安排。

公证机构设置方案及其调整方案,应当报司法部核定。

第十条　公证执业区域可以下列区域为单位划分:

(一)县、不设区的市、市辖区的辖区;

(二)设区的市、直辖市的辖区或者所辖城区的全部市辖区。

公证机构的执业区域,由省、自治区、直辖市司法行政机关在办理该公证机构设立或者变更审批时予以核定。

第十一条　设立公证机构,应当具备下列条件:

(一)有自己的名称;

(二)有固定的场所;

(三)有二名以上公证员;

(四)有开展公证业务所必需的资金。

设立公证机构,应当符合经司法部核定的公证机构设置方案的要求。

第十二条　公证机构的负责人应当在有三年以上执业经历的公证员中推选产生,由所在地司法行政机关核准,并逐级报省、自治区、直辖市司法行政机关备案。

第十三条　公证机构的开办资金数额,由省、自治区、直辖市司法行政机关确定。

第十四条　设立公证机构,由所在地司法行政机关组建,逐级报省、自治区、直辖市司法行政机关审批。

申请设立公证机构,应当提交下列材料:

(一)设立公证机构的申请和组建报告;

(二)拟采用的公证机构名称;

(三)拟任公证员名单、简历、居民身份证复印件和符合担任公证员条件的证明材料;

(四)拟推选的公证机构负责人的情况说明;

(五)开办资金证明;

(六)办公场所证明;

(七)其他需要提交的材料。

设立公证机构需要配备新的公证员的,应当依照《公证法》和司法部规定的条件和程序,报请审核、任命。

第十五条　省、自治区、直辖市司法行政机关应当自收到申请材料之日起三十日内,完成审核,作出批准设立或者不予批准设立的决定。对准予设立的,颁发公证机构执业证书;对不准予设立的,应当在决定中告知不予批准的理由。

批准设立公证机构的决定,应当报司法部备案。

第十六条　公证机构变更名称、办公场所,根据当地公证机构设置调整方案予以分立、合并或者变更执业区域的,应当由所在地司法行政机关审核后,逐级报省、自治区、直辖市司法行政机关办理变更核准手续。核准变更的,应当报司法部备案。

公证机构变更负责人的,经所在地司法行政机关核准后,逐级报省、自治区、直辖市司法行政机关备案。

第十七条　省、自治区、直辖市司法行政机关对经批准设立的公证机构以及公证机构重要的变更事项,应当在作出批准决定后二十日内,在省级报刊上予以公告。

司法部定期编制全国公证机构名录。

第三章　公证机构名称和执业证书管理

第十八条　公证机构统称公证处。根据公证机构设置的不同情况,分别采用下列方式冠名:

(一)在县、不设区的市设立公证机构的,冠名方式为:省(自治区、直辖市)名称+本县、市名称+公证处;

(二)在设区的市或其市辖区设立公证机构的,冠名方式为:省(自治区)名称+本市名称+字号+公证处;

(三)在直辖市或其市辖区设立公证机构的,冠名方式为:直辖市名称+字号+公证处。

第十九条　公证机构的名称,应当使用全国通用的文字。民族自治地方的公证机构的名称,可以同时使用当地通用的民族文字。

公证机构名称中的字号,应当由两个以上文字组成,并不得与所在省、自治区、直辖市内设立的其他公证机构的名称中的字号相同或者近似。

公证机构名称的内容和文字,应当符合国家有关规定。

第二十条　公证机构的名称,由省、自治区、直辖市司法行政机关在办理该公证机构设立或者变更审批时予以核定。

公证机构对经核定的名称享有专用权。

第二十一条　公证机构执业证书是公证机构获准设立和执业的凭证。

公证机构执业证书应当载明下列内容:公证机构名称、负责人、办公场所、执业区域、证书编号、颁证日期、审批机关等。公证机构执业证书分为正本和副本。正本用于在办公场所悬挂,副本用于接受查验。正本和副本具有同等法律效力。

公证机构执业证书由司法部统一制作。证书编号办法由司法部制定。

第二十二条　公证机构执业证书不得涂改、出借、抵押或者转让。公证机构执业证书损毁或者遗失的,由该公证机构报经所在地司法行政机关,逐级向省、自治区、直辖市司法行政机关申请换发或者补发。

第二十三条　公证机构变更名称、办公场所、负责人、执业区域或者分立、合并的,应当在报请核准的同时,申请换发公证机构执业证书。

公证机构受到停业整顿处罚的,停业整顿期间,应当将该公证机构执业证书缴存所在地司法行政机关。

第四章　公证机构执业监督检查

第二十四条　司法行政机关依法对公证机构的组织建设、队伍建设、执业活动、质量控制、内部管理等情况进行监督。

第二十五条　省、自治区、直辖市司法行政机关对公证机构的下列事项实施监督:

(一)公证机构保持法定设立条件的情况;

(二)公证机构执行应当报批或者备案事项的情况;

(三)公证机构和公证员的执业情况;

(四)公证质量的监控情况;

(五)法律、法规和司法部规定的其他监督检查事项。

第二十六条　设区的市和公证机构所在地司法行政机关对本地公证机构的下列事项实施监督:

(一)组织建设情况;

(二)执业活动情况;

(三)公证质量情况;

(四)公证员执业年度考核情况;

(五)档案管理情况;

(六)财务制度执行情况;

(七)内部管理制度建设情况;

(八)司法部和省、自治区、直辖市司法行政机关要求进行监督检查的其他事项。

第二十七条　公证机构应当建立健全业务、公证档案、财务、资产等管理制度,对公证员的执业行为进行监督,建立执业过错责任追究制度。

公证机构应当严格执行国家制定的公证收费标准。

公证机构应当按照规定参加公证执业责任保险。

第二十八条　公证机构应当依法开展公证执业活动,不得有下列行为:

(一) 为不真实、不合法的事项出具公证书;

(二) 毁损、篡改公证文书或者公证档案;

(三) 以诋毁其他公证机构、公证员或者支付回扣、佣金等不正当手段争揽公证业务;

(四) 泄露在执业活动中知悉的国家秘密、商业秘密或者个人隐私;

(五) 违反规定的收费标准收取公证费;

(六) 法律、法规和司法部规定禁止的其他行为。

第二十九条　公证机构应当依照《公证法》第二十五条的规定,在省、自治区、直辖市司法行政机关核定的执业区域内受理公证业务。

第三十条　公证机构应当按照省、自治区、直辖市司法行政机关的规定,定期填报公证业务情况统计表,每年 2 月 1 日前向所在地司法行政机关提交本公证机构的年度工作报告。

年度工作报告应当真实、全面地反映本公证机构上一年度开展公证业务、公证质量监控、公证员遵守职业道德和执业纪律、公证收费、财务管理、内部制度建设等方面的情况。

公证业务情况统计表的统计项目及样式,由司法部制定。

第三十一条　公证机构由所在地司法行政机关在每年的第一季度进行年度考核。年度考核,应当依照《公证法》的要求和本办法第二十六条规定的监督事项,审查公证机构的年度工作报告,结合日常监督检查掌握的情况,由所在地司法行政机关对公证机构的年度执业和管理情况作出综合评估。考核等次及其标准,由司法部制定。

年度考核结果,应当书面告知公证机构,并报上一级司法行政机关备案。

第三十二条　公证机构应当对所属公证员的执业情况进行年度考核。

公证机构的负责人由所在地司法行政机关进行年度考核。

第三十三条　公证机构存在下列情形之一的,所在地司法行政机关应当进行重点监督检查:

(一) 被投诉或者举报的;

(二) 执业中有不良记录的;

(三) 未保持法定设立条件的;

(四) 年度考核发现内部管理存在严重问题的。

第三十四条　司法行政机关实施监督检查,可以对公证机构进行实地检查,要求公证机构和公证员说明有关情况,调阅公证机构相关材料和公证档案,向相关单位和人员调查、核实有关情况。

公证机构和公证员应当接受司法行政机关依法实施的监督检查,如实说明有关情况、提供相关资料,不得谎报、隐匿、伪造、销毁相关证据材料。

第三十五条　司法行政机关应当建立有关公证机构设立、变更、备案事项、年度考核、违法违纪行为处罚、奖励等方面情况的执业档案。

第五章　法律责任

第三十六条　公证机构有《公证法》第四十一条、第四十二条规定所列行为之一的,由省、自治区、直辖市司法行政机关或者设区的市司法行政机关依据《公证法》的规定,予以处罚。

公证机构违反《公证法》第二十五条规定,跨执业区域受理公证业务的,由所在地或者设区的市司法行政机关予以制止,并责令改正。

第三十七条　司法行政机关对公证机构违法行为实施行政处罚,应当根据有关法律、法规和司法部有关行政处罚程序的规定进行。

第三十八条　司法行政机关在对公证机构作出行政处罚决定之前,应当告知其查明的违法行为事实、处罚的理由及依据,并告知其依法享有的权利。口头告知的,应当制作笔录。公证机构有权进行陈述和申辩,有权依法申请听证。

公证机构对行政处罚不服的,可以依法申请行政复议或者提起行政诉讼。

第三十九条　司法行政机关在实施监督检查和年度考核过程中,发现公证机构存在违法行为或者收到相关投诉、举报的,应当及时立案调查,全面、客观、公正地查明事实,收集证据。被调查的公证机构应当向调查机关如实陈述事实,提供有关材料。

第四十条　司法行政机关查处公证机构的违法行为,可以委托公证协会对公证机构的违法行为进行调查、核实。

接受委托的公证协会应当查明事实、核实证据,并向司法行政机关提出实施行政处罚的建议。

第四十一条　公证协会依据章程和有关行业规范,对公证机构违反执业规范和执业纪律的行为,视其情节轻重,给予相应的行业处分。

公证协会在查处公证机构违反执业规范和执业纪律行为的过程中,发现有依据《公证法》的规定应当给予行政处罚情形的,应当提交有管辖权的司法行政机关处理。

第四十二条　公证机构及其公证员因过错给当事人、公证事项的利害关系人造成损失的,由公证机构承担相应的赔偿责任;公证机构赔偿后,可以向有故意或者重大过失的公证员追偿。

第四十三条　司法行政机关及其工作人员在公证机构设立审批、公证机构执业证书管理、对公证机构实施监督检查、年度考核的过程中,有滥用职权、玩忽职守、徇私舞弊、干预公证机构依法独立行使公证职能行为的,应当依法追究责任人员的行政责任;构成犯罪的,依法追究刑事责任。

第六章 附 则

第四十四条 本办法所称公证机构所在地司法行政机关,是指根据当地公证机构设置方案的规定,负责组建该公证机构,并承担对其实施日常监督、指导职能的司法行政机关。

第四十五条 《公证法》和本办法施行前设立的公证机构,其设置、布局、名称、执业区域及管理体制不符合《公证法》和本办法规定的,由省、自治区、直辖市司法行政机关拟定调整方案,报司法部核定后组织实施。

第四十六条 本办法由司法部解释。

第四十七条 本办法自 2006 年 3 月 1 日起施行。

公证员执业管理办法

(2006 年 3 月 14 日印发 2006 年 3 月 14 日施行 司法部令第 102 号)

第一章 总 则

第一条 为了加强对公证员的任职管理和执业监督,规范公证员的执业行为,根据《中华人民共和国公证法》(以下简称《公证法》)和有关法律、法规的规定,制定本办法。

第二条 公证员是符合《公证法》规定的条件,经法定任职程序,取得公证员执业证书,在公证机构从事公证业务的执业人员。

公证员的配备数量,根据公证机构的设置情况和公证业务的需要确定。公证员配备方案,由省、自治区、直辖市司法行政机关编制和核定,报司法部备案。

第三条 公证员依法执业,受法律保护,任何单位和个人不得非法干预。

公证员有权获得劳动报酬,享受保险和福利待遇;有权提出辞职、申诉或者控告;非因法定事由和非经法定程序,不被免职或者处罚。

第四条 公证员应当遵纪守法,恪守职业道德和执业纪律,依法履行公证职责,保守执业秘密。

公证员应当加入地方和全国的公证协会。

第五条 司法行政机关依照《公证法》和有关法律、法规、规章,对公证员进行监督、指导。

第六条 公证协会是公证业的自律性组织。公证协会依照《公证法》和章程,对公证员的执业活动进行监督。

第二章 公证员任职条件

第七条 担任公证员,应当具备下列条件:

(一) 具有中华人民共和国国籍;

(二) 年龄二十五周岁以上六十五周岁以下;

(三) 公道正派,遵纪守法,品行良好;

(四) 通过国家司法考试;

(五) 在公证机构实习二年以上或者具有三年以上其他法律职业经历并在

公证机构实习一年以上,经考核合格。

第八条 符合本办法第七条第(一)项、第(二)项、第(三)项规定,并具备下列条件之一,已经离开原工作岗位的,经考核合格,可以担任公证员:

(一)从事法学教学、研究工作,具有高级职称的人员;

(二)具有本科以上学历,从事审判、检察、法制工作、法律服务满十年的公务员、律师。

第九条 有下列情形之一的,不得担任公证员:

(一)无民事行为能力或者限制民事行为能力的;

(二)因故意犯罪或者职务过失犯罪受过刑事处罚的;

(三)被开除公职的;

(四)被吊销执业证书的。

第三章 公证员任职程序

第十条 符合本办法第七条规定条件的人员,由本人提出申请,经需要选配公证员的公证机构推荐,由所在地司法行政机关出具审查意见,逐级报请省、自治区、直辖市司法行政机关审核。

报请审核,应当提交下列材料:

(一)担任公证员申请书;

(二)公证机构推荐书;

(三)申请人的居民身份证复印件和个人简历,具有三年以上其他法律职业经历的,应当同时提交相应的经历证明;

(四)申请人的法律职业资格证书复印件;

(五)公证机构出具的申请人实习鉴定和所在地司法行政机关出具的实习考核合格意见;

(六)所在地司法行政机关对申请人的审查意见;

(七)其他需要提交的材料。

第十一条 符合本办法第八条规定条件的人员,由本人提出申请,经需要选配公证员的公证机构推荐,由所在地司法行政机关出具考核意见,逐级报请省、自治区、直辖市司法行政机关审核。

报请审核,应当提交下列材料:

(一)担任公证员申请书;

(二)公证机构推荐书;

(三)申请人的居民身份证复印件和个人简历;

(四)从事法学教学、研究工作并具有高级职称的证明,或者具有本科以上学历的证明和从事审判、检察、法制工作、法律服务满十年的经历及职务证明；

（五）申请人已经离开原工作岗位的证明；

（六）所在地司法行政机关对申请人的考核意见；

（七）其他需要提交的材料。

第十二条 省、自治区、直辖市司法行政机关应当自收到报审材料之日起二十日内完成审核。对符合规定条件和公证员配备方案的，作出同意申请人担任公证员的审核意见，填制公证员任职报审表，报请司法部任命；对不符合规定条件或者公证员配备方案的，作出不同意申请人担任公证员的决定，并书面通知申请人和所在地司法行政机关。

第十三条 司法部应当自收到省、自治区、直辖市司法行政机关报请任命公证员的材料之日起二十日内，制作并下达公证员任命决定。

司法部认为报请任命材料有疑义或者收到相关投诉、举报的，可以要求报请任命机关重新审核。

第十四条 省、自治区、直辖市司法行政机关应当自收到司法部下达的公证员任命决定之日起十日内，向申请人颁发公证员执业证书，并书面通知其所在地司法行政机关。

第十五条 公证员变更执业机构，应当经所在公证机构同意和拟任用该公证员的公证机构推荐，报所在地司法行政机关同意后，报省、自治区、直辖市司法行政机关办理变更核准手续。

公证员跨省、自治区、直辖市变更执业机构的，经所在的省、自治区、直辖市司法行政机关核准后，由拟任用该公证员的公证机构所在的省、自治区、直辖市司法行政机关办理变更核准手续。

第十六条 公证员有下列情形之一的，由所在地司法行政机关自确定该情形发生之日起三十日内，报告省、自治区、直辖市司法行政机关，由其提请司法部予以免职：

（一）丧失中华人民共和国国籍的；

（二）年满六十五周岁或者因健康原因不能继续履行职务的；

（三）自愿辞去公证员职务的。

被吊销公证员执业证书的，由省、自治区、直辖市司法行政机关直接提请司法部予以免职。

提请免职，应当提交公证员免职报审表和符合法定免职事由的相关证明材料。司法部应当自收到提请免职材料之日起二十日内，制作并下达公证员免职决定。

第十七条 省、自治区、直辖市司法行政机关对报请司法部予以任命、免职或者经核准变更执业机构的公证员,应当在收到任免决定或者作出准予变更决定后二十日内,在省级报刊上予以公告。

司法部对决定予以任命或者免职的公证员,应当定期在全国性报刊上予以公告,并定期编制全国公证员名录。

第四章　公证员执业证书管理

第十八条　公证员执业证书是公证员履行法定任职程序后在公证机构从事公证执业活动的有效证件。

公证员执业证书由司法部统一制作。证书编号办法由司法部制定。

第十九条　公证员执业证书由公证员本人持有和使用,不得涂改、抵押、出借或者转让。

公证员执业证书损毁或者遗失的,由本人提出申请,所在公证机构予以证明,提请所在地司法行政机关报省、自治区、直辖市司法行政机关申请换发或者补发。执业证书遗失的,由所在公证机构在省级报刊上声明作废。

第二十条　公证员变更执业机构的,经省、自治区、直辖市司法行政机关核准,予以换发公证员执业证书。

公证员受到停止执业处罚的,停止执业期间,应当将其公证员执业证书缴存所在地司法行政机关。

公证员受到吊销公证员执业证书处罚或者因其他法定事由予以免职的,应当收缴其公证员执业证书,由省、自治区、直辖市司法行政机关予以注销。

第五章　公证员执业监督检查

第二十一条　司法行政机关应当依法建立健全行政监督管理制度,公证协会应当依据章程建立健全行业自律制度,加强对公证员执业活动的监督,依法维护公证员的执业权利。

第二十二条　公证机构应当按照规定建立、完善各项内部管理制度,对公证员的执业行为进行监督,建立公证员执业过错责任追究制度,建立公证员执业年度考核制度。

公证机构应当为公证员依法执业提供便利和条件,保障其在任职期间依法享有的合法权益。

第二十三条　公证员应当依法履行公证职责,不得有下列行为:

(一)同时在两个以上公证机构执业;

(二)从事有报酬的其他职业;

(三)为本人及近亲属办理公证或者办理与本人及近亲属有利害关系的

公证；

(四) 私自出具公证书；

(五) 为不真实、不合法的事项出具公证书；

(六) 侵占、挪用公证费或者侵占、盗窃公证专用物品；

(七) 毁损、篡改公证文书或者公证档案；

(八) 泄露在执业活动中知悉的国家秘密、商业秘密或者个人隐私；

(九) 法律、法规和司法部规定禁止的其他行为。

第二十四条 公证机构应当在每年的第一个月份对所属公证员上一年度办理公证业务的情况和遵守职业道德、执业纪律的情况进行年度考核。考核结果，应当书面告知公证员，并报所在地司法行政机关备案。

公证机构的负责人履行管理职责的情况，由所在地司法行政机关进行考核。考核结果，应当书面告知公证机构的负责人，并报上一级司法行政机关备案。

经年度考核，对公证员在执业中存在的突出问题，公证机构应当责令其改正；对公证机构的负责人在管理中存在的突出问题，所在地司法行政机关应当责令其改正。

第二十五条 公证员和公证机构的负责人被投诉和举报、执业中有不良记录或者经年度考核发现有突出问题的，所在地司法行政机关应当对其进行重点监督、指导。

对年度考核发现有突出问题的公证员和公证机构的负责人，由所在地或者设区的市司法行政机关组织专门的学习培训。

第二十六条 司法行政机关实施监督检查，可以对公证员办理公证业务的情况进行检查，要求公证员及其所在公证机构说明有关情况，调阅相关材料和公证档案，向相关单位和人员调查、核实有关情况。

公证员及其所在公证机构不得拒绝司法行政机关依法实施的监督检查，不得谎报、隐匿、伪造、销毁相关证据材料。

第二十七条 公证员应当接受司法行政机关和公证协会组织开展的职业培训。公证员每年参加职业培训的时间不得少于四十学时。

司法行政机关制定开展公证员职业培训的规划和方案，公证协会按年度制定具体实施计划，负责组织实施。

公证机构应当为公证员参加职业培训提供必要的条件和保障。

第二十八条 公证员执业所在地司法行政机关应当建立公证员执业档案，将公证员任职审核任命情况、年度考核结果、监督检查掌握的情况以及受奖惩的情况记入执业档案。

公证员跨地区或者跨省、自治区、直辖市变更执业机构的,原执业所在地司法行政机关应当向变更后的执业所在地司法行政机关移交该公证员的执业档案。

第六章　法　律　责　任

第二十九条　公证员有《公证法》第四十一条、第四十二条所列行为之一的,由省、自治区、直辖市或者设区的市司法行政机关依据《公证法》的规定,予以处罚。

公证员有依法应予吊销公证员执业证书情形的,由所在地司法行政机关逐级报请省、自治区、直辖市司法行政机关决定。

第三十条　司法行政机关对公证员实施行政处罚,应当根据有关法律、法规和司法部有关行政处罚程序的规定进行。

司法行政机关查处公证员的违法行为,可以委托公证协会对公证员的违法行为进行调查、核实。

第三十一条　司法行政机关在对公证员作出行政处罚决定之前,应当告知查明的违法行为事实、处罚的理由及依据,并告知其依法享有的权利。口头告知的,应当制作笔录。公证员有权进行陈述和申辩,有权依法申请听证。

公证员对行政处罚决定不服的,可以依法申请行政复议或者提起行政诉讼。

第三十二条　公证协会依据章程和有关行业规范,对公证员违反职业道德和执业纪律的行为,视其情节轻重,给予相应的行业处分。

公证协会在查处公证员违反职业道德和执业纪律行为的过程中,发现有依据《公证法》的规定应当给予行政处罚情形的,应当提交有管辖权的司法行政机关处理。

第三十三条　公证员因过错给当事人、公证事项的利害关系人造成损失的,公证机构依法赔偿后,可以向有故意或者重大过失的公证员追偿。

第三十四条　以欺骗、贿赂等不正当手段取得公证员任命和公证员执业证书的,经查证属实,由省、自治区、直辖市司法行政机关提请司法部撤销原任命决定,并收缴、注销其公证员执业证书。

第三十五条　司法行政机关及其工作人员在公证员职务任免、公证员执业证书管理、对公证员执业活动实施监督检查的过程中,有滥用职权、玩忽职守、徇私舞弊、干预公证员依法执业行为的,应当依法追究责任人员的行政责任;构成犯罪的,依法追究刑事责任。

第七章　附　　则

第三十六条　公证员配备方案,应当遵照司法部有关公证业的总体发展规划和要求,根据当地公证机构设置、布局的安排、公证执业区域划分的安排、公证业务总体需求和地区分布情况,以及当地经济社会发展和人口状况,结合公证员年均办证数量和办证能力,予以编制和核定,并可以根据当地情况和公证需求的变化进行调整。

第三十七条 公证员执业年度考核的具体办法,由省、自治区、直辖市司法行政机关制定。考核办法应当包括考核工作的原则、考核的内容、考核的等次和标准、考核的程序和时间安排。

第三十八条 《公证法》和本办法施行前已担任公证员的,其公证员职务继续有效,适用《公证法》和本办法进行管理。

第三十九条 本办法所称公证员执业所在地司法行政机关,是指负责组建该公证员所属的公证机构,并承担对该公证机构及其公证员实施日常监督、指导职能的司法行政机关。

第四十条 本办法由司法部解释。

第四十一条 本办法自发布之日起施行。司法部 1995 年 6 月 2 日发布的《中华人民共和国公证员注册管理办法》(司法部令第 39 号)同时废止。

公证程序规则

（2006 年 5 月 18 日印发　2006 年 7 月 1 日施行　司法部令第 103 号）

第一章　总　　则

第一条　为了规范公证程序，保证公证质量，根据《中华人民共和国公证法》（以下简称《公证法》）和有关法律、行政法规的规定，制定本规则。

第二条　公证机构办理公证，应当遵守法律，坚持客观、公正的原则，遵守公证执业规范和执业纪律。

第三条　公证机构依法独立行使公证职能，独立承担民事责任，任何单位、个人不得非法干预，其合法权益不受侵犯。

第四条　公证机构应当根据《公证法》的规定，受理公证申请，办理公证业务，以本公证机构的名义出具公证书。

第五条　公证员受公证机构指派，依照《公证法》和本规则规定的程序办理公证业务，并在出具的公证书上署名。

依照《公证法》和本规则的规定，在办理公证过程中须公证员亲自办理的事务，不得指派公证机构的其他工作人员办理。

第六条　公证机构和公证员办理公证，不得有《公证法》第十三条、第二十三条禁止的行为。

公证机构的其他工作人员以及依据本规则接触到公证业务的相关人员，不得泄露在参与公证业务活动中知悉的国家秘密、商业秘密或者个人隐私。

第七条　公证机构应当建立、健全公证业务管理制度和公证质量管理制度，对公证员的执业行为进行监督。

第八条　司法行政机关依照《公证法》和本规则规定，对公证机构和公证员的执业活动和遵守程序规则的情况进行监督、指导。

公证协会依据章程和行业规范，对公证机构和公证员的执业活动和遵守程序规则的情况进行监督。

第二章　公 证 当 事 人

第九条　公证当事人是指与公证事项有利害关系并以自己的名义向公证机

构提出公证申请,在公证活动中享有权利和承担义务的自然人、法人或者其他组织。

第十条 无民事行为能力人或者限制民事行为能力人申办公证,应当由其监护人代理。

法人申办公证,应当由其法定代表人代表。

其他组织申办公证,应当由其负责人代表。

第十一条 当事人可以委托他人代理申办公证,但申办遗嘱、遗赠扶养协议、赠与、认领亲子、收养关系、解除收养关系、生存状况、委托、声明、保证及其他与自然人人身有密切关系的公证事项,应当由其本人亲自申办。

公证员、公证机构的其他工作人员不得代理当事人在本公证机构申办公证。

第十二条 居住在香港、澳门、台湾地区的当事人,委托他人代理申办涉及继承、财产权益处分、人身关系变更等重要公证事项的,其授权委托书应当经其居住地的公证人(机构)公证,或者经司法部指定的机构、人员证明。

居住在国外的当事人,委托他人代理申办前款规定的重要公证事项的,其授权委托书应当经其居住地的公证人(机构)、我驻外使(领)馆公证。

第三章 公证执业区域

第十三条 公证执业区域是指由省、自治区、直辖市司法行政机关,根据《公证法》第二十五条和《公证机构执业管理办法》第十条的规定以及当地公证机构设置方案,划定的公证机构受理公证业务的地域范围。

公证机构的执业区域,由省、自治区、直辖市司法行政机关在办理该公证机构设立或者变更审批时予以核定。

公证机构应当在核定的执业区域内受理公证业务。

第十四条 公证事项由当事人住所地、经常居住地、行为地或者事实发生地的公证机构受理。

涉及不动产的公证事项,由不动产所在地的公证机构受理;涉及不动产的委托、声明、赠与、遗嘱的公证事项,可以适用前款规定。

第十五条 二个以上当事人共同申办同一公证事项的,可以共同到行为地、事实发生地或者其中一名当事人住所地、经常居住地的公证机构申办。

第十六条 当事人向二个以上可以受理该公证事项的公证机构提出申请的,由最先受理申请的公证机构办理。

第四章 申请与受理

第十七条 自然人、法人或者其他组织向公证机构申请办理公证,应当填写公证申请表。公证申请表应当载明下列内容：

（一）申请人及其代理人的基本情况；

（二）申请公证的事项及公证书的用途；

（三）申请公证的文书的名称；

（四）提交证明材料的名称、份数及有关证人的姓名、住址、联系方式；

（五）申请的日期；

（六）其他需要说明的情况。

申请人应当在申请表上签名或者盖章，不能签名、盖章的由本人捺指印。

第十八条　自然人、法人或者其他组织申请办理公证，应当提交下列材料：

（一）自然人的身份证明，法人的资格证明及其法定代表人的身份证明，其他组织的资格证明及其负责人的身份证明；

（二）委托他人代为申请的，代理人须提交当事人的授权委托书，法定代理人或者其他代理人须提交有代理权的证明；

（三）申请公证的文书；

（四）申请公证的事项的证明材料，涉及财产关系的须提交有关财产权利证明；

（五）与申请公证的事项有关的其他材料。

第十九条　符合下列条件的申请，公证机构可以受理：

（一）申请人与申请公证的事项有利害关系；

（二）申请人之间对申请公证的事项无争议；

（三）申请公证的事项符合《公证法》第十一条规定的范围；

（四）申请公证的事项符合《公证法》第二十五条的规定和该公证机构在其执业区域内可以受理公证业务的范围。

法律、行政法规规定应当公证的事项，符合前款第一项、第二项、第四项规定条件的，公证机构应当受理。

对不符合本条第一款、第二款规定条件的申请，公证机构不予受理，并通知申请人。对因不符合本条第一款第四项规定不予受理的，应当告知申请人向可以受理该公证事项的公证机构申请。

第二十条　公证机构受理公证申请后，应当向申请人发送受理通知单。申请人或其代理人应当在回执上签收。

第二十一条　公证机构受理公证申请后，应当告知当事人申请公证事项的法律意义和可能产生的法律后果，告知其在办理公证过程中享有的权利、承担的义务。告知内容、告知方式和时间，应当记录归档。

第二十二条　公证机构受理公证申请后，应当按照规定向当事人收取公证费。公证办结后,经核定的公证费与预收数额不一致的,应当办理退还或者补收手续。

对符合法律援助条件的当事人,公证机构应当按照规定减收或者免收公证费。

第二十三条 公证机构受理公证申请后,应当指派承办公证员,并通知当事人。当事人要求该公证员回避,经查属于《公证法》第二十三条第三项规定应当回避情形的,公证机构应当改派其他公证员承办。

第五章 审 查

第二十四条 公证机构受理公证申请后,应当根据不同公证事项的办证规则,分别审查下列事项:

(一)当事人的人数、身份、申请办理该项公证的资格及相应的权利;

(二)当事人的意思表示是否真实;

(三)申请公证的文书的内容是否完备,含义是否清晰,签名、印鉴是否齐全;

(四)提供的证明材料是否真实、合法、充分;

(五)申请公证的事项是否真实、合法。

第二十五条 当事人应当向公证机构如实说明申请公证的事项的有关情况,提交的证明材料应当真实、合法、充分。

公证机构在审查中,对申请公证的事项的真实性、合法性有疑义的,认为当事人的情况说明或者提供的证明材料不充分、不完备或者有疑义的,可以要求当事人作出说明或者补充证明材料。

当事人拒绝说明有关情况或者补充证明材料的,依照本规则第四十八条的规定处理。

第二十六条 公证机构在审查中,对申请公证的事项以及当事人提供的证明材料,按照有关办证规则需要核实或者对其有疑义的,应当进行核实,或者委托异地公证机构代为核实。有关单位或者个人应当依法予以协助。

第二十七条 公证机构可以采用下列方式,核实公证事项的有关情况以及证明材料:

(一)通过询问当事人、公证事项的利害关系人核实;

(二)通过询问证人核实;

(三)向有关单位或者个人了解相关情况或者核实、收集相关书证、物证、视听资料等证明材料;

(四)通过现场勘验核实;

（五）委托专业机构或者专业人员鉴定、检验检测、翻译。

第二十八条　公证机构进行核实,应当遵守有关法律、法规和有关办证规则的规定。

公证机构派员外出核实的,应当由二人进行,但核实、收集书证的除外。特殊情况下只有一人外出核实的,应当有一名见证人在场。

第二十九条　采用询问方式向当事人、公证事项的利害关系人或者有关证人了解、核实公证事项的有关情况以及证明材料的,应当告知被询问人享有的权利、承担的义务及其法律责任。询问的内容应当制作笔录。

询问笔录应当载明:询问日期、地点、询问人、记录人,询问事由,被询问人的基本情况,告知内容、询问谈话内容等。

询问笔录应当交由被询问人核对后签名或者盖章、捺指印。笔录中修改处应当由被询问人盖章或者捺指印认可。

第三十条　在向当事人、公证事项的利害关系人、证人或者有关单位、个人核实或者收集有关公证事项的证明材料时,需要摘抄、复印(复制)有关资料、证明原件、档案材料或者对实物证据照相并作文字描述记载的,摘抄、复印(复制)的材料或者物证照片及文字描述记载应当与原件或者物证相符,并由资料、原件、物证所有人或者档案保管人对摘抄、复印(复制)的材料或者物证照片及文字描述记载核对后签名或者盖章。

第三十一条　采用现场勘验方式核实公证事项及其有关证明材料的,应当制作勘验笔录,由核实人员及见证人签名或者盖章。根据需要,可以采用绘图、照相、录像或者录音等方式对勘验情况或者实物证据予以记载。

第三十二条　需要委托专业机构或者专业人员对申请公证的文书或者公证事项的证明材料进行鉴定、检验检测、翻译的,应当告知当事人由其委托办理,或者征得当事人的同意代为办理。鉴定意见、检验检测结论、翻译材料,应当由相关专业机构及承办鉴定、检验检测、翻译的人员盖章和签名。

委托鉴定、检验检测、翻译所需的费用,由当事人支付。

第三十三条　公证机构委托异地公证机构核实公证事项及其有关证明材料的,应当出具委托核实函,对需要核实的事项及内容提出明确的要求。受委托的公证机构收到委托函后,应当在一个月内完成核实。因故不能完成或者无法核实的,应当在上述期限内函告委托核实的公证机构。

第三十四条　公证机构在审查中,认为申请公证的文书内容不完备、表达不准确的,应当指导当事人补正或者修改。当事人拒绝补正、修改的,应当在工作记录中注明。

应当事人的请求,公证机构可以代为起草、修改申请公证的文书。

第六章 出具公证书

第三十五条 公证机构经审查,认为申请公证的事项符合《公证法》、本规则及有关办证规则规定的,应当自受理之日起十五个工作日内向当事人出具公证书。

因不可抗力、补充证明材料或者需要核实有关情况的,所需时间不计算在前款规定的期限内,并应当及时告知当事人。

第三十六条 民事法律行为的公证,应当符合下列条件:

(一)当事人具有从事该行为的资格和相应的民事行为能力;

(二)当事人的意思表示真实;

(三)该行为的内容和形式合法,不违背社会公德;

(四)《公证法》规定的其他条件。

不同的民事法律行为公证的办证规则有特殊要求的,从其规定。

第三十七条 有法律意义的事实或者文书的公证,应当符合下列条件:

(一)该事实或者文书与当事人有利害关系;

(二)事实或者文书真实无误;

(三)事实或者文书的内容和形式合法,不违背社会公德;

(四)《公证法》规定的其他条件。

不同的有法律意义的事实或者文书公证的办证规则有特殊要求的,从其规定。

第三十八条 文书上的签名、印鉴、日期的公证,其签名、印鉴、日期应当准确、属实;文书的副本、影印本等文本的公证,其文本内容应当与原本相符。

第三十九条 具有强制执行效力的债权文书的公证,应当符合下列条件:

(一)债权文书以给付货币、物品或者有价证券为内容;

(二)债权债务关系明确,债权人和债务人对债权文书有关给付内容无疑义;

(三)债权文书中载明当债务人不履行或者不适当履行义务时,债务人愿意接受强制执行的承诺;

(四)《公证法》规定的其他条件。

第四十条 符合《公证法》、本规则及有关办证规则规定条件的公证事项,由承办公证员拟制公证书,连同被证明的文书、当事人提供的证明材料及核实情况的材料、公证审查意见,报公证机构的负责人或其指定的公证员审批。但按规定不需要审批的公证事项除外。

公证机构的负责人或者被指定负责审批的公证员不得审批自己承办的公证

事项。

第四十一条　审批公证事项及拟出具的公证书,应当审核以下内容:

(一)申请公证的事项及其文书是否真实、合法;

(二)公证事项的证明材料是否真实、合法、充分;

(三)办证程序是否符合《公证法》、本规则及有关办证规则的规定;

(四)拟出具的公证书的内容、表述和格式是否符合相关规定。

审批重大、复杂的公证事项,应当在审批前提交公证机构集体讨论。讨论的情况和形成的意见,应当记录归档。

第四十二条　公证书应当按照司法部规定的格式制作。公证书包括以下主要内容:

(一)公证书编号;

(二)当事人及其代理人的基本情况;

(三)公证证词;

(四)承办公证员的签名(签名章)、公证机构印章;

(五)出具日期。

公证证词证明的文书是公证书的组成部分。

有关办证规则对公证书的格式有特殊要求的,从其规定。

第四十三条　制作公证书应当使用全国通用的文字。在民族自治地方,根据当事人的要求,可以同时制作当地通用的民族文字文本。两种文字的文本,具有同等效力。

发往香港、澳门、台湾地区使用的公证书应当使用全国通用的文字。

发往国外使用的公证书应当使用全国通用的文字。根据需要和当事人的要求,公证书可以附外文译文。

第四十四条　公证书自出具之日起生效。

需要审批的公证事项,审批人的批准日期为公证书的出具日期;不需要审批的公证事项,承办公证员的签发日期为公证书的出具日期;现场监督类公证需要现场宣读公证证词的,宣读日期为公证书的出具日期。

第四十五条　公证机构制作的公证书正本,由当事人各方各收执一份,并可以根据当事人的需要制作若干份副本。公证机构留存公证书原本(审批稿、签发稿)和一份正本归档。

第四十六条　公证书出具后,可以由当事人或其代理人到公证机构领取,也可以应当事人的要求由公证机构发送。当事人或其代理人收到公证书应当在回执上签收。

第四十七条　公证书需要办理领事认证的,根据有关规定或者当事人的委托,公证机构可以代为办理公证书认证,所需费用由当事人支付。

第七章　不予办理公证和终止公证

第四十八条　公证事项有下列情形之一的,公证机构应当不予办理公证:

（一）无民事行为能力人或者限制民事行为能力人没有监护人代理申请办理公证的;

（二）当事人与申请公证的事项没有利害关系的;

（三）申请公证的事项属专业技术鉴定、评估事项的;

（四）当事人之间对申请公证的事项有争议的;

（五）当事人虚构、隐瞒事实,或者提供虚假证明材料的;

（六）当事人提供的证明材料不充分又无法补充,或者拒绝补充证明材料的;

（七）申请公证的事项不真实、不合法的;

（八）申请公证的事项违背社会公德的;

（九）当事人拒绝按照规定支付公证费的。

第四十九条　不予办理公证的,由承办公证员写出书面报告,报公证机构负责人审批。不予办理公证的决定应当书面通知当事人或其代理人。

不予办理公证的,公证机构应当根据不予办理的原因及责任,酌情退还部分或者全部收取的公证费。

第五十条　公证事项有下列情形之一的,公证机构应当终止公证:

（一）因当事人的原因致使该公证事项在六个月内不能办结的;

（二）公证书出具前当事人撤回公证申请的;

（三）因申请公证的自然人死亡、法人或者其他组织终止,不能继续办理公证或者继续办理公证已无意义的;

（四）当事人阻挠、妨碍公证机构及承办公证员按规定的程序、期限办理公证的;

（五）其他应当终止的情形。

第五十一条　终止公证的,由承办公证员写出书面报告,报公证机构负责人审批。终止公证的决定应当书面通知当事人或其代理人。

终止公证的,公证机构应当根据终止的原因及责任,酌情退还部分收取的公证费。

第八章　特　别　规　定

第五十二条　公证机构办理招标投标、拍卖、开奖等现场监督类公证,应当由二人共同办理。承办公证员应当依照有关规定,通过事前审查、现场监督,对其真实性、合法性予以证明,现场宣读公证证词,并在宣读后七日内将公证书发送当事人。该公证书自宣读公证证词之日起生效。

办理现场监督类公证,承办公证员发现当事人有弄虚作假、徇私舞弊、违反活动规则、违反国家法律和有关规定行为的,应当即时要求当事人改正;当事人拒不改正的,应当不予办理公证。

第五十三条　公证机构办理遗嘱公证,应当由二人共同办理。承办公证员应当全程亲自办理。

特殊情况下只能由一名公证员办理时,应当请一名见证人在场,见证人应当在询问笔录上签名或者盖章。

第五十四条　公证机构派员外出办理保全证据公证的,由二人共同办理,承办公证员应当亲自外出办理。

办理保全证据公证,承办公证员发现当事人是采用法律、法规禁止的方式取得证据的,应当不予办理公证。

第五十五条　债务人不履行或者不适当履行经公证的具有强制执行效力的债权文书的,公证机构可以根据债权人的申请,依照有关规定出具执行证书。执行证书应当在法律规定的执行期限内出具。

执行证书应当载明申请人、被申请执行人、申请执行标的和申请执行的期限。债务人已经履行的部分,应当在申请执行标的中予以扣除。因债务人不履行或者不适当履行而发生的违约金、滞纳金、利息等,可以应债权人的要求列入申请执行标的。

第五十六条　经公证的事项在履行过程中发生争议的,出具公证书的公证机构可以应当事人的请求进行调解。经调解后当事人达成新的协议并申请公证的,公证机构可以办理公证;调解不成的,公证机构应当告知当事人就该争议依法向人民法院提起民事诉讼或者向仲裁机构申请仲裁。

第九章　公证登记和立卷归档

第五十七条　公证机构办理公证,应当填写公证登记簿,建立分类登记制度。

登记事项包括:公证事项类别、当事人姓名(名称)、代理人(代表人)姓名、受理日期、承办人、审批人(签发人)、结案方式、办结日期、公证书编号等。

公证登记簿按年度建档,应当永久保存。

第五十八条　公证机构在出具公证书后或者作出不予办理公证、终止公证的决定后,应当依照司法部、国家档案局制定的有关公证文书立卷归档和公证档案管理的规定,由承办公证员将公证文书和相关材料,在三个月内完成汇总整理、分类立卷、移交归档。

第五十九条　公证机构受理公证申请后,承办公证员即应当着手立卷的准备工作,开始收集有关的证明材料,整理询问笔录和核实情况的有关材料等。

对不能附卷的证明原件或者实物证据,应当按照规定将其原件复印件(复制件)、物证照片及文字描述记载留存附卷。

第六十条　公证案卷应当根据公证事项的类别、内容,划分为普通卷、密卷,分类归档保存。

公证案卷应当根据公证事项的类别、用途及其证据价值确定保管期限。保管期限分短期、长期、永久三种。

涉及国家秘密、遗嘱的公证事项,列为密卷。立遗嘱人死亡后,遗嘱公证案卷转为普通卷保存。

公证机构内部对公证事项的讨论意见和有关请示、批复等材料,应当装订成副卷,与正卷一起保存。

第十章　公证争议处理

第六十一条　当事人认为公证书有错误的,可以在收到公证书之日起一年内,向出具该公证书的公证机构提出复查。

公证事项的利害关系人认为公证书有错误的,可以自知道或者应当知道该项公证之日起一年内向出具该公证书的公证机构提出复查,但能证明自己不知道的除外。提出复查的期限自公证书出具之日起最长不得超过二十年。

复查申请应当以书面形式提出,载明申请人认为公证书存在的错误及其理由,提出撤销或者更正公证书的具体要求,并提供相关证明材料。

第六十二条　公证机构收到复查申请后,应当指派原承办公证员之外的公证员进行复查。复查结论及处理意见,应当报公证机构的负责人审批。

第六十三条　公证机构进行复查,应当对申请人提出的公证书的错误及其理由进行审查、核实,区别不同情况,按照以下规定予以处理:

(一)公证书的内容合法、正确、办理程序无误的,作出维持公证书的处理决定;

(二)公证书的内容合法、正确,仅证词表述或者格式不当的,应当收回公证书,更正后重新发给当事人;不能收回的,另行出具补正公证书;

(三)公证书的基本内容违法或者与事实不符的,应当作出撤销公证书的处理决定;

(四)公证书的部分内容违法或者与事实不符的,可以出具补正公证书,撤销对违法或者与事实不符部分的证明内容；也可以收回公证书，对违法或者与事实不符的部分进行删除、更正后，重新发给当事人；

（五）公证书的内容合法、正确，但在办理过程中有违反程序规定、缺乏必要手续的情形，应当补办缺漏的程序和手续；无法补办或者严重违反公证程序的，应当撤销公证书。

被撤销的公证书应当收回，并予以公告，该公证书自始无效。

公证机构撤销公证书的，应当报地方公证协会备案。

第六十四条　公证机构应当自收到复查申请之日起三十日内完成复查，作出复查处理决定，发给申请人。需要对公证书作撤销或者更正、补正处理的，应当在作出复查处理决定后十日内完成。复查处理决定及处理后的公证书，应当存入原公证案卷。

公证机构办理复查，因不可抗力、补充证明材料或者需要核实有关情况的，所需时间不计算在前款规定的期限内，但补充证明材料或者需要核实有关情况的，最长不得超过六个月。

第六十五条　公证机构发现出具的公证书的内容及办理程序有本规则第六十三条第二项至第五项规定情形的，应当通知当事人，按照本规则第六十三条的规定予以处理。

第六十六条　公证书被撤销的，所收的公证费按以下规定处理：

（一）因公证机构的过错撤销公证书的，收取的公证费应当全部退还当事人；

（二）因当事人的过错撤销公证书的，收取的公证费不予退还；

（三）因公证机构和当事人双方的过错撤销公证书的，收取的公证费酌情退还。

第六十七条　当事人、公证事项的利害关系人对公证机构作出的撤销或者不予撤销公证书的决定有异议的，可以向地方公证协会投诉。

投诉的处理办法，由中国公证协会制定。

第六十八条　当事人、公证事项的利害关系人对公证书涉及当事人之间或者当事人与公证事项的利害关系人之间实体权利义务的内容有争议的，公证机构应当告知其可以就该争议向人民法院提起民事诉讼。

第六十九条　公证机构及其公证员因过错给当事人、公证事项的利害关系人造成损失的，由公证机构承担相应的赔偿责任；公证机构赔偿后，可以向有故意或者重大过失的公证员追偿。

当事人、公证事项的利害关系人与公证机构因过错责任和赔偿数额发生争议，协商不成的，可以向人民法院提起民事诉讼，也可以申请地方公证协会调解。

第十一章　附　　则

第七十条　有关办证规则对不同的公证事项的办证程序有特殊规定的,从其规定。

第七十一条　公证机构根据《公证法》第十二条规定受理的提存、登记、保管等事务,依照有关专门规定办理;没有专门规定的,参照本规则办理。

第七十二条　公证机构及其公证员在办理公证过程中,有违反《公证法》第四十一条、第四十二条以及本规则规定行为的,由司法行政机关依据《公证法》、《公证机构执业管理办法》、《公证员执业管理办法》给予相应的处罚;有违反公证行业规范行为的,由公证协会给予相应的行业处分。

第七十三条　本规则由司法部解释。

第七十四条　本规则自 2006 年 7 月 1 日起施行。司法部 2002 年 6 月 18 日发布的《公证程序规则》(司法部令第 72 号)同时废止。

房屋拆迁证据保全公证细则

（1993 年 12 月 1 日　司法部令第 29 号）

第一条　为规范城市房屋拆迁证据保全公证活动,根据《中华人民共和国公证暂行条例》、《城市房屋拆迁管理条例》、《公证程序规则(试行)》,制订本细则。

第二条　房屋拆迁证据保全公证是指在房屋拆迁之前,公证机关对房屋及附属物的现状依法采取勘测、拍照或摄像等保全措施,以确保其真实性和证明力的活动。

第三条　本细则适用于《城市房屋拆迁管理条例》规定的拆除依法代管的房屋,代管人是房屋主管部门的;拆除有产权纠纷的房屋,在房屋拆迁主管部门公布的规定期限内纠纷未解决的;拆除设有抵押权的房屋实行产权调换,抵押权人和抵押人在房屋拆迁主管部门公布的规定期限内达不成抵押协议的以及其他房屋拆迁证据保全的公证事项。

第四条　房屋拆迁证据保全公证,由被拆迁房屋所在地公证处管辖。

第五条　房屋拆迁证据保全公证申请人是拆迁人或被拆迁人,房屋拆迁主管部门也可以作为申请人。上述申请人可以委托他人代为提出公证申请。

第六条　申请人应填写公证申请表,并提交下列材料:

(一)身份证明;申请人为法人的,应提交法人资格和法定代表人的身份证明;被拆迁人为公民个人的,应提交身份证明;

(二)资格证明;拆迁人应提交房屋拆迁主管部门核发的拆迁许可证明;接受拆迁委托的被委托人应提交房屋拆迁资格证书;被拆迁人应提交作为被拆除房屋及其附属物的所有人(包括代管人、国家授权的国有房屋及其附属物的管理人)和被拆除房屋及其附属物的使用人的证明;

(三)拆除有产权纠纷的房屋,提交由县级以上人民政府房屋拆迁主管部门批准的补偿安置方案的证明;

(四)实施强制拆迁的房屋,提交县级以上人民政府作出的限期拆迁的决定或人民法院院长签发的限期拆迁的公告;

(五)公证人员认为应当提交的其他有关材料。

第七条　符合下列条例的申请,公证处应予受理,并书面通知申请人:

(一)申请人符合本细则第五条的规定;

(二)申请公证事项属于本公证处管辖;

(三)提供本细则第六条所需材料。

不符合前款规定条件的申请,公证处应作出不予受理的决定,通知申请人,并告知对拒绝受理不服的复议程序。

受理或拒绝受理的决定,应在申请人依据本细则规定正式提出申请后的七日内作出。

第八条　公证人员应认真接待申请人,应按《公证程序规则(试行)》第二十四条的规定制作谈话笔录,并着重记录下列内容:

(一)申请证据保全的目的和理由;

(二)申请证据保全的种类、名称、地点和现存状况;

(三)证据保全的方式;

(四)公证人员认为应当记录的其他内容。

申请人也可以提交包含上述内容的书面材料。

第九条　符合证据保全公证条件的,公证处应派两名以上公证人员(其中至少有一名公证员)参与整个证据保全活动。

第十条　办理房屋拆迁证据保全公证、公证员应当客观、全面地记录被拆迁房屋的现场状况,收集、提取有关证据。应该根据被保全对象的不同特点,采取勘测、拍照、摄像等方式进行证据保全。

第十一条　对房屋进行勘测的,应当制作勘测记录,记明勘测时间、地点、测验人、记录人、被保全房屋的产权人、座落、四至、房屋性质、结构、层次、面积、新旧程度、屋面及地面质地、附属设施以及其它应当记明的事项;能够用图示标明的房屋长度、宽度应当图示;记录应当由勘测人、公证员签名或者盖章;拆迁活动当事人在场的,应请当事人签名或盖章;该当事人拒绝签名或盖章的,公证员应在记录中记明。

第十二条　对房屋进行拍照和摄像的,应当全面反映、记录房屋的全貌。房屋结构、门窗、厨房以及附属设施等,要有单独的图片显示。

第十三条　公证机关对保全事项认为需要勘测的,应当聘请专业技术部门或其他部门中有该项能力的人员进行勘测。

专业技术部门及其勘测人应当提出书面勘测结论,在勘测书上签名或者盖章。其他部门勘测人勘测的,应由勘测人所在单位加盖印章,证明勘测人身份。

第十四条　实施强制拆迁房屋证据保全时,公证机关应通知被拆迁人到场。如其拒不到场,公证员应在笔录中记明。

实施强制拆迁房屋中有物品的,公证员应当组织对所有物品逐一核对、清点、登记,分类造册。并记录上述活动的时间、地点,交两名有完全行为能力的在场人员核对后,由公证员和在场人在记录上签名。被拆迁人拒绝签名的,公证员应在记录中记明。

物品清点登记后,凡不能立即交与被拆迁人接收的,公证员要监督拆迁人将物品存放在其提供的仓库中,并对物品挂签标码,丢失损坏的,仓库保管人应承担赔偿责任。

拆迁人应制作通知书,通知当事人在一定期限内领取物品。逾期不领的,公证处可以接受拆迁人的提存申请,办理提存。

第十五条　公证员对房屋证据保全的活动结束后应出具公证书。公证书应当按照《公证程序规则(试行)》第三十八条的规定及《公证书格式(试行)》第四十八条保全证据公证书格式(之二)制作。公证词应当记明申请保全的理由及时间,公证员审查申请人主体资格及证据情况的内容,采取保全的时间、地点、方法,保全证据所制作的笔录、拍摄的照片、录像带的名称、数量及保存地点。

第十六条　本细则自 1994 年 2 月 1 日起施行。

提存公证规则

（1995 年 6 月 2 日　司法部令第 38 号）

第一条　为维护经济流转秩序,预防和减少债务纠纷,保证提存公证质量,根据《中华人民共和国民法通则》、《中华人民共和国公证暂行条例》及有关规定,制订本规则。

第二条　提存公证是公证处依照法定条件和程序,对债务人或担保人为债权人的利益而交付的债之标的物或担保物(含担保物的替代物)进行寄托、保管,并在条件成就时交付债权人的活动。为履行清偿义务或担保义务而向公证处申请提存的人为提存人。提存之债的债权人为提存受领人。

第三条　以清偿为目的的提存公证具有债的消灭和债之标的物风险责任转移的法律效力。

以担保为目的的提存公证具有保证债务履行和替代其他担保形式的法律效力。

不符合法定条件的提存或提存人取回提存标的的,不具有提存公证的法律效力。

第四条　提存公证由债务履行地的公证处管辖。

以担保为目的的提存公证或在债务履行地申办提存公证有困难的,可由担保人住所地或债务人住所地的公证处管辖。

第五条　债务清偿期限届至,有下列情况之一使债务人无法按时给付的,公证处可以根据债务人申请依法办理提存:

（一）债权人无正当理由拒绝或延迟受领债之标的的;

（二）债权人不在债务履行地又不能到履行地受领的;

（三）债权人不清、地址不详,或失踪、死亡(消灭)其继承人不清,或无行为能力其法定代理人不清的。

第六条　有下列情况之一的,公证处可以根据当事人申请办理提存公证:

（一）债的双方在合同(协议)中约定以提存方式给付的;

（二）为了保护债权人利益,保证人、抵押人或质权人请求将担保物(金)或其替代物提存的。

当事人申办前款所列提存公证,必须列明提存物给付条件,公证处应按提存人所附条件给付提存标的物。

第七条　下列标的物可以提存:

(一)货币;

(二)有价证券、票据、提单、权利证书;

(三)贵重物品;

(四)担保物(金)或其替代物;

(五)其他适宜提存的标的物。

第八条　公证处应当在指定银行设立提存帐户,并置备保管有价证券、贵重物品的专用设备或租用银行的保险箱。

第九条　提存申请人应当填写公证申请表,并提交下列材料:

(一)申请人的身份证明;法人应提交法人资格证明和法定代表人身份证明,法定代理人应提交与被代理人关系的证明,委托代理人应提交授权委托书;

(二)合同(协议)、担保书、赠与书、司法文书、行政决定等据以履行义务的依据;

(三)存在本规则第五条或第六条规定情况的有关证明材料;

(四)提存受领人姓名(名称)、地址、邮编、联系电话等;

(五)提存标的物种类、质量、数量、价值的明细表;

(六)公证员认为应当提交的其他材料。

第十条　符合下列条件的申请,公证处应当受理:

(一)申请人对提存受领人负有清偿或担保义务;

(二)具有本规则第五条或第六条规定的情况;

(三)申请事项属于本公证处管辖;

(四)本规则第九条规定的材料基本齐全。

公证处应在收到申请之日起三日内作出受理或不予受理的决定。不予受理的,公证处应当告知申请人对不予受理不服的复议程序。

第十一条　公证人员应按《公证程序规则(试行)》第二十四条规定制作谈话笔录,记录下列内容:

(一)提存理由和相关事实(如无法给付债的标的物的事由和经过);

(二)有关提存受领人的详细情况;

(三)提存标的物的详细情况;

(四)提存人所作的特别说明等。

第十二条　公证员应当按《公证程序规则(试行)》第二十三条规定,审查下列内容:

（一）本规则第九条所列材料是否齐全,内容是否属实;

（二）提存人的行为能力和清偿依据;

（三）申请提存之债的真实性、合法性;

（四）请求提存的原因和事实是否属实;

（五）提存标的物与债的标的是否相符,是否适宜提存;

（六）提存标的物是否需要采取特殊的处理或保管措施。

第十三条　符合下列条件的,公证处应当予以提存:

（一）提存人具有行为能力,意思表示真实;

（二）提存之债真实、合法;

（三）符合本规则第五条或第六条以及第七条规定条件;

（四）提存标的与债的标的相符。

提存标的与债的标的不符或在提存时难以判明两者是否相符的,公证处应告知提存人如提存受领人因此原因拒绝受领提存物则不能产生提存的效力。提存人仍要求提存的,公证处可以办理提存公证,并记载上述条件。

不符合前两款规定的,公证处应当拒绝办理提存公证,并告知申请人对拒绝公证不服的复议程序。

第十四条　公证处应当验收提存标的物并登记存档。对不能提交公证处的提存物,公证处应当派公证员到现场实地验收。验收时,提存申请人(或其代理人)应当在场,公证员应制作验收笔录。

验收笔录应当记录验收的时间、地点、方式、参加人员、物品的数量、种类、规格、价值以及存放地点、保管环境等内容。验收笔录应交提存人核对。公证员、提存人及其他参与人员应当在验收笔录上签名。

对难以验收的提存标的物,公证处可予以证据保全,并在公证笔录和公证书中注明。

经验收的提存标的物,公证处应当采用封存、委托代管等必要的保管措施。

对易腐易烂易燃易爆等物品,公证处应当在保全证据后,由债务人拍卖或变卖,提存其价款。

第十五条　对提存的贵重物品、有价证券、不动产或其他物品的价值难以确定的,公证处可以聘请专业机构或人员进行估价。

第十六条　提存货币的,以现金、支票交付公证处的日期或提存款划入公证处提存帐户的日期为提存日期。

提存的物品需要验收的,以公证处验收合格的日期为提存日期。

提存的有价证券、提单、权利证书或无需验收的物品,以实际交付公证处的日期为提存日期。

第十七条　公证处应当从提存之日起三日内出具提存公证书。提存之债从提存之日即告清偿。

第十八条　提存人应将提存事实及时通知提存受领人。

以清偿为目的的提存或提存人通知有困难的,公证处应自提存之日起七日内,以书面形式通知提存受领人,告知其领取提存物的时间、期限、地点、方法。

提存受领人不清或下落不明、地址不详无法送达通知的,公证处应自提存之日起六十日内,以公告方式通知。公告应刊登在国家或债权人在国内住所地的法制报刊上,公告应在一个月内在同一报刊刊登三次。

第十九条　公证处有保管提存标的物的权利和义务。公证处应当采取适当的方法妥善保管提存标的,以防毁损、变质或灭失。

对不宜保存的、提存受领人到期不领取或超过保管期限的提存物品,公证处可以拍卖,保存其价款。

第二十条　下列物品的保管期限为六个月:

(一)不适于长期保管或长期保管将损害其价值的;

(二)六个月的保管费用超过物品价值5%的。

第二十一条　从提存之日起,超过二十年无人领取的提存标的物,视为无主财产;公证处应在扣除提存费用后将其余额上缴国库。

第二十二条　提存物在提存期间所产生的孳息归提存受领人所有。提存人取回提存物的,孳息归提存人所有。

提存的存款单、有价证券、奖券需要领息、承兑、领奖的,公证处应当代为承兑或领取,所获得的本金和孳息在不改变用途的前提下,按不损害提存受领人利益的原则处理。无法按原用途使用的,应以货币形式存入提存帐户。

定期存款到期的,原则上按原来期限将本金和利息一并转存。股息红利除用于支付有关的费用外,剩余部分应当存入提存专用帐户。

提存的不动产或其他物品的收益,除用于维护费用外剩余部分应当存入提存帐户。

第二十三条　公证处应当按照当事人约定或法定的条件给付提存标的。本规则第六条第一项规定的以对待给付为条件的提存,在提存受领人未为对待给付之前,公证处不得给付提存标的物。

提存受领人领取提存标的物时,应提供身份证明、提存通知书或公告,以及有关债权的证明,并承担因提存所支出的费用。提存受领人负有对待给付义务的,应提供履行对待给付义务的证明。委托他人代领的,还应提供有效的授权委托书。由其继承人领取的,应当提交继承公证书或其他有效的法律文书。

第二十四条　因债权的转让、抵销等原因需要由第三人领取提存标的物的,该第三人应当提供已取得提存之债债权的有效法律文书。

第二十五条　除当事人另有约定外,提存费用由提存受领人承担。

提存费用包括:提存公证费、公告费、邮电费、保管费、评估鉴定费、代管费、拍卖变卖费、保险费,以及为保管、处理、运输提存标的物所支出的其他费用。

提存受领人未支付提存费用前,公证处有权留置价值相当的提存标的物。

第二十六条　提存人可以凭人民法院生效的判决、裁定或提存之债已经清偿的公证证明取回提存物。

提存受领人以书面形式向公证处表示抛弃提存受领权的,提存人得取回提存物。

提存人取回提存物的,视为未提存。因此产生的费用由提存人承担。提存人未支付提存费用前,公证处有权留置价值相当的提存标的。

第二十七条　公证处不得挪用提存标的。公证处或公证人员挪用提存标的的,除应负相应的赔偿责任外,对直接责任人员要追究行政或刑事责任。

提存期间,提存物毁损灭失的风险责任由提存受领人负担;但因公证处过错造成毁损、灭失的,公证处负有赔偿责任。

公民、法人以不正当手段骗取提存标的的,负有赔偿责任;构成犯罪的,依法追究刑事责任。

公证处未按法定或当事人约定条件给付提存标的给当事人造成损失的,公证处负有连带赔偿责任。

第二十八条　符合法定或当事人约定的给付条件,公证处拒绝给付的,由其主管的司法行政机关责令限期给付;给当事人造成损失的,公证处负有赔偿责任。

根据人民法院、仲裁机构的裁决或司法行政机关决定给付的,由此产生的法律后果由作出决定的机构承担。

第二十九条　司法机关或行政机关因执行公务而申办提存公证的,参照本规则办理。

监护人、遗产管理人为保护被监护人、继承人利益,请求将所监护或管理的财产提存的,参照本规则办理。

遗嘱人或赠与人为保护遗嘱受益人或未成年的受赠人利益,请求将遗嘱所处分的财产或赠与财产提存的,参照本规则办理。

第三十条　外国人、无国籍人在中国境内申办提存公证,适用本规则。

第三十一条　本规则自发布之日起施行。由司法部负责解释。

司法部办公厅关于切实提高公证质量
严防错证假证问题的通知

（1995 年 4 月 18 日　司办字〔1995〕12 号）

各省、自治区、直辖市司法厅（局）：

　　近来,有些地方的公证处不同程度地出现了忽视公证质量,片面追求经济效益,不重视社会效益的错误倾向,致使办证质量下降,投诉增加。为此,现就有关问题通知如下:

一、进一步在全体公证人员中树立公证质量意识

　　党的十四届三中全会提出,要加强公证等中介组织的建设,使之发挥应有的服务、沟通、公证、监督的作用,为公证事业的发展提供了机遇和挑战。公证能否在社会主义市场经济中充分发挥作用,归根到底,是看它能否为社会提供及时有效、质量上乘的法律服务。要使全体公证人员清醒地认识到,公证质量直接影响到公证的真实性、合法性。而真实、合法原则是公证的基石,失去这一基础,公证的根基就会动摇。只有提高公证质量,公证工作才能体现其本来的属性,得到社会的认可,公证事业才能繁荣发展。在社会主义市场经济条件下,公证机构正在由行政机关向事业单位转变,注重经济效益无可非议,对公证处的今后发展也是有利的。但是,绝不能单纯讲求经济效益而偏废公证质量。那种只顾眼前利益,不顾真实合法原则去追逐经济效益的做法,不仅损害当事人的利益,而且也败坏了公证的信誉,甚至造成重大政治影响、经济损失,危及社会的安定,必须坚决予以纠正。

二、当前应特别注意提高质量的几类公证事项

　　随着公证事业的发展和公证服务领域的不断扩大,公证事项越来越多,涉及面越来越广,影响越来越大。对新开拓的公证事项如果不认真学习有关法律法规等知识,不深入调查、核实,不严格按照规定和程序办证,不仅起不到公证应有的作用,反而会给经济诈骗活动披上合法的外衣,使他人轻信上当,以致造成重大损失和恶劣的社会影响,给公证事业的发展也带来难以挽回的消极影响。当前,应着重注意办证质量的公证事项有:（一）法律、法规规定必须公证的事项,

如有关人身权重大变更的涉外收养公证等。（二）履行期限长、标的和风险大的公证事项。如经济合同公证，公证处不仅要严格审查当事人的资格、资信等情况，把握合同真实性、合法性，还要注意审查合同的可行性。自始不能或根本不能履行的经济合同也就谈不上真实、合法。约定提存的，公证处应严格按照条件给付提存款项，并应及时跟踪了解给付后果。（三）影响面广、责任重大的公证事项。如有偿集资活动公证，要严格按照 1993 年 9 月 2 日《国务院关于清理有偿集资活动坚决制止乱集资问题的通知》（国发〔1993〕62 号）执行，只能办理该通知第二条所列的集资活动公证。对于经合法批准的集资活动，应严格按照公证程序，在审查真实、合法的前提下，着重审查集资方的履约能力，并要求其提供真实的还款担保，以最大限度地降低风险。（四）回报率高、履约期限长的种植、养殖合同公证，一般应有必要的担保或进行农业养殖保险后才能予以公证。（五）对于没有法律依据，也不符合民事法律精神的合同，如还本销售等，公证处不得给予办理公证。

三、严格质量管理制度，保障公证质量

重视公证质量管理工作，把提高公证质量作为公证工作的一项头等大事来抓，是各级司法行政机关的重要职责。各地在公证工作实践中，积累了一些行之有效的质量管理经验。实践证明，多数质量管理制度是适合公证发展特点并行之有效的，应当继续坚持下去，特别是下列制度必须予以认真执行：

（一）调查取证制度。对于当事人提交的证据材料，应进行认真的审查、核实。对于一些重要的或有疑点的证据材料，公证员应进行实地调查取证。

（二）出证审批制度。在目前情况下，出证审批制度应当根据新的情况予以加强。公证处主任要严把审批关，杜绝只批不审现象，并应明确办证人、审批人分别承担的责任。

（三）重大、疑难公证事项集体讨论制度。对于重大、疑难的公证事项，承办人员不得擅自受理、出证，应提交公证处或处务会议集体讨论决定。

（四）请示汇报制度。对于重大、疑难公证事项，公证处不能自己决定的，应及时向主管司法行政机关请示汇报。

（五）将公证责任与承办人的经济责任挂钩，探索实行错证赔偿制度和积极着手设立赔偿基金，为建立公证赔偿制度打好基础。

四、认真查处错、假证

（一）各级司法行政机关和各公证处，要始终把提高全员质量意识，切实提高公证质量当成一件大事，摆在突出重要的位置，持之以恒地一抓到底。各地应

当从本地实际出发,制定切实有效的公证质量管理措施,降低错证率,坚决杜绝假证。

（二）公证人员应模范遵守《公证人员廉洁自律的若干规定》（1989 年 12 月 19 日司法部第 6 号令）,严格按照公证程序办理公证事项,不得办关系证、人情证。对已经出现的错证,应及时检查纠正,认真总结经验教训,帮助改进;对业务素质差、多次办错证的公证员应离岗培训或调离公证业务岗位,造成严重影响的,应给予纪律处分。对于假证,要严肃查处;对有关责任人员,要坚决依法处理,绝不姑息迁就。对办证多、质量好、效益高的公证和公证人员要给予精神鼓励和物质奖励。在制定分配办法时,一定要强调质量因素。分配收入要和办证数量、质量、效益挂钩。

（三）各地应根据实际情况,建立常设的公证质量监督检查机构,定期对公证质量进行检查。要向社会公开公证质量投诉电话,接受各方面的监督。出现重大质量问题,应及时上报。对于隐瞒不报的,要给予通报批评,影响大、性质恶劣的,司法部将会同当地司法行政机关,进行严肃查处。对待人员群众来信来访反映的公证质量问题,应及时调查处理。对于上级机关转去的信函,应将调查结果和处理意见及时上报。一时难以查清或难以定性的案件也要及时报告进展情况。今年七月,由司法部统一部署,各省、区、市要组织一次办证质量大检查活动,重点围绕投诉的事件和人员进行。各地检查的结果,望及时报部。

1995 年 4 月 18 日

司法部关于印发《公证投诉处理办法(试行)》的通知

(1999 年 6 月 9 日 司发通〔1999〕059 号)

各省、自治区、直辖市司法厅(局),新疆生产建设兵团司法局:

为规范公证投诉制度,加强和完善公证监督机制,现将《公证投诉处理办法(试行)》印发给你们,望认真贯彻执行。

执行中有什么问题和建议,请及时报部。

公证投诉处理办法(试行)

第一条 为规范公证投诉制度,切实加强社会对公证工作的监督,提高公证质量,维护公证机构的声誉和公证投诉人的合法权益,根据《中华人民共和国公证暂行条例》的有关规定,制定本办法。

第二条 投诉人是指就本办法第五条规定的范围提出投诉的任何人。被投诉人是指投诉人投诉的公证处、公证人员。

第三条 受诉机关是指所在公证处、直接主管被投诉人的司法行政机关或其上一级司法行政机关、公证员协会。

第四条 受诉机关接受投诉案件后,应当认真调查研究,在查明事实的基础上,依据国家有关法律、法规、规章和司法部的有关规定处理。

第五条 本办法所适用的投诉范围包括:

(一)刁难当事人,服务态度恶劣,造成不良影响的;

(二)无故推诿,应当受理的公证事项而不予受理的;

(三)利用职务之便谋取权利,贪污、索贿、受贿的;

(四)故意出具虚假公证书或因工作失职造成错证,致使当事人的合法权益受到侵害的;

(五)泄露国家秘密或当事人隐私的;

(六)未按国家规定标准收取公证费或巧立名目滥收公证费的;

（七）其他侵害或妨碍当事人合法权益实现的行为。

第六条　投诉人提出投诉,应以信函、电话或来访的方式进行,并据实署名,对于匿名投诉也应进行调查处理。

第七条　投诉人必须如实反映情况,投诉内容应尽可能具体、明确,并附上相应的证据材料。

第八条　受诉机关应设立意见箱和投诉电话,设专人负责受理投诉工作,并认真做好接待登记。登记的内容包括:投诉人姓名、性别、年龄、联系地址(住址或单位名称)、联系电话、接待时间、投诉事由、涉及人员。

受诉机关对投诉人来访或以口头方式进行投诉的,应当热情接待,认真做好谈话笔录,笔录应交投诉人核对并签名。

第九条　受诉机关对群众投诉的问题,应及时调查处理。自接到或收到投诉的次日起60日内对投诉事项依法作出处理,并将处理结果以信函方式答复投诉人。如因投诉事项复杂,在规定日期内不能处理完毕的,应向投诉人说明情况,延长答复时间,但最长不得超过3个月。

受诉机关对于上级机关委托调查的投诉事项,应在1个月内上报调查结果和处理意见。一时无法查清的,应在规定限期内报告调查进展情况。

第十条　受诉机关处理投诉案件时,必须听取被投诉人的申辩。

第十一条　受诉机关应当将处理结果予以公开。

第十二条　本办法自颁布之日起施行。

遗嘱公证细则

（2000 年 3 月 24 日　司法部令第 57 号）

第一条　为规范遗嘱公证程序,根据《中华人民共和国继承法》、《中华人民共和国公证暂行条例》等有关规定,制定本细则。

第二条　遗嘱是遗嘱人生前在法律允许的范围内,按照法律规定的方式处分其个人财产或者处理其他事务,并在其死亡时发生效力的单方法律行为。

第三条　遗嘱公证是公证处按法定程序证明遗嘱人设立遗嘱行为真实、合法的活动。经公证证明的遗嘱为公证遗嘱。

第四条　遗嘱公证由遗嘱人住所地或者遗嘱行为发生地公证处管辖。

第五条　遗嘱人申办遗嘱公证应当亲自到公证处提出申请。

遗嘱人亲自到公证处有困难的,可以书面或者口头形式请求有管辖权的公证处指派公证人员到其住所或者临时处所办理。

第六条　遗嘱公证应当由两名公证人员共同办理,由其中一名公证员在公证书上署名。因特殊情况由一名公证员办理时,应当有一名见证人在场,见证人应当在遗嘱和笔录上签名。

见证人、遗嘱代书人适用《中华人民共和国继承法》第十八条的规定。

第七条　申办遗嘱公证,遗嘱人应当填写公证申请表,并提交下列证件和材料:

（一）居民身份证或者其他身份证件;

（二）遗嘱涉及的不动产、交通工具或者其他有产权凭证的财产的产权证明;

（三）公证人员认为应当提交的其他材料。

遗嘱人填写申请表确有困难的,可由公证人员代为填写,遗嘱人应当在申请表上签名。

第八条　对于属于本公证处管辖,并符合前条规定的申请,公证处应当受理。

对于不符合前款规定的申请,公证处应当在三日内作出不予受理的决定,并通知申请人。

第九条　公证人员具有《公证程序规则(试行)》第十条规定情形的,应当自行回避,遗嘱人有权申请公证人员回避。

第十条　公证人员应当向遗嘱人讲解我国《民法通则》、《继承法》中有关遗嘱和公民财产处分权利的规定,以及公证遗嘱的意义和法律后果。

第十一条　公证处应当按照《公证程序规则(试行)》第二十三条的规定进行审查,并着重审查遗嘱人的身份及意思表示是否真实、有无受胁迫或者受欺骗等情况。

第十二条　公证人员询问遗嘱人,除见证人、翻译人员外,其他人员一般不得在场。公证人员应当按照《公证程序规则(试行)》第二十四条的规定制作谈话笔录。谈话笔录应当着重记录下列内容:

(一) 遗嘱人的身体状况、精神状况;遗嘱人系老年人、间歇性精神病人、危重伤病人的,还应当记录其对事物的识别、反应能力;

(二) 遗嘱人家庭成员情况,包括其配偶、子女、父母及与其共同生活人员的基本情况;

(三) 遗嘱所处分财产的情况,是否属于遗嘱人个人所有,以前是否曾以遗嘱或者遗赠扶养协议等方式进行过处分,有无已设立担保、已被查封、扣押等限制所有权的情况;

(四) 遗嘱人所提供的遗嘱或者遗嘱草稿的形成时间、地点和过程,是自书还是代书,是否本人的真实意愿,有无修改、补充,对遗产的处分是否附有条件;代书人的情况,遗嘱或者遗嘱草稿上的签名、盖章或者手印是否其本人所为;

(五) 遗嘱人未提供遗嘱或者遗嘱草稿的,应当详细记录其处分遗产的意思表示;

(六) 是否指定遗嘱执行人及遗嘱执行人的基本情况;

(七) 公证人员认为应当询问的其他内容。

谈话笔录应当当场向遗嘱人宣读或者由遗嘱人阅读,遗嘱人无异议后,遗嘱人、公证人员、见证人应当在笔录上签名。

第十三条　遗嘱应当包括以下内容:

(一) 遗嘱人的姓名、性别、出生日期、住址;

(二) 遗嘱处分的财产状况(名称、数量、所在地点以及是否共有、抵押等);

(三) 对财产和其他事务的具体处理意见;

(四) 有遗嘱执行人的,应当写明执行人姓名、性别、年龄、住址等;

(五) 遗嘱制作的日期以及遗嘱人的签名。

遗嘱中一般不得包括与处分财产及处理死亡后事宜无关的其他内容。

第十四条　遗嘱人提供的遗嘱,无修改、补充的,遗嘱人应当在公证人员面前确认遗嘱内容、签名及签署日期属实。

遗嘱人提供的遗嘱或者遗嘱草稿,有修改、补充的,经整理、誊清后,应当交遗嘱人核对,并由其签名。

遗嘱人未提供遗嘱或者遗嘱草稿的,公证人员可以根据遗嘱人的意思表示代为起草遗嘱。公证人员代拟的遗嘱,应当交遗嘱人核对,并由其签名。

以上情况应当记入谈话笔录。

第十五条 两个以上的遗嘱人申请办理共同遗嘱公证的,公证处应当引导他们分别设立遗嘱。

遗嘱人坚持申请办理共同遗嘱公证的,共同遗嘱中应当明确遗嘱变更、撤销及生效的条件。

第十六条 公证人员发现有下列情形之一的,公证人员在与遗嘱人谈话时应当录音或者录像:

(一)遗嘱人年老体弱;

(二)遗嘱人为危重伤病人;

(三)遗嘱人为聋、哑、盲人;

(四)遗嘱人为间歇性精神病患者、弱智者。

第十七条 对于符合下列条件的,公证处应当出具公证书:

(一)遗嘱人身份属实,具有完全民事行为能力;

(二)遗嘱人意思表示真实;

(三)遗嘱人证明或者保证所处分的财产是其个人财产;

(四)遗嘱内容不违反法律规定和社会公共利益,内容完备,文字表述准确,签名、制作日期齐全;

(五)办证程序符合规定。

不符合前款规定条件的,应当拒绝公证。

第十八条 公证遗嘱采用打印形式。遗嘱人根据遗嘱原稿核对后,应当在打印的公证遗嘱上签名。

遗嘱人不会签名或者签名有困难的,可以盖章方式代替在申请表、笔录和遗嘱上的签名;遗嘱人既不能签字又无印章的,应当以按手印方式代替签名或者盖章。

有前款规定情形的,公证人员应当在笔录中注明。以按手印代替签名或者盖章的,公证人员应当提取遗嘱人全部的指纹存档。

第十九条 公证处审批人批准遗嘱公证书之前,遗嘱人死亡或者丧失行为能力的,公证处应当终止办理遗嘱公证。

遗嘱人提供或者公证人员代书、录制的遗嘱,符合代书遗嘱条件或者经承办公证人员见证符合自书、录音、口头遗嘱条件的,公证处可以将该遗嘱发给遗嘱受益人,并将其复印件存入终止公证的档案。

公证处审批人批准之后,遗嘱人死亡或者丧失行为能力的,公证处应当完成公证遗嘱的制作。遗嘱人无法在打印的公证遗嘱上签名的,可依符合第十七条规定的遗嘱原稿的复印件制作公证遗嘱,遗嘱原稿留公证处存档。

第二十条　公证处可根据《中华人民共和国公证暂行条例》规定保管公证遗嘱或者自书遗嘱、代书遗嘱、录音遗嘱;也可根据国际惯例保管密封遗嘱。

第二十一条　遗嘱公证卷应当列为密卷保存。遗嘱人死亡后,转为普通卷保存。

公证遗嘱生效前,遗嘱卷宗不得对外借阅,公证人员亦不得对外透露遗嘱内容。

第二十二条　公证遗嘱生效前,非经遗嘱人申请并履行公证程序,不得撤销或者变更公证遗嘱。

遗嘱人申请撤销或者变更公证遗嘱的程序适用本规定。

第二十三条　公证遗嘱生效后,与继承权益相关的人员有确凿证据证明公证遗嘱部分违法的,公证处应当予以调查核实;经调查核实,公证遗嘱部分内容确属违法的,公证处应当撤销对公证遗嘱中违法部分的公证证明。

第二十四条　因公证人员过错造成错证的,公证处应当承担赔偿责任。有关公证赔偿的规定,另行制定。

第二十五条　本细则由司法部解释。

第二十六条　本细则自 2000 年 7 月 1 日起施行。

司法部关于印发
《公证赔偿基金管理试行办法》的通知

（2002 年 7 月 5 日　司发通〔2002〕57 号）

各省、自治区、直辖市司法厅（局），新疆生产建设兵团司法局：

《公证赔偿基金管理试行办法》已经财政部核准，现印发给你们，请遵照执行，并监督公证员协会做好组织和落实工作。

公证赔偿基金是非政府性的行业专用基金，各地要严格按规定筹集、分级管理、专款专用，不得挤占和挪用。公证员协会要建立公证赔偿基金帐户，专门用于公证赔偿基金的核算，严格按规定的范围使用，不得突破有比例控制的开支。

公证赔偿基金管理试行办法

第一章　总　　则

第一条　为适应公证工作改革的需要，建立公证风险保障体制，保证公证机构的赔偿能力，维护公证行业的信誉，根据国务院批转的《关于深化公证工作改革的方案》，制定本办法。

第二条　公证赔偿基金是用于偿付公证行业各公证机构及工作人员在履行公证职务过程中因过错给当事人造成的直接损失，以及其他有关支出的专项基金。

第三条　中国公证员协会负责组织和领导公证赔偿基金的管理工作，并接受各级司法行政主管部门和财政部门的监督。

第四条　公证赔偿基金实行按规定筹集、分级管理、专款专用的原则，任何机构或个人不得挤占和挪用。

第二章　基金的筹集

第五条　公证赔偿基金的来源：

（一）各公证机构按国家规定提取、缴纳的费用；

（二）公证赔偿基金用于国家批准投资的收益；

（三）公证机构因违反本办法有关规定而缴纳的滞纳金、罚款；

（四）单位或个人捐赠等其他收入。

第六条　公证机构每年年初应按上一自然年度公证业务收入总额的3%一次性提取公证赔偿基金。

第七条　公证机构应于每年3月31日以前，将提取的公证赔偿基金的1/2上缴中国公证员协会，用于集中缴纳公证责任保险的基本保费；其余的1/2作为公证赔偿后备金（以下简称"后备金"），其中：1/3上缴中国公证员协会，1/3上缴省级公证员协会，1/3留在本公证机构。

第八条　中国公证员协会管理的后备金总额达到上年全国公证业务年收入的3%时，应停止收缴；省级公证员协会管理的后备金总额达到本省公证业务年收入的15%时，应停止收缴。

中国公证员协会收缴的后备金达到规定限额的，原应由其收缴的部分转由省级公证员协会收缴；中国公证员协会及省公证员协会收缴的后备金均达到规定限额的，原应由其收缴的部分转由公证机构充实后备金。

第九条　为壮大基金而进行的投资仅限于用基金购买国债和国家批准发行的可贴现债券。投资收益首先用于支付为获得收益而支出的费用，剩余部分充实基金本金。

滞纳金、罚款首先用于支付有关追缴的必要开支，剩余部分充实基金本金。

第三章　基金的使用

第十条　公证赔偿基金的使用范围：

（一）支付公证责任保险合同规定的保险费；

（二）支付保险赔偿范围以外的公证责任理赔及赔偿费用；

（三）支付为减少公证赔偿案件的发生而建立公证质量监控系统的开发及使用维护费用；

（四）支付司法部核准的其他费用。

第十一条　公证责任保险是强制性全行业统一保险。由中国公证员协会代表全体公证机构向保险公司投以公证机构为被保险人的全行业公证责任保险。

公证责任保险的保险费实行浮动费率制。基本保费在中国公证员协会集中的公证赔偿基金中列支。因费率浮动致使保险费超过基本保费的部分，由中国公证员协会、各省级公证员协会及各公证机构按各负担1/3的原则从所管理的后备金中补足；因费率浮动致使保险费低于基本保费的部分，返回各公证机构用于补充其自管的后备金。

第十二条　后备金用于支付(含垫付)本办法第十条第(二)项的赔偿费用,包括:法院诉讼费、律师费、公证责任赔偿委员会办案费及其他合理费用。

后备金用于本办法第十条第(三)项用途,不得超过当年提取的后备金总额的5%。

后备金用于本办法第十条第(四)项用途,不得超过后备金总额的80%。

第十三条　用后备金支付本办法第十条第(二)项费用,首先从应负赔偿责任的公证机构的后备金中支出;不足部分(不含绝对免赔额)由该公证处所在的省级公证员协会管理的后备金垫付;仍不足的,由中国公证员协会管理的后备金垫付。

第十四条　公证机构向省级公证员协会申请使用省管后备金的,应当提交书面申请和相关材料,经省级公证责任赔偿委员会审核后由省级公证员协会批准使用。

省级公证员协会管理的后备金不足以支付的部分,由省级公证员协会向中国公证员协会提交书面申请和相关材料,经中国公证员协会公证责任赔偿委员会审核后由中国公证员协会批准使用。

第十五条　公证机构使用国家和省两级后备金的额度(限额)为其所缴纳后备金的总额减去该公证机构已使用费用的余额的10倍。

公证机构使用上述后备金用于公证责任赔偿后,对于超过该公证机构上缴后备金余额的部分,应于次年起分两年偿还,按中国人民银行公布的当时一年期贷款利率支付利息。公证机构偿还确有困难的,经批准可以延缓一至三年偿还。

第十六条　公证机构赔偿后,可责令有故意或重大过失的公证人员承担部分或全部赔偿费用。

第四章　监督管理

第十七条　各级公证员协会要建立健全内部管理制度,定期或不定期对公证赔偿基金收入、支出等进行检查,并接受财政、审计、司法行政等部门的监督检查。

第十八条　中国公证员协会、各省级公证员协会应根据需要配备专门的机构或人员负责管理公证赔偿基金。

第十九条　中国公证员协会、各省级公证员协会在基金的收付中应当使用财政部门统一印制的基金专用票据,并在银行设立专门帐户;公证机构应当对公证赔偿基金的自留部分单独核算。

第二十条　中国公证员协会的管理职责:

（一）领导和组织全国公证行业执行国家有关公证赔偿基金管理的规定；

（二）负责统一向保险公司投以公证机构为被保险人的全行业公证责任保险；

（三）负责由本会集中的公证赔偿基金的收缴、支付和管理；

（四）对各省级公证员协会及各公证机构的公证赔偿基金管理工作进行指导、监督。

第二十一条　省级公证员协会管理职责：

（一）领导和组织本地区公证机构执行国家有关公证赔偿基金管理的规定；

（二）负责由本会集中的后备金的收缴、支付和管理；

（三）对本地区公证机构的公证赔偿基金管理工作进行指导、监督。

第二十二条　公证机构每年应将自管的后备金使用情况向省级公证员协会报告。

中国公证员协会、省级公证员协会每年应将全国或本地区所管公证赔偿基金的使用情况向同级公证员协会理事会报告，并于每年 3 月 10 日前将上一年度公证赔偿基金的财务决算报同级司法行政部门。

第二十三条　公证机构应当按期如实缴纳公证赔偿基金。因延迟或不如实提取、缴纳公证赔偿基金所引起的法律后果由该公证机构自行承担。

第二十四条　公证机构无故不按时、足额缴纳公证赔偿基金的，按欠缴款额收取每日千分之二的滞纳金。

第二十五条　公证机构有下列行为之一的，除责令其限期改正外，由公证员协会报请司法行政机关视情节给予行政处罚：

（一）无故不按时、足额提取、缴纳公证赔偿基金，经基金经办机构催缴无效的；

（二）挪用、挤占公证赔偿基金的；

（三）故意骗取公证赔偿基金的；

（四）其他违法行为。

第二十六条　负责基金管理的人员有挪用、滥用、贪污、违规发放公证赔偿基金等违法行为的，应当给予相应政纪处分；构成犯罪的，依法追究刑事责任。

第五章　附　　则

第二十七条　本办法实施前公证机构已经提取的用于公证责任赔偿的资金金额，自本办法实施之日起，转为公证机构自管的公证责任赔偿后备金。

第二十八条　中国公证员协会可根据本办法制定公证赔偿基金管理的实施

细则,经司法部批准后实行。

　　第二十九条　本办法由司法部解释。

　　第三十条　本办法自发布之日起试行。

公证机构办理抵押登记办法

（2002 年 2 月 20 日印发　2002 年 2 月 20 日施行　司法部令第 68 号）

第一条　为规范公证机构的抵押登记活动,根据《中华人民共和国担保法》和《中华人民共和国公证暂行条例》等规定,制定本办法。

第二条　《中华人民共和国担保法》第四十三条第二款规定的公证部门为依法设立的公证机构。

第三条　《中华人民共和国担保法》第四十三条规定的"其他财产"包括下列内容:

（一）个人、事业单位、社会团体和其他非企业组织所有的机械设备、牲畜等生产资料;

（二）位于农村的个人私有房产;

（三）个人所有的家具、家用电器、金银珠宝及其制品等生活资料;

（四）其他除《中华人民共和国担保法》第三十七条和第四十二条规定之外的财产。

当事人以前款规定的财产抵押的,抵押人所在地的公证机构为登记部门,公证机构办理登记适用本办法规定。

第四条　以《中华人民共和国担保法》第四十二条第（二）项的规定的财产抵押,县级以上地方人民政府规定由公证机构登记的;以及法律、法规规定的抵押合同自公证机构办理登记之日起生效的,公证机构办理登记适用本办法规定。

第五条　以本办法第三条规定的财产抵押的,抵押权人自公证机构出具《抵押登记证书》之日起获得对抗第三人的权利。

以本办法第四条规定的财产抵押的,抵押合同自公证机构出具《抵押登记证书》之日起生效。

第六条　申办抵押登记,由抵押合同双方当事人共同提出申请,并填写《抵押登记申请表》。

《抵押登记申请表》应载明下列内容:

（一）申请人为个人的,应载明其姓名、性别、出生日期、身份证明号码、工作单位、住址、联系方式等;申请人为法人或其他组织的,应载明法人或其他组织的名称、地址、法定代表人或负责人和代理人的姓名、性别、职务、联系方式；

（二）主合同和抵押合同的名称；

（三）被担保的主债权的种类、数额；

（四）抵押物的名称、数量、质量、状况、所在地、所有权或者使用权权属；

（五）债务人履行债务的期限；

（六）抵押担保的范围；

（七）抵押物属再次抵押的，应载明再次抵押的情况；

（八）申请抵押登记的日期；

（九）其他需要说明的问题。

申请人应当在申请表上签名或盖章。

第七条 申请人应向公证机构提交下列材料：

（一）申请人和代理人的身份、资格证明；

（二）主合同、抵押合同及其他相关合同；

（三）以本办法第四条规定的财产抵押的，应提交抵押物所有权或者使用权证书；以本办法第三条规定的财产抵押的，应提交抵押物所有权或者使用权证书或其他证明材料；

（四）抵押物清单；

（五）与抵押登记事项有关的其他材料。

第八条 符合下列条件的申请，公证机构应予以受理：

（一）申请抵押登记的财产符合本办法第三条、第四条的规定；

（二）抵押登记事项属于本公证机构管辖；

（三）本办法第七条所列各项材料齐全。

公证机构不予受理的，应记录在案，并及时告知申请人。

第九条 公证机构应当在受理之日起 5 个工作日内审查完毕，并决定是否予以登记。

第十条 有下列情形之一的，公证机构不予办理抵押登记：

（一）申请人提交的材料无效；

（二）申请人对抵押物的名称、数量、质量、状况、所在地、所有权或者使用权权属存在争议；

（三）以法律、法规规定的不得抵押的财产设定抵押的。

对不予登记的，公证机构应记录在案，并书面告知申请人。

第十一条 公证机构决定予以登记的，应向当事人出具《抵押登记证书》。

《抵押登记证书》应载明下列内容：

（一）抵押人、抵押权人的姓名、身份证明号码或名称、单位代码、地址；

（二）抵押担保的主债权的种类、数额；

（三）抵押物的名称、数量、质量、状况、所在地、所有权或者使用权权属；

（四）债务人履行债务的期限；

（五）抵押担保的范围；

（六）再次抵押情况；

（七）抵押登记的日期；

（八）其他事项。

第十二条　公证机构办理房地产抵押登记的，应在出具《抵押登记证书》后告知房地产管理部门。

第十三条　办理抵押登记的公证机构应配备计算机，录入抵押登记信息，并设立书面登录簿，登录本公证机构办理抵押登记的资料。

办理抵押登记的公证机构应及时与其他公证机构交换抵押登记信息，信息的交换办法由各省、自治区、直辖市司法厅（局）制定。

第十四条　当事人变更抵押合同向公证机构申请变更登记，经审查符合抵押登记规定的，公证机构应予以办理变更抵押登记。

当事人变更抵押合同未办理变更抵押登记的，自行变更后的抵押不发生《中华人民共和国担保法》规定的抵押登记效力。

第十五条　当事人履行完毕主债务或提前终止、解除抵押合同向公证机构申请办理注销登记的，公证机构应予以办理注销抵押登记。

第十六条　公证机构办理抵押登记，按规定收取抵押登记费。抵押登记费由当事人双方共同承担或从约定。

第十七条　当事人及有关人员可以查阅、抄录或复印抵押登记的资料，但应按规定交纳费用。

第十八条　以承包经营权等合同权益、应收账款或未来可得权益进行物权担保的，公证机构办理登记可比照本办法执行。

第十九条　本办法由司法部解释。

第二十条　本办法自发布之日起施行。

中国委托公证人(香港)管理办法

(2002年2月24日印发 2002年4月1日施行 司法部令第69号)

第一章 总 则

第一条 为进一步健全委托公证人制度,加强对委托公证人的管理,提高委托公证的质量,维护当事人的合法权益,促进内地与香港社会经济的稳定发展,根据国务院有关规定,制定本办法。

第二条 委托公证人由司法部考试、考核合格后委托。委托期为三年,特殊情况可适当变更委托期限。委托期满,本人提出申请,经司法部考核合格并接受业务培训后,可连续委托。

第三条 委托公证人的业务范围是证明发生在香港地区的法律行为、有法律意义的事实和文书。证明的使用范围在内地。

第四条 委托公证人必须按照司法部规定或批准的委托业务范围、出证程序和文书格式出具公证文书。

第五条 委托公证人出具的委托公证文书,须经中国法律服务(香港)有限公司(以下简称公司)审核,对符合出证程序以及文书格式要求的加章转递,对不符合上述要求的不予转递。公司应定期(7月15日前报上半年,1月15日前报上年度)将加章转递情况报司法部。

第六条 委托公证人接受当事人委托后,应亲自办理委托公证事项。特殊情况下,需要内地公证机构或其他机构协助办理的,应征得当事人的同意,委托费用由委托公证人支付,或由委托公证人与当事人协商支付。

第七条 委托公证人应定期接受业务培训。

第二章 委托条件及程序

第八条 具备下列条件的香港律师,可向司法部提出成为委托公证人的申请:

(一)拥护《中华人民共和国宪法》,拥护《中华人民共和国香港特别行政区基本法》;

（二）在香港具有永久居留权的中国公民；

（三）担任香港律师十年以上；

（四）职业道德良好,未有因不名誉或违反职业道德受惩处的记录；

（五）掌握内地有关法律、法规和办证规则；

（六）能用中文书写公证文书,能用普通话进行业务活动。

第九条　具备本办法第八条规定条件的香港律师申请担任委托公证人,由本人向司法部提出书面申请；向公司申领并据实填写申请委托公证人登记表。申请书、登记表原件,学历、经历等证件的影印件经委托公证人公证后交由公司一并报司法部。

第十条　司法部接到有关申请后,对申请人资格进行审查并征求有关部门的意见,对符合申请条件的,集中组织进行法律知识和公证业务的培训,经培训后方可参加司法部组织的考试。

第十一条　司法部每三年举行一次委托公证人考试。

考试分为笔试、面试。重点测试申请人对内地有关法律和规定及委托公证业务、普通话的掌握程度。

通过考试的人员由司法部进行考核。

考核合格者,由司法部颁发委托书并予以首次注册。

第三章　注册条件及程序

第十二条　委托公证人应于每年12月15日前向司法部申请年度注册。未经注册的,不得办理委托公证业务。

司法部于每年一月份对注册的委托公证人进行年度公告。

第十三条　委托公证人符合下列条件的准予注册：

（一）在上一年度无违纪和判工行为；

（二）职业道德良好,无违反本办法及协会章程的行为；

（三）能按要求办理委托事宜。

第十四条　委托公证人注册程序：

（一）委托公证人向协会提出注册申请；

（二）填写协会发给的注册申请表,连同本人上年度办证情况及司法部规定需报的材料递交协会；

（三）协会理事会对委托公证人的注册申请签注意见后,将上述材料转交公司,公司将委托公证人所办公证加章转递情况签注意见后报司法部；

（四）司法部根据委托公证人的注册申请及有关材料并参考有关部门的意见,做出准予或不准予注册的书面决定。准予注册的,通知公司和协会,由协会代办注册手续。

第十五条　委托公证人受到本办法第十六条第二项处分期间应暂缓注册。

第四章　法律责任

第十六条　委托公证人有违反法律、法规、规章和执业纪律的行为分别给予以下处分：

（一）警告；

（二）中止委托；

（三）取消委托。

第十七条　委托公证人有下列行为之一的予以警告处分：

（一）发往内地使用的公证文书未按规定的时间送公司审核转递的；

（二）不按规定的程序、格式及要求出具公证书，经提示未及时改正的。

第十八条　委托公证人有下列行为之一的，根据不同情节，予以中止委托6至12个月的处分：

（一）发往内地使用的公证文书，不经加章转递的；

（二）因被投诉受到调查而不积极配合调查或经查实造成不良后果的；

（三）有判工行为但经提示及时改正的；

（四）不按规定的收费标准收费的；

（五）无正当理由不参加业务培训的；

（六）对协会理事会决议无正当理由不予执行的。

第十九条　委托公证人有下列行为之一的，取消委托：

（一）发往内地使用的公证文书不经加章转递，受警告或中止委托处分后仍不改正的；

（二）不按规定的程序要求出具公证书，经书面提示仍不改正的；

（三）被投诉业经查实，确已造成严重后果的；

（四）有判工行为经提示不及时改正的；

（五）受到两次中止委托处分的；

（六）在申请登记表及其他申请文书中做虚假陈述的；

（七）其他丧失第八条规定条件的。

第二十条　委托公证人接受委托一年内无正当理由不办理委托业务或不申请年度注册的，经协会书面提示仍不改变，视为自动中止委托。自动中止委托期限为6个月，到期经协会再次书面提示不申请恢复委托，视为自动放弃委托。申请恢复委托者，应说明理由。

因特殊原因，不能办理委托业务的应向司法部报告，经审查批准后，可予以注册。

第二十一条　司法部设立委托公证人纪律监督委员会(以下简称委员会),受理当事人对委托公证人的投诉,直接或委托有关单位进行调查。委员会应将调查结果及时向司法部报告并提出处理意见。

第五章　委托公证人协会

第二十二条　委托公证人协会由委托公证人依法组成,是委托公证人的自律性组织。委托公证人协会接受司法部的委托,承办与委托公证人有关的具体事项。

委托公证人在任期内必须参加协会成为协会会员。

第二十三条　委托公证人协会的职责由其章程作出规定。

第六章　附　　则

第二十四条　本办法由司法部解释。

第二十五条　本办法自 2002 年 4 月 1 日起施行。原司法部第 34 号令《中国委托公证人(香港)管理办法》同时废止。

司法部关于扩展和规范公证工作的若干意见

（2003 年 9 月 1 日　司发〔2003〕16 号）

各省、自治区、直辖市司法厅局，新疆生产建设兵团司法局：

党的十六大提出"拓展和规范法律服务"的重要命题，这是在全面建设小康社会的时代背景下对我国法律服务事业发展思路和目标的科学概括，体现了党和国家对法律服务工作的高度重视和充分肯定，为新世纪新阶段推动法律服务事业的发展指明了方向。为拓展和规范当前以及今后一段时期的公证工作，指导和推动公证工作不断加快改革发展，围绕中心、服务大局，为建设社会主义物质文明、精神文明和政治文明服务，结合当前公证事业的发展实际，现提出以下意见：

一、紧扣主题，把握机遇，在改革创新中发展公证事业

（一）拓展和规范法律服务，既是党和国家对法律服务事业二十多年来实践经验的概括和科学总结，也是公证工作今后必须长期坚持的指导思想。拓展，要求公证工作积极开辟服务新领域，探索服务新方式，更好地发挥公证制度的功能与作用；规范，要求公证工作在健康有序的轨道上进行，重点是规范公证服务主体、服务程序、服务秩序、规范公证工作的管理。拓展与规范并举，是公证事业发展的必由之路。

（二）围绕建设小康社会的目标，党的十六大提出了一系列经济社会发展与深化改革开放的任务，使我国公证事业迎来了新的发展机遇。推进政治体制改革，进一步转变政治职能和管理方式，必将更加注重发挥公证制度的职能；完善诉讼程序，提高司法效率，必然更加重视证据的效力；人民群众物质文化生活的不断提高，法律意识的日益增强，对高质量、多层次的公证法律服务的需求也将不断增加；推进司法体制改革，实现社会的公平与正义，稳定经济与社会秩序，需要更加充分地发挥公证工作的职能作用。

（三）当前和今后一个时期的主要任务，要以国务院批准的《关于深化公证工作改革的方案》（以下简称《方案》）明确的指导思想和发展目标，推动公证体制改革，规范公证机构内部运行机制，实现公证体制的创新；着眼于强化公证的预防纠纷功能,进一步发挥公证在社会主义市场经济建设中的职能作用,实现公证业务创新;以探索和建立中国特色的公证管理体系为目标,完善司法行政机关与公证行业协会"两结合"管理办法,实现管理体制创新;立足国情实际,借鉴国外有益经验,对公证制度的功能定位、性质等进行深入研究,努力实现公证理论创新。通过改革创新,不断完善公证法律法规体系,开拓公证工作服务领域,丰富工作方式,完善工作机制,在 2010 年初步形成与社会主义市场经济体制相适应的具有中国特色的公证法律制度。

二、围绕全面建设小康社会的奋斗目标,积极拓展公证法律服务

(四)拓宽思路,开阔视野,抓住机遇,努力开辟公证法律服务新领域。各级司法行政机关和公证员协会要围绕国家信用体系建设,切实发挥公证制度在防范风险、化解纠纷、减少诉讼、维护正常的经济秩序中的职能作用;特别是围绕我国加入世界贸易组织后面临的机遇与挑战,树立"大服务"的思想,积极介入,大胆实践,使公证业务不断深入到经济、社会生活的各个领域,扩大公证服务的覆盖面。

(五)不断研究、探索公证业务领域的新情况、新问题。公证机构及其公证人员要以高质量、高效率的服务,努力赢得社会和人民群众的信赖与支持。一是巩固和发展金融、房地产、涉外、政府采购、资金监管、电子商务;提存等经济、民事领域里已经较为成熟的公证业务,做精做细,使公证真正渗透到这些领域的全过程并发挥更加显著的作用。二是通过积极研究和推进,把能充分体现公证证明效力的业务做大做强,比如通过增强公证在维护市场经济秩序等服务中的实际效果,争取公证法律服务更广阔的空间。三是及时发现并研究经济社会生活领域的新变化、新需求,主动提供综合性、全方位的公证法律服务。拓展公证业务要克服随意性和盲目性,确保合范性,遵循公证工作的内在规律,体现公证工作的本质要求。

(六)积极开展面向基层、面向社区、面向群众的公证法律服务。公证工作要坚持深入农村,为农业发展和农村改革与稳定提供及时到位的法律服务。积极做好包括农村土地承包、土地使用权转让、农产品购销合同、农村金融信贷经济公证事项。配合有关部门做好计划生育以及租赁、赡养、继承等方面的民事公证事项。今后,大中城市的公证处都要与一个或多个社区建立联系点,签订服务协议,向社区居民发放服务联系卡,设置服务指示牌,向居民解答法律咨询,办理公证事务;积极参加社会公益活动,公证处、公证员都要积极为残疾人、老年人等弱势群体提供帮助。

(七)加强面向社会、面向群众的宣传,进一步扩大公证的影响。要综合运用电视、广播、报刊等新闻媒介,结合典型案例,大力宣传公证制度的产生、发展及其在稳定社会秩序和经济秩序,保障国家法律正确实施中的功能、作用,宣传和普及公证法律法规知识,为公证事业的发展奠定更加广泛、坚实的社会基础。

三、健全公证法律法规和规章制度,切实规范公证法律服务

(八)完善公证法律体系。目前,公证法已经列入全国人大常委会 2003 年立法计划。要积极做好相关工作,推动公证法(草案)2003 年年底由国务院提交全国人大常委会审议。建立健全公证机构法人保障机制和内部运行机制,制定公证员执业证管理暂行办法、公证处审批登记管理暂行办法、公证员助理(或辅助人员)管理暂行办法、公证机构冠名办法、公证行业惩戒办法、公证行业反不正当竞争规约等。

(九)规范公证法律服务主体。加强公证员职业道德和执业纪律教育,进一步提高公证队伍的政治素质、业务素质。认真落实《公证员职道德基本准则》,深入开展理想信念教育、法纪法规教育,树立正确的世界观、人生观和价值观,把维护最广大人民群众的根本利益作为公证工作的出发点和归宿,使公证行业成为国家诚信体系的建设者和捍卫者。提高公证员准入标准,从通过国家司法统一考试的人员中选录公证员。研究适应当前公证行业现状、能够吸引高素质法律人才的各种机制和办法,改善和提高公证队伍的人才结构和整体素质。按照《2002—2006 年公证员教育培训规划》,精心安排,周密实施,努力使现有公证员达到《规划》要求的学历标准。尊重公证工作的规律,按照合理布局、总量控制的原则,借鉴国际通行做法,根据各地经济、人口、交通状况及公证需求量,合理配置公证机构和公证员,近期各地一律暂停批准设立新的公证机构;研究和推进与体制改革相适应的公证机构设置、名称、业务管辖、收费标准等配套改革措施,保障公证行业有序、健康地发展。

(十)进一步提高公证服务质量。规范和明确公证业务程序与质量标准,建立公证行业诚信保障体系,提升公证的公信力。要把公证质量作为衡量公证工作的主要标准。司法行政机关和公证行业组织要从各自的职能出发,尽快建立健全公证质量标准及公证质量保障与监督制度。通过实行公证责任保险和公证责任赔偿制度等,形成配套、有效的公证职业风险防范与化解机制,为提高公证的公信力提供保障。

(十一)强化行业自律管理,加大对违规行为的惩戒力度。公证员协会要抓紧制定并实施公证行业反不正当竞争规则、公证员惩戒规则;及时受理和调查对公证处和公证人员的投诉,对违法违纪行为予以行业惩戒;尽快建立公证行业违法违纪信息披露制度,增强管理工作的透明度。对提供虚假信息,采取不正当手段争揽业务,损害公证质量和信誉、产生严重后果的公证处和公证人员,由司法行政机关严格依法处罚。

（十二）加强检查监督。适应下放办证审批权和推行主办公证员负责制的要求,各级司法行政机关和公证员协会必须强化对公证工作的监管。从今年起,各公证处每年进行两次内部检查,重点检查规章制度和相关措施、公证书质量、公证专用纸使用管理以及公证人员的职业操守等。

四、推进公证体制和其他各项改革,逐步建立健全公证管理体系

（十三）各级司法行政机关要摒弃部门利益观念,把思想认识统一到国务院批复的精神上来,坚决贯彻落实《方案》的有关要求,积极稳妥地推动公证体制改革。现有符合条件的行政体制公证处要改为事业体制。

公证机构内部要加大自身的规范化、制度化建设,尽快建立健全与体制相适应的人事管理、财务管理和社会保障等各项配套措施。各级司法行政机关要加强与有关部门的协商,解决改革中遇到的实际问题,帮助公证机构在税收和财务管理方面进一步理顺关系,减轻负担,解除公证人员的后顾之忧。

（十四）继续深化公证文书改革,大力推行要素式公证书。继续推广主办公证员负责制,加快公证员队伍的职业化进程。在公证行业内部形成注重知识更新、善于学习、重视理论研究的良好氛围,形成优胜劣汰的良性机制。

（十五）完善"两结合"管理体制。司法行政机关在公证管理工作中要切实转变职能,加强宏观指导,主要做好组织起草公证法律法规和其他规范性文件;负责审批公证处的设立、公证员的考试、考核、任命和业务辖区的指定;指导公证业务工作,开展对公证质量和公证处、公证人员执业行为的检查、监督工作,对违法行为进行行政处罚;指导和监督公证员协会的工作。

加强行业协会组织建设。今后三年,省级公证员协会要基本实现按行业组织模式运作,有条件的地方要做到与司法厅(局)公证管理部门分离。逐步提高执业公证员在各级公证员协会中的比例。协会秘书长由司法行政机关推荐,负责协会办事机构的日常工作。各级公证员协会主要职责是:制定行业规范;对公证人员进行业务素质和职业道德方面的教育与培训;开展公证业务和理论研究,面向社会宣传公证;维护公证人员的合法权益。

建立运转协调的工作机制。司法行政机关与公证员协会既要有所分工,又要加强协作,形成合力,全面落实规范公证工作的各项制度、措施。要建立例会制度,共同研究工作,及时通报情况;有关会议应互相派员参加;协会作出重要决策包括出台行业管理规范前,应征求司法行政机关的意见;一些重要活动,如公证质量检查、公证队伍素质教育等,应统一部署,共同开展。

（十六）加强公证管理工作干部队伍建设。不断提高自身指导和管理工作的能力和水平，努力做到作风正、懂业务、肯钻研、会管理。今后两到三年内，司法部和各省（区、市）司法厅（局）应分期分批将现有公证员全部轮训一遍。

（十七）重视和加强理论研究工作。关注与当前公证改革发展密切相关的重点课题，有计划、有步骤地组织开展研讨，推动公证工作理论指导水平。利用中国公证员协会已经加入国际拉丁公证联盟的有利条件，注意广泛了解和学习借鉴各国公证制度的先进做法和有益经验，建立具有中国特色的公证制度。

开奖公证细则(试行)

（2004 年 5 月 30 日　司发通〔2004〕87 号）

第一条　为了规范开奖公证程序,发挥公证监督职能,维护有奖活动秩序和社会公众利益,根据《中华人民共和国公证暂行条例》、《公证程序规则》的有关规定,制定本细则。

第二条　开奖公证是公证处通过事前审查、现场监督的方式,依法证明面向社会发行彩票或者其他有奖活动的开奖行为真实、合法的活动。

第三条　公证处办理开奖公证,应当严格按照国家有关有奖活动的规定、有奖活动主办单位向社会公布的有奖活动规则和公证程序规定对开奖行为进行审查、监督。

司法行政机关、公证员协会应当加强对开奖公证活动的指导、监督。

第四条　开奖公证由有奖活动主办单位向开奖行为发生地或者其住所地的公证处提出申请。申请至迟应当在开奖活动举办七日前提出。

中奖人对中奖结果申请公证的,应当亲自向承办该次开奖公证的公证处提出。

第五条　有奖活动主办单位申办开奖公证,应当如实填写公证申请表,并提交下列材料:

（一）主办单位的资格证明;

（二）法定代表人的身份证件,或者代理人的身份证件和授权委托书;

（三）举办有奖活动的依据和有关批准文件;

（四）有奖活动规则、方案和有关公告、广告;

（五）奖金、奖品来源的说明材料;

（六）其他需要提交的材料。

第六条　中奖人申办中奖公证,应当如实填写公证申请表,并提交下列材料:

（一）本人身份证件;

（二）中奖凭证;

（三）有奖活动主办单位出具的中奖确认书;

（四）其他需要提交的材料。

第七条 对于符合《公证程序规则》第十七条和本细则第四条、第五条、第六条规定的申请,公证处应当予以受理。

对于不符合规定的申请,公证处应当在三日内作出不予受理的决定,并通知申请人。

第八条 公证处受理公证申请后,应当按照《公证程序规则》第二十三条和本细则的规定进行审查,重点审查以下内容:

（一）主办单位是否具备主办有奖活动的资质;

（二）申请人提交的材料是否真实、充分;

（三）有奖活动规则、方案是否合法、公平、合理;

（四）开奖器具是否符合规定标准、能否正常使用。

第九条 办理开奖公证,公证处应当派两名以上公证人员在开奖现场对开奖活动的全过程进行监督,对开奖活动的过程和结果予以证明,并在开奖活动结束时由公证员当场宣读公证词。现场情况及中奖结果应当记录并存档。

第十条 对采用从器具中抽取奖票确定中奖人及中奖等次的开奖活动,公证员应当对开奖器具和奖票的投放情况进行检查、监督;对提前投放奖票的,公证人员应当在投放结束后对开奖器具进行封存并予以监控,待开奖时启封。

对依据数据电文作为计奖基础数据的,公证人员应当采取有效方式对相关数据电文予以保全。

第十一条 在开奖现场,公证人员应当检查开奖器具及有关封存情况,并严格按照开奖规则监督开奖人员实施开奖行为。

第十二条 中奖结果产生后,公证人员对公证词中涉及的中奖号码、中奖凭证、中奖人姓名应当即时核对。中奖人的身份证件,应当复印存档。

第十三条 办理开奖公证,公证人员应当着公证制服,注重形象,举止文明。

第十四条 公证处发现有奖活动有下列情形之一的,应当拒绝公证:

（一）违反国家法律和规定的;

（二）损害社会公共利益或者违反社会公德的;

（三）违反向社会公布的活动规则的;

（四）申请人拒绝提供有关材料的;

（五）主办单位弄虚作假、徇私舞弊的;

（六）主办单位阻挠公证人员依法对开奖活动实施监督的。

第十五条 在开奖现场,公证员发现有下列情形之一的,应当要求主办单位妥善处理;无法当场解决的,应当建议主办单位中止开奖活动:

（一）发生开奖纠纷或者秩序混乱的;

（二）开奖器具出现技术故障的；

（三）中奖的彩票或者奖票需要核实真伪而未进行核实的；

（四）中奖结果待确定的；

（五）公证词中涉及的中奖人未能提供有效身份证件的。

上述情形解决后，开奖活动继续进行的，应当给予公证；主办单位拒不解决的，应当拒绝公证；开奖活动中止后仍然无法解决的，应当终止公证。

第十六条　公证处应当在公证员宣读公证词后七日内出具公证书。宣读公证词的时间为公证书的生效时间。

第十七条　公证处可以应有奖活动主办单位的申请，对未发出的彩票或者奖票销毁情况办理公证。

第十八条　承办开奖公证的公证处及公证人员不得以任何方式与主办单位串通，损害社会公众利益；不得购买或者收受本次有奖活动的彩票、奖票或者设奖物品。

第十九条　公证处及公证人员违反本细则和其他有关规定的，应当视情节给予纪律惩戒、行政处罚；构成犯罪的，依法追究刑事责任。

司法行政机关、公证员协会非法干预开奖公证活动的，应当依法对有关责任人员给予处分；构成犯罪的，依法追究刑事责任。

第二十条　本细则未作规定的，适用《公证程序规则》及其他有关规定。

第二十一条　本细则自 2004 年 7 月 1 日起施行。

司法部关于贯彻实施
《中华人民共和国公证法》的若干意见

(2005 年 12 月 10 日　司发〔2005〕13 号)

各省、自治区、直辖市司法厅(局),新疆生产建设兵团司法局:

《中华人民共和国公证法》(以下称《公证法》)将于 2006 年 3 月 1 日起施行,现就贯彻实施《公证法》提出以下意见。

一、深刻认识贯彻实施《公证法》的重要意义

《公证法》是新中国第一部有关公证工作的法律,是 50 多年来我国公证事业改革发展的重要法制成果,它确立了中国特色社会主义公证制度的基本框架,为优化公证资源配置、加强公证队伍建设、提升公证管理水平、强化公证执业监督提供了法律依据,为公证事业的发展奠定了坚实的法制基础。贯彻实施《公证法》,是推动依法治国的客观需要,是完善公证制度的有效途径,是提升公证队伍素质的重要保障。各级司法行政机关一定要从政治和全局的高度,充分认识贯彻实施《公证法》的重要意义,增强工作责任感和历史使命感,确保《公证法》的精神和要求落到实处。

二、正确把握贯彻实施《公证法》的指导思想和任务目标

(一)指导思想:坚持以邓小平理论和"三个代表"重要思想为指导,全面贯彻落实科学发展观,认真贯彻党的十六大、十六届五中全会精神,准确把握《公证法》的立法原则和精神,适应全面建设小康社会、构建社会主义和谐社会的需求,适应推进依法治国、拓展和规范法律服务的需求,紧紧围绕加强服务、健全组织、完善管理、提高质量、提升素质的总要求,坚持有利于公证队伍稳定、有利于公证事业发展的原则,积极稳妥地做好公证机构设置和布局调整工作,进一步加强公证队伍建设,进一步发挥公证职能作用,努力开创公证事业的新局面。

(二)任务目标:围绕贯彻实施《公证法》,完善公证体制机制,规范公证执业活动,提高公证队伍素质,加强公证工作管理,使公证资源配置更加合理,公证队伍建设明显加强,公证法律体系进一步健全,公证工作规范化水平进一步提

高,公证职能作用得到充分发挥,推动公证工作为我国经济建设、民主法治建设提供优质高效的法律服务。

三、依法稳妥地做好公证机构设置和布局调整工作

(三)根据《公证法》的规定,司法部、省、自治区司法厅不再设立公证处。设区的市、直辖市市区范围内只能在一个层级设立公证处。

(四)各省(区、市)司法厅(局)按照统筹规划、合理布局的要求,结合本地实际,综合考虑人口、经济社会发展、交通状况、公证业务需求、便民利民等因素,拟定本省(区、市)公证机构规划和调整意见,报司法部核定。

(五)从有利于公证队伍稳定和公证事业发展出发,依法稳妥地做好公证机构设置和布局调整工作。坚持合法有序的原则,遵循《公证法》的立法精神和有关规定,有领导、有组织、有计划地进行调整;坚持积极稳妥的原则,以对公证事业负责,对涉及到的每一个公证机构、每一名公证人员负责的态度,统筹协调各方面的利益关系,认真细致地做好每一项工作,确保调整工作顺利进行;坚持循序渐进的原则,从实际出发,因地制宜,分类指导,稳步推进;坚持便民利民的原则,以是否方便群众办证,是否有利于维护群众的合法权益,作为检验和衡量调整工作成效的重要标准。

(六)公证机构设置调整过程中,要切实做好政治思想工作。司法行政机关要高度负责,认真协调落实好各项交接工作,做好公证档案移交和保管等工作,确保公证队伍不散、秩序不乱、业务不断、国有资产不流失。

四、推动公证工作为经济社会发展提供优质高效的公证法律服务和保障

(七)推动公证工作为经济建设服务。依法拓展公证服务领域,积极引导公证工作介入国有企业改革、金融体制改革、国家和地方重点工程项目建设、西部大开发、振兴东北老工业基地等重大经济活动。积极引导公证工作在更大范围内、更深层次上为各类市场主体参与市场活动提供服务,认真开展国内及国际贸易、投资、知识产权保护等方面的公证业务。围绕建设社会主义新农村,认真做好公证为农业、农村、农民服务的工作。

(八)推动公证工作为社会主义和谐社会建设服务。依法开展遗嘱、继承等传统公证业务,严格规范现场监督、保全证据等公证业务,预防纠纷,保障社会安定有序,维护社会诚信,促进民主法治。积极引导广大人民群众运用公证手段预防社会矛盾纠纷、促进和谐社会建设。

(九)推动公证工作为依法治国服务。积极引导公证工作参与政府采购、招标投标等活动,保障公开、公平与公正。充分发挥公证作为预防性法律制度的重

要作用,实现公证制度与司法审判制度的有效衔接,节省司法成本,提高裁判效率,促进司法公正,维护人民群众的合法权益。认真落实《公证法》关于法定公证制度的原则性规定,积极推动在有关法律、行政法规中明确具体的法定公证事项。

(十)推动公证工作为扩大对外开放服务。进一步发挥公证工作的桥梁和纽带作用,依法做好涉外、涉港澳台公证工作,为引进外资、境内企业参与对外经济技术交流与合作、参与国际市场竞争等提供公证法律服务和保障,促进对外开放。

五、努力造就一支高素质的公证队伍

(十一)按照"坚持信念、精通业务、维护公正、恪守诚信"的总要求,进一步加强公证队伍建设,不断提高公证人员的政治素质、业务素质和职业道德素质。

(十二)加强公证人员的政治思想教育、法制教育和职业道德、执业纪律教育,加强公证队伍党的建设,使广大公证人员牢固树立政治意识、大局意识、责任意识和宗旨意识,自觉践行"三个代表"重要思想,贯彻落实科学发展观,正确处理社会效益与经济效益的关系,始终把社会效益放在首位,严格依法办证。

(十三)积极引导公证人员筑牢诚信为本的执业理念,培育公证人员诚实信用的品格,健全完善公证人员考核和奖惩机制,不断提高公证工作质量,维护公证行业信誉,维护公证的公信力。

(十四)提高公证队伍的专业素质。健全完善公证执业准入机制,鼓励通过国家司法考试、符合规定条件的高素质人才进入公证队伍,建立科学、合理的考核机制,扶持中西部公证事业的发展,切实解决这些地方群众"办证难"的问题。制定统一的公证员培训规划,加强公证员的业务知识和岗位技能培训,提高公证人员的业务水平和办证能力。

(十五)加强对公证员配备数量的宏观调控。各省(区、市)司法厅(局)要根据公证机构的设置情况和公证业务的需要,核定本省(区、市)公证员配备方案,报司法部备案。

(十六)努力树立讲服务、讲规范、讲信誉的社会形象。通过思想教育、制度规范和典型引导等多种方法,引导公证人员树立服务至上的观念,珍视公证信誉和形象,严守办证程序,清廉执业。使广大公证人员切实树立起讲服务、讲规范、讲信誉的社会形象,成为党和政府信赖、人民信任的高素质的法律服务队伍。

六、推进公证工作的规范化、制度化建设

(十七)建立完善公证机构业务、财务、资产等管理制度,健全公证人员社会保障和公证执业责任保险机制,逐步统一公证业务操作规程,规范内部分配制

度,确保公证处规范运行。

(十八)司法行政机关、公证协会要加强对公证业务的监督和管理,制定、修订各类办证细则,规范公证程序,指导公证处健全完善公证质量保证机制,确保公证质量不断提高。

(十九)制定、完善《公证法》的配套规章和规范性文件,规范公证机构审批、公证员执业审批、公证机构名称管理以及对公证机构和公证人员违法行为处罚等管理行为。加快公证信息化平台建设,加强对公证服务秩序的监督管理,及时严肃查处公证违法违规违纪行为,维护正常的公证执业秩序。

七、切实加强对《公证法》贯彻实施的组织领导

(二十)各级司法行政机关要高度重视,把贯彻实施《公证法》放到重要位置,列入司法厅(局)党委(党组)的重要议事日程。要实行领导责任制,一级抓一级,层层抓落实。

(二十一)要认真组织学习《公证法》,使广大公证管理干部和公证人员进一步了解《公证法》的基本精神,准确掌握《公证法》的主要内容,熟练运用《公证法》的各项规定,把思想认识统一到《公证法》的规定上来,统一到司法部党组的决策和部署上来,牢固树立法制观念,增强依法办事的自觉性。认真开展调查研究,抓紧研究制订贯彻实施《公证法》的具体意见和公证机构设置布局调整的方案,并有计划、有步骤地组织实施。

(二十二)加强司法行政机关对公证协会的监督和指导,推进公证协会建设特别是省级公证协会建设,充分发挥其在制定行业规范、组织业务交流与培训、维护会员合法权益等方面的作用。

(二十三)司法行政机关对贯彻实施《公证法》的每一项工作、每一个环节都要加强工作指导和监督检查。深入基层,调查研究,关心广大公证人员的思想和生活,指导和帮助公证人员了解政策,了解形势,增强贯彻实施《公证法》的主动性和自觉性;要针对不同情况,加强分类指导,善于发现新情况,解决新问题,对于遇到的复杂情况和问题,要认真研究,提出意见,加强指导,督促解决;上下级司法行政机关、司法行政机关与公证协会之间要加强协调,形成推进工作的合力,确保《公证法》的各项规定不折不扣地得到贯彻实施。

(二十四)要下大力气,通过多种方法,广泛持久组织宣传《公证法》,宣传公证制度,宣传公证工作为推动经济社会发展服务的先进人物和典型事迹,使社会各界和广大人民群众进一步了解《公证法》,了解公证工作,关心和支持公证事业的发展,形成学习宣传和贯彻实施《公证法》的良好氛围。

(二十五)各级司法行政机关要主动向当地党委、政府汇报,积极争取和认

真落实有关政策措施,切实解决贯彻实施《公证法》工作中存在的一些矛盾和问题,协调落实公证债权文书强制执行效力,依法查处伪造、变造或者买卖伪造、变造的公证书、公证机构印章等不法行为,进一步改善公证执业环境。

　　各地执行本《意见》过程中遇到的问题,请及时报部。

司法部办公厅关于严格规范公证员助理
管理有关问题的通知

（2005 年 7 月 7 日　司办通〔2005〕48 号）

各省、自治区、直辖市司法厅局，新疆生产建设兵团司法局：

　　近年来，随着公证业务的发展，公证人员数量不断增加。然而，一些地方的公证处、公证员违反公证员必须亲自办理公证事务的规定，随意指派或容许公证员助理独立办理公证事务，或由其"借用"公证员签名章出具公证文书。这些问题扰乱了公证法律服务秩序，影响了公证的权威性、合法性。为了规范对公证员助理的管理，严格依法办理公证事务，经部领导同意，现就有关问题通知如下：

　　一、公证是一种国家授权行为，国家规定了严格的公证员准入条件和任免程序，公证员必须亲自办理公证事务。公证处、公证员均无权委托公证员助理履行公证员职责。公证员助理不得独立开展公证业务、出具公证文书。

　　二、公证员助理协助公证员办理公证事务的范围包括：解答有关公证业务咨询；指导当事人填写公证申请表，接受公证当事人委托代书申办公证的有关材料；审核公证当事人的资格及其提交的证明材料、制作谈话笔录；调查取证；立卷归档；其他公证事务辅助工作。

　　公证员助理协助公证员办理公证事务，要严格遵守国家法律法规和《公证程序规则》等规定，不得泄露知悉的国家秘密、当事人的商业秘密和个人隐私；不得私自收取公证费或索取、收受当事人财物；不得以给付回扣等不正当手段争揽公证业务；不得有其他违反法律、法规和规章的行为。

　　三、各级司法行政机关应切实加强对公证员助理的管理。发现公证处、公证员、公证员助理有违规行为的，应责令公证处限期改正；对违规的公证员应给予相应的处分；对违规的公证员助理，应根据性质、情节，责令公证处给予包括暂停协助办证或调离工作岗位在内的处理。对公证员助理的管理工作不到位、给公证工作或当事人造成严重损失和后果的，还要追究主管司法行政机关有关负责人的责任。

　　执行过程中有何情况和问题，请及时报部。

司法部办公厅关于进一步规范
保全证据公证业务有关问题的通知

（2005 年 7 月 7 日　司办通〔2005〕49 号）

各省、自治区、直辖市司法厅局，新疆生产建设兵团司法局：

近年来，保全证据公证业务逐年增长，公证机构积极发挥职能作用，依法办证，对于固定证据、预防和减少矛盾纠纷、保障司法效率和公正发挥了重要作用。随着经济社会发展和诉讼证据规则的逐步完善，保全证据公证日趋复杂，对受理、审查、出证等各环节的要求更加严格。而近一段时间以来，个别地方出现一些违规办证现象，如在无合法依据的情况下，公证处对申请人撬门破锁取得的物品进行证据保全等，产生了较大负面影响，损害了公证的公信力。经部领导同意，现就进一步规范保全证据公证业务有关问题通知如下：

一、公证机构要严格按照法律、法规、规章规定，认真审查、办理保全证据公证。为此，重申并进一步明确，凡有下列情形之一的，公证机构应当不予受理或拒绝公证：（1）申请人与保全证据事项没有利害关系的；（2）申请人之间对保全证据事项存在争议的；（3）申请的保全证据事项超越公证业务范围或违反公证管辖规定的；（4）被保全证据及其取得，违反法律、法规、规章规定或存在违法行为前提的；（5）其他不予受理或拒绝公证的情形。

二、司法部拟抓紧制定和修订相关公证规则，对保全证据公证的适用范围、办证程序等进行规范。各地司法行政机关、公证员协会要加强对保全证据公证业务的指导和监督，健全完善相关制度，推行要素式公证书，进一步加强质量监管，适时进行督促检查，发现问题及时纠正。

三、结合正在开展的公证队伍教育规范树形象活动，各地公证机构对保全证据公证等涉及群众切身利益、容易引发矛盾和冲突的公证事项，要认真开展自查自纠，切实解决存在问题，进一步完善工作规程，消除质量隐患。司法行政机关进行督查、巡查，也要将此作为工作重点之一。

执行过程中发现的重要情况，请及时报部。

司法部 最高人民检察院 国家发展和改革委员会 中国银行业监督管理委员会 关于规范公证法律服务秩序有关问题的通知

（2005 年 6 月 17 日 司发通〔2005〕56 号）

各省、自治区、直辖市司法厅（局）、人民检察院、发展与改革委员会、物价局、银监局：

改革开放以来，全国公证工作服从服务于党和国家的工作大局，在维护社会稳定、推动经济发展、促进对外开放、保障人民群众合法权益等方面发挥了重要作用。但由于受法制不健全和少数公证人员素质不高等因素的制约和影响，公证法律服务秩序出现了一些不容忽视的问题，主要表现在采取低收费或给付回扣等不正当手段进行公证业务竞争的现象日益突出，一些单位和个人直接或变相向公证处和公证人员索取带有回扣性质的费用或其他利益，在一定程度上加剧了公证行业的不正当竞争，导致一些地方公证质量和公证的公信力下降，影响了公证信誉和形象。为规范公证法律服务秩序，防范和制止不正当竞争行为，现就有关问题通知如下：

一、严格执行公证法律服务收费管理规定。公证处和公证员必须认真遵守《公证服务收费管理办法》，严格执行国家有关公证法律服务收费的政策。公证处要向社会公布公证法律服务的具体收费项目、收费标准以及收费减免办法，自觉接受社会监督。公证处为申请人提供公证法律服务，应按照规定的收费标准向申请人收取公证费，出具收费票据，并不得随意扩大减免公证收费的范围。公证员个人不得私自收费。

二、严禁支付、索要和收取带有回扣性质的费用和利益。公证处、公证人员在办理公证业务时，不得向任何单位和个人支付回扣或以公证事项"介绍费"、"协办费"、"联络费"、"信息费"等为名的、带有回扣性质的费用和其他利益。任何单位和个人不得以任何名义和形式向公证处或公证人员索取上述带有回扣性质的费用和利益。

三、严厉查处不正当竞争行为。公证处及公证人员违反上述规定，进行不正当竞争，扰乱公证法律服务秩序的，特别是对 2005 年 4 月 1 日以后发生的行为,要严肃纪律,严厉查处。司法行政机关、公证员协会要切实履行职责,定期或不定期进行检查,及时发现问题,认真、严肃处理。疏于履责、监管不到位、查处不力的,要追究有关司法行政机关和公证员协会的领导责任。价格主管部门要加强对公证收费行为的监管,依法查处乱收费行为。司法行政机关、公证员协会发现公证处有违规收费行为的,应通报价格主管部门依法查处。司法行政机关内部审计和监察部门要进一步发挥职能作用,依法追究违规单位和个人的责任。发现银行业金融机构和银行业金融机构工作人员索要、收受回扣或带有回扣性质的费用和利益的,银行业监督管理部门可以区别不同情况,责令银行业金融机构对直接负责的董事、高级管理人员和其他直接责任人员给予纪律处分,直至给予银行业金融机构和银行业金融机构工作人员行政处罚。涉嫌构成犯罪的,移交司法机关依法处理。

四、加强公证行业监管和自律。要积极推进公证同业规则建设,司法行政机关、公证员协会要积极引导设区的市市区范围内的各公证处,通过建立主任联席会议制度、签订反不正当竞争自律规约等形式,加强自我管理,自我约束。要积极推进公证信息化平台建设,有条件的地方,可以尽快实现区域内微机联网,借助统一的网络平台进行有效的信息沟通,加强相互监督,加强行业监管。

五、建立健全协调配合的工作机制。防范和制止不正当竞争行为,规范公证法律服务秩序,是当前及今后一段时期司法行政机关的重要任务,各相关部门和单位要高度重视,统一思想,各司其职,密切配合,建立信息通报和案件查处反馈制度,形成协调配合的工作机制。司法行政机关要加强公证工作指导和监督,健全完善内部审计与监察制度,进一步规范公证处的财务收支和服务行为。司法行政机关和价格主管部门要加强公证法律服务收费管理,进一步规范公证处的收费行为,并根据实际情况,适时调整公证法律服务收费标准。司法行政机关、银行业监督管理部门要切实加强监管,进一步规范金融公证业务活动中公证处、金融机构、中介组织之间的关系,积极引导公证人员和金融工作人员规范操作、清廉从业。

各级司法行政机关、检察机关和价格主管部门、银行业监督管理部门要把规范公证法律服务秩序工作摆上重要议事日程,切实加强组织领导,根据本通知要求,结合工作实际,提出实施意见并认真贯彻落实。

司法部办公厅关于公证机构印章和
公证员签名章规格等事宜的通知

（2006 年 4 月 6 日 司办通〔2006〕第 18 号）

各省、自治区、直辖市司法厅（局），新疆生产建设兵团司法局：

为统一、规范公证机构印章和公证员签名章的规格等，根据国家有关规定，现就有关事宜通知如下：

一、关于公证机构印章的规格、式样、名称、文字和字体等公证机构的印章，分为图章和钢印，一律为圆形。图章的直径为 4.2 厘米，钢印的直径为 4 厘米，中央刊五角星，五角星外刊公证机构名称，名称前段文字在五角形上方自左而右环行，公证处三个字自左而右横排在五角星下方。

公证机构印章所刊名称，为该公证机构经省、自治区、直辖市司法厅（局）核定的名称。

民族自治地方公证机构的印章可以使用汉字刻制，也可以在同一印章上使用汉字和当地通用的民族文字刻制，由省、自治区、直辖市司法厅（局）根据当地情况确定。

公证机构印章所刊汉字，应当使用国务院公布的简化字，字体为宋体。

二、关于公证员签名章的规格、式样、文字和签名要求等公证员签名章是公证员本人依法履行职务，加盖于公证文书上的签名图章。其形状为长方形，长 4.5 厘米、宽 2.5 厘米，不加边框。

公证员签名章中，公证员姓名由本人自左而右排列书写，使用国务院公布的汉字简化字；字迹应清晰、匀称，易于辨认。

本通知未尽事宜，请按照国家、地方有关规定执行。

司法部办公厅关于严格规范公证处
设立办证点有关问题的通知

（2005 年 4 月 6 日　司办通〔2005〕25 号）

各省、自治区、直辖市司法厅（局），新疆生产建设兵团司法局：

近年来，一些地方的公证处随意设立办证点，加剧了公证业务的不正当竞争，扰乱了公证服务秩序，损害了公证工作的良好社会形象。为严格规范公证处设立办证点的行为，现就有关问题通知如下：

一、公证处的办公场所应与其注册登记地点一致，且只能保留一个。设区的市市区范围内的公证处在办公场所之外设立办证点，需经省级司法行政机关核准，且适于以下两种情形：（1）新设区（开发区）尚未设立公证处、其他公证处尚未按规定设立办证点，而当地公证业务需求量较大的；（2）房屋产权交易市场等特定场所确需设立公证服务窗口，而其他公证处尚未按规定设立的。县（县级市）公证处设立办证点，仍按司法部公证司〔1993〕司公字 09 号函有关规定精神执行。

二、公证处对按上述规定设立的办证点实施统一管理，应指派执业公证员到办证点承办公证业务，严禁委托公证机构和公证人员以外的任何机构或个人承办公证业务，严禁公证员助理以公证员名义办证，并严格规范受理、审批、出证、归档、收费等程序和环节，确保公证质量。办证点对外不得悬挂公证处的牌匾。在房屋产权交易市场等特定场所设立的公证服务窗口，只能办理有关的专项公证业务，不得以公证处名义对外宣传、招揽、承办综合性公证业务。

三、对现有的公证处办证点，包括办事处、联络点、联系点、办证室等，各级司法行政机关要组织进行一次清理。2005 年 8 月底以前，不符合本《通知》要求的公证处办证点一律予以撤销。

执行过程中发现的情况和问题，请及时报部。

2005 年 4 月 6 日

司法部关于印发
《公证机构年度考核办法(试行)》的通知

(2007 年 10 月 30 日　司发通〔2007〕67 号)

各省、自治区、直辖市司法厅(局),新疆生产建设兵团司法局:

现将《公证机构年度考核办法(试行)》印发你们,请认真遵照执行。

公证机构年度考核办法(试行)

第一章　总　　则

第一条　为了规范对公证机构的年度考核工作,加强对公证机构的监督、指导,根据《中华人民共和国公证法》(以下简称《公证法》)和《公证机构执业管理办法》以及其他有关规定,制定本办法。

第二条　对公证机构实施年度考核(以下简称年度考核),应当坚持客观公正、民主公开、年度考核与日常检查相结合、注重实绩的原则。

第三条　年度考核,由公证机构所在地司法行政机关(以下简称考核机关)组织实施。

省、自治区、直辖市司法行政机关对本行政区域内公证机构的年度考核工作进行监督、指导。

第二章　考 核 内 容

第四条　年度考核的内容为上一年度(以下称考核年度)公证机构在下列方面的情况,重点考核公证机构的执业情况、公证质量监控情况、遵守职业道德和执业纪律的情况:

(一)执业活动情况。包括公证机构及其公证员在执业活动中遵守法律、法规、规章、规范性文件和行业规范,遵守公证职业道德和执业纪律的情况;完成公证业务工作任务、拓展公证业务领域的情况；公证执业过错责任追究制度建立和执行的情况；接受司法行政机关和公证协会的监督以及当事人和社会的监督，及时查处和纠正执业中存在问题的情况等。

（二）公证质量情况。包括公证质量自我检查、评估的情况；公证质量自我监督、控制、审查和纠错等相关制度、机制的建立和执行情况；重大、复杂公证事项集体讨论制度的建立和执行情况；受理公证业务投诉、复查、过错赔偿的情况等。

（三）组织建设情况。包括公证机构党组织建设及活动情况；公证机构符合法定设立条件和机构性质、体制及其运行情况；公证机构负责人选任、履职及调整情况；公证员的配备数量及素质结构变化情况；开展公证员职业道德、执业纪律教育和公证业务知识、技能学习、培训的情况；其他工作人员配备及管理情况；办公设施和办公环境建设情况等。

（四）公证员执业年度考核情况。包括公证机构按照规定组织实施本机构公证员执业年度考核的情况及其考核结果。

（五）公证档案管理情况。包括公证机构执行有关公证档案管理各项规定的情况；本机构内部有关公证档案管理制度的建立和执行情况等。

（六）公证收费和财务管理情况。包括公证机构年度公证收费情况；执行国家有关公证收费管理规定的情况；年度财务收支、分配及执行有关财务管理制度的情况；本机构内部财务管理制度的建立和执行情况；依法纳税和按规定缴纳公证协会会费、公证赔偿基金及其他保险金、基金的情况；接受税务、物价、审计等部门检查、监督的情况等。

（七）内部管理制度建设情况。包括公证机构依照《公证法》和《公证机构执业管理办法》的有关规定，建立健全各项内部管理制度的总体情况、执行落实的情况和效果。

（八）司法部或者省、自治区、直辖市司法行政机关根据需要增加的其他考核事项。

第五条　公证机构在考核年度有下列情形之一、被司法行政机关责令改正的，考核机关应当将相关问题整改措施的实施、完成情况及其效果列入对该公证机构的考核内容：

（一）被投诉或者举报，经核查存在违法、违纪问题的；

（二）执业中有不良记录的；

（三）出现未能保持法定设立条件问题的；

（四）内部管理存在突出问题的。

第三章　考核程序及结果

第六条　公证机构应当于每年 2 月 1 日前向考核机关提交年度工作报告。年度工作报告应当真实、全面地反映本机构考核年度公证业务开展、公证质量监控、公证员遵守职业道德和执业纪律、公证收费、财务管理、档案管理、内部制度建设等方面的情况。

新设立的公证机构在考核年度执业不满三个月的,不参加年度考核。

第七条　考核机关应当依照有关法律、法规、规章和本办法的规定,对公证机构的年度工作报告进行审查,并结合考核年度日常监督、检查的情况,对该公证机构考核年度的工作情况做出综合评价。

对公证机构考核年度工作情况的综合评价,可以采取计分评估办法。各项考核内容所占分值及权重,由省、自治区、直辖市司法行政机关根据本办法,结合本行政区域内公证工作实际规定。

第八条　考核机关实施年度考核,可以对公证机构进行实地检查,要求公证机构、公证员及其他工作人员说明情况,可以调阅相关材料和公证案卷,向有关单位和人员调查、核实情况。

公证机构、公证员及其他工作人员应当如实说明有关情况、提供相关材料,不得谎报、隐匿、伪造、销毁有关材料。

第九条　考核结果包括以下内容:对公证机构年度工作情况的综合评价、主要成绩、存在的问题、整改要求或者建议,以及据此确定的考核等次。

公证机构年度考核等次分为优秀、合格、基本合格、不合格。具体评定方法和标准,由省、自治区、直辖市司法行政机关根据本办法制定。

第十条　公证机构在考核年度受到停业整顿处罚的或者未能保持法定设立条件经整改仍未达标的,该年度考核等次应当被评定为不合格。

公证机构所属公证员在考核年度受到吊销公证员执业证书处罚的,该公证机构的年度考核不得被评定为合格以上等次。

第十一条　考核机关在公布对公证机构的考核结果之前,应当将初步形成的考核结果向本行政区域内的公证机构公示并抄送地方公证协会。公示期不得少于 7 日。

公证机构对考核机关初步形成的考核结果有异议的,可以向考核机关申请复核,考核机关应当在 10 日内完成复核,并将复核结果书面答复申请人。

第十二条　考核机关应当于每年 3 月 31 日前,向公证机构书面公布考核结果,将考核等次填入公证机构执业证书副本,并将考核结果报上一级司法行政机关备案。

设区的市(自治州、地区、盟)司法行政机关应当将本行政区域内开展公证机构年度考核的情况以及针对存在的问题提出的改进公证工作的意见和建议形成书面报告,于每年4月15日前上报省、自治区司法行政机关。

第四章　考核结果的使用

第十三条　考核机关在年度考核中发现公证机构有违反《公证法》和《公证机构执业管理办法》的突出问题的,应当责令其立即纠改或者限期整改,并进行重点监督、检查。

第十四条　考核机关在年度考核中发现公证机构及其公证员有《公证法》第四十一条、第四十二条规定所列行为之一的,应当依法予以处罚或者提请上一级司法行政机关予以处罚。

第十五条　公证机构对司法行政机关的年度考核结果列明的问题以及责令整改的要求,应当查找、分析造成问题的原因,及时制定整改措施,并书面报告考核机关。

第十六条　上级司法行政机关可以对考核结果进行抽查,抽查结果与考核结果有明显差异的,可以要求考核机关就有关问题作出说明;必要时可以要求考核机关进行复核,并上报复核结果。

第十七条　年度考核结果应当存入设区的市(自治州、地区、盟)、直辖市司法行政机关建立的公证机构执业档案。

第十八条　公证机构年度考核被评定为优秀等次的,该公证机构及其负责人可以参加全国公证行业文明单位或者先进集体、先进个人的评选。

第十九条　公证机构年度考核被评定为不合格等次的,其所在地司法行政机关应当根据存在问题的不同情况,对该公证机构的负责人予以批评教育,提出整改要求,或者组织进行培训。

第二十条　公证机构在年度考核后被发现有隐瞒事实、弄虚作假行为的,考核机关应当追究公证机构负责人以及其他相关责任人员的责任,撤销原考核结果,重新进行考核。

第二十一条　省、自治区、直辖市司法行政机关应当于每年4月30日前,将公证机构年度考核结果在本行政区域内的司法行政机关和公证业内进行通报,并将通报和年度考核工作总结报告上报司法部,同时抄送中国公证协会。

第五章　附　　则

第二十二条　本办法所称考核机关,是指根据当地公证机构设置方案的规定,负责组建该公证机构,并承担对其实施日常监督、指导职能的司法行政机关。

　　第二十三条　省、自治区、直辖市司法行政机关可以根据本办法制定实施细则,报司法部备案。

　　第二十四条　本办法自 2007 年 12 月 1 日起施行。

司法部关于推行继承类强制执行类要素式
公证书和法律意见书格式的通知

（2008 年 12 月 30 日   司发通〔2008〕177 号）

各省、自治区、直辖市司法厅（局），新疆生产建设兵团司法局、监狱局：

　　为进一步扩大要素式公证书的使用范围，自 2004 年 1 月起，我部在北京、天津、吉林、上海、广东、四川等省（市）的部分公证处开展了继承类、强制执行类要素式公证书和法律意见书格式的试点工作，经过几年的实践，试点工作取得了预期效果。在对试点工作进行总结的基础上，经研究决定，自 2009 年 7 月 1 日起，在全国范围内推行继承类、强制执行类要素式公证书和法律意见书格式。现将有关事宜通知如下：

一、充分认识推行要素式公证书格式的重要性

　　推行要素式公证书格式，是深化公证工作改革的一项重要内容，对于进一步完善公证制度、增强公证公信力具有重要的推动作用。一方面，要素式公证书能够更好地满足社会多层次、多方面的公证法律服务需求，有助于进一步拓展公证服务领域，使公证工作更好地适应经济社会发展的需要；另一方面，要素式公证书更加符合法律规定的公证文书作为"认定事实的根据"和"强制执行的根据"的标准和要求，有助于进一步强化公证文书的法律效力，使公证文书和公证工作更好地取信于社会。

二、认真做好推行要素式公证书格式的准备工作

　　要素式公证书格式的内容丰富，从根本上改变了传统的定式公证书格式简单的证明方式。同时，要素式公证书格式对公证员的法律专业知识和公证执业技能提出了新的更高的要求，特别是此次推行的继承类、强制执行类要素式公证书和法律意见书，不仅相关公证事项的业务量大，而且涉及的法律关系复杂，各项准备工作做得是否充分，直接关系到这几类要素式公证文书格式能否顺利推行及其实际效果。因此，各地要根据要素式公证书的要求，采用集中培训、开展研讨、个人自学等方式，组织全体公证员认真学习我部印发的继承类、强制执行

类要素式公证书和法律意见书格式,学习与这些公证文书相关的法律、法规及司法文书写作知识,努力提高法律知识、公证业务和文书写作水平。为保证公证质量,所有公证员必须参加省级以上司法行政机关或者公证协会组织的集中培训,合格后,方可在 2009 年 7 月 1 日后继续办理相关的公证业务。

三、切实加强领导,精心组织实施

各级司法行政机关要把推行继承类、强制执行类要素式公证书和法律意见书格式,作为深化公证工作改革、提高公证文书质量和公证队伍素质、巩固和提升公证公信力的一项重要工作来抓。各省(区、市)司法厅(局)要结合本地实际,制定具体的工作方案,扎扎实实做好实施准备、工作指导、监督检查、总结提高等各个环节的工作。在推行要素式公证书格式过程中,各地要善于总结经验,及时发现和解决存在的问题,努力提高公证文书质量,确保要素式公证书格式顺利推行。

继承类、强制执行类要素式公证书和法律意见书的通用格式,由律师公证工作指导司印发。

司法部关于进一步做好依法赋予
债权文书强制执行效力公证工作的通知

司法通〔2009〕13 号

各省、自治区、直辖市司法厅(局),新疆生产建设兵团司法局、监狱管理局:

为了进一步提高依法赋予债权文书强制执行效力公证(以下简称"强制执行公证")的质量,充分发挥公证工作预防民商事纠纷、维护当事人合法权益的职能作用,使公证工作更好地适应经济社会发展的要求,现就进一步做好强制执行公证工作通知如下:

一、充分认识做好强制执行公证工作的重要性

强制执行公证,是《民事诉讼法》和《公证法》规定的一项重要制度。自改革开放以来,各地公证机构依法认真办理强制执行公证,取得了良好法律效果和社会效果,促进了民商事活动的依法有序进行。经过几十年的实践,强制执行公证制度得到了全社会的普遍认可。为解决《公证法》有关条款的法律适用问题,2008 年 12 月,最高人民法院作出《关于当事人对具有强制执行效力的公证债权文书的内容有争议提起诉讼人民法院是否受理问题的批复》(法释〔2008〕17号),明确规定依法赋予强制执行效力的公证债权文书不具有可诉性,进一步完善了强制执行公证制度。当前,适应我国经济社会发展的客观要求,以及构建多元化矛盾纠纷解决机制的现实需求,强制执行公证业务呈现出持续增长之势,在民商事活动中,越来越多的公民和市场主体选择强制执行公证方式预防纠纷、维护权益。因此,做好强制执行公证工作,对于进一步拓展和规范公证法律服务,充分发挥公证工作的职能作用,促进社会和谐稳定具有重要意义。

二、进一步提高办理强制执行公证的质量和水平

1. 加强学习培训。近年来,随着我国经济社会的发展,强制执行公证业务呈现出一些新的特点,公证事项的标的额越来越大,涉及的法律关系越来越复杂,当事人的要求越来越高,这些变化对公证员的业务素质和执业技能提出了更高

的要求。各地要结合实际,通过开展培训、研讨、交流等形式,使公证员全面掌握《公证法》、《公证程序规则》等公证法律、法规和规章的规定,掌握与强制执行公证业务相关的实体法和程序法,熟悉强制执行类要素式公证书格式的实务操作,进一步提高公证业务素质和岗位技能。

2. 严格办证程序。《公证法》、《公证程序规则》,以及《最高人民法院、司法部关于公证机关赋予强制执行效力的债权文书执行有关问题的联合通知》(司发通〔2000〕107号),对办理强制执行公证的程序做出了具体、明确的规定。各地公证机构要严格按照规定的条件、范围、程序办理强制执行公证,认真履行审查核实责任,确保公证文书质量,确保经公证的债权文书符合作为人民法院"强制执行的证据"的标准和要求。

3. 强化质量内控。公证机构应当建立健全公证业务管理制度和公证质量管理制度,完善工作程序,细化工作标准。有条件的公证机构可确定专人负责强制执行公证业务的审核把关,对于易发生问题的工作环节进行重点监督检查。实行重大、疑难公证事项集体讨论制度,做到不留疑点,不留隐患。

三、切实加强工作指导和监督检查

司法行政机关、公证协会要认真履行监督管理职责,加强工作指导和监督检查。要制定和完善强制执行公证质量标准,定期组织开展专项检查,及时发现和解决办理强制执行公证工作中存在的问题。要加强与人民法院的沟通协调,研究解决依法赋予强制执行效力公证债权文书执行工作中存在的问题,促进公证工作与执行工作有机衔接。对于公证债权文书确有错误,人民法院裁定不予执行的,要督促和指导公证机构查找原因,采取有效措施进行整改。要严格公证法律责任,严肃查处公证机构及其公证员因过错导致公证债权文书错误的行为,切实维护强制执行公证的公信力。

司法部

2009 年 3 月 3 日

关于转发中国公证协会
《公证员职业道德基本准则》的通知

司发通〔2011〕18 号

各省、自治区、直辖市司法厅（局），新疆生产建设兵团司法局、监狱管理局：

中国公证协会于 2011 年 1 月 6 日印发了修订后的《公证员职业道德基本准则》（以下简称《基本准则》）。现予以转发，请你们会同公证协会认真做好《基本准则》的学习、宣传和贯彻落实工作。

大力加强公证员职业道德建设，是公证员队伍建设的一项重要内容，是司法行政机关、公证协会和公证机构一项长期的重要任务。认真做好《基本准则》的学习、宣传和贯彻落实工作，关系到培养和造就广大公证员成为合格的中国特色社会主义法律工作者，依法履行公证职责；关系到公证机构在服务科学发展、促进社会和谐的实践中，始终维护和不断增强公证公信力，更好地实现自身的科学发展。各地司法行政机关要指导公证协会，高度重视公证员职业道德建设，加强对公证员执行《基本准则》的监督，充分发挥公证机构的自我管理、监督作用，把行政管理、行业管理和自我管理有机地结合起来，把贯彻落实《基本准则》与贯彻落实《公证法》及其配套规章的相关规定结合起来，努力提高公证员的职业道德水平，保证公证员依法履行公证职责，维护公证员的良好职业形象，推动公证事业持续、稳步、健康发展。

附件：关于印发《公证员职业道德基本准则》的通知

司法部

2011 年 1 月 31 日

附件

关于印发《公证员职业道德基本准则》的通知

公协字（2011）第 003 号

各省、自治区、直辖市公证协会：

　　修订后的《公证员职业道德基本准则》已经中国公证协会六届二次理事会会议通过，现印发给你们，请认真执行。

中国公证协会

2011 年 1 月 6 日

公证员职业道德基本准则

（2002 年 2 月 28 日中国公证员协会三届三次理事会会议通过，
2010 年 12 月 28 日中国公证协会六届二次理事会会议修订）

　　为加强公证员职业道德建设，保证公证员依法履行公证职责，维护和增强公证公信力，根据《中华人民共和国公证法》，制定本准则。

一、忠于法律　尽职履责

第一条　公证员应当忠于宪法和法律，自觉践行社会主义法治理念。

第二条　公证员应当政治坚定、业务精通、维护公正、恪守诚信，坚定不移地做中国特色社会主义事业的建设者、捍卫者。

第三条　公证员应当依法办理公证事项，恪守客观、公正的原则，做到以事实为依据、法律为准绳。

第四条　公证员应当自觉遵守法定回避制度，不得为本人及近亲属办理公证或者办理与本人及近亲属有利害关系的公证。

第五条　公证员应当自觉履行执业保密义务，不得泄露在执业中知悉的国家秘密、商业秘密或个人隐私，更不得利用知悉的秘密为自己或他人谋取利益。

第六条　公证员在履行职责时，对发现的违法、违规或违反社会公德的行为，应当按照法律规定的权限，积极采取措施予以纠正、制止。

二、爱岗敬业　规范服务

第七条　公证员应当珍惜职业荣誉,强化服务意识,勤勉敬业、恪尽职守,为当事人提供优质高效的公证法律服务。

第八条　公证员在履行职责时,应当告知当事人、代理人和参与人的权利和义务,并就权利和义务的真实意思和可能产生的法律后果做出明确解释,避免形式上的简单告知。

第九条　公证员在执行职务时,应当平等、热情地对待当事人、代理人和参与人,要注重其民族、种族、国籍、宗教信仰、性别、年龄、健康状况、职业的差别,避免言行不慎使对方产生歧义。

第十条　公证员应当严格按照规定的程序和期限办理公证事项,注重提高办证质量和效率,杜绝疏忽大意、敷衍塞责和延误办证的行为。

第十一条　公证员应当注重礼仪,做到着装规范、举止文明,维护职业形象。

现场宣读公证词时,应当语言规范、吐字清晰,避免使用可能引起他人反感的语言表达方式。

第十二条　公证员如果发现已生效的公证文书存在问题或其他公证员有违法、违规行为,应当及时向有关部门反映。

第十三条　公证员不得利用媒体或采用其他方式,对正在办理或已办结的公证事项发表不当评论,更不得发表有损公证严肃性和权威性的言论。

三、加强修养　提高素质

第十四条　公证员应当牢固树立社会主义荣辱观,遵守社会公德,倡导良好社会风尚。

第十五条　公证员应当道德高尚、诚实信用、谦虚谨慎,具有良好的个人修养和品行。

第十六条　公证员应当忠于职守、不徇私情、弘扬正义,自觉维护社会公平和公众利益。

第十七条　公证员应当热爱集体,团结协作,相互支持、相互配合、相互监督,共同营造健康、有序、和谐的工作环境。

第十八条　公证员应当不断提高自身的业务能力和职业素养,保证自己的执业品质和专业技能满足正确履行职责的需要。

第十九条　公证员应当树立终身学习理念,勤勉进取,努力钻研,不断提高职业素质和执业水平。

四、廉洁自律　尊重同行

第二十条　公证员应当树立廉洁自律意识,遵守职业道德和执业纪律,不得从事有报酬的其他职业和与公证员职务、身份不相符的活动。

第二十一条　公证员应当妥善处理个人事务,不得利用公证员的身份和职务为自己、亲属或他人谋取利益。

第二十二条　公证员不得索取或接受当事人及其代理人、利害关系人的答谢款待、馈赠财物或其他利益。

第二十三条　公证员应当相互尊重,与同行保持良好的合作关系,公平竞争,同业互助,共谋发展。

第二十四条　公证员不得以不正当方式或途径对其他公证员正在办理的公证事项进行干预或施加影响。

第二十五条　公证员不得从事以下不正当竞争行为:

(一)利用媒体或其他手段炫耀自己,贬损他人,排斥同行,为自己招揽业务;

(二)以支付介绍费、给予回扣、许诺提供利益等方式承揽业务;

(三)利用与行政机关、社会团体的特殊关系进行业务垄断;

(四)其他不正当竞争行为。

五、附则

第二十六条　中国公证协会和地方公证协会监督公证员遵守本准则。

第二十七条　公证员助理和公证机构其他工作人员,参照执行本准则的有关规定。

第二十八条　本准则由中国公证协会负责解释。

第二十九条　本准则自发布之日起施行。

司法部关于进一步加强公证工作的意见

司发〔2014〕12 号

各省、自治区、直辖市司法厅(局),新疆生产建设兵团司法局:

为推动公证工作适应新形势新任务发展的要求,切实满足经济社会发展和人民群众对公证服务的需求,现就进一步加强公证工作提出如下意见。

一、充分认识加强公证工作的重要性

1. 公证制度是我国社会主义法律制度体系的重要组成部分,是一项预防性的司法证明制度,具有服务、沟通、证明、监督等功能,在维护人民群众合法权益、保障民商事交易安全、维护市场经济秩序、创新社会治理等方面具有独特的职能优势和重要作用。

2. 党中央、国务院历来高度重视公证工作,近年来,对深化公证工作改革、健全公证制度、发挥公证在经济社会发展中的作用作出部署,提出明确要求,为公证事业发展指明了方向。各级司法行政机关、各地公证协会认真贯彻落实中央对公证工作的要求,深入贯彻实施《公证法》,大力拓展和规范公证法律服务,健全完善公证工作体制机制,加强公证工作管理,实现公证事业持续健康发展。

3. 当前,我国正处于全面建成小康社会的关键时期。深化经济体制改革,健全社会主义市场经济体制,对公证工作提出新要求;创新社会治理,推进国家治理体系和治理能力现代化,赋予公证工作新使命;深化司法体制改革,促进社会公平正义,对公证工作提出新期待;保障和改善民生,满足人民群众日益增长的公证服务需求,对公证工作提出新挑战。公证工作要积极适应形势和任务发展变化的要求,根据公证服务需求新特点新趋势,全面加强自身建设,充分发挥职能作用,为服务经济社会发展作出新贡献。

二、加强公证工作的总体要求

4. 指导思想。高举中国特色社会主义伟大旗帜,以邓小平理论、"三个代表"重要思想、科学发展观为指导,全面贯彻落实党的十八大和十八届三中全会精神,认真贯彻落实习近平总书记系列重要讲话精神和对司法行政工作的重要指示精神,坚持围绕中心、服务大局,坚持以人为本、执业为民,依法履行公证工作职责,进一步规范公证执业行为,切实加强公证工作管理,大力加强公证队伍建设,坚持和完善中国特色社会主义公证制度,推进公证事业全面发展,为促进经济社会发展、维护人民群众合法权益提供优质高效的公证法律服务。

5. 基本原则。

——坚持党对公证工作的领导,切实把党的路线方针政策贯彻落实到公证工作中,努力推动公证工作服务于党和国家工作大局,维护人民群众合法权益。

——坚持公证工作正确方向,坚持公证制度作为预防性司法证明制度的基本定位,坚持公证活动不以营利为目的的价值取向,按照立足基本国情、遵循公证工作规律的要求,健全完善中国特色社会主义公证制度。

——坚持依法规范,树立正确的公证执业理念,推进公证执业规范化、标准化、信息化,完善公证执业准入、考核、监督机制,加强公证质量监管,确保公证活动依法、客观、公正。

——坚持改革创新,着眼于拓展服务领域、发挥职能作用,完善制度设计、大胆探索实践,积极推动公证工作创新,以创新思维和改革的办法解决工作中的困难和问题,不断推动公证工作实现新发展。

——坚持分类指导,立足我国经济社会发展及公证业发展不平衡的实际情况,根据公证机构不同管理模式特点,实施分类指导,增强工作指导的针对性、有效性。

三、依法履行公证工作职责

6. 认真办理涉及经济活动的公证事项,促进社会主义市场经济健康发展。紧紧围绕使市场在资源配置中起决定性作用提供公证服务,促进劳动、知识、技术、管理、资本等要素自由有序流动、科学合理配置,推进完善现代市场体系。紧紧围绕完善宏观调控体系、调整经济结构、实施区域发展战略、深化重点领域改革、推进城镇化建设和国家及地方重大工程、重点项目提供公证服务,促进转变经济发展方式。积极为各类市场主体提供公证服务,规范交易行为,预防经营风险、维护市场主体的合法权益。积极做好涉及经济活动的公证服务,认真办理合同协议、招标投标、拍卖、提存、抵押登记、电子商务、公司事务等公证业务,促进和保障市场经济活动依法有序进行。

7. 认真办理涉及公民权利义务的公证事项,维护人民群众合法权益。坚持以人为本、执业为民,把全心全意为人民服务落实到公证工作的每一个环节,为人民群众提供热情、周到、方便、快捷的服务。积极做好涉及公民人身关系、财产关系、家庭关系的公证服务,认真办理婚姻、收养、遗嘱、继承、抚养、赡养、监护、劳务、财产分割等公证业务,为公民个人处置财产、确认权利、维护权益等提供公证法律服务。完善便民、利民、惠民的工作措施,推动建立为老、残、病、弱等当事人服务的绿色通道,健全对社会困难群体的减免公证收费政策,推动公证服务向城乡社区延伸,加快构建覆盖城乡基层的公证法律服务体系。

8. 认真办理涉及社会和谐稳定的公证事项,促进实现社会公平正义。充分发挥公证工作预防在先的特点和方便群众、贴近基层的优势,围绕土地承包、企业改制、土地征用、房屋拆迁、劳动关系、环境保护等社会矛盾易发多发领域,贴近人民群众就业就学、医疗养老、社会保障等民生利益诉求,提供及时、有效的公证服务,从源头上预防矛盾纠纷的发生。认真办理拆迁补偿安置、入学派位、彩票发行、保障房分配、医疗纠纷赔偿、小汽车摇号等公证业务,维护和保障人民群众的合法权益,促进社会和谐稳定,维护社会公平正义。

9. 认真办理涉外涉港澳台公证事项,促进对外开放与交流合作。积极适应经济全球化新形势下,国际国内要素有序自由流动、资源高效配置、市场深度融合的发展态势,努力为我国参与国际经济合作提供公证服务。认真办理合同协议、公司章程、营业执照、知识产权、法人资格、股权证书、票据拒绝、不可抗力、海损事故等公证业务,为我国企业及个人对外投资、招标投标、对外贸易、诉讼仲裁、承揽工程、劳务合作等提供服务。认真办理自由贸易区建设、密切内地(大陆)与港澳台经贸关系、内陆沿边开放涉及的各类公证业务,为促进自由贸易区建设、构建全方位开放新格局提供优质高效的公证法律服务。积极为人员往来提供公证服务,认真办理学历学位、职务职称、亲属关系、有无违法犯罪记录等公证业务,为公民个人出国出境考察学习、就业谋职、旅游探亲、继承财产提供服务。

四、规范公证执业行为

10. 树立正确的公证执业理念。教育引导广大公证员和公证管理人员牢固树立依法执业的理念,严格履行法定的公证职责,严格依照法律法规办理公证事务,严格遵守执业规范和标准,自觉维护宪法和法律的权威。牢固树立执业为民的理念,把维护人民群众合法权益作为公证工作的出发点和落脚点,坚持把人民群众满意作为检验公证工作成效的根本标准,全心全意做好服务群众的各项工作。牢固树立质量至上的理念,全面、准确把握提高公证质量和信誉的内涵和要求,将公证质量意识真正融入公证执业理念中,体现到公证服务和公证管理工作中。牢固树立诚信执业的理念,自觉加强以公信为重点的职业道德建设,切实维护公证公信、促进社会诚信,营造守信光荣、失信可耻的社会氛围。

11. 推进公证执业规范化、标准化、信息化建设。规范服务行为,优化工作流程,强化执业技能,提高办证效率,改善服务设施,全面提升公证服务品质,真正把优质高效的要求落到实处。规范服务秩序,鼓励和倡导公证机构通过提高公证质量和服务水平进行公平竞争,严禁以贬损其他公证机构及公证员或者支付回扣、佣金等不正当竞争手段争揽公证业务,形成良性竞争的执业秩序。规范和细化办证标准,进一步健全公证受理、审查核实、出证审批、立卷归档、争议处理、责任追究等各环节的工作标准和要求,完善操作规程,提高公证执业标准化水平。建立完善公证综合管理信息系统,积极推广应用信息化手段,逐步实现办证信息录入、办证流程控制、办证质量监管等在公证信息平台上统一操作、规范运行,对办证全过程进行跟踪监督,不断提高公证质量和工作效率。

12. 完善公证执业准入、考核、监督机制。强化对公证执业活动全过程监督,建立涵盖执业准入、日常监管、考核评价、奖励处罚等方面公证执业监管体系。健全执业准入制度,严把公证员队伍"入口关"。完善公证机构和公证员年度执业考核制度,对于年度考核连续不合格的公证员,探索淘汰退出机制。建立科学的行业评价指标体系,完善公证执业水平评价机制,实现有效监督。建立健全公证不良执业记录披露制度,及时在公证行业内并面向社会公布公证违法违规执业信息,形成重质量、讲公信的公证执业导向,使公证工作进一步取信于民、取信于社会。完善执业奖惩机制,健全公证执业惩戒的法规规章和行业规范,细化处罚依据,完善惩戒程序,依法依规惩处各类公证违法违纪行为。

五、加强公证工作管理

13. 完善公证工作管理体制。完善司法行政机关行政管理、公证协会行业管理、公证机构自我管理相结合的公证管理体系。完善"两结合"管理体制,司法行政机关要依法加强对公证工作的监督、指导,强化制定政策法规、行业规划、标准规范、执业监管和改善执业环境等职责;公证协会要强化行业自律管理,依法、依章程履行指导业务、规范执业、维护权益、行业惩戒等职责。建立健全司法行政机关公证工作管理机构与公证协会之间的重要决策会商、重要情况沟通、重要信息共享工作机制,提高公证管理工作水平。

14. 科学合理配置公证资源。坚持统筹规划、合理布局,继续依法做好公证机构设置、布局调整工作。以满足公证服务需求为导向,完善公证机构设置和公证员配备制度,形成动态调整机制。加大对公证资源不足地区政策扶持,通过考试、考核任职、选派公证员驻点执业、设立分支机构、开展公证行业志愿服务活动等方式,解决欠发达地区公证机构人员短缺问题。

15. 完善公证机构管理运行机制。继续贯彻落实 2000 年国务院批准的《关于深化公证工作改革的方案》和《公证法》,坚持行政体制公证机构改为事业体制的方向,坚持公证机构依法设立,不以营利为目的,依法独立行使公证职能、承担民事责任的属性定位。认真贯彻落实中央有关文件要求,积极做好事业体制公证机构分类工作。探索建立符合公证行业特点的法人治理结构,健全决策、执行和监督机制,提高公证机构自我管理、自我发展的能力。

16. 加强公证机构建设和管理。加强公证机构组织建设,做好对选任公证机构负责人的监督指导工作,强化公证机构及其负责人对本机构公证人员的管理责任,建立和完善公证机构岗位责任制,明确和落实公证机构内部各类人员的岗位责任。加强公证机构业务建设,建立健全公证机构内部学习培训制度,严格公证业务受理、审批、出证管理,加强公证业务质量监督,建立完善重大疑难公证事项会商机制,加强公证文书档案管理。加强公证机构制度建设,建立健全公证机构人员管理、业务管理、财务管理、收入分配、资产管理等内部管理制度。加强公证机构场所和基础设施建设,健全便民服务措施,更好满足公证工作发展需要和群众办证需求。

17. 加强公证工作管理力量建设。健全司法行政机关特别是市、县两级司法行政机关公证管理机构,选配公证管理人员,为依法全面履行指导监督职责提供有力保证。加强地方公证协会建设,充实办事机构人员力量,完善管理制度,健全议事规则,提高自律管理能力。加强公证管理队伍教育培训工作,全面提高管理人员综合素质,进一步增强依法履职的能力。

六、加强公证队伍建设

18. 提高公证队伍综合素质。按照习近平总书记提出的"政治过硬、业务过硬、责任过硬、纪律过硬、作风过硬"的要求,大力加强公证队伍职业化、专业化建设,努力建设一支信念坚定、执业为民、敢于担当、清正廉洁的高素质公证队伍。始终把思想政治建设放在首位,坚持用中国特色社会主义理论体系武装公证队伍,教育引导广大公证员进一步坚定中国特色社会主义的道路自信、理论自信、制度自信,牢固树立社会主义法治理念,积极践行社会主义核心价值观。加强业务素质建设,结合实际,开展多层次的业务培训、岗位练兵等,加强重点和新兴公证业务研究及经验交流,全面提高公证队伍的业务素质、岗位技能和执业水平。加强职业道德和执业纪律建设,引导广大公证员进一步增强大局观念、法治观念、诚信意识、责任意识,恪守职业道德和执业纪律,在执业活动中切实做到忠于法律、客观公正、诚信为民、勤勉尽责。

19. 充实和发展公证员队伍。坚持从通过国家司法考试人员中选拔、任命公证员,依法有序充实和发展公证员队伍。欠发达地区公证机构无法招录到通过国家司法考试人员的,可以按有关法律规定通过依法考核任职的方式补充公证员。建立健全申请公证执业人员实习管理制度,完善实习登记、培训管理、考核监督,确保新任公证员具备合格的品行操守、业务素质和执业能力。

20. 加强公证教育培训体系建设。完善公证教育培训管理制度,把公证员参加教育培训情况作为执业年度考核的一项重要内容,并记入执业档案。将公证人员教育培训纳入司法行政队伍教育培训总体规划,科学制定公证员教育中长期培训规划,统筹做好任职前培训、年度职业培训、专项培训等工作。完善全国公证员教育培训大纲,规范培训内容。实施公证人才培养工程,建立公证专业人才评价机制,加快推进公证队伍的职业化、专业化。

21. 加强公证行风建设。积极培育和弘扬公信为民的良好行业风尚,做到尽职履责、廉洁执业、热情服务。积极开展公证行业文明创建活动,大力表彰先进个人和先进集体,充分发挥先进典型的引领示范作用,树立公证行业良好社会形象。针对群众反映的公证服务中存在的突出问题,组织开展公证行业服务窗口整治活动。建立健全公证行业行风社会监督机制,加强对公证执业活动的社会监督。

七、加强公证工作领导

22. 完善公证业发展的保障政策。积极加强与有关部门沟通协调,推动出台促进公证业发展的政策措施,加大公证业发展的政策保障力度。探索建立公证机构更为灵活的人员和编制管理政策,实现公证员配备方案与事业单位编制管理相互衔接。结合公证行业特点制定公证机构绩效考核指导意见,建立健全符合公证服务属性、体现岗位绩效和分级分类管理的绩效工资制度。推动建立符合公证服务公益属性的税收政策,建立健全符合行业特点的公证机构会计核算制度。完善和落实公证从业人员社会保障政策,确保待遇水平平稳过渡、合理衔接,保持国家规定的待遇水平不降低。根据经济社会发展和公证业发展的要求,改革完善公证收费制度。

23. 改善公证执业环境。抓住国家立法及有关部门制定行政规章的契机,积极提出立法建议,推动确立法定公证事项,强化公证法律效力。会同有关部门切实解决公证机构在核实证明材料过程中遇到的困难和问题,加强公证执业权利保障。会同有关部门打击提供虚假材料骗取公证书违法行为,建立工作联动机制。健全和规范公证赔偿基金制度,完善公证执业保障机制。

24. 加强公证理论研究。着眼于完善中国特色社会主义公证制度,深入开展理论研究,加强事关顶层制度设计和公证业发展的战略性、全局性、前瞻性问题的研究,着力解决公证工作改革发展面临的重大问题,增强公证工作指导的科学性、有效性,推动工作发展。

25. 加强公证宣传工作。加大公证宣传力度,综合运用广播、电视、报刊、网站、微博、微信等多种形式,广泛宣传我国公证制度和公证工作,使广大人民群众进一步增强公证法律意识,更加自觉地在民商事活动和社会交往中运用公证手段实现和维护自身权益,为公证事业发展营造良好社会环境。

八、认真做好组织实施工作

26. 加强领导。加强和改进公证工作事关公证事业持续健康发展,涉及面广、任务繁重。各地司法行政机关要高度重视,切实履行工作职责,积极发挥职能作用,在当地党委、政府领导下,精心做好组织实施工作。在工作推进过程中,积极加强与有关部门的协调配合,确保各项工作顺利进行。

27. 稳步推进。各地司法行政机关根据本意见,结合本地实际情况,制定具体实施办法,细化工作要求,明确任务分工,明确路线图、时间表,落实工作责任制,确保各项工作任务落到实处。

司法部

2014 年 8 月 6 日

司法部关于进一步加强公证质量管理工作的通知

司发通〔2015〕24 号

各省、自治区、直辖市司法厅(局),新疆生产建设兵团司法局:

为了进一步加强公证质量管理,提高公证公信力,服务经济社会发展,现就有关工作通知如下。

一、充分认识公证质量管理工作的重要性

党的十八届四中全会对发展公证法律服务业作出了重要部署,为新时期公证工作改革发展指明了方向。公证质量是公证工作的生命线,是公证公信力的重要标志。随着依法治国的全面推进,人民群众的法治观念和法律意识不断增强,对公证质量和公信力的要求日益提高。近年来,各级司法行政机关、各地公证协会高度重视公证质量管理和公信力建设,建立质量监控体系、制定质量评价标准、开展质量检查,全面加强公证质量监管,取得了明显成效。广大公证员坚持服务为民,依法规范诚信执业,在预防化解矛盾纠纷、维护当事人合法权益、促进经济社会发展中发挥了积极作用。但是,当前公证质量管理也出现了一些值得重视的问题,特别是公证当事人反映公证质量问题数量增多,社会舆情也有反映,有的公证机构内部质量管理机制不够健全,工作流程不够规范,审查把关不够严格,少数公证员质量意识和责任意识淡漠,不认真履行公证职责,甚至违反公证程序,出现瑕疵或者错误公证书;有的公证机构公证效率不高,便民利民的工作措施不到位,出证周期长;有的公证员违规收费,违反职业道德和执业纪律,等等。这些问题影响了公证工作服务为民作用的发挥。各地要从全面推进依法治国、推进公证事业持续健康发展的高度,充分认识公证质量管理工作的重要性,把提高公证质量放到当前工作的突出位置,采取有效措施,落实工作责任,创新工作举措,切实加强质量监管,全面提升公证质量。

二、大力加强公证员队伍质量意识教育

各地要加大公证员队伍教育管理力度,提高公证员队伍的政治素质、业务素质和职业道德素质。要教育引导广大公证员坚持依法执业,严格依照法律法规规章和执业规范办理公证事务;坚持执业为民,把维护人民群众合法权益作为公证工作的出发点和落脚点,全心全意做好服务群众的各项工作;坚持质量至上,高标准办理公证事务,将公证质量意识融入公证执业活动中;坚持诚信执业,自觉加强以诚信为重点的职业道德建设,杜绝出现假证、错证。要在公证执业中强化红线意识、坚守底线思维,不准未履行公证受理、登记、审批等程序私自出具公证书,不准为虚假的公证申请人或者不真实、不合法的事项出具公证书,不准违规收费,利用办证谋取私利或者向经办人、中间人支付回扣、介绍费等,不准与当事人恶意串通,损害对方当事人或第三人的合法权益。

三、着力加强公证执业的监督管理

各级司法行政机关、各地公证协会要针对目前公证执业中存在的突出问题,认真履行工作职责,对公证执业活动实施全面有效的质量监管,不断提高监督管理工作水平。

健全完善公证执业日常监督管理机制。加强公证质量检查,针对本地区公证质量情况进行全面摸底排查,深入办证一线,集中排查公证质量和效率问题,对排查出的问题要限期整改,及时通报,确保检查工作不走过场。完善公证质量监管制度,健全公证复查投诉处理机制,建立公证不良执业记录披露制度,健全公证执业信息公开制度,完善公证受理、审查核实、出证审批、立卷归档、质量评价、争议处理、责任追究等工作标准。强化质量监管手段,建立完善公证综合管理信息系统,积极推广应用信息化手段,逐步实现办证信息录入、办证流程控制、办证质量监管等统一操作、规范运行,对办证全过程进行跟踪监督,不断提高公证质量和工作效率。

健全完善公证机构质量控制机制。健全质量风险预防机制,严格公证受理标准,对存在申请人不具有相应的民事行为能力,当事人虚构、隐瞒事实、提供虚假证明材料等情形的,严格依法不予办理公证。健全质量过程控制机制,严格内部质量监测,严格规范审查核实、出证审批等工作流程,对申请公证的事项以及当事人提供的证明材料,按照有关办证规则需要核实或者对其有疑义的,应当进行认真核实。健全业务质量评查机制,设立公证质量检验员,定期组织人员进行业务质量自查互查,及时发现问题,规范执业行为,消除执业隐患。健全收费管理机制,严格规范服务收费,主动公示公证服务收费管理办法和收费标准,自觉接受主管部门和人民群众的监督。健全便民利民服务机制,进一步优化操作流程,强化执业技能,改善服务设施,提高办证效率,明确出证时限,切实做到及时受理、及时办理、及时出证,全面提升公证服务品质,真正把优质高效、便民利民的要求落到实处。

依法依规惩处公证违法违规执业行为。进一步健全完善公证违法违规执业惩戒制度,坚持教育与惩处并举、行政处罚与行业惩戒相结合,做好对公证违法违规行为的监督和惩处工作。认真做好公证复查和投诉处理工作,对待人民群众来信来访反映的公证质量问题,要及时调查,反馈处理情况。坚持严字当头、敢抓敢管,对违法违规办证、出具错假证以及公证存在严重质量问题,严重损害公证公信力等行为,坚决追究责任,严肃处理,决不姑息。对高于收费标准收费、分解收费项目、重复收费、扩大收费范围等违规收费或变相收费行为,要严肃查处,及时整顿、坚决纠正。

四、切实加强对公证质量管理工作的领导

各级司法行政机关、各地公证协会要高度重视公证质量管理工作,把加强公证质量监管摆上重要日程,高度重视,加强领导,抓紧落实。要坚持属地管理原则,分别落实司法行政机关、公证协会和公证机构的管理原则,注重沟通协调,加强协作配合,形成齐抓共管的局面。要有效推进公证执业机构建设,落实公证处执业管理责任,严密各项工作流程,堵塞工作薄弱环节。要加强公证舆情监测,注重对舆论的正面引导和有效疏导,要健全信息通报机制,对涉及公证服务的重大突发事件及处置情况要及时上报下达,实现信息共享,增强工作的针对性、协调性。

各地贯彻落实本通知的有关情况,请及时报部。

司法部

2015 年 3 月 24 日

司法部关于进一步加强公证便民利民工作的意见

司发通〔2016〕93 号

各省、自治区、直辖市司法厅（局），新疆生产建设兵团司法局：

为充分发挥公证工作职能作用，切实满足人民群众对公证服务的需求，服务经济社会发展，现就进一步加强公证便民利民工作提出如下意见。

一、充分认识进一步加强公证便民利民工作的重要性

党中央、国务院高度重视公证工作。党的十八届四中全会对发展公证法律服务业作出了重要部署，为公证事业发展指明了方向。近年来，各级司法行政机关、各地公证机构认真贯彻落实中央关于公证工作的决策部署，坚持服务为民，建立健全便民利民工作机制，在预防化解矛盾纠纷、保障当事人合法权益、服务经济社会发展等方面发挥了重要作用。但是，当前公证工作也出现了一些值得重视的问题，主要是：有的公证机构办证效率不高，手续比较繁琐，出证周期较长；有的服务收费不够规范；一些公证机构质量管理不严，甚至出具瑕疵或者错误公证书，等等。这些问题影响了公证职能作用的发挥，影响了公证工作的社会形象。加强公证便民利民工作关系到维护人民群众合法权益，关系到公证事业的健康发展，关系到全面依法治国的顺利推进。各地要从政治和全局的高度，充分认识进一步加强公证便民利民工作的重要意义，教育引导广大公证员牢固树立执业为民的理念，把维护人民群众合法权益作为公证工作的出发点和落脚点，坚持把人民群众满意作为检验公证工作成效的根本标准，切实提高公证便民利民工作水平。

二、进一步加强公证便民利民工作的指导思想和主要措施

进一步加强公证便民利民工作的指导思想是：高举中国特色社会主义伟大旗帜，全面贯彻落实党的十八大和十八届三中、四中、五中全会精神，以邓小平理论、"三个代表"重要思想、科学发展观为指导，深入学习贯彻习近平总书记系列重要讲话精神和对司法行政工作的重要指示精神，坚持以人为本、执业为民，依

法履行公证工作职责,深入开展民生领域公证服务,精简公证办理手续,推进公证信息化服务,依法规范公证收费,提高公证服务质量,完善便民服务设施,为促进经济社会发展、维护人民群众合法权益提供优质高效的公证法律服务。

根据以上指导思想,进一步加强公证便民利民工作的主要措施是:

(一)深入开展民生领域公证服务。认真办理婚姻、收养、遗嘱、继承、抚养、赡养、监护、劳务、财产分割等涉及公民人身关系、财产关系、家庭关系的公证业务,为公民个人处置财产、确认权利、维护权益等提供公证法律服务。紧紧围绕土地承包、企业改制、土地征用、房屋拆迁、劳动关系、环境保护等社会矛盾易发多发领域,贴近人民群众就业就学、医疗养老、社会保障等民生利益诉求,认真办理拆迁补偿安置、入学派位、保障房分配、医疗纠纷赔偿等公证业务。通过开展公证服务进社区活动等多种形式,为人民群众提供热情、周到、方便、快捷的公证服务。

(二)精简公证办理手续。要简化办证流程。申请人申办公证时,公证机构应当一次性明确告知所需资料及获取材料的途径和方式,减少当事人现场排队等候时间和往返公证机构次数。要简化办证手续。有条件的地方,公证机构要充分运用户籍、婚姻、工商登记、银行征信等公共信息资源,对公证当事人身份信息、证明材料等进行审查核实。能够运用信息手段核实的事项,可以不再要求当事人提供证明。要严格办证时限。尽量缩短办证周期,提高办证效率,能尽快出证的应当尽快出证。当事人能够提供真实、合法、充分的证明材料且不需要核实的,公证机构应当自受理公证申请之日起15个工作日内出具公证书。法律关系简单的公证事项,可压缩为10个工作日内出具公证书。

(三)推进公证信息化服务。要完善网上公证业务办理工作流程和服务标准,推进公证服务方式规范化、科学化。要建设公证业务网络服务平台,提高公证受理、登记、审批、出证等环节信息化水平。要运用互联网门户网站、微博微信等手段,提供服务内容、服务方式、受理条件、办证流程、材料手续及办公地址、执业区域、服务电话等信息,方便当事人查询。对于具备网上申办条件的公证事项,要实行网上申请、网上受理、网上反馈。

(四)依法规范公证收费。要认真落实公证收费公示制度。公证机构应当严格执行省、自治区、直辖市人民政府价格主管部门会同同级司法行政部门制定的公证服务收费标准,严格执行明码标价有关制度,在本机构显著位置和网站首页公示公证服务收费项目、收费标准、监督举报电话等信息,广泛接受社会监督。要依法减免公证收费。公证机构办理与给付社会保险待遇或者最低生活保障待遇有关的公证事项,办理与领取抚恤金(或劳工赔偿金)、救济金、劳动保险金等有关的公证事项,办理赡养、抚养、扶养协议的证明,办理与公益活动有关的公证事项时,对于符合法律援助条件的当事人应当按照有关规定减免公证服务费用;对于不符合法律援助条件,但确有困难的当事人,公证机构可以酌情减收或者免收相关的公证服务费用。推行小额遗产继承公证费用减免制度,降低当事人成本。倡导对 80 岁以上的老年人办理遗嘱公证免收公证费。

(五)提高公证服务质量。健全完善公证执业日常监督管理机制,完善公证质量监管制度和公证各环节工作标准。加强公证员队伍质量意识教育,教育引导广大公证员自觉加强以诚信为重点的职业道德建设,杜绝出现假证、错证。要在公证执业中强化红线意识、坚守底线思维,不准未履行公证受理、登记、审批等程序私自出具公证书,不准为虚假的公证申请人或者不真实、不合法的事项出具公证书,不准违规收费,利用办证谋取私利或者向经办人、中间人支付回扣、介绍费等,不准与当事人恶意串通,损害对方当事人或第三人的合法权益。

(六)完善便民服务设施。公证机构要设立便民指示牌、咨询台,在服务大厅配备便民设施和适老用品等,有条件的公证机构要为当事人提供网络、复印等便利。对残疾人、孕妇、老年人等当事人,设立公证办理绿色通道,实行优先受理、优先审批、优先出证。要设立服务热线电话,完善热线受理、转办、回访、督办工作流程,规范接听用语,统一答复标准,及时高效解答。要改进窗口服务态度,推进公证行业服务窗口标准化规范化建设,提升公证服务社会满意度。

三、切实把公证便民利民工作落到实处

(一)加强组织领导。各级司法行政机关要高度重视,把进一步加强公证便民利民工作摆上重要日程,结合本地实际,制定加强公证便民利民工作的具体方案,认真组织实施。司法行政机关主要负责同志要对本地区加强公证便民利民工作负总责,分管领导和公证管理部门负责具体组织实施。各地公证协会要将加强公证便民利民工作作为一项重要任务,按照职责分工开展工作。

(二)加强监督检查。要坚持问题导向,针对本地区公证服务中存在的突出问题开展专项检查和服务窗口整治活动。要设置监督举报电话,畅通公证办理监督渠道,及时调查群众反映的问题,反馈处理情况。要加强工作指导,及时推广工作经验,研究解决工作中的问题,推动公证便民利民工作有效开展。

(三)做好宣传工作。各地要利用报刊、网站、广播、电视等各种媒体,大力宣传加强公证便民利民工作的措施和要求,宣传公证队伍中涌现出来的优秀典型、先进事迹,宣传加强公证便民利民工作取得的成效,为公证事业健康发展创造良好的社会氛围。

司法部

2016 年 9 月 18 日

（二）

上海市司法局规范性文件

市司法局关于进一步规范
公证机构办公场所管理的通知

沪司发公管〔2009〕13 号

各区县司法局,各公证处:

根据《中华人民共和国公证法》、《公证机构执业管理办法》、《公证机构年度考核办法(试行)》、《司法部办公厅关于严格规范公证处设立办证点有关问题的通知》等文件精神,现就进一步规范本市公证机构办公场所管理的有关要求通知如下:

一、公证机构办公地应当与市司法局颁发的《公证机构执业证》"办公场所"栏记载的办公场所相一致。公证机构变更办公场所的,应当持申请书、办公场所证明、组建该公证机构的司法局出具的批准意见、《公证机构执业证》正本和副本,到市司法局办理核准手续。市司法局核准的,应当更换《公证机构执业证》正本和副本,同时报司法部备案。

二、公证机构因业务发展,导致办公用房拥挤,短期内难以解决,需临时增设接待室的,应当持申请书、用于增设接待室的办公场所证明、组建该公证机构的司法局出具的批准意见、《公证机构执业证》正本和副本,到市司法局办理核准手续。市司法局核准的,应当在《公证机构执业证》正本和副本的"办公场所"栏补充记载。公证机构办公用房困难得到解决的,应当撤销接待室,并向市司法局办理注销接待室备案手续。

公证机构的接待室不得超过 1 个,发生变更的,应当按前述程序办理核准手续。

三、公证机构因办公用房困难,需要增加内部办公场所的,经组建该公证机构的司法局同意后,应当报市司法局备案。内部办公场所不得进行接待、受理和发证等对外业务活动,不得以各种形式对外悬挂公证处的牌匾、指示牌以及介绍、招揽性的宣传告示。

四、根据公证业务需求量及便民服务等实际情况,公证机构应房屋交易中心、产权交易市场、社区服务中心等特定场所主办单位的邀请,可以在相关场所内设立公证服务窗口。设立公证服务窗口的,应当持申请书、相关主办单位的邀请函、组建该公证机构的司法局出具的批准意见,到市司法局办理核准手续。公证机构在每一特定场所设立的公证服务窗口不得超过 1 个。特定场所的公证服务窗口发生变更的,原设立和新设立公证服务窗口的公证机构,应当分别办理注销、核准手续。

五、公证机构设立的接待室和服务窗口均不得对外悬挂公证机构牌匾。接待室可以对外悬挂"上海市+字号+公证处+接待室"的牌匾,服务窗口可以在内部放置台卡。公证接待室应当公示收费标准、服务承诺、投诉电话以及公证人员信息等内容。接待室和服务窗口都应对外明示服务时间,在规定的时间内,应当有公证员在现场办公,且应佩戴胸卡上岗,由公证员亲自承办该场所相关的公证业务。

六、司法行政机关应当加强对公证机构办公场所的管理,切实履行日常监管和年度考核职责,通过审查公证机构年度工作报告、实地检查等形式,及时发现问题,坚决责令改正。并将本通知的执行情况、相关问题的整改措施以及整改效果,列入对该公证机构的考核内容。

公证机构应当按照本通知要求,及时清理和调整现有的办公场所,并于 2009 年 12 月底以前向市司法局提交情况报告,并及时办理核准手续。

特此通知。

上海市司法局

2009 年 7 月 30 日

市司法局关于进一步规范遗嘱公证办证程序的通知

沪司发公管〔2009〕16 号

各公证处：

　　近期，我局收到上海市徐汇区人民法院司法建议书，称该院在审理一起遗嘱纠纷案件时发现，公证处为被继承人办理遗嘱公证时未按规定进行录音或录像，被告因此对此份公证书的效力表示了异议。法院经审查，认为公证过程有瑕疵，建议公证处在办理遗嘱公证时，公证员应严格按照《遗嘱公证细则》第十六条的规定办理，以提高公证行为的权威性和公信力。

　　司法部颁发的《遗嘱公证细则》第十六条规定，在与符合四种情形的遗嘱人谈话时应当录音或者录像。据了解，目前我市 22 家公证处办理遗嘱公证业务时，大部分采用了录音或者录像，有的全部采用，有的部分采用，也有少数没有按要求采用。

　　为了进一步规范遗嘱公证的办证行为，确保公证书的证明效力，请各单位对目前遗嘱公证的办理情况进行认真分析，采取有效措施，保证《遗嘱公证细则》第十六条有关规定的贯彻落实。

　　请将贯彻落实情况及时报市司法局公管处。

　　特此通知。

上海市司法局

2009 年 9 月 29 日

市司法局关于进一步规范
公证机构名称标识有关问题的通知

沪司发公管〔2010〕6号

各公证处：

近期，有市人大代表反映，浦东公证处的名称标牌、标识以及宣传告示资料落款所用的公证机构名称不统一、不规范。经了解，人大代表所反映的问题属实，在其他公证机构也有类似情况存在。为了确保公证机构名称标识的严肃性，体现服务窗口的规范性，请各单位接此通知后，对公证处的标牌、标识以及各类宣传告示资料所涉及公证处名称的内容进行一次认真检查，对存在的问题，应当立即进行整改。

请各单位于5月底前将检查结果和整改情况，书面报市局公管处。

2010年4月28日

关于印发《上海市公证机构岗位设置
管理实施办法》的通知

沪司发政〔2011〕4 号

各区县司法局、区县人力资源和社会保障局：

根据《中华人民共和国公证法》、《上海市事业单位岗位设置管理实施办法》（沪委办发〔2009〕40 号），结合上海市的实际情况，我们制定了《上海市公证机构岗位设置管理实施办法》，现印发给你们，请遵照执行。

特此通知。

附件：1. 上海市公证机构岗位设置管理实施办法
　　　2. 上海市公证机构公证员岗位设置基本结构比例（略）

上海市司法局　上海市人力资源和社会保障局
2011 年 2 月 27 日

上海市公证机构岗位设置管理实施办法

为深化事业单位人事制度改革，建立健全本市公证机构岗位设置管理制度，切实有序地实施岗位设置管理工作，根据《中华人民共和国公证法》、《上海市事业单位岗位设置管理实施办法》（沪委办发〔2009〕40 号），以及《上海市事业单位岗位设置管理若干问题的处理意见》（沪人社专发〔2010〕34 号）的规定，结合本市公证行业的特点和实际，制定本实施办法。

一、适用范围

本市行政区域内，经机构编制管理部门批准，依法设立，不以营利为目的，依法独立行使公证职能、承担民事责任的证明机构，列入事业单位岗位设置管理范围。此类机构中在编的工作人员均适用本办法，纳入事业单位岗位设置管理范围。涉及公证机构领导人员的,按照《中华人民共和国公证法》和干部人事管理权限的有关规定执行。

二、岗位类别设置

(一)公证机构岗位分为专业技术岗位、管理岗位和工勤技能岗位三种类别。

1. 专业技术岗位是指从事专业技术工作,具有相应专业技术水平和能力要求的工作岗位。分为公证员岗位和其他专业技术岗位,其中公证员岗位为主体岗位。

公证员岗位是指符合《中华人民共和国公证法》规定的条件,经法定任职程序,取得公证员执业证书,在公证机构从事公证业务的执业人员所在的专业技术岗位。

2. 管理岗位是指担负领导职责或管理任务的工作岗位。

3. 工勤技能岗位是指承担技能操作和维护、后勤保障、服务等职责的工作岗位,分为技术工岗位和普通工岗位。

鼓励公证机构后勤服务社会化,已经实现后勤社会化服务的一般性劳务工作,不再设置相应的工勤技能岗位。

(二)特设岗位的设置和聘用办法按照国家和本市有关规定执行。

三、岗位等级设置

(一)专业技术岗位等级设置

1. 专业技术岗位共分 13 个等级,其中,高级岗位分 7 个等级,正高级的岗位对应一至四级,副高级的岗位对应五至七级。中级岗位分 3 个等级,对应八至十级。初级岗位分 3 个等级,对应十一级至十三级。

2. 不区分正副高的高级专业技术职务系列,暂按现行专业技术职务有关规定执行,一般最高岗位等级为五级。

(二)管理岗位等级设置

1. 管理岗位的最高等级和结构比例根据公证机构的规格、规模、隶属关系,按照干部人事管理有关规定和权限确定。

2. 本市公证机构中现行的处级正职、处级副职、科级正职、科级副职、科员、办事员依次分别对应五至十级管理岗位。

(三)工勤技能岗位等级设置

1. 工勤技能岗位包括技术工岗位和普通工岗位,其中技术工岗位分为 5 个等级,普通工岗位不分等级。

2. 现行的高级技师、技师、高级工、中级工、初级工,依次分别对应一至五级工勤技能岗位。

（四）特设岗位设置

1. 根据公证业务的发展聘用急需的高层次人才等特殊需要,经批准可以设置特设岗位。

公证机构设置特设岗位,需经上级主管部门审核后,报同级人力资源和社会保障局核准。

2. 特设岗位是非常设岗位,不受岗位总量、最高等级和结构比例限制,在完成任务后,按照管理权限予以核销。

四、岗位设置的结构比例

（一）管理岗位、专业技术岗位、工勤技能岗位三类岗位之间的结构比例,根据公证机构的隶属关系、机构级别、职责任务、工作性质、业务需要、人员结构特点等因素综合确定。

1. 公证机构专业技术岗位一般不低于单位岗位总量的 70%,公证员岗位一般不低于单位岗位总量的 60%。

2. 公证机构管理岗位一般不超过单位岗位总量的 20%。

3. 公证机构工勤技能岗位一般不超过单位岗位总量的 10%。

（二）公证机构专业技术高级、中级、初级岗位的结构比例,按照国家的总体控制目标以及本市相关规定,根据公证机构的规模、隶属关系、专业水平、业务需要,实行不同的结构比例控制。公证机构专业技术高级、中级、初级岗位内部不同等级之间的结构比例控制目标是：二级、三级、四级岗位间的比例为 1∶3∶6;五级、六级、七级岗位间的比例为 2∶4∶4;八级、九级、十级岗位间的比例为 3∶4∶3;十一级、十二级岗位间的比例为 5∶5。

（三）工勤技能岗位的结构比例

1. 公证机构原则上不设置工勤技能一级、二级岗位。

2. 公证机构工勤技能岗位中,三级岗位的总量不超过工勤技能岗位总量的 25%。

五、专业技术岗位名称及岗位等级

（一）公证机构正高级公证员岗位名称为一级公证员一级岗位、一级公证员二级岗位、一级公证员三级岗位、一级公证员四级岗位,分别对应一至四级专业技术岗位;副高级公证员岗位名称为二级公证员一级岗位、二级公证员二级岗位、二级公证员三级岗位,分别对应五至七级专业技术岗位;中级公证员岗位名称为三级公证员一级岗位、三级公证员二级岗位、三级公证员三级岗位,分别对应八至十级专业技术岗位;初级公证员岗位名称为四级公证员一级岗位、四级公证员二级岗位、公证员助理岗位,分别对应十一级、十二级、十三级专业技术岗位。

（二）公证机构其他专业技术岗位名称参照相关行业的规定执行,岗位等级设置和管理参照本办法执行,其他专业技术岗位的最高等级,一般应低于公证员岗位。

六、岗位基本任职条件

（一）三类岗位的基本任职条件

1. 遵守宪法和法律。

2. 具有良好的品行和职业道德。

3. 岗位所需的专业、能力或技能条件,包括执业资格准入控制条件(其中担任公证员、公证员助理应当具备的条件以《中华人民共和国公证法》的有关规定为准)。

4. 适应岗位要求的身体和心理条件。

5. 岗位所需的其他条件。

（二）专业技术岗位的基本任职条件

1. 专业技术高级、中级、初级岗位的任职条件按照现行专业技术职务评聘的有关规定执行。

2. 专业技术高级、中级、初级内部各等级岗位的基本任职条件:

（1）二级、三级专业技术岗位,一般应分别在下一等级岗位上工作四年以上;

（2）五级、六级专业技术岗位,一般应分别在下一等级岗位上工作三年以上;

（3）八级、九级专业技术岗位,一般应分别在下一等级岗位上工作三年以上;

（4）十一级专业技术岗位,一般应在十二级岗位上工作三年以上;

（5）十二级专业技术岗位,一般应在十三级岗位上工作二年以上。

3. 公证机构应在上述任职条件的基础上,根据本办法,结合各类专业技术岗位实际情况,制定本单位专业技术岗位的具体条件,作为岗位聘任的重要依据。

（三）管理岗位基本任职条件

1. 管理岗位一般应具有大学专科以上文化程度(六级以上管理岗位一般应

具有大学本科以上文化程度），其中公证机构的负责人应当在有三年以上执业经历的公证员中推选产生，并按《中华人民共和国公证法》的有关规定上报核准、备案：

（1）五级管理岗位，应在六级管理岗位上工作两年以上；

（2）六级管理岗位，应在七级管理岗位上工作三年以上；

（3）七级管理岗位，应在八级管理岗位上工作三年以上；

（4）八级管理岗位，应在九级管理岗位上工作三年以上；

（5）九级管理岗位，应在十级管理岗位上工作三年以上。

2. 公证机构应在上述基本任职条件的基础上，根据本办法，结合各类管理岗位实际情况，制定本单位管理岗位的具体条件，作为岗位聘任的重要依据。

（四）工勤技能岗位基本任职条件

1. 一级、二级工勤技能岗位，须在本工种下一级岗位工作五年以上，并分别通过高级技师、技师技术等级考评；

2. 三级、四级工勤技能岗位，须在本工种下一级岗位工作五年以上，并分别通过高级工、中级工等级考评；

3. 学徒（培训生）学习期满和工人见习、试用期满，通过初级工技术等级考核后，可确定为五级工勤技能岗位。

七、岗位设置审核

（一）公证机构岗位设置实行核准制度，严格按照规定的程序和管理权限进行审核。

（二）公证机构的岗位设置方案包括岗位总量、结构比例以及最高等级限额等事项。

（三）经核准的岗位设置方案作为聘用人员、确定岗位等级、调整岗位以及核定工资的依据。

（四）岗位设置方案经核准后，应当保持相对稳定。公证机构在核准的岗位总量以及岗位结构比例和最高岗位等级控制范围内，可以根据实际情况自主调整岗位设置。

（五）公证机构需重新制定岗位设置方案的，应按规定程序申请核准。

八、岗位聘用

（一）公证机构在核定的岗位总量和结构比例内，根据国家和本市岗位设置管理和岗位聘任的相关规定，以及经核准的岗位设置方案，开展岗位聘用工作。

公证机构聘用人员，应在岗位有空缺的前提下，按照公开招聘、竞聘上岗的有关规定择优聘用。

（二）公证机构应分别按照专业技术岗位、管理岗位、工勤技能岗位的职责任务和任职条件，在核定的结构比例内聘用人员，聘用条件不得低于国家和本市规定的基本任职条件。

（三）公证机构工作人员原则上不得同时在两类岗位上任职，符合下列条件并在管理岗位担负领导职责的工作人员，按干部人事管理权限批准，可以兼任专业技术岗位，并占用专业技术岗位结构比例：

（1）岗位任职条件有专业技术背景要求；

（2）需要完成一定的专业技术工作职责和工作任务；

（3）符合国家和本市规定的专业技术职务评聘条件。因工作需要，公证机构内设的业务部门的负责人由专业技术人员担任的，可直接聘至专业技术岗位，占用专业技术岗位结构比例。

（四）公证机构应根据国家和本市的有关规定，使现有在编在册的正式工作人员，按照现聘职务或岗位进入相应等级的岗位。

（五）首次进行岗位等级确定和聘任时，专业技术高级、中级、初级内部各等级岗位的任职年限按照在高级、中级、初级职务岗位的相应任职年限计算。

（六）首次岗位等级确定和聘任的具体政策衔接，按照本市事业单位岗位设置管理的有关办法执行。

（七）公证机构新参加工作人员见习、实习期满后，按照国家和本市的规定确定相应的岗位等级。

其中，已通过国家司法考试的新参加工作人员一年见习期满后，明确为专业技术岗位的，执行专业技术岗位十三级工资。依法取得公证员执业证书后，由公证机构聘至四级公证员岗位的，执行专业技术岗位十二级工资。

（八）根据本市公证行业人才的特点，对公证机构中确有真才实学、成绩显著、贡献突出的专业技术人员，岗位急需且符合破格条件的，经上一级主管部门批准，可以根据有关规定破格聘用。

（九）公证机构应当加强聘用合同的管理工作。根据核准的岗位设置方案，对本单位现有人员确定不同等级的岗位，并依法订立或变更聘用合同，按规定办理有关手续。

（十）公证机构的年度岗位聘用的实际情况按照隶属关系，报同级司法行政部门和同级人力资源社会保障部门备案。

九、专业技术一、二级岗位的聘用

（一）专业技术一级岗位由国家实行总量控制和管理，任职条件和确定程序按照国家有关规定执行。

（二）专业技术二级岗位按照以下程序聘用：

1. 公证系列专业技术二级岗位

公证机构聘用专业技术二级岗位的人员,应在岗位设置结构比例内,按隶属关系将推荐人选报同级司法行政部门和人力资源社会保障部门同意,报经上海市司法局审核后,报上海市人力资源和社会保障局核准。

2. 公证机构原则上不设立其他系列专业技术二级岗位,确因工作需要报请设立的,按照国家和本市的有关规定执行。

（三）聘用到公证系列专业技术二级岗位的人员除满足岗位基本任职条件外,还必须具备下列条件之一：

1. 国家级人才或上海市地方拔尖人才;

2. 具有全面的公证专业知识及一流的公证专业理论水平,在公证专业领域有很高的造诣及研究成果的专家;

3. 为国家和上海公证事业发展作出重要贡献,享有盛誉的专业人才。

十、组织实施

（一）公证机构原则上要按照积极稳妥的原则,结合本单位实际,研究制定本单位的实施办法,对各类岗位的任职条件、工作标准、职责任务等做出具体的规定。要统筹规划,分类指导,周密部署,及时研究解决改革中出现的新情况、新问题,确保公证机构的稳定和持续发展。

（二）公证机构原则上要严格执行有关政策规定。对违反政策规定进行岗位设置和聘用的公证机构,政府人事行政部门、司法行政部门及有关部门不予确认岗位等级、不予兑现工资待遇、不予核拨事业经费。情节严重者,按照人事管理权限给予相应的纪律处分。

（三）本实施办法由上海市司法局、上海市人力资源和社会保障局负责解释。

上海市公证机构公证员岗位设置基本结构比例

单 位 类 别	高级%		中级%	初级%
	正高%	副高%		
人员编制数 100 名以上的公证机构	6—8	22—30	50—55	按需设岗
人员编制数 50 至 99 名的公证机构	4—5	12—20	45—50	按需设岗
人员编制数 49 名及以下的公证机构	3—4	12—20	45—50	按需设岗

关于依法查处扰乱公证执业秩序
违法犯罪行为的意见

沪司规〔2013〕3号

各中级人民法院、各区县人民法院、市高级人民法院有关单位,各检察分院、各区县人民检察院、市人民检察院有关单位,各公安分局、县公安局、市公安局有关单位、各公安处(局),市监狱管理局、市社区矫正办、各区县司法局、市司法局有关单位:

为维护公证行业的社会公信力和正常公证秩序,依法查处扰乱公证执业秩序的违法犯罪行为,根据《中华人民共和国刑法》(以下简称《刑法》)、《中华人民共和国公证法》、《中华人民共和国治安管理处罚法》、《中华人民共和国居民身份证法》等法律法规的规定,结合本市实际,现就办理扰乱公证执业秩序违法犯罪案件工作提出如下意见:

一、依法查处和打击扰乱公证执业秩序违法犯罪行为,维护正常社会秩序

公证制度是我国一项重要的预防性法律制度,是我国社会主义司法制度的重要组成部分。公证法律服务为促进本市经济社会发展、保障市场秩序、维护社会稳定、化解社会矛盾、健全社会信用、预防纠纷和减少诉讼等发挥了重要作用。但是,近年来涉及扰乱公证执业秩序的违法犯罪活动呈现了高发、多样态势,损害了公证行业的社会公信力,侵犯了公民个人的合法财产权益,破坏了正常的社会经济秩序。为有效遏制此类违法犯罪活动,维护社会和谐稳定,公安机关和司法行政部门应当高度重视并加强协作配合,依法打击此类违法犯罪活动的多发势头。

二、准确认定案件性质,正确适用法律,依法处理扰乱公证执业秩序违法犯罪活动

(一)违法行为人冒用他人居民身份证申请办理公证,或者购买、出售、使用伪造、变造的居民身份证的,依照《中华人民共和国居民身份证法》第十七条的规定,处二百元以上一千元以下罚款,或者处十日以下拘留,有违法所得的没收违法所得,伪造、变造的居民身份证,由公安机关予以收缴;触犯《刑法》第二百八十条第三款的规定的,以伪造、变造居民身份证罪追究刑事责任。

(二)违法行为人在申请办理公证过程中,向公证机构提供伪造、变造、买卖的国家机关、人民团体、企业、事业单位或者其他组织的公文、证件、证明文件、印章,买卖或者使用伪造、变造的国家机关、人民团体、企业、事业单位或者其他组织的公文、证件、证明文件的,依法予以治安处罚;触犯《刑法》第二百八十条第一款、第二款的规定的,以伪造、变造、买卖国家机关公文、证件、印章罪,伪造公司、企业、事业单位、人民团体印章罪追究刑事责任。

(三)违法行为人利用公证书或使用伪造、变造的公证书实施诈骗的,依法予以治安处罚;触犯《刑法》第二百六十六条规定的,以诈骗罪追究刑事责任。

(四)违法行为人在公证机构办公场所寻衅滋事,辱骂、殴打工作人员,毁损公私财物,扰乱公证机构办公场所秩序的,依法予以治安处罚;触犯《刑法》第二百七十五条、二百九十三条规定的,分别以寻衅滋事罪、故意毁坏财物罪追究刑事责任。

(五)中介组织等机构的人员,教唆、引诱他人进行以上违法犯罪的,按照共同违法犯罪论处。

三、加强协作配合,健全查处机制,共同打击扰乱公证执业秩序违法犯罪活动

公安机关和司法行政机关应当切实加强协调配合,积极开展宣传和防范工作,共同依法严厉打击扰乱公证执业秩序违法犯罪活动:

(一)建立协作机制。通过建立联席会议制度、案件线索移送、证据移交机制等方式,加强协调配合,共享信息。公安机关对公证机构派员前来核查当事人户籍、身份档案信息的,应当在职责范围内予以配合和提供便利。公证机构应建立相应造假行为的档案,长期保存、及时更新,及时向上级司法行政机关报告备案,并将档案信息送交公安机关共享。

(二)加强重点监管。公安机关对刻章、印刷等特种行业和房地产交易市场等重点领域要加强监管,及时查处伪造、买卖印章、证件等违法犯罪活动。司法行政机关要依法加强对公证机构、公证员的监督指导和培训,提高防范能力。各公证机构要加强对当事人提供的材料真实性的审查,重视利用高科技手段防范公证中的造假行为。

(三)重视源头管理。公安机关在查处扰乱公证执业秩序违法犯罪行为的过程中,应依法追究制假、售假人员的责任。

（四）明确工作分工。公证机构发现扰乱公证执业秩序行为的,应及时向违法犯罪地公安机关报案并报告司法行政机关,同时应保留违法犯罪证据,向公安机关提供违法犯罪活动线索。公安机关接到公证机构报案或群众举报后,应及时出警并调查取证,根据具体情况,对违法犯罪行为人进行相应处置,并将处理结果向司法行政机关反馈。

（五）加大宣传力度。公安机关和司法行政机关要加强舆论宣传,以各种形式宣传打击此类扰乱公证执业秩序行为案件的处理,以震慑有违法犯罪行为嫌疑的人员,弘扬社会正气。

上海市高级人民法院　上海市人民检察院

上海市公安局　上海市司法局

2013 年 8 月 2 日

市司法局关于进一步规范办理提存公证事务的通知

沪司发〔2014〕22 号

各区县司法局、市公证协会：

近 3 年来，在司法行政机关和行业协会的监督、指导下，本市公证机构积极发挥公证职能，共办理提存公证事务 418 件，其中提存标的物为货币的已达 1.18 亿元。这对及时调整债权债务关系，预防经济纠纷，稳定社会民生、经济秩序起到了良好的作用。

近期，市审计局在专项审计工作中，发现本市个别公证机构在办理提存公证事务中存在"提存资金利息未按规定支付给当事人；超过年限的提存款未上缴国库"等问题。为了进一步规范本市公证机构办理提存公证事务，现就有关事项通知如下：

一、提存公证事务具有债的消灭和担保的效力，司法行政机关应当监督、指导公证机构按照司法部《提存公证规则》规定的程序和条件办理提存公证事务，确保提存标的物安全保管。对于提存标的物，应按照给付程序的规定严格履行审批职责，按法定或当事人约定的条件给付受领人。

二、根据《提存公证规则》第八条"公证处应当在指定银行设立提存账户，并置备保管有价证券、贵重物品的专用设备或租用银行的保险箱"的规定，各公证机构办理货币提存公证事务，应在指定的银行设立提存专用账户。但是，本市仍有 7 家公证机构尚未设立提存专用账户。相关司法行政机关应当尽快指导其与所在地的财政部门联系，在征得财政部门同意后，向指定的银行设立提存专用账户。

三、根据《中华人民共和国合同法》第一百零三条"提存期间，标的物的孳息归债权人所有"和《提存公证规则》第二十二条"提存物在提存期间所产生的孳息归提存受领人所有"的规定，提存货币的，货币受领人在按法定或当事人约定的条件领取货币时，司法行政机关应当监督、指导公证机构将提存期间产生的利息一并给付受领人，不得故意扣压或将利息转入其他账户。

四、根据《中华人民共和国合同法》第一百零四条"债权人领取提存物的权利,自提存之日起五年内不行使而消失,提存物扣除提存费用后归国家所有"的规定,司法行政机关应当监督、指导公证机构建立定期复核提存物的制度,发现有无主财产的,应及时联系所在地的财政管理部门,并经审核批准后,及时上缴指定的国库账户。

市司法局公证管理职能部门和各区县司法局要从维护行业公信力和加强廉政建设的高度,进一步强化对公证机构以及公证员执业指导思想教育;要严肃执业纪律,规范办证程序,自觉遵守财经纪律,维护好当事人的合法权益;要切实加强对公证机构的监督、指导管理,明确管理要求,认真指导建立和完善相关管理制度;要主动与区县有关部门协调沟通,帮助解决公证机构办理提存公证事务中存在的"开设提存账户、上缴国库"等实际困难;要监督、指导公证机构开展自查自纠,坚决杜绝以任何名义,搞变通、打折扣。市公证协会要加强对办理提存公证事务的业务指导,规范办理程序,提高行业自律水平。公证机构开展自查自纠工作情况的书面报告,由所属司法行政机关审定后于 4 月 15 日前报市局公管处。

特此通知。

上海市司法局

2014 年 3 月 3 日

市司法局关于进一步规范
民间借贷类公证办证秩序的通知

沪司发〔2014〕54 号

各区县司法局、市公证协会：

　　近年来，公证工作服务于经济社会发展大局，在维护社会稳定，促进经济发展，保障群众合法权益方面发挥了重大作用。但由于受市场经济负面因素影响，公证法律服务秩序出现了一些不容忽视的问题，部分公证处、公证员执业指导思想发生偏差，片面追求经济利益的思想有所抬头。特别是在民间借贷公证领域，少数公证人员以"便民服务，上门办证"为名，在未经核准的场所内应邀上门或驻点办公，为当事人办理民间借贷公证，在一定程度上，加剧了公证行业内的不正当竞争，导致办证质量下降，引发信访投诉，影响公证公信力。针对此类现象，市局多次提出整改意见，要求有关公证处进行认真清理，对未经核准设立的办证点予以撤销，但收效不显。为进一步规范公证法律服务秩序，坚决制止不正当竞争现象继续蔓延，特通知如下：

　　一、各区县司法行政机关要树立全局观念，从维护公证行业根本利益，提高公证公信力的大局出发，进一步统一思想，要充分认识到以逐利为目的不正当竞争的危害性，要督促所属公证机构严格执行《司法部办公厅关于严格规范公证处设立办证点有关问题的通知》(司办通〔2005〕第 25 号)及《市司法局关于进一步规范公证机构办公场所管理的通知》(沪司发公管〔2009〕13 号)的要求，努力规范公证法律服务秩序，坚决遏制不正当竞争的风气继续蔓延。

　　二、市公证协会要加强行业自律建设，对民间借贷公证业务，要根据新形势、新情况加强研究和办证指导。公证员在办理此类公证事项时，要严格按照《中华人民共和国公证法》及《公证程序规则》的规定，认真做好风险提示和责任告知工作，依法履行好审查、核实义务。

　　三、各公证机构要加强自律，加强对公证人员的教育、管理。民间借贷类公证事项，应当在经市局核准的办公场所内办理。如有行动不便等特殊情况，确需提供上门服务的，要按照市公证协会《关于印发〈关于办理民间借贷类公证的若干规定〉的通知》（沪公协办〔2013〕第 20 号）办理。

四、本通知下发后,各区县司法局要组织公证人员认真学习相关文件规定,要对近几年来办理的民间借贷公证,从办证质量和服务秩序两个方面进行一次认真的检查,发现问题要及时整改。要主动撤销未经核准设立的办证点,坚决制止公证员以"上门办证"为名,在未经核准的场所内办理民间借贷公证事项。公证机构检查整改情况请于 8 月 10 日前书面报市局公证工作管理处。

特此通知。

上海市司法局

2014 年 7 月 16 日

市司法局关于转发市公证协会
民间借贷类公证办证规范的通知

沪司发〔2015〕28 号

各区县司法局,市公证协会:

为严格规范民间借贷类公证办证行为,细化公证质量检查依据,市公证协会相继制定了《关于办理民间借贷类公证的若干规定》、《关于进一步规范民间借贷类公证若干意见》,现将上述行业规范转发给你们,请监督和指导所属公证机构认真贯彻执行。

办理民间借贷类公证,如果审核把关不严,必然导致公证质量下降,严重影响公证公信力。本市各级司法行政机关和公证行业协会应当监督和指导公证机构及其公证员,严格遵守《公证法》、《公证程序规则》等法律、法规、规章的规定,全面加强审查核实工作。一是应当注重对当事人真实意思和行为能力的审查。二是应当规范询问笔录的制作,结合个案情况有针对性地进行询问。笔录制作可以手写,也可以打印,但不得采用填空式笔录。应当明确告知公证费数额,并经当事人确认。三是遇残障人员、老年人申办此类公证的,应当谨慎办理,结合具体案情,采取相应的措施强化审查,应当注重对公证当事人理解力、辨别力的审查,查明其真实意思表示。

各区县司法局应当督促所属公证机构及其公证员坚持依法执业,凡发现违法违规办理民间借贷类公证的,一律取消涉案公证机构及其主要负责人、承办公证员的年度评优资格。市公证协会应当及时制定有针对性的指导意见。定期开展民间借贷类公证专项检查,严肃查究违规行为,视情予以行业惩戒。市司法局公证管理部门应当强化各项管理措施,切实加强对此类公证的监管,发现违反办证规范行为的,一律予以实名通报,并且视情实施行政处罚,或者责成相关司法局和行业协会,分别予以行政处分或者行业惩戒。

特此通知。

附件1:关于印发《关于办理民间借贷类公证的若干规定》的通知

    2:关于印发《关于进一步规范民间借贷类公证的若干意见》的通知(略)

上海市司法局

2015 年 4 月 7 日

附件

关于印发《关于办理民间借贷类公证的若干规定》的通知

沪公协办〔2013〕第 20 号

各公证处：

　　为进一步规范民间借贷类公证的办证行为，业务指导委员会制定了《关于办理民间借贷类公证的若干规定》，现印发给你们。请各公证处认真组织公证人员学习，并结合实际，贯彻落实。

　　特此通知。

上海市公证协会

2015 年 3 月 9 日

关于办理民间借贷类公证的若干规定

　　为了进一步规范民间借贷类公证（指民间借贷合同类公证以及相应的委托公证，下同）的办证行为，现就有关事项规定如下：

　　一、办理民间借贷类公证事项应当在公证机构的办公场所内进行。如有特殊情况需要提供上门服务的，办证地点仅限于借款人、抵押人的办公场所，且承办公证员应当亲自上门办理。

　　二、公证员在办理民间借贷类公证事项时，应当向当事人告知该公证事项的具体收费金额，并在询问笔录中进行记载。

　　三、民间借贷类公证书出具后，应当由公证当事人亲自领取。如借款人不能亲自领取的，可以委托其亲友或者受托人领取，不得由出借人或者其他人员代为领取。

　　四、借款人以其唯一一套住房做抵押进行民间借贷的，承办公证员应当向当事人告知最高法院关于唯一一套住房不能执行的规定。如借款人无固定收入来源，且无还贷能力的，一般不宜办理民间借贷公证。

　　五、老年人申办民间借贷公证的，承办公证员应当认真审查老年人借款的真实意思表示，如有必要，可采取适当方式了解核实并告知民间借贷可能产生的法律后果。

　　六、当事人在办理民间借贷公证的同时，抵押人又与出借人办理处分抵押物的委托合同或者委托书公证的,承办公证员应当向当事人告知撤销委托合同或者委托书的法律规定以及可能产生的法律后果,并在询问笔录中进行记载。

七、当事人申办民间借贷合同公证,并要求赋予强制执行效力的,该合同文本中应当有规范的强制执行条款。如该合同文本中没有强制执行条款的,承办公证员应当要求当事人修改该合同文本,增加强制执行条款,不宜采用手写或者盖章方式在合同文本上增加强制执行条款。

上海市公证协会业务指导委员会

2013 年 9 月 30 日

市司法局关于严格执行
房屋拆迁证据保全公证细则的通知

沪司发〔2016〕98 号

各区县司法局、市公证协会：

　　房屋征收补偿工作事关社会稳定和人民群众的切身利益，为认真做好房屋拆迁证据保全公证，司法部制定了《房屋拆迁证据保全公证细则》（司法部令第29 号，以下简称《细则》），系司法部现行有效的行政规章。《细则》第十四条明确规定公证机构办理此类公证事项时应当"通知被拆迁人到场"，对"财产登记造册、逐一清点"。近期以来，我局在信访和投诉处理中多次发现部分公证机构以《细则》颁布时间过久，已不适应工作需要为由，没有认真执行《细则》第十四条的规定，以"应由拆迁部门、政府机关和人民法院通知被拆迁人到场"、"可按包装箱清点统计"等做法替代原有规定。这种做法极易引发当事人投诉和社会质疑，且已损害公证机构的公信力和公证行业应有的社会形象。为确保《细则》正确实施，规范城市房屋拆迁证据保全公证活动，进一步加强公证质量管理，提高公证公信力，服务人民群众，推动经济社会发展，现就有关事项通知如下：

　　一、在办理强制拆迁房屋证据保全时，公证机构应通知被拆迁人到场。如其拒不到场，公证员应在笔录中记明。

　　二、实施强制拆迁房屋中有物品的，公证员应当组织对所有物品逐一核对、清点、登记、分类造册。并记录上述活动的时间、地点，交两名有完全行为能力的在场人员核对后，由公证员和在场人在记录上签名。被拆迁人拒绝签名的，公证员应在记录中记明。

　　三、市公证协会及其专业委员会应当加强对此类公证业务的指导，可以在《细则》的框架内制定办证业务规则，但不应与法律法规规章和司法行政机关的管理规定相抵触。同时，应按《市司法局关于内部工作制度制定和备案工作的具体规定》（沪司制〔2016〕2 号）的规定，及时梳理和废止相关文件，并将制定的行业规则及时书面报送市司法局备案，接受审查。

　　四、各区司法局和市司法局公证管理部门应当依法履行行政监管职责，市公证协会也应加强行业自律,坚决惩处公证违法违规行为。公证机构及其承办公证员不应迁就和满足任何部门于法有悖的工作要求,不应为违法拆迁行为提供公证法律服务。

特此通知。

上海市司法局

2016 年 11 月 15 日

后　记

面向新时代　站在新起点
努力开启公证工作新篇章

深入推进公证领域"放管服"改革,可以说是当前和今后一个时期上海市公证工作的首要任务。2017 年 7 月,司法部在时隔数年之后,召开全国公证工作会议,旗帜鲜明地提出了包括推进公证体制改革机制创新工作、拓展创新公证业务领域、开展办理公证"最多跑一次"试点等在内的一系列改革事项,为公证工作注入了强盛的动力。党的十九大胜利召开后,新组建的司法部高度重视公证工作,2018 年 6 月再次召开全国公证工作电视电话会议,在 2017 年公证工作改革基础上,顺应时代要求、呼应人民呼声,进一步提出了深入推进公证领域"放管服"改革的战略布局,为公证工作指明了前行的方向,可以说,公证事业正面临前所为未有的战略转型期和发展机遇期,是改革让公证工作再次焕发出蓬勃生机。本书正是在这一事关公证工作的重要历史转折点以及伟大时代背景下编写而成的。

《规范与准则——公证领域"放管服"改革文件选编(2018 版)》全书共由五部分组成,分别为上海市公证领域"放管服"改革配套文件选编、司法部公证领域"放管服"指导性文件选编、公证指导案例选编、公证领域理论研究选编以及附则,收录了包括司法部《关于推进公证体制改革机制创新工作的意见》《关于进一步拓展创新公证业务领域更好地服务经济社会发展的意见》《关于开展办理公证"最多跑一次"试点工作的通知》,以及上海市司法局《关于严格公证责任追究的实施办法》《上海市公证工作管理实施办法》《上海市公证员配备方案(2018—2021 年)》《关于充分发挥公证职能作用服务"三农"领域工作的实施意见》等管理制度、改革配套文件 30 余件,清晰反映了上海市司法局贯彻落实2017 年、2018 年两次全国公证工作电视电话会议精神,按照公证领域"放管服"改革要求,重点围绕"政治引领""减证便民""放管结合""优化服务"四方面内容,明确了在开展队伍建设、体制改革、执业监管、业务拓展、智慧公证建设等具体事务层面的工作路径。

一是在政治引领方面。将政治引领和党建先行,置于公证领域"放管服"改革的极端重要位置,明确提出要坚持党对公证事业的绝对领导,把党的领导落实到行业自律管理、公证业务管理、公证队伍建设的各方面和全过程。上海市公证协会党委、各公证机构党委(党支部)必须旗帜鲜明、理直气壮地创新和加强公证行业党建工作,结合公证行业特点,在党的组织建设、活动开展、工作内容和方式方法等各方面,多出新招、实招,充分发挥基层党组织、党员在公证领域"放管服"改革中的战斗堡垒作用和先锋模范作用,以党建带队建促发展。**二是在减证便民方面。**重点聚焦群众普遍反映的公证"办证难、办证慢、办证烦"问题,提出自 2018 年 9 月 1 日起,将公证网上办理事项扩展至 103 项,至 2018 年年底前,在本市全面推行"网上预审当场受理""网上预审当场发证"改革。此外,《关于在本市公证行业深入开展公证领域"放管服"改革的实施意见》还提出,将在公证网上办理改革经验基础上,积极争取政策支持,创新公证服务模式,有效运用"告知承诺"举措,研究形成并逐步推出更多的便民利民惠民措施,有计划、有步骤地落实"马上办、网上办、就近办、一次办"要求,集中力量攻坚一批群众反映最为强烈的办事手续繁、效率低问题,用最短时间,最大限度地提升公证服务的社会满意度。**三是在放管结合方面。**上海市司法局提出,要坚持技术管控促进效能提升,按照"标准奠基、科技引导、赋码监管、全程留痕、优化服务"设计理念,加大研发"智慧公证"公证执业办证系统和智能辅助办证装备力度,通过赋码监管技术,借助智能装备,通过信息技术管控,不断提升公证办证质量、工作效率和服务体验,确保"智慧公证"项目在 2018 年年底前全面实现正式上线运行。同时,要着力完善司法行政机关和公证行业协会的"两结合"公证管理体制,围绕发挥行业协会自律组织的职能定位和专业优势,切实加强公证执业自律管理和业务指导;要引导公证机构和公证员严格执行行业服务标准,坚持公益服务定位,全力保障民生领域的公证服务,及时纠正一些公证机构、公证员对涉及百姓需求、基础民生的普通民事类公证业务积极性不高的情况,坚决整改"一证难求""限号公证""门难进、事难办、态度差"等服务问题。**四是在优化服务方面。**针对市民群众的网上办事需求,上海市司法局要求,要主动对接 12348 公共法律服务网、12348 热线、本市各级公共法律服务中心(窗口),通过网上平台、热线电话、线下实体三大服务渠道,努力为人民群众提供优质、便捷、普惠的公证法律服务;此外,上海市司法局还将着力打通上海公证办证信息资源共享渠道,在 2018 年年底前,全面实现本市所有公证机构办证信息互联互通、实时可查,并在此基础上,配合上海市大数据中心项目建设,探索建立上海公证查证中心,整合政务信息资源,提高公证执业效能,尽快实现群众办理出生、婚姻状况、有无犯罪记录、学历学位等公证事项的证明"一次也不用跑",切实有效缩短公证当事人的办证时间。

在改革不断深入推进的过程中,我们愈发感受到,当前上海公证工作与人民要求和群众期盼,以及相关兄弟省、市司法厅(局)的先进做法相比尚有许多差距,还有诸多公证体制机制障碍有待逐一破解。相关制度文件的出台也仅是万里长征的第一步。接下来,我们将更加注重坚持以问题导向来推动深化改革,严格抓好各项制度文件落实执行。一方面要针对事关群众切身利益的问题"动大手术",从群众最期盼的领域改起,实现公证服务的精准化、精细化;另一方面要针对触及公证改革问题的本质"花大力气",改革的矛头应当直指困扰公证事业发展的难点、痛点和堵点,而不应在一些非主要的、非内在的、非必然的环节上作不痛不痒的改动、修补。改革的成效大不大,效果好不好,要让实践来检验,让人民群众来评价。要通过扎实深入地推进公证领域"放管服"改革,以切实提升公证服务为民、减证便民的能力和水平,不断增强本市人民群众的获得感、幸福感和安全感。

本书的出版编辑任务主要由上海市司法局公证工作管理处负责,也得到了上海市公证协会、上海市东方公证处、上海市徐汇公证处、上海市杨浦公证处等单位的资深从业人员、研究人员以及上海人民出版社编辑人员的大力支持和热忱帮助。上海市司法局专班的杨中华、张祥雨、王云舟同志具体承担了书稿的汇总、校核和其他工作。

囿于编者的水平,本书肯定存在许多不周之处,敬请批评指正。

王　协

图书在版编目(CIP)数据

规范与准则:公证领域"放管服"改革文件选编:
2018版/上海市司法局公证工作管理处编. —上海:
上海人民出版社,2018
ISBN 978-7-208-15589-3

Ⅰ.①规… Ⅱ.①上… Ⅲ.①公证制度—文件—汇编
—中国—2018 Ⅳ.①D926.13

中国版本图书馆 CIP 数据核字(2018)第 284954 号

责任编辑 夏红梅

规范与准则
——公证领域"放管服"改革文件选编(2018版)
上海市司法局公证工作管理处 编

出　　版　上海人民出版社
　　　　　(200001　上海福建中路 193 号)
发　　行　上海人民出版社发行中心
印　　刷　上海商务联西印刷有限公司
开　　本　720×1000　1/16
印　　张　31.5
插　　页　4
字　　数　575,000
版　　次　2018 年 12 月第 1 版
印　　次　2018 年 12 月第 1 次印刷
ISBN 978-7-208-15589-3/D·3328
定　　价　110.00 元